KB102554

해외에서 함께 한 민주화운동

해외에서 함께 한 민주화운동
— 〈기독자민주동지회〉와 〈민주사회건설협의회〉를 중심으로

2021년 7월 23일 처음 찍음

지은이 ┃ 이삼열
펴낸이 ┃ 김영호
펴낸곳 ┃ 도서출판 동연
등 록 ┃ 제1-1383호(1992. 6. 12)
주 소 ┃ 서울시 마포구 월드컵로 163-3
전 화 ┃ (02)335-2630
전 송 ┃ (02)335-2640
이메일 ┃ h-4321@daum.net

Copyright ⓒ 이삼열, 2021

이 책은 저작권법에 따라 보호받는 저작물이므로 무단 전재와 복제를 금합니다.
잘못된 책은 바꾸어드립니다. 책값은 뒤표지에 있습니다.

ISBN 978-89-6447-673-4 03900

Democracy Movement of Oversea Korean

Christian Network for Democracy in Korea
Forum for Democracy in Korea

해외에서 함께 한
민주화운동

이삼열 지음(by Samuel Lee)

〈기독자민주동지회〉와 〈민주사회건설협의회〉를 중심으로

동연

해외 민주화운동 연구의 디딤돌이 되어

한국의 민주화 과정에서 해외의 민주화운동은 매우 중요한 역할을 했습니다. 당시 해외 민주화운동은 한국의 권위주의 정권을 비판하고 국내의 실상을 밖으로 알리는 것 이상의 힘을 발휘했습니다. 투옥된 민주인사에 대한 무자비한 처벌을 막기 위해 각국 정부와 단체들이 압력을 가하도록 현지에서 시위를 전개하는가 하면, 국내 민주화운동 단체나 활동가들이 운동을 계속할 수 있도록 직간접적인 지원도 했습니다. 해외에서의 민주화운동은 한국의 상황에 따라 긴박하게 움직였고, 국내의 운동과 희로애락을 함께하며 권위주의 정권 이후의 한국 사회상을 모색하기도 했습니다.

그러나 안타깝게도 해외의 민주화운동은 그 중요성에 비해 우리 사회에 잘 알려지지 않았습니다. 국내의 대규모 항쟁이나 유명한 사건들에 세간의 관심이 머물러 있는 것이 주된 원인이겠지만, 민주화운동에 관한 연구와 연구자에 대한 지원이 절대적으로 부족한 것도 중요한 이유일 것입니다.

한편 해외 민주화운동의 특성이 그 이해와 접근을 어렵게 한 측면도 있습니다. 이들 운동이 미국, 일본, 유럽, 캐나다 등 여러 국가에서 다양한 방식으로 전개되었기 때문에, 정리할 엄두를 내지 못하는 것도 현실입니다. 게다가 해외의 민주화운동 역시 권위주의 정권에서는 감시와 억압의 대상이었습니다. 한국의 민주화에 대한 지원은 비공개로 진행할 수밖에 없었으며, 더구나 분단상황이라는 구조적 한계에 대해서는 국내와 마찬가지로 해외 민주화운동 역시 자유롭지 못했습니다.

임중도원(任重道遠)이라는 말처럼, 한국 민주화 과정에서의 해외 민주화운동을 정리하는 일 역시 책임은 무거운데 갈길이 멉니다. 더 늦기 전에 이 중한 과제를 맡는 일에 누구 하나 선뜻 나서기 힘들 때, 연구의 디딤돌을 놓는 귀중한 참고서가 발간되었습니다.

이 책은 그간 제대로 알려지지 않았던 해외에서의 중요한 사건과 단체, 인사들의 활동을 담고 있습니다. 당사자로서 회고라는 특성상, 이 책이 담고 있는 여러 사건과 평가에 대해서는 다양한 의견이 있을 수 있습니다. 글을 쓴 이삼열 선생의 바람대로, 참여자와 연구자들이 후속 연구와 논평을 통해 해외 민주화운동 정리라는 무거운 짐을 함께 지고 나갈 수 있기를 기대합니다.

2021년 6월 10일
민주화운동기념사업회 이사장 지선

에큐메니칼 네트웍이 만든 민주동지회

사십여 년 전 해외에서 전개된 민주화운동의 성격을 일괄해서 말한다는 게 매우 어려운 일인데 해외 민주화운동의 내용과 역사를 폭넓게 서술한 원고를 읽어보면서 저자 이삼열 박사의 업적을 높이 평가하며 애쓴 노력과 수고에 고마운 뜻을 표하고자 한다.

특히 내가 오랫동안 일했던 세계교회협의회(WCC)와 관련되어 있던 미주와 유럽, 아시아 교회들이 군사독재정권에 저항하며 민주주의와 인권을 쟁취하려는 한국의 민주화운동에 깊은 관심을 가지고 지원한 내용들이 간추려 기술되어 있어 반가웠다.

내가 종사했던 WCC의 10년(1967-1976)은 길다면 긴 시간이지만 너무나 숨가쁘게 지나간 역사적 순간이었다. 세계적 에큐메니칼운동의 중심체인 WCC는 그 발전과정에 독일 개신교의 반나치 운동체였던 고백교회의 전통이 뿌리박혀있었다. 저항하다 순교한 본회퍼 목사는 1930-40년대 에큐메니칼 운동에 신학적으로도 큰 영향을 준 인물이었다.

WCC는 모든 나라의 민주화운동에 관심을 가지고 있었지만 특히 기독교가 주도적 역할을 했던 한국 민주화운동에 지대한 관심을 표시했다. 1970년대 WCC는 매주 주간 뉴스를 발행했는데 주간지의 책임자 Francis 여사는 수요일 아침마다 내 사무실에 들러 한국 소식을 가져가서는 한 번도 빠짐없이 한국의 민주화 투쟁을 성실하게 보도했다. 이것은 편집자 개인의 신앙 때문이기도 했지만 필립 포터 사무총장을 비롯한 WCC 전체 리더십의 분위기 영향이 컸다고 생각한다. 유신체제의 긴급조치하에서 도시빈민선교를 하던 젊은 목사들이 민주질서 회복을 위한 기도회를 열다 잡혀가는 모습들과 또한 보수적인 교회들이 인권 보호에 나선 모습에 감동을 받고 WCC는 전적인 지원책을 펼치게 된 것이다.

해외교회들과 한국교회가 세계적 연대의 형식을 갖추게 된 계기가 1975년 아프리카 케냐 나이로비에서 열린 WCC 5차 총회를 앞두고 마련되었다. 김관석, 안병무, 문동환 등 한국 대표들이 제네바를 경유해 나이로비로 가도록 하면서 WCC의 주요 인사들과 미주, 유럽, 아시아 교회들의 주요 인사들이 함께 제네바 Cenacle에서 2박 3일 한국교회의 인권과 민주화운동에 관한 국제회의에 참석하도록 했다.

한국교회의 민주화운동을 지원하기로 결의한 제네바 회의(1975년 11월 5-8일)에서 중간 역할을 할 수 있는 기독자들의 연대조직이 탄생했는데 이것이 기독자민주동지회(International Christian Network for Democracy in Korea)의 시작이었다. 그 핵심에 캐나다의 김재준, 이상철, 미국의 이승만(장로교본부), 손명걸(감리교본부), 일본의 오재식(CCA-URM), 강문규(WSCF Asia), 지명관(동경여자대학), 독일의 장성환, 이삼열, 스웨덴의 신필균 등이 있었다.

이렇게 해외에서 큰 지장 없이 활동할 수 있는 위치에 여러 동지들이 자리를 차지하고 있었다는 사실도 결코 우연한 일이 아니었으며 하나님께서 이렇게 사람들을 배치해 놓으셨다고 믿고 싶다. 본인

들의 출장비로 때때로 긴급하게 모이는 회의에 참석할 수 있었던 것
도 특별한 혜택이었다. 결국 이런 동지들의 협력을 통해 국제연대가
자연스럽게 이루어지게 되었고 소위 해외 민주화운동의 연대활동이
가능했다고 생각된다.

　기독자민주동지회의 활동은 철저하게 국내의 동지들과 충분한
협의를 통해 추진되었고 이를 위해 여러 통로와 연락을 통한 의논과
합의의 과정이 있었다. 이 역사적인 민주화운동이 국내외의 협력을
통해 추진될 수 있었던 것은 시종일관 하나님께서 보살펴주셨기 때
문이었다고 나는 믿는다.

2021년 6월 24일
기독자민주동지회 전 사무총장
민주화운동기념사업회 전 이사장
박상증

사진으로 보는
해외 민주화운동

Free ! All Political Prisoners in South Korea !

▌1974년 3월 1일 본 데모 시, 박독재타도 민주사회건설 선언

▌뮌스터 광장 시위에 모인 민건 회원과 독일인

▌1975년 4월 26일 프랑크푸르트 데모 시, 인혁당 사형 성토

▌역사적 바울교회 앞, 민주회복 궐기대회 참석 교민

▌1977년 5월 로스앤젤레스 재미 기독학자대회. (좌에서) 김재준, 박상증, 림순만, 이상철, 손덕수, 장혜원

▌1976년 5월 미국 워싱턴, 민주인사 석방 데모

▌1979년 8월 25일 보쿰에서 샤프 감독 강연, 함석헌 옹 참석

▌1975년 6월 2일 독일국영TV(ARD)에서 발 줌 사건과 민건회 보도

▌1975년 4월 프랑크푸르트 데모 시, 양재 혁, 박대원 연설

▌ 1980년 5월 광주학살규탄 데모가 쾰른 시내에서 열림(전두환을 全頭患으로 썼다.)

▌ 관을 들고 쾰른 시내를 행진하는 유학생과 노동자 교민들

▌ 1974년 12월 독일 순회강연 후 스웨덴행 함선에서 김재준 목사와 필자

▌ 1975년 8월 민건회 세미나에서 강연한 선우학원(좌), 림순만(우) 교수

▌ 이승만 · 김정순 부부, 지명관, 림순만, 장혜원, 김경

▌ 지명관, 김찬국 부부, 림순만 부부, 김정순 부부, 고은과 함께

▐ 동경대 수미야 교수의 경제강연 후 민주동지들. 김재준, 장성환, 수미야, 이삼열, 김관석

▐ 동경에서 만난 기독자민주동지회 회원들. 이삼열, 오재식, 이상철, 지명관, 박상증, 림순만

▌강문규 선배와 WCC 제네바회의 참석

▌오재식 선배와 동북아평화회의 참석

▌박상증 선배와 민주화운동 자료를 국사편찬위원회에 기증(2004년)

▌기증식에 참석한 기독자 민주동지들. 이삼열, 이만열, 이인하, 박상증, 오재식, 이경배, 박경서

▌기도하는 이승만 목사와 장혜원 박사

▌장혜원 박사 · 림순만 박사 부부

▌김용복 박사, 안재웅 박사와 함께

▌김동수 박사 · 백하나 박사 부부와 함께

▋독일장학처 ÖSW Degen 목사 부부와 함께

▋WCC-URM George Todd 목사의 뉴욕 자택에서

▋ Johannes Degen (ÖSW 독일 기독교 장학회)

▋ George Todd (WCC 세계교회협의회)

▋ Paul Schneiss
(EMS 독일 서남부 선교부)

▋ Gerhardt Fritz (DOAM 동아시아 선교부)

▌ 한국 민주화를 도운 Richard von Weizsäcker 독일 대통령

▌ 세계교회협의회(WCC) 에큐메니칼운동 지도자 강원룡 목사

▌ Werner Lottje(독일교회 인권 소장) 가족과 함께

▌ Hans Nobert Klein 목사(EMW, 독일개신교 선교부)

▌ Karin Åkerlund 여사 부부(스웨덴교회 선교부)와 함께

▎뒤스부르크 한인교회 장성환 목사 · 임영희 사모

▎도르트문트에서 만난 한민건 동지들. 천명윤, 이삼열, 이정의, 정창종

▌ 베를린 송두율 박사 자택에서

▌ 프랑크푸르트 임희길 동지 자택에서 함께한 김원호, 박소은, 이지

▌〈김지하의 밤〉에 참석한 박대원, 김길순 동지와 함께

▌〈김지하의 밤〉에서 연주한 조병옥 · 공광덕 부부

▌뮌스터에서 강돈구, 송두율의 두 아들과 함께

▌프랑크푸르트의 이준모 · 임신자 부부

▌2014년 3월 1일 민건회 창립 40주년을 기념하여 모인 동지들. 이준모 부부, 김창락 부부, 오인탁 부부, 박종대, 이종수, 최두환 부인

▌쾰른 박대원 동지 자택에서

▌1994년 12월 참여연대 12.12반란특검촉구 광화문 데모. 박원순 사무처장, 이삼열 운영위원장, 김근태 고문

▌1996년 기독교사회발전위원회 창립10주년기념식. (뒷줄) 이삼열, 강문규, 박형규, 이효재, 김문수, (앞줄) 박종렬, 김근태, 이영순, 신혜수, 오재식, 박재일, 안재웅

머리말

　이 책은 1970년대 유신독재 시절 해외에서 전개된 민주화운동의 역사와 흐름을 이해하고 연구하는 데 도움을 주기 위하여 필자가 참여했던 〈기독자민주동지회〉와 〈민주사회건설협의회〉를 중심으로 당시의 기록과 체험을 되살려 쓴 회고록이다.

　40여 년 전의 활동과 역사를 오늘에서야 기록해 남기려는 까닭은, 그동안 국내 운동에 관한 기록이나 연구서는 많이 나왔지만 해외에서 일어난 민주화운동은 기록되거나 연구된 적이 거의 없고, 운동의 선배나 동지들이 많이 돌아가시어 자칫 정리된 역사나 인물과 조직에 관한 기록이 남지 않게 될 것을 염려해서다.

　여러 학자나 운동가들이 해외에서의 운동과 지원, 여론의 압력이 없었다면 한국의 민주화운동은 성공하기 어려웠을 것이라는 주장들은 했지만, 막상 어떤 운동조직이나 구조와 방식으로 해외에서의 운동이 전개되었는가에 관한 체계적인 조사나 연구는 아직 이루어지지 않고 있다.

　1968년에 독일 괴팅겐대학으로 유학을 떠난 필자는 1972년 유신독재가 선포된 때부터 학위논문만 쓰고 있을 수 없어 유학생, 노동자, 종교인들과 함께 반독재 데모와 민주화운동을 일으켜 〈민주사회건설협의회〉를 조직해 유신 말기까지 활동했다.

　또한 해외 운동의 강화와 협동을 위해 미주와 일본, 유럽의 운동 단체들과 연대하며 국내 운동을 지원하는 〈기독자민주동지회〉의 조직과 활동에도 많은 시간을 보냈다. 유신체제가 붕괴되고 나서야 귀국이 허락되어 14년의 해외생활을 종료하고 1982년에 조국으로 돌아올 수 있었다.

필자는 당시의 기록과 자료들을 많이 보관하고 있었지만 20여 년 교수 생활과 10여 년 한국 유네스코의 사무총장직을 수행하느라 해외 운동에 관한 체계적 글을 쓰지 못했고 은퇴 후의 기회를 기다리고 있었다.

늦었지만 지금이라도 정리하지 못하면 중요한 기록들과 아까운 자료들이 묻히고 무용지물이 될지 모르겠기에 팔십을 바라보는 나이에 옛 문서와 노트, 편지들을 들춰보면서 기억을 더듬어 회고록을 쓰게 되었다.

필자는 〈민주화운동기념사업회〉의 청탁으로 2015년에 "독일에서의 민주화운동 – 민주사회건설협의회를 중심으로"라는 회고록을 사업회의 기관지 「기억과 전망」 33, 34호에 발표한 바가 있다. 이번에 〈기독자민주동지회〉를 중심으로 해외에서의 민주화운동 전반에 관한 회고록을 쓰게 된 것도 기념사업회의 청탁으로 거의 일 년간 작업을 하게 되었다. 독일 편 회고록도 중요한 부분이기 때문에 중복된 부분을 수정해 이 책에 실었다.

〈기독자민주동지회〉는 1970년대 당시 해외에 거주하며 기독교 기관이나 교회에 관련된 일을 하고 있던 김재준, 이상철(캐나다), 이승만, 손명걸, 림순만(미국), 오재식, 지명관, 이인하(일본), 박상증(스위스), 장성환, 이삼열(독일), 신필균(스웨덴) 등이 핵심 멤버로 조직되어 국내 기독자들의 운동을 지원하고 국제적 여론조성과 압력행사, 해외운동을 연계·조정하기 위한 비공개 네트웍이었다.

해외 교민들이 조직한 여러 민주화운동 단체들과 달리 기독자동지회는 해외에 거점을 두면서도 국내의 기독자 동지들과 함께하는 연대조직이었다. 안전과 비밀유지 때문에 노출되지 않았지만 김관석, 박형규, 강문규, 안병무, 문익환, 이태영, 이우정 외 여러분이 동지회의 국내 핵심 멤버들이었다.

유신독재 하의 민주화운동 역사에서 기독교의 저항과 투쟁은 특별한 의미와 중요성을 갖는다. 학원에 휴교령을 내리고, 교수와 기자들을 구속·해직하며, 국회와 정당까지 해산시켰지만 교회의 문을 닫거나 예배와 기도회를 금지하지는 못했다. 교회는 탄압과 감시 속에서도 민주 세력들이 모일 수 있는 유일한 장소였고 그래서 종로 5가나 명동성당이 한때 민주화운동의 성지가 되고 마지막 보루가 되었다고 할 수 있었다.

해외의 교회들과 선교단체들이 보낸 돈으로 구속자나 해직자와 가족들을 도울 수 있었고, 법정 투쟁의 비용을 대며 인권보호운동을 할 수 있었다. 구속과 고문 탄압의 정보나 금지된 언론보도를 기독교의 국제 네트웍을 통해 해외로 내보내 국제적인 여론과 압력을 일으킬 수 있었다.

국내 동지들과 연대해서 이러한 일들을 돕는 데 〈기독자민주동지회〉가 큰 역할을 했다. 해외의 동지들과 국내의 동지들의 굳건한 인간적 신앙적 결속이 있었기에 지원과 협력사업이 효과적으로 추진될 수 있었다. 말하자면 국내 운동이 전방 일선의 전투라면 해외 운동은 무기나 군수품을 보내주는 후방지원이었다. 독재치하와 정보부 통제 속에서 이러한 국내외 협동작전은 국회도 정당도 대학도 언론도 하지 못했는데 기독교 동지들이 할 수 있었다.

필자는 이 회고록 속에서 해외 운동의 역할과 업적을 소개하며 특히 기독자 동지들의 활약상과 논의를 동지회의 회의록을 중심으로 정리해보았다. 이 책에 요약된 동지회의 1975년 Geneva 회의, 1976년 Chicago 회의, 1977년 New York 회의, 1979년 Tokyo 회의, 1981년 Bad Ball 회의 기록들을 살펴보면, 해외 교회와 선교단체들의 지원협력과 민주화운동의 전략과 노선에 관한 국내외 동지들의 심도 깊은 논의와 방향모색을 감지할 수 있을 것이다.

동지회에 연관된 미주와 일본, 독일의 민주단체들은 해외 운동의 정치적 이념적 좌우갈등 속에서 '선민주 후통일'의 노선을 고수하며 일본의 한민통과 한민련 계열의 단체들과 거리를 두는 입장을 견지했다. 여러 가지 견해와 찬반논쟁이 내부에서 있었지만 국내외 기독자 민주동지들이 친북좌파로 몰리는 피해를 막기 위해 때로는 조직을 떠나거나 연합전선을 거부해야 하기도 했다.

민주화운동 전략이나 대북통일 정책에 관한 기독자 동지들 간의 토론이나 주장들은 필자가 기록해 둔 노트와 편지들을 근거로 솔직하게 기술했다. 앞으로 기독교 사회운동의 연구와 토론에도 참고자료가 될 수 있으리라 생각한다.

한 개인의 회고록이 해외 민주화운동의 10년 역사를 다 파악할 수도 없고 담아낼 수도 없다. 필자의 주관적 인식과 판단이 개재된 서술도 많이 있으리라 믿으며 앞으로의 깊은 조사연구를 통해 비판과 보완이 있기를 기대해본다.

민주화운동기념사업회의 관심과 지원에 감사드리며, 해외 운동의 조사연구를 위해 애쓴 이영제 박사의 노력을 고맙게 여긴다. 출판해주신 동연출판사의 김영호 사장님과 편집에 많은 수고를 하신 김구 목사님과 직원 여러분들에게 깊은 사의를 표하고자 한다.

2021년 6월 20일, 80세 생일을 맞으며
서울 구기동에서 이삼열

차례

해외 민주화운동사의 연구를 위하여

민주화운동은 한국 사회와 역사를 크게 발전시켜온 추진력이었다. 일제 식민지 시대의 독립운동과 마찬가지로 억압과 굴욕의 역사를 해방과 자주의 역사로 바꿔놓은 위대한 동력이었다. 민주화운동의 토대와 가치관 위에서 정치적 자유와 인권, 경제적 성장과 발전, 사회적 평등과 복지가 향상되었으며 오늘의 선진 민주 한국이 이루어질 수 있었다.

민주주의와 인권을 실현하려는 시민운동은 어느 시대에나 존재해왔고 어느 정도의 발전을 가져왔지만, 독재 시대의 민주화운동은 평시의 운동과 달리 너무나 많은 희생과 고통을 치르며 역사를 변혁시킨 혁명적 반체제 운동이었다. 우리나라의 현대사에서 지극히 변태적이며 악랄한 군사독재 시대는 1972년 10.26 박정희 유신독재에서부터 1987년 6.29 노태우의 항복 선언으로 마감되는 전두환 독재 시대까지였다고 볼 수 있다. 4공화국과 5공화국 15년간은 탄압과 고문, 살상이 극도에 달했던 겨울 공화국이었다.

이 엄혹한 겨울 공화국 시대를 청산하고 군부독재 시대를 극복한 국민적 민주화운동은 위대한 운동이었다. 그 역사와 흐름을 기록하고 보전하기 위해 〈민주화운동기념사업회〉가 창설되었고, 그동안 많은 연구와 출판을 통해 운동의 역사와 성과의 기록을 남겼다. 그러나 필자가 보기에 지금까지의 연구나 출판은 유신 시대나 5공 시대 국내에서 일어난 민주화운동에 한정되어 있고, 해외에서 일어난 민주화운동의 역사나 흐름을 파악하려는 연구나 노력은 별로 없었던 것 같다.

그 엄혹했던 유신독재 시절 국내 학생, 지식인, 종교인들이 목숨을 건 저항운동을 일으켰을 때, 이들을 지원한 해외 교포들의 민주화 인권운동이 큰 힘이 되었고, 정권의 압박에도 큰 영향력을 발휘했다는 정도의 기술은 여러 논문이나 서적에 나타나 있다. 그러나 해외에서 전개된 민주화운동이나 국내 지원활동이 어떻게 시작되고 조직, 운영되었는지에 대한 체계적 연구나 논술은 아직 나오지 못했다. 해외 운동을 주제로 한 학술회의나 토론회도 별로 보이지 않고, 연구 보고서나 단행본의 출판도 찾아볼 수 없다.

해외 민주화운동의 사실은 겨우 몇 편의 논문과 민주인사들의 자서전 속에서나 언급된 것을 찾아볼 수 있었다. 필자가 찾아본 논문은 민주화운동기념사업회가 출간한 『한국의 민주화운동과 국제연대』(2018) 속에 정근식 교수가 쓴 논문과 김학재 교수가 쓴 논문이었다.[1] 외국인 학자들이 쓴 논문으로는 연세대학교 출판부에서 간행한 유상영 편, 『국내·해외 민주화운동과 한국사회: 사료와 한국학』 속

---

1 정근식, "한국의 민주화운동과 국제연대: 방법론적 모색", 정근식 외 지음, 『한국의 민주화운동과 국제연대』(한울아카데미, 2018), 9-26; 김학재, "프로테스탄티즘과 민주주의 정신: WCC의 아시아 민주화운동 지원과 국제연대", 『한국의 민주화운동과 국제연대』, 63-112.

에 실린 도날드 베이커(Donald Baker) 교수의 논문 "한국 민주화를 위한 국제기독교 네트워크"가 있다.[2] 이 책에 실린 베이커 교수의 "한국 민주화의 험난한 길(1960년부터 1992년까지), 한 미국인 친구의 회고"라는 글에도 여러 해외 운동들이 서술되어 있다. 특히 해외 한국인의 민주화운동 가운데서도 기독교 인사들의 활동과 조직인 민주동지회를 중심으로 조사, 연구한 논문으로는 김흥수의 "한국 민주화 기독자동지회의 결성과 활동"(2007)이 있다.[3] 일본의 한민통과 한민련 등 재일교포단체의 민주화운동을 조사, 연구한 논문으로는 조기은, "해외 한국민주화운동: 「민주민족통일 해외 한국인 연합」을 중심으로"(2005)가 있다.[4]

한국 민주화운동의 역사적 연구는 민주화가 시작된 1987년을 한참 지나 김영삼(1993), 김대중 정부(1998)를 거친 뒤, 민주화운동기념사업회가 설치되면서 2000년대부터야 비로소 본격적으로 시작되었다고 할 수 있다. 군부독재 세력이 청산되고 민주화가 제도적으로나 정치적으로 정착된 2000년대에 와서야 그 역사적 맥락과 배경을 살펴볼 겨를이 생겼기 때문이었던 것 같다.

해외 민주화운동을 가장 먼저 주목한 기관은 연세대학교 김대중도서관이었다. 민주화운동의 사료를 수집, 정리한 김대중도서관에서는 수집된 사료들을 소개하면서 그동안 알려지지 못한 해외에서의 민주화운동을 본격적으로 연구하는 계기를 마련코자 2005년 12

---

2 유상영 편, 『국내·해외 민주화운동과 한국사회: 사료와 한국학』 (연세대학교 출판부, 2007), 115-140.

3 「한국기독교와 역사」 14 (2007), 199-224.

4 「한일 민족문제 연구」 29 (2015), 177-219.

월 7일에 "국내·해외 민주화운동과 한국사회: 사료 그리고 한국학"
이라는 주제로 국제학술회의를 개최하였다. 미국, 일본, 독일의 한
국민주화운동 사료들을 정리하다 보니 해외에서의 한인들이나 외국
인들에 의한 민주화운동이나 지원활동의 역할과 중요성이 인지되었
기 때문이라고 생각된다.

나는 이 회의에 초청되어 도날드 베이커 교수의 논문에 대한 논평
을 하게 되었고, 여기서 내가 활약했던 독일의 민주화운동과 민건회
에 관한 내용을 일부 소개했다. 도날드 베이커 교수는 그런 내용이
논문이나 책으로 소개되었으면 좋겠고 한국 민주화운동사의 연구에
도 크게 도움이 되겠다고 나를 설득하려 했다.

나는 당시 유네스코 한국위원회 사무총장직을 맡은 바쁜 때여서
도저히 논문이나 회고담을 쓸 시간을 낼 수가 없었다. 2015년 유네
스코 아태무형유산센터 사무총장직을 마친 직후에 나는 비로소 시
간을 내어 과거의 자료들을 들추며 재독 시절의 민주화운동에 대한
회고담을 적기 시작했다. 민주화운동기념사업회의 연구소가 출간
하는 간행물「기억과 전망」 33호와 34호에 "독일에서의 민주화운동,
민주사회건설협의회를 중심으로"라는 회고록을 실었다.

나는 그 글의 서두에서 '왜 내가 40년 전 독일에서 행했던 민주화
운동에 관해서 지금 쓰고 있는가' 하는 회고의 목적과 동기를 자세
히 설명했다. 독립운동 시기나 마찬가지로 민주화운동에서도 해외
운동의 지원과 협력 없이 국내 운동만으로 성공하거나 지탱하기는
어려웠다. 해외 운동의 의미와 중요성을 강조하려는 의도도 있었지
만, 무엇보다 해외 운동에 관해 잘못 소개되거나, 틀리게 알려진 사
실들을 밝히면서, 더 체계적이고 정확한 해외 운동사의 연구나 출판

이 필요하다는 것을 자극하려는 목적이 있었다.

물론 내가 쓴 회고록이라고 해서 다 체계적이고 객관적이며 정확하다고 주장할 수는 없다. 그러나 나의 회고록은 운동에 참여하지 않았던 학자들이 자료를 보고 쓴 논문과 달리 직접 운동에 참여했던 운동가가 체험을 기록했다는 것 그리고 나는 편지와 노트 자료철들을 비교적 완벽하게 지금까지 보관하고 있어서, 기억보다는 기록된 자료를 가지고 썼다는 점에서 역사자료로서의 신빙성을 갖추었다고 생각한다.

사실 나는 독일 민건회(민주사회건설협의회)를 중심으로 한 민주운동사를 쓰면서 다른 경험과 시각을 가진 논문이나 회고담들이 나오기를 바랐고, 이를 통해 운동의 객관적 역사가 연구되고 논의되기를 기대했다. 또 독일의 운동뿐 아니라 미국이나 일본의 운동에 관한 논문이나 회고담이 나와 해외 민주화운동의 전모가 밝혀지고 보완되어 객관적인 운동사의 연구나 서술이 가능해지기를 바랐다. 그러나 그 후로 나의 회고록을 보충하거나 자세히 소개해 비판하는 논평이나 서술을 아직 보지 못했고, 미국이나 일본에서 진행된 민주화운동에 관한 저술이나 논문들도 발견하지 못했다.

「기억과 전망」지에 발표한 회고록에는 독일의 민건회 활동뿐 아니라 미국과 일본 교포들의 민주화운동과 특히 〈기독자민주동지회〉의 세계적 연대활동에 관해서도 부분적으로 언급했는데, 그것은 독일의 민주화운동도 해외 다른 지역의 운동인 국제적 연대활동과 밀접하게 연관되어 있었기 때문이었다. 사실 나는 유신독재 시대 국내 민주화운동의 중심역할을 했던 기독교측 운동을 지원하고 해외의 여론과 압력 조성에 핵심적 역할을 한 〈기독자민주동지회〉에 대하여 주동했던 선배들 중 누군가가 체계적이며 종합적인 보고서나 회고록을 써줄 것을 바라며 기대했다. 그러나 동지회를 조직하고 이끌어 온 주도적 인물이라고 할 수 있는 박상증, 오재식, 강문규, 지명관 선배들은 자신들의 자서전과 회고록에서 한두 페이지로 간단히 동지회의 활동을 소개했을 뿐 자세하게 체계적인 서술을 내놓지 않았다. 그것도 선배들의 말년에 작가와의 대담을 통해 쓰인 회고록이었으므로 명단이나 일자 등에서 정확하지 못한 부분이 여러 곳 있었다.

미국과 캐나다, 일본, 독일에서 민주화운동에 지도적 역할을 하시며 기독자민주동지회의 주요 인물이셨던 김재준, 이상철, 이승만, 림순만, 이인하, 장성환 목사님들은 동지회에 관한 별다른 기록을 남기지 않고 이미 세상을 떠나셨다. 김재준 목사님께서 생전에 출간하신 「제3일」지에는 동지회 활동이라는 설명이 없이 여러 행사와 방문 활동이 기록되어 있을 뿐이다. 아직 지명관 교수와 박상증 목사 두 분 선배께서 생존해 계시기는 하지만, 몇 차례 의논을 드려도 90세가 넘으신 선배님들이 기억을 더듬어 동지회의 회고록을 쓰시기는 불가능한 것 같다. 나도 이미 팔십 고개를 바라보는 노령이지만, 나라도 보관했던 자료와 기록들을 가지고 동지회의 전모를 밝히는 작업을 하지 않으면 해외 민주화운동의 중요한 역사와 경험이 잊혀지고 말겠다는 염려를 하게 되었다.

기독자민주동지회는 동경에 모아두었던 국내 민주화운동 자료들을 2004년에 국사편찬위원회 자료실에 넘겨 영구보관하기로 했다. 그때 나는 내가 보관해오던 기독자민주동지회 자료철과 독일 민건회의 자료철을 함께 넘겨 복사본을 국사편찬위원회가 보관토록 했다. 이 자료들과 선배들의 회고록에 기록된 동지회의 활동들이 인용되면서 최근에 후배 학자들이 연구한 논문들이 쓰이고 있다는 소식을 들었다. 그러나 국사편찬위원회 자료실의 수십만 장 자료 중에서 동지회의 내용을 찾기도 어렵고, 조각조각 정보들이 발견되어도 맥락과 의미를 파악하기는 매우 어렵다는 이야기를 어느 후배 연구자로부터 들었다. 나는 후배 연구자들에게 도움이 될 실마리를 제공하기 위해서라도 기독자민주동지회의 통사를 써보는 것이 필요하겠다는 결심을 하게 되었다.

기독자민주동지회는 국내와 해외 여러 나라의 민주화운동을 연계시켜 활동하는 핵심적 인물들의 연대모임이었기 때문에 소수의 멤버들이 내밀하게 연대하는 비공개 조직이었다. 물론 해외 교회나 기관들의 지원과 협력을 얻기 위해서 동지회의 명칭을 공개적으로 썼지만 멤버들과 네트워크는 가급적 은폐시킨 비밀조직체였다. 동지회의 주동인물이었던 선배들도 은밀하게 활동했던 동지회의 모습을 밝히고 싶지 않아 그동안 공개하지 않다가 말년의 회고록에서야 간략히 언급하는 정도로 그친 것 같다. 사실상 많은 활동과 사건들이 있었지만, 동지들 간의 이견과 내적인 갈등도 있었고 오해들도 있었기 때문에 서로를 배려해 전모를 공개하기를 꺼려한 이유도 있는 것 같다. 그러나 나는 이제 역사가 된 과거이며, 사실대로의 역사 기술과 인용이 중요하기 때문에 기독자동지회가 겪었던 고민과 갈등, 해소를 위한 토론과 대화의 노력들도 상세하게 밝힐 필요가 있다고 생각해 나는 가급적 있었던 사실대로 솔직하게 서술해 보려고 한다.

기독자민주동지회의 활동과 역사가 특히 중요한 의미를 갖는 것은 동지회가 단순히 해외에 체류한 한국인들만의 운동이 아니라 국내의 주요 민주인사들과 함께하는 연대조직 활동이었다는 데 있다. 안전과 비밀유지를 위해 국내 동지들의 명단을 공개한 적은 없지만, 기독자민주동지회의 모임에 참석하여 함께 전략을 의론한 김관석, 강문규, 안병무, 이우정 외에도 문익환, 김찬국, 서남동, 이문영 등 기독자 교수들과 박형규, 조화순, 권호경, 김동완, 인명진, 안재웅을 비롯한 도시산업선교나 기독학생운동 관련 기독자들이 모두 은폐되었던 국내외 기독자 민주동지들이었다고 볼 수 있기 때문이다.

최초의 기독교 반유신 선언이었던 "73년 한국그리스도인 선언"부터 남산부활절사건, 민청학련 등 학생데모 사건이나 동일방직 여공들의 투쟁, 해직 언론인, 교수들의 인권 보호 사업, 크리스챤 아카데미 사건 등과 같이 기독교 인사들이 주동한 국내 민주화운동에는 항상 해외 기독자 동지들의 지원과 연대가 함께 있었고, 국내와 해외의 협동 작전이 실시된 운동이었다고 볼 수 있다. 국내에서 사건이 터지면 신속히 해외여론이 반응하고, 지원과 압력이 가해지도록 하는 활동이 해외에서 일어나는 양상은 마치 전투에서 전방과 후방의 협동작전이 이루어지는 모습이었다. 기독자 민주동지들의 연결고리가 국내 운동과 해외 운동의 연대와 협동을 가능케 한 것이었다.

1970년대 유신독재 시절 기독자들이 주도했거나 관련된 학생운동, 노동운동, 교수·지식인 운동, 언론자유운동 등에는 항상 해외 기독자 동지들의 지원과 희생자(부상병?)를 돕는 운동이 따랐다. 이 점에서 기독교 민주화운동을 개관하려면 국내와 해외의 연계와 협력을 살펴보지 않을 수 없다.

한국의 민주화운동사에서 기독교 운동의 비중을 높이 평가한 외국인 학자가 도날드 베이커이다. 그는 김대중도서관이 주최한 학술회의에서 이렇게 주장했다.

20세기 후반 한국이 독재에서 민족주의로 비교적 급속도로 이행해가는 극적인 과정을 본 사람이라면 기독교 활동가들과 기독교 단체들의 중요한 역할을 눈여겨보지 않을 수 없다. 기독교가 민주화에 기여한 공을 인정하지 않고 한국의 현대사 전체를 다룰 수는 없다.[5]

도날드 베이커는 한국에서 국가권력에 저항하여 자유공간인 시민사회를 창출하는 역할을 기독교(가톨릭 포함)가 시작했다고 보고, 이런 역사가 항일 독립운동과 1970~80년대 민주화운동에서도 계승되었다고 보았다. 불교나 유교와 달리 기독교가 가진 정기 집회와 강한 공동체의 성격이 사회개혁 운동의 힘과 영향력을 발휘할 수 있게 했다고 진단했다. 그는 기독교인들이 1970~80년대에 민주화운동에서 지도력을 발휘하게 된 이유를 설명하면서 "외국에서 중요한 도움이 있었기에 가능했다"고 설명했다. 한국인이건 외국인이건 해외에서 기독교 활동가들이 한국의 민주화운동을 지원한 방식을 네 가지로 구분하면서 기독자민주동지회의 역할과 업적을 해외의 자료들에 의해 상당히 자세하게 설명했다.

그는 동지회의 핵심인물인 지명관 교수가 「세까이」(世界) 지에 TK생이라는 필명으로 써 간 15년간의 기고를 매우 높이 평가했고, 김

---

5 유상영, 『국내·해외 민주화운동과 한국사회』, 115.

재준, 이상철, 박상증, 오재식, 이삼열 등 동지회의 핵심 멤버들도 소개하며 독일의 민건회, 일본의 긴규까이, 미국의 북미주한국인권연합의 활동도 파악하고 있다. 그러나 "김재준 목사의 지도하에 캐나다 토론토에 본부를 두고 전세계 민주주의운동 활동가들의 활동을 조율했던 민주동지회는 1981년에 본부를 독일로 옮겼다"고 한 서술처럼 잘못되고 정확치 못한 기술들이 여러 군데 있어서 바르게 시정해야 할 필요도 있다.[6]

　기독자민주동지회가 1975년 11월 제네바에서 처음 조직될 당시의 명칭은 〈민주사회건설세계협의회〉(World Council for Democracy in Korea)였다. 1974년 3월에 독일에서 〈민주사회건설협의회〉(민건회)가 창립되었고, 1974년 5월에 캐나다 토론토에서 민주사회건설협의회 토론토 본부가 공개적으로 조직되었고, 뉴욕에서도 비공개로 뉴욕 민건회가 조직되었으므로 해외 운동 단체들의 연합체를 만들어 보겠다는 것이 기독자 동지들의 뜻이었다. 그러나 '민주사회건설'(민건)이라는 표제를 붙인 것은 동지회의 성급하며 사려 깊지 못한 결정이었다. 민건회의 창립을 독일에서 주도했고, 토론토와 뉴욕에서 민건회 창립에도 관여했던 나 자신의 책임도 없지 않기 때문에 실책을 고백하지 않을 수 없다. 원래 제네바에서(1975년) 결정하기는 조직의 명칭과 임원 명단을 비공개로 유지하기로 했다. 독일, 캐나다, 미국의 민건 조직을 음성적으로 연대시키며 앞으로 세계 전체의 조직 연대로 확장시키자는 뜻이었다. 김재준 목사께서 토론토의 민건을 이끌고 계시다는 점도 고려된 사항이었다.

---

6 유상영, 같은 책, 130.

그러나 1975년 12월경 김재준 목사께서 뉴코리아 타임스와 L.A 선한민보와 인터뷰하시면서 세계민건의 내용을 발설하시는 바람에 제네바 회의와 세계민건협 창립이 전세계로 공표되어버렸다. 독일의 민건회와 미국의 민주운동 단체들에서 항의와 문의가 쏟아졌다. 동지회는 신속히 문제를 해결해야 했고 이를 위해 1976년 시카고 회의에서 〈한국 민주화 세계협의회〉로 명칭을 고치게 되었고, 1977년 뉴욕 회의에서는 한 걸음 더 나아가 〈기독자민주동지회〉로 명칭을 변경해 조직의 외양을 축소시켰다.

1976년 4월의 시카고회의, 1977년 11월의 뉴욕 회의에서 어떻게 동지회의 명칭이 변경되고 조직의 성격과 역할이 달라지게 됐는지를 밝혀야 할 필요가 있다. 1979년 11월의 동경회의와 1981년 4월의 밧볼(Bad Ball) 회의를 끝으로 기독자민주동지회의 본부는 독일이 아니라 국내로 옮겨지게 된다. 그래서 나는 이 책에서 1972년 박정희 유신독재체제가 실시된 이후부터 1981년 전두환 5공 독재체제가 나오기까지 10년간 내가 해외에 머물며 참여하고 경험한 해외 민주화운동을 독일 민건회와 기독자민주동지회를 중심으로 회고하며 서술해 보려고 하는 것이다. 나 자신 1982년 4월에 한국으로 귀국했기 때문에 그 후에 해외에서 일어난 반독재 민주화운동이나 평화통일운동에 대해서는 언급할 자격도 근거도 없다.

나는 1975년 제네바 회의와 1976년 시카고 회의, 1977년 뉴욕 회의 시에 회의록을 작성하는 서기의 역할을 맡았고, 1979년 동경 회의와 1981년 밧볼 회의에서는 토론을 요약해 결의문을 초안하는 역할을 맡았기 때문에, 다행스럽게 회의록과 결의문 등과 기록했던 노트들을 지금까지 보관하고 있었다. 그러나 회의록과 노트들만으로는 40

여 년이 지난 오늘 과거 1970년대의 행적을 충실하게 기억하거나 서술하기는 어려웠다. 당시의 문제의식과 동지들 간의 의견차이나 합의 과정을 회고하는 데 결정적 도움을 준 자료는 보관하고 있던 서신들이다. 나는 1970년대 박상증, 오재식, 지명관, 김재준, 이상철, 이승만, 림순만, 장혜원, 선우학원과 교환한 서신 200여 통을 다시 읽어보며 당시의 상황과 문제들을 회상하면서 집필할 수 있었다. 회의록에 담겨있지 못한 내용들이 편지 속에서 많이 발견되었다.

내가 독일에 살면서도 미국의 민주화운동 단체들, 민통, 민협, 민촉 등에 관해 논할 수 있고, 일본의 한민통에 대해서도 진술할 수 있는 것은 여러 차례 미국과 일본을 여행하며 인터뷰했던 노트들의 덕분이기도 하지만, 사실 민주동지들과의 편지들에서 확실한 정보를 얻게 된 덕이었다.

당시의 상황과 동지들의 문제의식을 비교적 생생하게 재현하는 데에는 사신이지만 편지에 기록된 내용들을 공개할 수밖에 없다. 사람인지라 기독자 동지들 간에도 의견 대립과 갈등 요인은 항상 있기 마련이었다. 특히 해외에 오래 거주하며 국내 사정을 잘 모르거나 관심이 적은 동지들과 국내에 바탕을 두고 있으며 잠시 해외에 나와 거주하는 동지들 사이에는 극복하기 어려운 문화적 정치적 의식의 차이가 있었고 이로 인한 입장과 전략의 차이와 갈등들이 노출되곤 했다.

특히 어려운 문제가 무엇보다 북한과 통일문제를 바라보는 이념과 시각의 차이 그리고 전략 노선의 갈등에 있었다. 국내와 달리 통제와 감시를 받지 않는 해외의 자유로운 공간에서는 사회주의적 통일운동이나 친북활동이 가능했기 때문에 여러 갈래의 좌파운동들이

음으로 양으로 존재할 수 있었다. 일본에서는 친북 조련계 조직활동이 거대하게 있었지만, 미주나 유럽에서도 친북 통일운동이나 좌익계열 인사들이 없지 않았다.

박정희 유신독재 체제를 철폐하고, 김대중·김지하 등 민주인사를 석방하라는 데모와 초기의 반독재 운동에는 누구나 참여할 수 있었고, 좌우 이념이나 계파의 구별 없이 행사나 활동에 함께 했다. 그러나 차츰 운동이 조직화되고, 활동 목표나 방법이 구체화되면서 이념과 노선의 차이와 갈등이 노출되고 드디어 조직과 색깔이 나누어지는 양상이 드러나게 되었다.

우선 남한의 민주화를 이룩하고 북한의 민주화도 주장하면서 통일운동을 하자는 선민주 후통일의 노선이 한편에 있고, 남한의 군사독재를 물리치기 위해서도 주한미군을 철수시키고 북한과의 통일운동을 함께 해야 한다는 선통일 후민주(?)의 노선·전략이 다른 편에 있었다. 두 갈래의 노선과 전략 사이에는 남북한의 체제와 통일문제를 바라보는 인식과 이데올로기의 차이들이 다양하게 있을 수밖에 없었다.

나는 1970년대 해외에서의 민주화운동을 그 뿌리와 흐름에서 살펴보면서 계보와 경향이 두 갈래로 나누어지는 것을 확인할 수 있었다. 하나는 기독자민주동지회가 구심점을 이룬 선민주 후통일과 다른 하나는 일본의 한민통과 한민련이 주도한 선통일 후민주 운동이다. 후자는 민족자주 통일을 우선적으로 추진하면서 반독재 민주화를 이룩하자는 운동이었다. 물론 기독자민주동지회 안에도 한민통과의 관계나 미군철수, 연방제 통일에 관해 서로 다른 견해와 입장들이 있었고, 한민련 계통의 조직들 안에서도 자주통일 노선이나 미군철수 문제에 다른 인식을 갖는 분들이 있었던 것으로 알고 있다. 그러나 양 진영의 대세와 성격은 분명히 구별되었고 타협이 불가능했다.

나는 초기에 연합전선의 원칙 위에서 양측을 연대시키며 협력체제를 만들어 보려고 일본 한민통의 배동호, 곽동의 등과도 깊은 이야기를 해보고, 미국 뉴욕의 림창영 박사 등과도 만나 의견을 나누어 보았다. 그러나 현실적으로 남한에 뿌리를 박고 운동하느냐, 남북한 통일민족의 가상 위에서 운동하느냐의 입장과 노선의 차이와 갈등은 극복이 불가능함을 알게 되었다. 옳고 그름의 문제라기보다는 실효성과 현실성의 문제이기 때문에 훗날의 역사만이 성패를 판별할 수 있을 것이다.

나는 해외 운동에서 기독자민주동지회의 정체성과 위상, 활동정책, 전략 노선을 밝혀보려고 애쓰면서, 다른 편이라고 할 수 있는 한민통, 한민련 계통의 조직이나 인물들과의 문제나 차이가 무엇인지 알아보려고 이 글에서 노력했다.

사실 민주화운동에서 좌우 대립 문제는 1980년대에 들어와 국내 운동에서도 노골적으로 드러났고, 해외에서 1980년대, 1990년대 통일운동에서도 계속되고 있는 갈등과 대립이며 앞으로도 통일 시까지는 계속될 수밖에 없는 논쟁과 대립이라고 생각한다. 단지 나는 1970년대 해외 민주화운동에 나타난 갈등과 극복 운동의 양상을 밝히면서 앞으로의 민주화 통일운동이 더 포용적이면서 현실적인 운동으로 발전할 수 있기를 기대해 본다.

동백림 간첩단 사건을 조작한 전 중앙정보부장 김형욱이 미국에서 망명생활을 하며 뉴욕의 기독자 민주동지들 림순만, 선우학원,

한승인 등과 자주 만나 박정희 타도를 위해 민주화운동에 자금까지
제공하려 했다는 것, 민주사회주의를 대안으로 논의했다는 것 등은
놀라운 일이었다. 미국의 동지들이 나에게 보내준 편지에 기록된 것
을 이 논문에 그대로 실었다. 회개하겠다던 김형욱이 파리에서 암살
되지 않고 민주화운동에 기여하는 모습을 보았더라면 좋지 않았을
까 하는 생각도 해보지만 완전히 신뢰가 가는 인물은 아니었다.

　1970년대 기독자민주동지회의 활동과 역사는 시대적 요청이었고
해내외 기독자들의 대응이었다. 시대가 달라져 과제는 바뀌었지만
기독자들에게 부과된 사명과 책임은 항상 있는 것이기에, 동지회의
역사가 한 귀감과 모델이 되어 기독교 운동과 해외 교민들의 운동에
참고가 되기를 바란다. 분단 후 70여 년이 지났지만, 남북한의 민주
화와 평화통일의 과제는 엄청난 과업으로 남아있다. 해외 동포가
700만에 이르고 정치, 경제, 종교, 사회적 역량이 커진 마당에 앞으로
남북한 통일과 민주화 과정에서 해외 교민들의 역할과 기능도 지대한
것이 될 것이라 믿는다. 이 작은 기록이 해외 민주화 통일운동에도
참고자료와 자극이 될 수 있기를 기대해 본다.

1장

반독재 저항운동과
국내외 기독자들의 연대

삼선개헌 반대(1969)와 기독자 민주수호 운동

　한국 기독교의 민주화운동은 언제부터 시작되었다고 볼 수 있을까? 많은 기록과 역사자료를 놓고 분석하며 해석해야겠지만, 대체로 제3공화국 박정희 정권의 장기집권 음모와 독재체제에 대한 반대와 저항운동이 일어나면서 시작되었다고 볼 수 있을 것 같다. 이승만 독재 정권을 타도한 4.19 학생혁명이나 제2공화국의 장면 정권을 제거한 5.16 군사 쿠데타 시에 기독교가 조직적으로든 개별 인사로서든 민주화를 외치며 저항한 역사나 뚜렷한 흔적은 찾아볼 수 없다. 제3공화국 박정희 대통령이 헌법에 보장된 두 번의 임기를 마치고 3선을 위한 헌법 개정 작업(1969년)에 들어가면서 야당과 시민사회 원로들과 학생들이 3선 개헌 반대운동을 일으켰을 때 기독교가 민주화운동에 참여하는 모습이 처음으로 나타난다.

　김대영은 "기독교가 민주화운동에 참여하는 시점을 1970년대로 인식하기도 하지만, 김재준 목사가 3선 개헌 반대투위(투쟁위원회)에서 적극적인 역할을 수행하는 1969년부터 기독교 민주화운동이 시작된 것으로 보는 것이 타당하다"고 주장한다.[1] 기독교는 이 운동을 계기로 한국 민주화운동의 중요한 원동력이 되어 재야운동의 형성에 획기적인 역할을 맡게 된다.

1969년 7월 17일에 조직된 〈삼선개헌 반대 범국민 투쟁위원회〉는 300여 명의 발기인들이 참가해 김재준 목사를 위원장으로 선출했고, 윤보선, 함석헌, 유진오, 박순천 등을 고문으로 위촉했으며, 정일형, 김홍일, 김영삼, 김대중 등 정치인, 종교인, 지식인 등 범국민적 민주 지도 인사들이 대거 참여했다. 투쟁위에는 적지 않은 기독교 인물들이 들어있다.

3선 개헌이 야반 삼경에 탈법적으로 국회를 통과하고(1969년 9월 14일), 국민투표(10월 17일)로 통과되자 삼선개헌 저지운동은 박정희의 3선을 저지하기 위한 공명선거 운동과 민주주의를 수호하기 위한 운동으로 열화같이 확대되었다.

〈삼선개헌반대범국민투쟁위원회〉를 해체하고 후속 세력들이 1969년 12월부터 모임을 가진 뒤 1970년 3월 3일에 〈한국민권투쟁위원회〉를 결성했다. 학생운동 출신의 청년들이 가담해 함석헌, 김재준 등 민주 원로 지도자들을 모시고 이병린 변호사를 위원장으로 추대했다. 박정희 대통령 3선으로 강화되는 독재체제에 저항을 하며 국민의 권리를 주장하기 위해서였다.

1971년 4월 27일 대통령 선거에 박정희의 삼선 출마와 당선이 노골화되자 군사독재 정권의 연장을 막고 국민 주권을 수호하자는 운동이 전국민적으로 일어났다.

1971년 3월경부터 종교계, 학계, 언론계, 법조계, 문화계 인사들 46

---

1 김대영, "반유신 재야운동",『유신과 반유신』, 민주화운동기념사업회 편 (삼인, 2005), 402.

명이 YMCA 회의실에 모여 민주적 기본질서의 파괴와 헌정중단을 규탄하는 '민주수호선언문'을 채택하였으며 4월 19일에 4.19혁명 기념식과 강연회를 겸한 〈민주수호국민협의회〉 결성대회를 대성빌딩에서 개최하였다. 김재준, 이병린, 천관우를 3인 공동대표로 선출했고, 조향록, 한철하, 법정, 이호철, 김정례, 계훈제 등 10인을 운영위원으로 선출했다. 기독교계 원로들이 범국민적 반독재운동의 지도적 역할을 맡게 된 것을 볼 수 있다. 4월 24일에 결성된 〈민주수호전북지역협의회〉의 대표가 전주남문교회 은명기 목사인 것도 주목할만하다.

〈민주수호국민협의회〉는 강연회, 좌담회, 성명서 발표, 공명선거를 위한 선거 참관인단 구성을 전국적으로 전개하며 반독재 민주 수호 운동을 확산시켰다. 민주 수호 운동은 원로들의 선언, 계몽운동에 머물지 않고 청년 학생들의 조직과 투쟁운동으로 확대되어갔다. 서울대 등 전국 12개 대학 학생 대표들이 4월 14일에 〈민주수호전국청년학생연맹〉(위원장 심재권)을 결성하고 교련철폐와 공명선거 운동을 전개하기로 결정했다. 4월 19일에 4월 혁명 기념식을 13개 대학 연맹 대표들이 고려대에 모여 거행하며 학원 자유 수호와 공명선거를 위한 선거 참관인단을 구성할 것을 선언했다. 이 학생연맹은 4.27 대선이 끝난 뒤에도 부정 선거 규탄과 5.25총선 거부운동 농성을 벌이며 학생들이 연행 구속되기도 했다.[2]

대학생들과는 별도로 4.19와 6.3세대에 속한 민주 청년들은 3선 개헌 이후 1971년 대통령 선거가 민주주의 사활을 건 선거라는 인식

---

[2] 『한국 민주화운동사 연표』, 민주화운동기념사업회 편 (2006), 207.

하에 재야 원로들의 〈민주수호국민협의회〉와 보조를 맞추는 〈민주수호청년협의회〉를 4월 21일 저녁 7시에 YMCA 도미토리홀에서 결성하고 백기완을 초대회장으로 추대했다. 여기에는 이후 민주화운동에 주도적 역할을 하게 될 청년운동 조직가 김지하, 김정남, 정수일, 김승균, 이재오 등 일꾼들이 참여했다.

그런데 이와는 별도로 4월 20일에 〈민주수호기독청년협의회〉가 결성된다. 민주 수호를 위한 〈국민협의회〉와 〈전국학생연맹〉, 〈청년협의회〉가 조직되었는데 다른 부문과 달리 기독 청년들이 따로 〈민주수호기독청년협의회〉를 결성한 것은 기독교 민주화운동의 역사에서 중요한 의미를 갖는 것으로 보인다.

4월 20일 오후 8시 종로구 도렴동 종교교회에서 〈민주수호기독청년협의회〉 결성을 주도한 단체는 〈한국기독학생회총연맹〉(KSCF)과 〈전국신학생연합회〉와 〈서울지구 기독청년협의회〉(EYC) 등 3개 단체였다. 이들은 결의문에서 "신앙의 자유는 민주주의에서 가능하기에 민주 수호를 위한 투쟁에 뜻을 같이하는 모든 단체와 연합하여 공동전선을 구축하며, 민주주의 근간인 공명선거를 위해 투개표 참관인으로 나서겠다"고 선언했다.[3]

4월 27일 대통령 선거 시 민주 수호 단체들은 선거 참관인단을 전국에 파견했는데 전국 6139명 중 〈민주수호전국청년학생연맹〉이 1155명을 보냈고 〈민주수호기독청년협의회〉가 1140명, 〈민주수호청년협의회〉가 312명, 종교계 교역자 125명을 보낸 것으로 통계가 잡혔다.[4]

---

3 『1970년대 민주화운동 — 기독교 인권 운동을 중심으로 (1)』, 한국기독교교회협의회 인권위원회 편 (1986), 124.

4 김대영, "반유신 재야운동", 같은 책, 409.

기독청년학생들의 파견자 수가 전국대학생연맹이 보낸 파견자 수와 비슷한 것을 보면 기독학생들의 열의와 강도를 짐작할 수 있다.

이 당시 기독학생회총연맹(KSCF)은 1968년 7월 KSCM과 대학 YMCA 가 통합된 이래 오재식 총무의 지도 아래 〈학생사회개발단〉(학사단) 프로그램을 강력히 실행하고 있었고, 학사단 활동을 통해 현장 속에 들어가 사회현실의 모순과 비리를 파악하고 주민들의 의식화와 조직을 통한 개선운동에 열을 올리고 있었다.

미국에서 솔 알린스키(Saul Alinsky)의 공동체 조직(Community Organization) 훈련을 받고 돌아와(1966), YMCA 학생부 총무(1967)를 거쳐 KSCF를 책임 맡게 된 오재식 총무는 미국 장로교 총회 도시산업선교 총무인 조지 토드(George Todd) 목사의 지원을 받아 한국에서 새로운 학생선교와 산업선교를 실험적으로 실시하는 책임을 맡게 되었다.[5]

오재식은 다른 한편 박형규 목사를 통해 연세대학교 도시문제연구소(소장 노정현 교수)에서 도시산업선교 실무자를 훈련하게 했는데(1968~70년), 주민 조직 전문가로 알린스키의 제자인 허버트 화이트(Hebert White)를 선교사로 초대해 20여 명의 도시빈민과 산업선교 실무자를 훈련시켰다. 청계천이나 광주단지 빈민촌에 들어가 6개월씩 살면서 주민조직 훈련을 받은 실무자들이 권호경, 김동완, 김진홍, 이해학, 인명진 등이었다. 조지 토드 목사는 3만 불을 이 훈련에 지원했다.

1969년 1월 24일부터 2월 1일에 실시된 학사단 동계훈련은 155명

5 오재식,『나에게 꽃으로 다가오는 현장』(대한기독교서회, 2012), 128-145.

의 학생들이 참가해 성서연구, 한국사회 구조분석, 도시 사회의 도전과 대책, 산업발전과 인간지대, 공중보건과 인간보호, 농촌문제와 농협운동 등의 내용이 담긴 교육을 받았다. 1969년 7~8월에는 500여 명의 학사단 단원들이 1차년도 목표 아래 농어촌, 산간벽지, 소도시 등에서 현장체험을 하며 사회개혁 운동의 방향을 모색하고 지역 주민들과 함께하는 실습훈련을 했다.

학사단 운동 1기는 3개년(1969-71) 계획으로 설정되었는데, 1969년(문제 발굴의 해), 1970년(문제 고발의 해), 1971년(문제 해결의 해)로 규정했고, 29개 학사단을 조직해 운영했다[6] 1970년도에는 와우아파트 붕괴사건(4월 8일), 전태일 분신사건(11월 13일), 1971년에는 광주 대단지 방화사건(8월 10일) 등 빈민, 노동자들의 삶의 고통 속에 폭발하는 사태들이 이어져 학사단 활동과 도시 빈민선교의 현장체험은 놀랍게도 효과적인 것이었다. 당시 KSCF 회장은 나상기, 학사단장은 황인성이었다.

이렇게 훈련되고 조직된 기독 청년 학생들이었기 때문에 독재정권과 부정부패에 항거하는 기독학생회(KSCF), 기독청년회(EYC)의 운동은 어른들이나 과거와는 다른 모습과 양태를 보여주었다.

1970년 4.19 10주년 기념행사를 대규모로 추진해 독재와 부정부패에 항거해야 한다는 결의를 표명한 기독학생회(KSCF)는 1971년 4.19 기념행사를 "부활과 4월 혁명"으로 정하고 4월 10일에 기독교회관에서 400여 명이 모여 불의에 방관하고 침묵하는 교회를 비판하며 교회의 죄를 걸머지고 십자가의 고난에 동참하겠다는 비장한 결의를

---

6 『1970년대 민주화운동(1)』, 97-103.

보이는 이벤트를 만들었다.

다음 날 새벽에 남산에서 부활절 새벽예배가 모이기 때문에, 교회와 사회를 향한 정의와 양심의 부활을 촉구하겠다는 결단의 표시로 대형의 십자가를 20여 명의 학생들이 지고 종로 5가까지 행진하며 100여 명이 이들을 따라갔다. 결국 무술 경관들에 의해 곤봉으로 구타당하고 십자가는 부서져 쓰레기통에 버려졌으며 20여 명의 기독학생들이 연행되었다.7

기독학생들의 십자가 행진 사건은 한국 기독교계에 커다란 충격을 주었고 이후 기독교의 반독재 민주화와 사회정의 실천운동에 큰 상징적 힘이 되었다. 그것은 독재반대와 민주 수호 운동에 나선 기독자들의 행동이 단순히 정치활동의 차원에서가 아니라 기독교 신앙에 입각한 순교자적 실천임을 입증한 사건이었기 때문이다. 그래서 기독자들의 저항운동은 목숨을 각오한 치열한 운동이 되었고, 전 국민들의 민주화운동에도 큰 힘이 되는 세력으로 존속할 수 있었다.

남산 부활절 사건(1973)과 국내외 기독자들의 연대

열화같이 일어난 범국민적 삼선 반대와 공명선거 운동에도 불구하고 1971년 4월 27일 8대 대통령 선거는 온갖 부정과 압력의 관건 선거로 박정희(630만 표)가 김대중(530만 표)을 누르고 3선 대통령으로 당선되었다.

---

7 한국기독교사회문제연구원, 『1970년대 한국기독교 민권운동』(1983), 112.

그는 4월 24일 부산 유세에서 "한번만 더 뽑아주면 부정부패를 일소하고 물러나겠다"고 4선 불출마 선언까지 했지만 일 년 반 뒤 1972년 10월 17일 유신체제를 선포하며 영구 독재의 길을 열었다. "박정희 씨가 3선 대통령이 되면 총통제를 만들어 영구집권을 노릴 것"이라고 선거 유세 시 폭로한 김대중 야당후보의 말이 적중했다. 엄혹한 비상계엄령 선포, 국회해산, 헌법정지, 정치활동 금지를 선포한 10월 유신은 총칼로 국민의 자유와 민주주의를 짓밟은 또 하나의 쿠데타였다.

계엄령 하 언론탄압과 집회 금지 속에 1972년 11월 21일 강행된 국민투표로 새로 만든 유신헌법은 통일주체국민회의라는 5천여 명의 대의원이 체육관에 모여서 임기 제한 없는 대통령을 선출하게 하여 영구집권의 체제를 만들었으며 국회의원 3분의 1을 대통령이 임명하고 삼권을 완전히 장악하는 해괴망측한 제도를 만들어냈다.

유신헌법에 대한 찬반의 의사표시마저 금지된 깜깜한 겨울 공화국 속에서 양심 세력들마저 당분간 몸을 감추고 침묵을 강요당한 채 있었는데 느닷없이 전주 남문교회의 은명기 목사가 1972년 12월 13일 밤 11시 교회에서 수요예배가 끝난 뒤 철야기도를 하는 중 기관에 연행 구속되었다. 죄목은 유언비어 살포, 포고령 위반이었다.

은명기 목사는 민주수호 전북협의회의 대표를 맡아(1971년 4월) 총선거부, 개표소 참관 등의 활동을 했고 함석헌, 장준하를 초청, 시국강연회를 열기도 했지만 10월 유신이 나고서는 공적 발언이나 행동을 삼가고 있었다. 그런데 12월 22일자 공소장에는 신자들 몇 사람에게 "유신헌법은 남북대화를 빙자한 장기집권 연장 조치이므로 반대의사를 표명해야 하며 자유민의 의사가 억압되어서는 안 된다"

라는 말을 해서 유언비어를 살포했다는 죄를 씌웠다.

은 목사의 석방을 위해 김관석 NCC 총무와 기장 총무가 전주 지사를 찾아가 호소했고, 기장 총회가 청와대, 국무총리, 법무부 장관, 중앙정보부장 앞으로 진정서(1973년 1월 28일)를 보내기도 했지만 1년이나 끈 재판의 판결(1973년 11월 14일)은 징역 8월에 집행유예 2년의 유죄판결이었다.

은명기 목사의 구속재판과 기장 총회의 탄원 움직임이 진행되는 동안 서울 제일교회 박형규 목사와 권호경 전도사 그리고 수도권 도시선교 위원회 김동완 목사를 중심한 기독자들이 4월 22일 부활절 남산 연합 예배 시 독재자의 회개를 촉구하는 이벤트가 꾸며지고 있었다.8 〈남산 부활절 사건〉으로 잘 알려진 이벤트는 부활절 새벽 연합 예배 시 플래카드를 들고 전단을 돌려 독재자의 횡포를 고발하며 교회를 각성시키려는 행위였는데 보안사는 이를 내란 예비음모라는 어마어마한 죄목으로 둔갑시켜 박형규, 권호경 목사와 여러 도시산업선교 실무자와 기독 학생들을 구속하고 국제적 관심이 높은 재판정을 벌였다.

플래카드에 실은 문구는, "주여 어리석은 왕을 불쌍히 여기소서!", "선열의 피로 지킨 조국 독재국가 웬 말이냐?", " 서글픈 부활절 통곡하는 민주주의" 같은 완만한 종교적 경구들이었다. 그러나 예배 도중 들려던 플래카드가 연락이 잘 안 되어 들려지지 못했고, 폐회 후 일부에 돌려진 전단지를 받은 사람은 많지 않았다. 그런데 묘하게 감추었던 플래카드가 발각되고 고발되어 일이 커지게 되었다.

---

8 권호경, 『역사의 흐름, 사람을 향하여』 (대한기독교서회, 2019), 192-220.

보안사는 박형규 목사를 비롯한 기독교 목사 학생들이 남산 부활절 예배에 모인 10만 군중을 선동해 예배 후 남산을 내려오면서 방송국과 정부 청사를 정복해 내란을 일으키려 했다고 기소문을 꾸미고 억지 재판을 진행시켰다. 그러나 고문과 강요로 조작된 고소문이 알려지면서 기독교계의 성명서와 구속자를 위한 기도회가 연달아 열리고 국제적인 관심과 항의도 높아져 갔다. 공판정에는 수백 명의 방청객이 몰려들고 일본의 오시오 목사 등 여러 외국인들이 방청하며 탄원서를 제출하기도 했다. 한승헌 변호사 등의 재치 있는 반대 심문과 신앙적인 대답으로 내란음모가 아님은 밝혀졌으나 결심공판(1973년 9월 18일)은 공소사실을 인정하며 박형규, 권호경에게 징역 2년, 남상우에게 1년 6개월을 선고했다. 전단을 배포했다고 구속된 김동완, 나상기, 황인성, 정명기, 서창석 등 기독청년 학생들은 즉결심판에 넘긴 후 석방되었다.

잘 알려지지 않은 전주 은명기 목사의 구속재판과는 달리 널리 알려진 박형규 목사의 구속재판은 국내 기독교계뿐 아니라 세계 여러 나라의 교회들과 국제 기독교 기관들에 커다란 충격을 주었으며 독재에 저항하는 한국기독교의 모습을 인상 깊게 각인시켰다. 여기에는 해외에 거주하는 기독자 동지들의 역할과 영향력이 작용했다.

때마침 해외에는 국내 기독교 민주화운동에 헌신하는 김관석 목사, 박형규 목사 등과 연대 할 수 있는 국제 기독교 기관에 자리를 잡은 에큐메니칼 실무자들이 여러분 있었다. 세계교회협의회 제네바 본부의 전도와 선교부(WCC-CWME)에는 박상증이 1966년부터 간사로 근무하고 있었고, 아시아교회협의회 도시산업선교부(CCA-URM)에는 오재식 간사가 1971년부터 동경에 사무소를 갖고 있었다. 동시에 세계기독학생회총연맹(WSCF)의 아시아지역 총무를 맡은 강문규도 1970년도부터 1974년까지 동경에 사무실을 두고 있었다.

에큐메니칼 삼총사라고도 불리는 이 세 사람, 박상증, 강문규, 오재식은 한국기독교의 에큐메니칼 국제기구에서 자리를 잡은 1세대면서 기독 청년학생 운동(YMCA, KSCF, NCCK)을 이끌어 온 핵심 지도자들이었다. 세 사람은 신학 공부를 했지만 목사가 되지 않고 평신도로 있으며 기독교 청년운동과 사회선교, 국제기관 활동을 일평생 이끌며 동시에 동지로서 활약해온 삼총사였다.9

특히 한국기독학생연맹(KSCF) 총무를 지내며(1968~70) 학생사회개발단(학사단) 운동을 이끌었고 박형규 목사와 함께 도시 빈민 선교운동을 지원해왔던 오재식이 아시아교회협의회 도시농촌선교부(CCA-URM) 책임을 맡아 1971년부터 동경에 자리를 잡게 됨으로써 국내 기독교의 반독재 민주화운동 지도자들과 연계하며 지원하고 협력하는 일이 매우 원활하게 되었다.

사실상 국내 기독교 민주화운동은 유신 초기부터 기독학생회(KSCF)와 도시산업선교의 실무 요원들을 두 축과 세력으로 발전해 왔기 때문에, 양측 운동에 깊이 관여하고 지도했던 오재식 총무가 해외교회와 기독자들의 운동과 국제기독교 기관들과의 연결고리를 만드는데 핵심적 역할을 담당할 수밖에 없었다.

무엇보다 중요한 요소는 국내 인권운동, 학생운동, 도시산업선교운동을 재정적으로 지원하는 일이었다. 아시아교회협 도시농촌선교부(CCA-URM)는 세계교회협(WCC)이나 미주와 유럽 교회들이 한

---

9 이삼열, "에큐메니칼 삼총사와 함께", 박상증, 『에큐메니칼 여정을 돌아보며』 (대한기독교서회, 2017), 32-79.

국 내 선교활동을 지원하는 일에 창구 역할을 할 수 있는 곳이었다. 오재식 총무의 CCA-URM 사무실에는 한국에 연간 50만 불 이상의 재정지원을 할 수 있는 예산이 있었고, 이 예산으로 기독학생회의 학사단이나 수도권 도시선교위원회의 활동들을 지원할 수 있었다.[10]

그뿐만 아니라 이때(1970-74) 기독학생회(KSCF)를 직접 지원할 수 있는 세계기독학생회총연맹(WSCF)의 아시아 총무를 강문규 씨가 맡아 동경에 거주하고 있었고, 마침 지명관 교수가 1972년 10월부터 일본여자기독교대학의 교환교수로 동경에 체류하게 되었다. 오재식 총무는 URM 산하에 아시아의 선교 실천 행동 그룹들의 자료를 모아 정리하는 기록 센터(Documentation for Action groups in Asia, DAGA)를 설치했는데, 미국에서 학위를 마치고 귀국하던 김용복 박사를 하비(Pharis Harvey) 선교사와 함께 DAGA의 실무자로 채용하여 운영을 맡겼다.

인력과 재력이 갖추어진 동경센터는 국내 운동을 지원하며 해외 여러 나라의 운동과 지원활동을 연계시키는 해외 민주화운동의 심장부와 같은 역할을 맡게 되었다. 동경은 서울과 거리가 가까워 국내 인사들이 쉽게 나오고 해외 인사들이 거쳐서 한국으로 들어가기 때문에 함께 만나서 정보를 교환하고 전략을 의논하는 전략요충지가 되었다.

실제로 박형규 목사의 구속이 일어난 직후 1973년 7월 말경 교회협(KNCC) 김관석 총무가 동경에 나오는 기회를 이용해, 국내외 기독교 민주동지들이 한자리에 모이는 기회가 마련되었다. 남산 부활절

---

10 오재식,『나에게 꽃으로 다가오는 현장』, 186.

사건으로 박형규 목사 등 도시선교 일꾼들과 기독 학생 간부들이 모두 잡혀간 엄혹한 상황이었으므로 정보부 감시를 피하기 위해 007작전을 하며 후지산 아래에 있는 고덴바시의 한 여관에서 10여 명이 비밀리에 모였다. 긴급히 연락해 모인 사람은 동경의 오재식, 강문규, 지명관, 이인하와 제네바의 박상증, 뉴욕의 림순만, 달라스의 동원모, 토론토의 이상철, 나카지마 일본 NCC 총무 등 10여 명이었다.

이 자리에서 김관석 목사는 서울 사태를 보고하며 울음을 참지 못해 엉엉 우셨다고 한다. 회의 분위기는 비장했다. "존경하고 사랑하는 사람들이 억울하게 감옥에 갇혀 있다는 사실이 우리를 긴장시키고 충동해서 서툰 머리로 대책을 의논하고 작전과 전략 같은 것을 생각하기 시작했다. 그때 이미 나라 밖에 있게 된 우리는 국제적인 연락망을 통해서 국내 저항운동을 지원해야 한다고 의견을 모았다"고 오재식은 회상했다.[11] 사실 〈기독자민주동지회〉는 이 모임에서 출발되었다고 볼 수 있다.

재일 기독자 동지와 한국 그리스도인 선언(1973)

1972년 10월 유신 이후 한국 기독교인들이 유신독재 반대와 민주화를 위한 운동을 전개하면서 국내외 기독자들의 연대가 중요한 성과를 이룬 업적이 〈1973년 한국 기독교인 선언〉이었다.

1973년 5월 20일 자 "한국 기독교 유지 교역자 일동"의 이름으로

---

11 오재식, 같은 책 , 221.

발표된 〈1973년 한국 기독교인 선언〉은 처절한 겨울공화국 시절인 유신 초기에 유신체제에 정면 도전한 기독교의 선전포고였다.

"우리는 한국 기독교인 공동의 이름으로 이 선언을 발표한다"라고 서두에 쓰면서 유신 독재 체제를 거부하고 투쟁해야 할 신앙적 이유와 민주 시민의 권리를 열거했고, "기독자들은 십자가에 달리시면서 로마제국의 관리에 저항한 예수님을 따라 순교적인 각오로 투쟁해야 한다"라고 선포했다.[12]

이 선언문은 비밀리에 작성되고 익명으로 숨어서 유포했기 때문에 국내에서는 잘 알려지지 않았지만, 영어로 번역되어 해외에 널리 퍼져서 한국 기독교의 투쟁과 신앙적 각오를 전 세계적으로 널리 알리는 데 큰 역할을 했다. 1973년 5월 싱가포르에서 열린 아시아 교회협(CCA) 총회 시에 배포되었고, WCC를 통해 유럽 교회들과 미주 교회들에 널리 전달되었다.

그런데 이 선언문은 동경에서 오재식, 지명관, 김용복에 의해 작성되었고 비밀리에 서울로 보내서 김관석 목사, 박형규 목사, 조승혁 목사 등의 동의를 받고 국내 기독자들이 작성한 것처럼 발표되었다. 선언문이 작성되고 국내로 보내서 발표하게 된 경위를 오재식은 자서전에 자세히 기록했다.[13] 기독교회관과 교회 건물마저 정보부 요원들이 수시로 드나드는 엄혹한 통제하에서 이런 반정부 선언문을 쓰고 동의를 받는 일은 불가능했기 때문에, 밖에서 쓰고 안에서 쓴 지하 문서처럼 발표했다는 설명이다.

동경 시내 니시와세다에 위치한 일본 기독교 교단과 교회협 (JNCC)

---

12 한국기독교 교회협의회,『1970년대 민주화운동』I, 250.

13 오재식, 같은 책, 170-178.

가 있는 건물에 오재식(CCA-URM)의 사무실이 있었고, 자연히 일본 교회 지도자들과 잦은 접촉을 하며 한국 상황을 의논할 수 있었다. 김관석 목사로부터 박형규 목사 등의 구속 사건을 자세히 들은 일본 교회협(JNCC) 총무 나카지마(中嶋正昭) 목사는 한국교회의 투쟁을 돕기 위해 〈한국문제긴급회의〉(긴규까이)라는 모임을 조직했다. 쇼 오지(東海林), 오시오(大塩), 오시마(大島), 모리오까(森崗) 등 일본 교회의 거물 지도자들과 함께 결성한 긴규까이는 "한국통신"이라는 뉴스레터를 정기적으로 발행하며 한국 기독교의 신앙적인 저항운동을 지원하는 연대활동을 1973년 가을부터 시작했다.

특히 1973년 8월 13일 동경에서 김대중 선생 납치사건이 일어나, 한국 정부의 포악한 정보정치가 여실히 드러났기 때문에 대중적 비판과 반한 여론을 타고 긴규까이는 활발하게 움직일 수 있었다.

또한 일본에서 반정부 활동을 비밀리에 하게 된 오재식, 지명관, 김용복 등 민주동지들에게는 긴규까이가 큰 힘이 되었고 많은 도움을 받는 보호막이 되었다. 사실상 일본 안의 한국 교포들과 교회들을 향해 전달해야 할 홍보활동을 긴규까이가 대신해주고 있었다. 김대중, 김지하 구명운동도 긴규까이는 열심히 전단과 홍보물을 거리에서 돌리며 추진했다.[14]

박형규 목사의 재판이 진행되는 내내 긴규까이는 오시오 목사 등 대표를 파견해 재판정에 방청객으로 참석시켰고, 일본인들의 탄원서를 제출하기도 했다.

일본 안의 한국 교포들은 60만이 넘지만 친북 조련계와 친남 민단

---

14 오재식, 같은 책, 231 이하.

계로 갈라져 있었고 양측 모두 남북한 정부의 지원과 감시하에 있어서 정부 비판은 불가했다. 민단계에서 탈퇴한 일부(삼천리 그룹 등)가 일본을 방문한 김대중 선생을 모시고 한민통(한국 민주회복 통일촉진 국민회의)이라는 반정부 단체를 만들었다. 배동호, 곽동의, 조활준 등이 중심된 한민통은 김대중 선생이 납치된 이후엔 주한 미군철수 등 좌파적 경향을 띠며 해외 교포들에게 반외세 통일운동을 적극 펴나갔다.

한민통은 재일교포들에게는 호소력이 있었지만 한국에서 나와 일본에 일시 거주하는 유학생이나 교민들에게는 친북 그룹처럼 보여 접근성이나 영향력이 없었다. 동경에 거주하는 기독교 민주동지들이나 일본 긴규까이 회원들은 같이 박정희 유신독재를 비판하면서도 한민통 그룹과는 거리를 둘 수밖에 없었다. 국내 기독교의 민주화 인권운동에 피해를 주거나 부담을 주지 않기 위해서였다.

동경의 기독자 민주동지들이 이룩한 또 하나의 큰 업적은 월간 「세까이」(世界) 지에 연재된 "한국으로부터의 통신"이었다. 'TK생'이라는 익명으로 1973년 5월호부터 1988년까지 16년간이나 연재된 이 통신은 유신체제와 전두환 5공 독재 기간에 극도로 억압된 언론통제와 어용화로 타락한 국내 신문방송에 맞서서 진실된 보도와 해설을 전해준 진실보도의 원천이었다.

독재정권의 언론탄압과 정보정치는 극치에 달해 신문방송은 학생데모나 야당의 농성마저 왜곡 보도하거나 전혀 보도하지 못했다. 구속 사태나 고문 감시 등은 일체 언급할 수가 없었다. 실상을 알리는 사람은 「뉴욕 타임스」나 「워싱턴 포스트」에 가끔 실리는 특파원들의 현지 취재기사를 보아야 했는데, 엄청난 사건이 아니면 한국

기사를 보기 힘들었다.

실정을 몰라 답답했는데 세까이 지에 TK생의 "한국으로부터의 통신"이 실리면서부터 해외에서는 그달의 한국 소식을 정확히 알고 또 사정을 이해할 수 있게 되었다. 누가 잡혀가고 어떤 고문을 당했고, 어떤 정치인이 변절했으며 매수당했는지까지 국내 정치, 경제, 사회, 문화계의 소식들이 속속들이 알려지게 되었다. 이 기사가 해외 민주화운동에 교과서처럼 읽히고 큰 자극과 영향을 준 것은 물론이다.

TK생이 누군지 지금은 모두 알게 되었지만, 2003년 지명관 교수가 기자회견을 통해 본인이었음을 밝히기 전까지는 일본이나 한국뿐만 아니라 세계적으로도 정체가 밝혀지지 않았다. 단지 오재식, 박상증, 강문규를 비롯한 일본, 유럽, 미국의 기독자 민주동지 몇 사람만이 1970년대 당시부터 TK생이 누군지 알고 있었는데, 비밀이 철저히 지켜져서 해외의 민주운동가들도 모르게 감추어져 있었다.

나는 1974년 일본을 방문했을 때 지명관 교수와 오재식 선배로부터 직접 들어 알게 되었고, 야수에 「세까이」지 편집장과도 두어 시간 면담해서 자세한 경위를 들었지만, 그 내용을 가족·친구들에게도 발설하지 않았다.

사실 TK생의 한국통신은 지명관 교수의 글이었지만 지 교수의 일본 체류를 지원하고 뉴스 소스를 제공하는 일은 오재식, 박상증, 강문규를 비롯한 기독자 민주동지들의 공동의 과업이었다. 서울과 동경을 드나드는 많은 사람이 국내 소식을 동경의 센터로 가져와 지명관 교수에게 전달했다. 비밀을 숨기기 위해 성냥갑이나 과자 상자에 선언문이나 사진들을 숨겨서 날아오기도 하고, 운반 역할을 많이 한 독일 선교사 슈나이스(Schneiss) 목사는 너무 자주 서울을 왕래해 입국 거절을 당하기도 했다. 그러면 부인이나 딸을 보냈다. 검열을 피하기 위해 외교문서 통신을 이용하기도 했다.

지명관 교수는 원래 1972년 10월경 1년간 교환교수로 동경에 갔는데, 때마침 계엄령과 유신체제 선포가 발생하여, 오재식 후배의 권유를 받아 동경에 계속 머물러 민주화를 위한 국내 지원에 합세하기로 결심하고 가족을 데리고 갔다. 동경여자대학의 월급 없는 초빙교수 자리를 마련했지만 생활비는 동지들이 해결해야 했다. 미리 안면이 있던 세까이지 편집장 야스에 로스케를 만나 의론한 뒤 "한국으로 부터의 통신"을 매달 집필하게 되었다. 문제는 비밀을 지키고 생활비를 마련하는 일이었다.

원고료를 받으면 탄로가 나니까 야수에 씨는 원고료를 저축하되 끝까지 지불하지 않고 보관하기로 했다. 생활비는 오재식, 박상증이 세계교회협의회(WCC)의 지원을 받아 지불해야 했는데 아무리 에큐메니칼 선교비지만 지 교수의 생활비를 정당화시키기는 어려웠다. WCC 총무를 설득해, 돈을 마련하는 것은 제네바의 박상증의 몫이었다.[15] 수년 동안 지 교수의 월급은 WCC와 유럽 교회들의 지원금에서 지출되었다. 수미야 미끼오(隅谷三喜男) 교수(경제학)가 도쿄여자대학 학장이 된 뒤부터는 이 사실을 알고 대학에서 지 교수에게 월급을 지급했다.

세까이 지의 통신이 널리 읽히게 되자 박정희 대통령은 TK생을 잡아내라고 야단쳐서 중앙정보부는 혈안이 되어 수색에 나섰다. 일

---

15 강주화, 『박상증과 에큐메니칼 운동』(삼인, 2010), 217 이하.

본 안의 여러 인물을 지목해 추적했는데 한때는 정경모 씨를 의심했다. 일본말로 글을 쓰며 한국 문제를 아는 한국 사람이 별로 없었기 때문이다. 여러 일본 작가들이 번갈아 가며 쓰는 것 같다고 보고했다는 말도 있었다.

어쨌든 여러 사람의 조심으로 TK생의 정체는 드러나지 않았다. 누구보다 지 교수의 안전에 유의하며 애쓴 사람은 세까이 지 편집장 야수에 씨였다. 사내로까지 좁혀오는 TK생 추적 작업을 보며 필자를 위장하기 위해 야수에 씨는 지 교수로부터 직접 원고를 받은 뒤 부인을 시키거나 비서에게 원고를 다시 쓰게 하고 원고를 뒷마당에서 불에 태워 없애 필적을 감추었다. 원고지 일백 페이지에 가까운 글을 다시 옮겨 쓰는 것도 보통 일은 아니었지만 이렇게 해서 인쇄소에서라도 필적을 통한 필자의 수색을 막았다.

이렇게 민주동지들과 일본의 야수에 편집장과 수미야 교수의 노력으로 TK생 통신을 실은 세계 지는 16년간 한국의 민주화운동을 대변하는 권위 있는 간행물이 되었다.

해외 기독자들의 독일 바일슈타인 선언(1973)

1973년 한국 그리스도인 선언과 남산 부활절 사건으로 인한 박형규 목사 등 기독자들의 구속 재판은 일본에서뿐 아니라 미국과 독일의 기독자들에게도 영향과 자극을 주며 저항의 목소리와 민주화운동을 일으키는 계기를 만들어 주었다. 특히 독일에서 유학생활을 하고 있던 나 이삼열은 여러 가지 인연과 경력 때문에도 유신독재의 탄압과 기독자들의 순교적 저항을 보며 침묵하고 있을 수 없었다.

박형규 목사님과는 1967~68년 내가 크리스챤아카데미 간사로 재직했을 때부터 함께 에큐메니칼 활동을 했던 경험이 있었다. 1967년 당시 한국기독학생연맹 총무였던 박 목사는 동아시아교회협의회 (EACC)가 '교회와 사회' 대회를 아카데미 하우스에서 열었을 때 김관석 목사, 김준영 목사, 박광재 목사, 이삼열이 5인 준비기획위원으로 함께 활동했고, 크리스챤아카데미 프로그램에도 여러 차례 함께 참여했다. 내가 1968년 가을 독일 유학을 떠난 뒤 박 목사는 교회협 (KNCC) 총무가 된 김관석 목사의 후임으로 대한기독교서회 발행 「기독교사상」의 편집 주간을 맡았다. 그 후 1970년 4월부터는 기독교방송(CBS)의 방송 담당 상무로 일했는데 전태일 사건 보도와 1971년 대선 때 김대중 후보와의 인터뷰 건으로 압력을 받아 1년 만에 사직했다. 얼마 뒤 강원용 목사가 크리스챤아카데미의 원장 대리 역을 맡겼지만(1971년 7월) 위수령 발동으로 다시 정보부의 압력에 밀려 그 직마저 몇 달 뒤 사직했다.

월급 받는 직장을 모두 잃게 된 박형규 목사는 제일교회 설교 목사와 수도권 도시 선교위원회 위원장직 등 봉사활동을 하며 지냈는데, 암담한 현실을 고민하며 생각을 정리하기 위해 1972년 여름 동남아시아와 유럽으로 몇 개월 여행길에 올랐다. 세계교회협 도시농촌선교부(WCC-URM)의 조지 톳드 목사의 지원을 받아 해외선교활동을 견문하는 여행이었는데, 독일에 와서는 밧볼(Bad Ball) 아카데미와 서남독 선교부, 함부르크의 동아시아 선교위원회 등을 방문한 뒤 괴팅겐의 우리집에 들리셨다(1972년 7월).

오랜만의 재회, 이틀간의 시간 가는 줄 모른 대화 속에는 암담한 국내 사정과 동서독의 평화체제 등 많은 이야기가 오갔다. 학원, 종교, 언론의 무자비한 탄압과 정보정치, 영구 독재를 향한 총통제 헌법 준비 등 암울한 국내 사정을 나에게 자세히 들려주었다.[16] 이미 그 당시에 나치 독재 같은 무서운 날이 올 것 같다는 예견을 하시며, 독일 고백교회의 운동과 본회퍼와 니묄러 목사의 순교적 저항정신에 관해 감명을 받았다는 말씀을 해주셨다. 박 목사는 벌써 상당한 각오를 하신 것 같고 나에게도 때가 올 테니 각오를 하고 있으라는 말씀을 해주시는 것 같았다. 아닌 게 아니라 독일을 떠나 아시아 몇 나라를 방문하시고 한국으로 들어가시는 길에 대만에서 8월 말 나에게 그림엽서 한 장을 보내주셨는데 아직도 간직하고 있는 엽서에는 이렇게 간단히 적혀있었다.

> 귀국해서 할 일을 생각하니 마음이 무거워지는군요. 그러나 사람의 할일은 다하고 심판은 하나님께 맡길 수밖에 없겠지요.

귀국하신 후 일 년 안에 일어난 남산부활절 사건과 구속 재판을 보면서 나는 우리집에서 이미 고백교회의 순교적 저항을 몸소 실천하실 결의와 각오를 보이셨다고 생각했다.

박형규 목사의 1972년 7월 괴팅겐 우리집 방문은 나에게 적지 않은 감동과 영향을 주었다. 그렇지 않아도 나는 그때 암울해 가는 조국의 현실을 보며 독일에 있는 유학생들을 모아 한국의 정치, 경제 문제를 토론하는 코리아 세미나(Korea Seminar)를 준비하고 있었다.

---

16 이삼열, "한국의 니묄러 목사", 박형규 기념사업회, 『박형규와 함께 그 길을 걷다』(동연, 2014), 88-9.

1968년 10월 독일 유학생활을 시작한 나는 동백림사건(1967)의 독일 유학생 납치사건 이후 얼어붙은 유학생 사회의 분위기를 바꾸며, 조국의 현실과 장래 문제를 격의 없이 토론할 수 있는 분위기를 만들고자 독일 기독교 장학회(ÖSW)의 도움을 받아 10여 개 대학 도시를 방문하며 세미나를 조직하고 있었다.

1972년 11월 2~5일에 보쿰 근처 필릭스트(Villigst)에 있는 개신교 학생연수원(Evangelische Studienhaus)에서 열린 세미나에는 40명의 유학생들이 모여 '한국 사회와 지성인의 역할'이라는 주제로 정치, 경제, 사회문제를 분석하며 지성인의 비판적 역할에 관해 진지한 토론을 벌였다.17 그런데 세미나가 열리기 2주 전인 10월 17일에 계엄령이 선포되고 10월 유신이라는 정변이 국내에서 일어나 뜻하지 않게 유학생 세미나는 유신 독재체제에 대한 공포와 염려 분위기 속에서 진행되었고, 밤에는 침실에 모여 열띤 논쟁이 벌어졌다. 박정권에 대한 성토와 비판이 열을 올렸고, 저항운동에 대한 이야기도 나왔다. 그러나 유학생 신분으로 체류 허가를 받아 공부 마치면 귀국해야 하는 처지에 있었기 때문에 감히 독일에서 공개적 비판이나 저항운동은 생각하기 어려웠다. 더구나 불과 몇 년 전 동백림 간첩사건으로 수십 명 유학생이 납치 귀국 당한 일이 있어, 정보원들에게 들키지 않도록 몸조심 말조심을 해야 했다. 그래도 보쿰 세미나는 재독 한국 유학생들 사이에 서로를 알며 친숙해지고 연결망을 만드는 좋은 기회가 되었다. 이후에 일어난 민주화운동이 태어날 수 있는 토대가 마련된 것이다.

---

17 이삼열, "독일에서의 민주화운동", 「기억과 전망」 33 (2015 겨울, 민주화운동기념사업회), 468-475.

1973년에 들어와 유신체제의 해괴한 모습이 드러나며, 체육관 선거로 영구 독재체제가 성립되자 국내와 마찬가지로 해외에서도 여기저기에서 비판과 저항의 목소리가 나오기 시작했다. 문제는 이들을 어떻게 조직하며 공개화하느냐는 것이었다. 비판의식은 있지만, 내놓고 말하거나 집단화하기는 두려웠다. 압박을 받거나 귀국을 포기해야 하는 위험이 도사리고 있기 때문이었다. 취업이나 영주권이 가능했던 미국과는 달리 독일에서는 유학생들에게 취업 허가나 영주권을 주지 않았다.

이런 분위기에서 반독재 저항운동을 표출할 수 있는 계기를 독일 개신교 선교부가 주최한 한·독 기독자 연수 모임(Klausur Tagung)이 만들어 주었다. 남산 부활절 사건과 박형규 목사 등 기독자들의 구속재판, 1973년 5월의 "한국 기독자 반유신 선언"은 해외에 있는 기독자들에게 커다란 자극을 주었고 불의한 독재에 침묵하고 방관해서는 안 되겠다는 깨우침을 일으켜 주었다.

독일의 한국 교민사회는 파독 간호원·광부들이 수천 명씩 오게 된 1960년대 중반부터 확대되기 시작했다. 전에는 어렵게 유학 온 학생 몇백 명이 고작이었는데 노동인구가 정착하면서 예배처소가 생기고 한인교회들이 지역마다 설립되었다. 1970년대 초의 통계로는 재독 한인의 수가 1만2천 명 정도였고 대부분 노동자였으며 유학생은 8백 명 정도였다. 여러 곳에 세워진 한인교회에는 목사가 필요했으므로 독일교회의 지원으로 한국 목사들이 초빙되어 장성환(루르 지역), 정하은(베를린), 이재형(함부르크), 김종렬(슈투트가르트) 목사 등이 지역교회를 맡아 목회했고, 유학생으로 와서 독일교회 목사가 된 이영빈(뮌헨), 이화선(프랑크푸르트) 목사 등이 함께 한인교회에 봉사했다.

이렇게 독일에 한인교회가 커지고 목사, 신학생들이 늘게 되자 독일교회 선교부는 여러 가지 지원활동과 함께 한독 기독자 연수모임(Klausur Tagung)을 만들게 되었다. 첫 모임이 1972년 11월 27~29일 남부 독일 하일브론(Heilbronn) 근처 바일슈타인(Beilstein)에서 모였는데, 한독교회와 신학의 협력 문제에 관해 안병무 교수, 정하은 박사, 박상증 선생 등이 발제하고 장성환, 이영빈 목사와 김철현 박사, 이삼열 등 유학생 20여 명이 참석해 토론했다

1973년 11월 22~25일에 둘째로 모인 바일슈타인 회의는 국내 상황에 맞추어 기독자들의 반독재 저항운동과 구속자들에 대한 연대 문제로 불이 붙게 되었다. 〈1973년 한국 그리스도인 선언〉이 세계적으로 알려지고 박형규 목사 등이 부활절 사건으로 구속된 탄압 상황에서, 해외의 기독자들이 해야 할 과제를 찾아보자는 모임이 되었다. 모임의 준비과정에서 나는 제네바 WCC에서 근무하며 독일교회 동아시아 선교위원이기도 한 박상증 간사(당시는 목사가 아님)에게 이렇게 편지를 드렸다.

이제는 일그러져 가는 조국의 역운을 목전에 두고 급박한 현실과 대결하든가 도피하든가의 Alternative밖에 없어져 가는 상황이기에 만남과 대화를 통한 현실의 공동분석과 용기의 유대화가 무엇보다 중요하게 된 것 같습니다. 가능하면 일본이나 미국에서 활동하시는 진보적인 지성인들과도 연결을 가지고 Solidarity를 강화해야 하지 않나 생각하고 있습니다. 이번에 강원용 목사님을 만나 강하게 제안했던 것은 박형규 목사 석방운동에 앞장서 주실 것과 석방이 되는 대로 타협을 해서 독일의 한인교회를 위해 내보내 주십사 하는

안이었습니다. 제 생각으로는 일단 박 목사님이 나오셔서 목회일 하시면서
장기 투쟁 계획을 세워야 할 것 같습니다. … (1973년 9월 19일자 편지)

독일 서남부 선교부(EMS) 동아시아 책임자인 슈나이스 목사와 함
께 바일슈타인 모임을 준비하던 박상증 선생은 내 편지 때문만은 아
니었겠지만 이번 모임을 해외 기독자들의 연대모임으로 해야겠다는
생각을 하시고 WCC 재정을 이용해 해외의 기독자 민주동지들을 초
청해 주셨다. 일본에서 강문규 WSCF 아시아 총무, 미국에서 림순만
교수가 와서 일본과 미국에서의 기독자 운동에 대한 보고를 하게 조
직했다. 마침 한국에서 독일을 방문한 한신대 박봉랑 교수와 장일조
교수도 참석해 국내와 미국, 일본, 유럽(독일)의 기독자들이 만나 반
독재 민주화운동에 합세하는 훌륭한 계기가 마련되었다.

1973년 회의에는 재독 한인교회 목사인 장성환, 정하은, 이영빈,
이화선과 신학생 김창락, 김정양, 김균진, 김영한, 평신도 유학생 이
준모, 오인탁, 배동인, 오대석, 이삼열 등 모두 29명이 참석했다. 독
일 측은 슈나이스, 프리츠(G. Fritz), 브라이덴슈타인(G. Breidenstein)
등 11명이 참석했다. 주제는 "가이사(Kaiser)의 것은 가이사에게 바
치되… 그리스도인의 사회 정치적 참여"로 정했고 성서 연구와 신앙
과 정치 문제에 대한 신학적 토론 후에 각 지역 보고를 듣고 열띤 토
론이 벌어졌다.

미국 뉴욕에서 온 림순만 박사(윌리엄 페터슨 대학 종교사회학 교수)
는 재미 기독 학자회가 UN 총회에 오는 남북대표들을 만나게 해 통
일문제에 기여하겠다는 내용과 10월 2일 서울 문리대 학생 데모를
지지하는 데모가 뉴욕 UN 본부 앞에서 10월 27일 열렸는데, 여러 목

사들이 참여해서 구속자를 돕는 모금활동을 했다고 보고했다. 또한 11월 17일 Inter Church Center에서 한국 민주화를 위한 기도회가 열렸는데 13명의 한국 목사들이 참석했다는 보고도 했다.

일본에서 온 강문규 총무는 재일교포사회의 상황(조총련계 6 0%, 민단계 4 0%) 속에서 교민들의 반독재운동은 어렵다는 것과 일본교회와 기독자들의 지원 활동을 보고했다. 제네바 WCC의 박상증 선생은 박형규 목사의 구속을 계기로 세계교회협의회(WCC)가 큰 관심을 갖고 한국 인권과 민주화운동의 지원에 나서게 된 과정을 소개하였다. 앞으로 WCC는 한국 기독교의 저항운동에 대한 세계교회의 여론형성과 지원활동에 기여할 것이라며, 해외에 있는 그리스도인들이 협력하고 연대할 필요가 있다고 역설했다. 이번에 일본, 미국, 유럽, 독일의 기독교 지성인들이 만나게 된 것이 큰 의미가 있다고 강조했다.[18]

타 지역의 활동 보고를 들은 뒤 독일에 있는 기독자들의 과제는 무엇이며, 어떻게 해야 하는가에 대해 열띤 토론이 벌어졌다. 독재정치에 대한 비판이 신앙의 실천인가, 정치행위인가의 문제에서부터 그리스도인들의 인권과 정의, 이웃사랑을 실천할 때 어떤 방법과 태도를 가지고 해야 하는가에 대해 여러 가지 논쟁이 있었다.

하나님의 나라는 현실정치를 통해 이루어지지 않는 초월적 신앙이라며, 정치적 비판을 경계하는 목사나 신학생들도 몇 분 있었지만, 대부분 독재정치는 악의 세력의 지배이기에 신앙인은 중립적 태도를 버리고 악의 제거와 정의실현을 위해 정치적 행동에 과감히 나

---

[18] Evangelische Missionswerk in Suedwestdeutschland, "Bericht von der Koreanisch-Deutschen Krausurtagung 1973 (Beilstein)."

서야 한다는 결론에 도달했다. 미국이나 일본에서처럼 소수지만 기독자들이 먼저 나서서 박형규 목사 등의 민주화운동을 지지하고 지원하겠다는 성명서를 발표하자는 합의를 보게 되었다. 그리고 초안을 이삼열이 작성하도록 결정했다. 밤새도록 수위를 고민하며 내가 작성한 초안을 놓고 다음날 오전 내내 열띤 논쟁과 문구 수정작업을 거쳐 바일슈타인 선언문이 나오게 되었다.

이 땅에 자유롭고 정의로운 하나님의 나라를 현실적으로 증거할 우리 그리스도인들은 불의한 권력의 노예가 되기를 거부하며 어떠한 경우에도 신앙과 양심에 따라 비판하고 행동해야 할 것을 확신한다. (중략)

우리는 민주시민으로서 억눌린 자를 도우라는 그리스도의 교훈을 실천하려던 은명기 목사와 박형규 목사가 신앙의 자유마저 유린된 채 구속된 것을 지켜보았다. (중략)

우리 재독 한인 그리스도인들은 인권과 사회정의의 실현을 위해 고난을 당하고 있는 국내외의 민주수호자들과 함께 공동의 유대의식을 가지며, 우리의 빛난 조국에 다시는 불의와 독재가 지배하지 못하도록 각 방면에서 최선을 다할 것을 엄숙히 선언한다.[19]

국내의 반독재 투쟁에 함께 하겠다는 비장한 결의지만 가급적 정치색을 띠지 않고 부드럽게 표현하려고 애썼다. 이마저도 어렵게 합의했다. 나의 초안에는 "이 땅에 자유롭고 정의로운 하나님의 나라를 실현할 그리스도인들은"이었는데 실현한다는 게 정치행위니까

---

[19] 선언문 전문을 부록으로 게재하였다.

신앙인은 증거만 해야 한다는 보수 신학자의 반론 때문에 "현실적으로 증거 할"이라고 고쳤다. 신학적 견해 차이로 어려웠지만 보수 측과도 함께 가야 한다는 생각 때문에 양보를 하면서 포용하는 게 중요했다.

선언문은 통과했는데 무슨 이름으로 발표하느냐가 또 문제였다. 서명자들의 이름을 밝히자는 주장도 있었고 그냥 "재독 한국 그리스도인"이라고 하자는 의견도 있었지만 결국 독일의 그리스도인들만이 아니고 국내와 미주, 일본, 스위스의 참석자들도 있으니 "한국 그리스도인 유지 일동"으로 하자는 데 합의가 이루어졌다.

서명자는 밝히지 않고, 동의하는 사람만 비공개 장소에 들어가 서명해서 누가 서명하고 안 했는지도 모르게 하기로 했다. 정보부가 서명자를 알게 되면 유학생들의 여권연장이나 체류에 지장을 받는다는 염려 때문이었다. 그렇게 조심하며 비공개 원칙을 세웠지만, 회의 참석자 중 일부 유학생들은 서명을 하지 않았다. 유신독재 초기의 공포분위기 속에서 이름을 내놓고 저항하는 용기를 갖기 어려웠다.

1973년 바일슈타인 선언문은 5천 부를 인쇄해 독일 안의 교민들과 해외 동포들에게 뿌려졌고, 영어와 독일어로 번역되어 독일교회 기관들과 세계교회 기구들과 그리스도인들에게 배포되었다. 독일 안에서 처음으로 발표된 기독자들의 반독재 선언문은 적지 않은 파문과 영향을 일으켰다. 대사관과 정보부의 감시활동이 강화되었지만, 동백림 사태 후 침묵했던 유학생들과 교민 사이에 비판의식과 행동을 확산시키는 자극을 주었다. 동경으로 돌아간 강문규 총무가 12월 초에 편지를 주셨다. 바일슈타인 선언문이 북한 신문에 전문

게재되었다는 것과 한국 정부가 발행하는 북한 뉴스에도 소개되었다는 소식과 함께 압력작용이 있을 것 같으니 조심하라는 내용이었다.

바일슈타인 회의와 선언은 재독 한국인들의 반독재 운동을 시작하게 한 첫 모임이었고, 나아가서 미국, 일본, 유럽의 기독자 민주동지들과의 연대와 협력의 계기를 만든 첫 모임이었다. 바일슈타인 모임과 선언에 참여한 재독 한국 기독자 민주동지, 장성환, 정하은, 이영빈, 이화선 목사와 배동인, 이준모, 오대석, 김영한, 오인탁, 이삼열 등 평신도들이 3개월 뒤에 일어난 재독 한인 민주화운동에 주도적 역할을 하게 된다. 1974년 3월 1일의 본(Bonn) 대사관 앞 반독재 데모와 민주사회건설협의회의 조직에는 기독자가 아닌 유학생들이 함께 참여했는데, 강돈구, 박대원, 송두율, 김길순, 오길남 등 민건회의 주요 인물들은 1972년 11월 유학생 세미나를 통해 결속된 동지들이었다. 1972년 유학생 세미나, 1973년 한독 기독자 바일슈타인 선언, 1974년 민주사회건설협의회 창립으로 독일에서 한인 민주화운동이 토대를 세워 발전할 수 있게 되었다.

재독 한인들의 삼일절 데모와 민건회 조직(1974)

1973년 10월 2일 서울 문리대생들의 시위를 필두로 학원가의 반유신 운동은 여기저기에서 기습적으로 일어났으며 11월에는 전국 각지의 대학에서 동맹휴학 사건이 벌어지며 고등학생들도 시위를 벌였다. 많은 학생들이 구속되고 학원은 조기 방학, 동맹휴학으로 문을 닫았으며 동아일보 등 언론사에서도 기자들이 철야 농성을 하며 언론자유수호 선언문을 발표했다. 새문안교회 등에서 기독학생들이 횃불시위를 했고 연세대 신학생들은 구국기도회를 열고 〈전국교회에 보내는 성명서〉를 발표했다.

학원과 종교계, 언론계, 문화지식인계의 반유신 성명과 시위운동이 불길처럼 번질 때 각계 지도적인 민주 인사들이 모여 시국선언을 통해 범국민적 민주화운동의 구심점을 형성했다. 1973년 11월 5일 서울 명동의 YWCA 식당에서 낭독된 〈15인 시국선언〉에는 강기철, 계훈제, 김숭경, 김재준, 김지하, 박삼세, 법정, 이재오, 이호철, 정수일, 조향록, 지학순, 천관우, 함석헌, 홍남순 등 종교계, 언론계, 문학계 등 대표적 민주 인사들이 참가했다. 민주수호국민협의회의 지도자들이 유신체제로 사멸된 민주체제를 재건하고, 회복시키기 위한 전국민적 투쟁과 대결을 호소한 선언이었다. 이 선언으로 민주수호국민운동은 〈민주회복국민운동〉으로 전환하여 계속되는 양상을 나타냈다.

이 시국 선언은 12월 24일 개헌 청원 100만인 서명운동으로 이어졌다. 함석헌, 장준하, 천관우, 김동길, 계훈제, 백기완 등 30인의 각계 인사 서명을 받은 〈헌법 개정청원 운동본부〉가 결성되었다고 YMCA 회관 2층에서 발표되었다.

개헌 청원운동의 서명자가 30만 명을 돌파했다는 발표가 나오고, KSCF(회장 서창석)가 개헌 청원 서명운동을 지지하는 〈1974년 기독학생 선언문〉을 발표하고(1월 4일), 이희승, 이호철 등 61명의 교수와 문인들이 개헌 지지 시국 선언을 발표하자(1월 7일), 독재정권은 1월 8일 긴급조치 1호를 발표해 '헌법을 부정하고 개헌을 청원하면 15년 징역'이라는 전대미문의 해괴한 탄압정책을 내놓았다.

긴급조치 1호에 가장 먼저 저항한 행동을 보인 그룹이 박형규 목사의 서울 제일교회에서 모인 수도권 도시 빈민선교위원들이었다. 1월 9일 아침에 모인 권호경, 김동완, 이해학, 허병섭, 이규상 등은 1.8긴급조치가 국민들을 우롱하는 처사며 유신체제를 철폐하고 개헌을 통한 민주질서 회복에 전력 투구할 것을 결의한다.

1월 17일 기독교회관에 모인 빈민선교 실무자 10여 명(김경락, 김진홍, 박윤수, 인명진 등 추가)은 '한국 기독교 성직자 일동'이라는 이름으로 1.8 긴급조치 반대 성명을 발표하는 기도회를 열었고, 회관 안의 사무실을 돌며 개헌청원 서명을 받다가 모두 동대문 경찰서에 연행 구속되었다. 결국 이들은 17년(권호경), 15년(김동완), 10년(박상희) 징역을 선고받았다.[20]

나는 1월 중순부터 가까운 친구들과 민주동지 몇 사람에게 전화와 편지로 의론해서 1월 26~27일 주말에 프랑크푸르트에서 모이기로 약속했다. 1972년 유학생 세미나와 1973년 바일슈타인 선언에 참여했던 친구와 동지들이었다. 나의 서울 문리대 철학과 동창, 강돈구, 박대원, 송두율과 배동인, 이준모, 이화선, 오대석 등 바일슈타인 기독자 동지 그리고 김길순, 양재혁, 최승규 등이 김성수의 집에서 나까지 12명이 회동했다.

국내외의 운동 상황에 대한 정보를 교환한 뒤, 나는 긴급조치나 정보부 탄압정치로 보아 유신체제는 장기화할 것으로 보이며, 그래서 일시적 데모나 성명서로 그칠 것이 아니라 장기적이며 지속적이고 조직적인 운동을 해외에서 펼쳐야 한다는 주장을 폈다. 여러 친

---

20 권호경 목사 회고록, 『역사의 흐름, 사람을 향하여』(대한기독교서회, 2019), 221-227.

구 동지들이 동의해 주었고, 유학생 신분과 여권 문제로 어렵지만 국내에서 투옥되고 고문당하는 학생들과 지식인을 생각하면 해외의 안전지대에 있는 우리들은 어느 정도 어려움을 감수해야 한다는 의견들도 나왔다.

그러면 어떻게 독일에서 지속적이며 조직적인 반독재 민주회복운동을 전개할 수 있는가의 문제를 놓고 이틀간 열띤 토론과 합의 과정을 거쳤다. 소집자가 계획한 생각을 밝혀달라는 친구들의 요청으로 나는 나름대로 생각해 간 계획을 내놓았다. 요지는 다음과 같다.

나치 독재나 프랑코 독재처럼 엄혹한 탄압 정치로 국내 저항세력을 모두 통제한다면 반독재 민주운동의 전선을 해외로 확장해 바깥에 거점을 확보해야 한다. 일제 강점기 상해 임시정부나 미주, 중국, 러시아에 독립운동을 지원하는 거점을 두었던 것도 마찬가지 이유에서였다. 이를 위해 지금 일본이나 미주에도 반독재 민주화운동의 거점이 생기고 있으니 유럽 교민사회의 중심지인 독일에서도 운동의 거점을 만들 필요가 있다. 그러자면 이 운동을 할 수 있는 투사들이 유신체제가 존속하는 한 귀국을 포기하고 독일과 해외에 장기 체류하며 버티어 내야하는데 그런 민주동지들의 결속과 용기가 필요하다. 그래서 먼저 이를 각오하며 합세할 동지들의 규합이 우선 되어야 하는데, 이를 위해서 함께 선언문을 만들어 서명하고 이름을 내놓고 운동하는 조직체를 만들어야 한다.

장기적이며 지속적인 조직체가 되려면 범교민적인 연합체가 되어야 하는데 여기에는 기독교인, 비기독교인들이 함께 연대하고, 이념적으로 다른 자유 민주주의자나 사회 민주주의자들이 함께 연합전선을 만들어야 한다. 그래서 이제부터의 민주화운동은 공개적 투쟁, 연합적 운동, 조직적 운영이라는 3대 원칙에 의거해 나가야 한다.

앞으로 헌신할 각오로 참여할 동지들을 전국적으로 유학생, 노동자, 종교인을 망라해 모집하기 위해 기초가 될 선언문을 작성해서 서명을 받는다. 서명자들은 함께 모여 단체를 조직하는데 조직체의 이름은 〈재독 한국민주사회건설협의회〉로 한다. 지금까지 국내에는 〈민주수호 국민 협의회〉가 있고 국외에는 일본과 미주에 〈민주회복 통일 촉진 국민회의〉라는 단체가 조직되어 있지만, 우리는 민주수호나 민주 회복을 넘어서 민주화가 되더라도 정치, 경제, 사회의 온전한 민주화를 위해 '민주사회 건설'이라는 더 장기적이며 내용이 있는 목표를 향해 노력한다는 운동조직체를 만든다.

시기적으로 보면 금년 3월 개학이 되면 봄 학기에 대대적인 학생시위와 지식인 종교인 운동이 일어날 것이므로, 이를 촉구하는 독일과 미국 일본 등 해외에서의 시위가 3월 1일 삼일절을 기해 각국의 한국 대사관 앞에서 일어나 국내 운동을 촉구하게 되면 효과적일 것이다. 이것은 마치 1919년에 동경의 유학생들이 2.8독립선언을 먼저해 3.1운동을 촉발시킨 역사를 본받아 생각해 본 것이다.

나의 긴 설명 후 여러 시간 토론과 논쟁이 있었다. 대체로 계획과 제안에 동의해 주었지만 선언문의 내용을 어떻게 정할지, 사회주의자나 동백림 사건의 관련자, 간첩으로 오해받는 친북한 인사들을 포함시키느냐 배제하느냐에 관해 열띤 논쟁이 있었다. 연합전선을 만든다면서 좌파를 배제할 수 있느냐의 주장과 보수적 기독교인들을 포괄하려면 일부 극좌적 인사나 위험시하는 인물은 배제해야 한다는 의견이 맞서 좀처럼 합의가 어려웠다. 그러나 결론은 선언문을 만든 뒤 후에 내기로 하고 일단 선언문 초안 작성을 나에게 맡겼다.

1974년 3월 1일이 삼일절 55주년 기념일이었으므로 우리는 55명의 서명을 받아 〈민주사회건설선언서〉를 발표하기로 했고 그날 본(Bonn)의 뮌스터 플라츠(Münster Platz) 광장 베토벤 동상 앞에 모여 기념식과 반독재운동 출범식을 진행하고 시위에 나서 한국 대사관 앞까지 행진하기로 했다. 선언서 작성과 서명운동, 민주사회건설협의회(민건회) 창립총회(2월 28일)와 3월 1일 데모에 관해서는 자세한 기록을 발표했기 때문에 여기서 반복 기술하지는 않기로 한다.[21]

2월 한 달 동안 선언문을 만들고, 10여 개 도시를 찾아가 유학생, 노동자 55명의 서명을 받고, 독일어로 번역해 독일 정부와 교회기관들에 보내고 본 데모 준비를 하고 해외단체와 민주동지들에게 편지를 써 연락하는 일들은 프랑크푸르트에 모였던 친구 동지들과 함께 했지만 여간 힘든 일이 아니었다.

무엇보다 귀국을 포기하며 인생의 진로를 바꿔야 할 비장한 각오를 하면서 이름을 내놓고 투쟁할 동지들의 서명을 받는 일이 여간 힘들지 않았다. 그래도 국내에서 감옥에 갇히며 고생하는 분들을 생각해 모두 힘든 결심을 하며 참여해 주었다. 역시 1972년 유학생 세미나, 1973년 바일슈타인 선언 참가자가 대부분이었다. 재독 한인교회 목사 장성환, 정하은, 이화선, 이재형, 뮌헨대 학생 목사 이영빈 등 다섯 분이 모두 서명했고, 동백림 사건의 윤이상 교수의 서명도 받았고, 광부·간호원으로 온 노동자 출신 10여 분의 서명도 받았다.

3월 1일 12시 데모에는 서명한 민건 회원 50여 명과 일반 교민과 독일인까지 100여 명이 참석해 기념식과 궐기대회를 진행했고 대사

21 이삼열, "독일에서의 민주화운동", 486-501.

관 100m 앞까지 경찰의 호위를 받으며 행진했다. 마침 선교부 회의 참석차 방독한 제네바 WCC의 박상증 씨와 슈나이스(Schneiss), 프리츠(Fritz) 목사 등 독일교회 지도자 몇 분과 앰네스티 등 독일기관 대표들이 대회와 시위에 참석했다. 독일 신문 *Die Welt* 지와 방송 (*WDR*)에 자세히 보도되었다. "독일 땅 한국 교포들이 동백림 납치 사건 이후 처음으로 침묵을 깨뜨리고 시위에 나섰다"고 *WDR III* 방송국은 15분간이나 심층 보도했다.

재미 기독학자회의 스토니 포인트 대회(1974)

해외에서 반독재 민주화운동이 일어나 국내 운동을 지원해야 한다면 교민수가 적은 독일에서보다는 1백만이 넘는 미국과 60만이나 되는 일본에서 더욱 세차게 일어나야 한다. 미국 뉴욕에서 시위와 기도회가 몇 차례 열렸지만 아직 운동 조직체가 조직된 것 같지는 않았다. 나는 독일의 조직적 운동을 계획하면서 미국과 일본 그리고 국내와도 연계되어야 한다고 생각해 1974년 1월 24일자로 뉴욕의 림순만 박사, 동경의 강문규 총무, 제네바의 박상증 선생에게 아래와 같은 편지를 복사해 보냈다.

오늘 아침 강원용 목사님이 제네바에 오셔서 주신 전화로는 청와대 주변에 진지를 구축하고 있고, 3월 개학이 되지 못할 것 같다는 전망을 들으며 박정권이 위기를 무난히 넘기고 Stabilize할 것 같은 느낌입니다. … 더구나 미국의 현상유지 정책과 일본의 자본이 박정권과 결탁하고 있는 상황이라 국제적 압력도 기대하기 어려워 점점 암담해 가는 것 같습니다. 그러나 이럴수록 밖에 있는 한국인들이 더욱 힘차게 소리를 질러야 할 것 같으며 안에까지 울려 공명을 받도록 단결해서 조직된 외침을 울려야 하지 않나 생각합니다. (중략) 우리들의 동지적 유대의식과 연결이 중요하게 생각되어 우리가 Beilstein에서 맺은 결의와 각오를 재확인하면서 이제부터 보다 조직적이고, 항구적이며 적극적인 투쟁에 들어가야겠다는 생각에서 몇 가지 의견을 드립니다. (중략) 효과적인 연합전선을 펴기 위해서 일단 교회중심적인 개념에서 벗어나서 유학생들 차원에서 핵심그룹을 형성하고 여기에 노동자 목사님들, 여러 방계조직을 연결시키는 방식으로 노력하자고 했습니다. 제 생각으로 독일에서의 Action과 미국, 일본에서의 Action이 연결된 종합 Strategy 안에서 움직여지면 효과적이 아닐까 생각합니다. 앞으로 한 달 동안 (2월 중) 충분한 연락과 조직적 준비를 해서 3월 1일 삼일절을 D-day로 해, 동경, 워싱턴, 뉴욕, 본, 캐나다에서 일제히 한국 대사관, 영사관 앞에 집결해서 공동으로 작성된 "해외교포 반독재 선언문"을 낭독하고 시위를 벌이는 일을 하자는 것입니다. 또 사전에 국내로 선언문과 전략들을 침투시켜 국내 동지들에게 자극과 격려와 성원이 되도록 하면 이것이 국내에 다시 불을 지르는 일에 도움이 되지 않을까 여겨집니다.

이 계획을 독일 동지들과 프랑크푸르트에서 1월 26~27일에 합의하고 나서 나는 급히 1월 29일자로 림순만, 강문규, 박상증 세 분에게 다시 편지를 썼다.

…믿을 만한 분들을 열두 명 오게 하여 반독재 투쟁을 위한 방안과 전략을 세우는 진지한 토의를 가진 뒤 다음과 같은 몇 가지 결론을 보았습니다.

1. 이제까지 산발적으로 각지에서 일어나고 있는 민주화운동, 반독재운동을 집결시키고 보다 효율적으로 조직적으로 하기 위해서 전국을 망라한 하나의 연합적인 조직체를 갖기로 하고 가칭 〈민주사회건설협의회〉로 정했습니다.

2. 2월 9일까지 동 협의회의 기본 노선이 될 선언문을 초안 작성해 9-10일에 발기인들이 다시 모여 검토하고 완성한 뒤 서명운동을 벌인다. 선언문은 범국민적 연합전선의 공통된 기초가 되도록 (1) 반독재 투쟁, (2) 자유민주 질서 회복, (3) 자립 경제 확립, (4) 국민 대중의 생활복지 향상, (5) 평화적 조국 통일 등의 원칙을 줄기로 작성한다.

3. 2월 10-25일에 팀을 나누어 유학생과 노동자들의 서명을 받는 동시에, 이들을 조직하는 운동을 실시할 것, 발기인 속에 개신교 목사 5인과 저명인사가 포함되도록 할 것.

4. 3월 1일을 D-day로 Bonn에 집결해 한국 대사관 앞에서 선언문을 남독하고 주요 통신 신문에 보도케 할 것.

5. 2월 말에 Bonn 근처에 모여 민주사회건설협의회의 창립 총회를 열고 조직 강화, 의식 계몽 정보 피해자 보호 방안 등을 의론할 것. … (중략)

우리 선언문을 2월 중순경에 미국, 일본으로 보내겠습니다. 특히 일본에서 2월 말까지 한국 내로 선언문을 밀입(密入)시키는 데 유의하여 주시면 감사하겠습니다. 이삼열 드림.

미국의 림순만 박사는 2월 5일자 편지에 "삼일절에 대한 제안은 퍽 좋습니다. 뉴욕과 로스앤젤레스, 시카고 등지에서 함께 하도록 의논중입니다"라고 답했다. 림 박사는 내가 보낸 선언문을 받은 뒤 2월 18일자 편지에 워싱턴에서 출판되는 「자유공화국」에 선언문을 보내 전문을 게재하도록 했다는 것과 뉴욕에서는 3월 2일(토)에, 시카고와 로스앤젤레스에서는 3월 3일(일)에 삼일절 예배를 볼 때 정권 비판 운동을 하도록 전화로 의론했다고 알려주셨다. 선언문을 미국 안의 여러 도시에 복사해 보냈고 미 대륙에서도 '민주사회건설위원회' 같은 조직을 만들 준비를 하겠다는 계획도 전해주셨다.

1973년 11월에 독일 바일슈타인 회의에 오셔서 강연하고 바일슈타인 선언문과 독일의 민주동지들에게 감명을 받은 림순만 박사는 미국과 독일의 기독자 민주동지들의 연대를 위해 많은 노력을 했다. 우선 재미 기독학자회(Christian Scholar's Association)의 회장 이승만 목사와 의논해서 1974년 4월 11~13일에 뉴욕 근처 스토니 포인트(Stony Point)에서 모이는 기독학자회 총회에 장성환 목사와 나를 초청했다.

삼일절 데모로 대사관과 정보부에 나의 정체가 드러났기 때문에 미국 여행을 위한 여권의 경유지 추가를 얻는 일과 비자를 받는 일이 어려웠지만 미국 교회의 선교부 초청장을 보이면서, 데모 주동자라서 곤란하다는 총영사와 장시간 논쟁 끝에 허가를 받아냈다. 정치 활동은 하지 않겠다고 총영사에게 약속했지만 미국의 기독학자회에 강연자로 초청을 받은 나는 "지성인의 현실참여"라는 강연을 준비해서 4월 9일에 미국 뉴욕으로 출발했다.

고등학교 시절인 1957년에 한국기독학생 대표로 미국에 가서 에큐메니칼 캐라반에 참석했는데, 17년 만에 다시 찾은 뉴욕의 모습은 독일의 촌도시와는 비교가 안 되는 넓고 큰 거대 도시였다. 길은 넓고 자동차와 집들은 매우 컸다. 림 박사 부부는 첫날 저녁 이승만 박사 부부, 뉴욕대학의 초빙교수로 국제 정치학을 가르치는 선우학원 박사 부부 등 여섯 분이 장 목사와 나를 환영하는 만찬을 베풀어 주셨다. 뉴욕에 수십만 한국 교민이 있고 1백여 개의 한인 교회가 있지만 반독재 민주운동에 나서는 목사나 교민은 극소수에 불과했고, 이들 세 분이 핵심체의 역할을 하고 있었다.

나를 미국으로 초대해 재미 한국인 민주동지들과 연계시키고, 해외 민주화운동을 미국, 독일, 일본의 운동 세력을 묶어 연대·강화시키려는 것이 이 세 분들의 의도였으며 전략이었다. 나로서도 독일 교민들의 운동만으로는 국내에 영향력이 약하고 미주와 일본의 민주세력과 힘을 합해야 힘을 발휘할 수 있겠기에, 이번 미국 방문의 기회를 최대한 활용해서 연대의 폭을 넓히기로 작정했다. 림순만 박사, 이승만 목사, 선우학원 박사 세 어른은 나를 확실하게 신뢰하며 미국의 연계활동을 지원해주었고, 끝까지 해외 민주화운동의 동지가 되어 주셨다. 나이 차이가 많은 선배였음에도 불구하고 항상 친구처럼 가족처럼 사랑해 주셨다.

4월 11일 오전에 리버사이드(Riverside)에 있는 미국 교회 본부(Inter-church Center)에 나를 데려가 미국 교회연합회(NCC) 아시아 총무인 뉴턴 터버(Newton Turber) 박사를 만나고 최근에 한국을 다녀온 두 분의 상황 보고를 듣게 했다. 터버 목사는 한국의 정치 상황이 심각해지고, 교회의 탄압이 노골화되자, 실정을 파악하기 위해 세계교회협(WCC)과 미국교회협(NCC)이 파송한 대표였다. 그는 한국에 가서 교회 지도자들과 정부 관계자들도 만나고 미국 대사관도 방문해 전반적 상황을 파악하고 돌아왔다. 학생 데모의 상황, 교회협의 인권운동과 구속학생 지원, 보수교회들의 독재정치와의 영합(영성운동 통한), 기독교 저항세력은 김관석 총무, 김수환 추기경 중심의 두 세력이 있다는 것 등을 보고 왔다고 말했다.

미국 대사관(US Embassy) 직원들을 만나서 얻은 정보는 흥미로웠다. 미국 정부도 1973년 여름 이후 한국의 독재정치 상황을 염려하며 관심을 가지고 관찰하고 있다는 것, 한국 정권의 여러 파들과 접촉해 개혁(reform)을 시도했으나 실패했다는 것, 그러나 정국의 불안이 위험하다는 것을 인식하고 어떤 방안을 모색하고 있다는 느낌을 받았다고 전해주었다. 우리는 해외에서 민주화운동이 미국과 일본 등 해외여론에 압력을 줄 수 있겠다는 답을 얻었다.

11일 오후부터 13일까지 뉴욕 북쪽 30마일 떨어진 스토니 포인트(Stony Point) 기독교 수양관에서 열린 재미 기독학자회의 1974년 연차대회는 미주 한인교포들의 삶과 교회들의 형편, 미국 내의 민주화운동 세력들과 조직의 현황을 파악하는 데 큰 도움이 되었다. 1967년도 감사절에 처음 조직된 재미 기독교 학자들과 목사들의 연합체인 이 단체는 매년 연차대회를 개최하여 한국과 한국 교민의 문제를 심층 토론해 왔는데, 1974년 대회에는 워싱턴, 뉴욕, 시카고, LA, 샌프란시스코, 텍사스, 세인트루이스, 캐나다의 토론토, 주요 도시에서 1백여 명의 교수, 학자, 목사들이 참석했다. 마침 이승만 목사가 기독학자회 회장을 맡고 있었고, 선우학원 목사와 림순만 박사가 프로그램 위원으로 조직을 했기 때문에, 1974년 대회는 국내 독재정치 상황을 분석 비판하며 인권회복과 민주화, 남북통일 문제를 중점적으로 다루고 미국 교민사회의 과제를 모색하는 대회로 조직되었다. 무엇보다 한국에서 막 나오신 김재준 목사와 전 서울대 총장 유기천 박사 그리고 독일에서 온 이삼열, 나까지 특별 강사로 초대해 45분씩이나 강연하게 했다. 나는 여기서 전 유엔대사 림창영 박사, 「자유공화국」의 발행인 장성남 씨, 주미 한국 대사관 공보관으로 있다가 망명해 민주세력에 동참한 이재현 박사, 강영채, 동원모, 안병국, 강위조, 김동수, 김상호, 차상달 씨 등 미국 내 여러 도시의 민주동지들과 캐나다 토론토에서 온 이상철 목사, 「뉴코리아 타임스」 편집인 전충림 씨 등을 만났고, 대회가 끝난 뒤 이분들의 도시를 방문해 연대활동을 구축할 계획을 의논했다.

대회 프로그램은 패널 I. 미국 안의 한국인들(Korean in America), II. 종교와 화해, III. 한국의 인권과 민주화, IV. 경제발전과 통일, 방대한 주제를 놓고 사흘간 20여 명의 학자들이 발표했는데 최대의 관심은 국내의 민주 수호 운동에 앞장섰던 김재준 목사의 특별강연에 있었고, 나의 발표와 유기천 총장의 유신체제 비판에도 큰 관심을 보였다. 나는 "지성인의 사회참여"라는 제목으로 독일 유학생 중심의 민주화운동과 민건회를 소개하며 현실 참여하는 지성인의 모델로 김지하의 예를 들었다.

김재준 목사는 특별강연에서 국내 독재상황과 탄압의 현장에 관해 자세히 보고하면서 왜 크리스찬이 반유신 운동에 나서야 하는가를 힘주어 말씀했다. 유신체제 아래서는 한 사람에게만 자유가 있고 박 대통령은 우상처럼 섬김을 받게 되었다. 십계명은 우상을 섬기지 말라고 했는데 우리는 자기를 우상화한 집권자를 배격할 수밖에 없다고 역설했다. 경제 근대화와 대북 안보를 내세우며 내가 아니면 안정이 안 된다고 영구 독재체제를 만든 독재자, 데모를 사형으로 막으려는 지배자는 양의 가죽을 쓰고 노략질하는 이리와 같다고 신랄하게 비판했다.

김재준 목사는 민주 체제가 본 체제며, 주권을 뺏은 유신체제가 오히려 반체제라고 하시며, 삼선개헌 반대 범국민 투쟁위원회의 대표 활동과 삼선 대통령 선거의 부정과 탄압, 민주수호국민협의 15인 선언, 남산 부활절 삐라사건, 백만인 서명운동과 1.8긴급조치 등 최근까지의 민주화운동 과정을 자세히 소개해 주셨다.

대회 도중 마침 4.3 민청학련 사건이 일어나 그 성명서(민주·민족·민중 선언)가 알려짐으로써 참석한 재미학자와 민주동지들은 더욱 해외 지원 운동에 열기를 보이게 되었다. 림병규 씨는 독일에서 발표된 '민주사회 건설 선언서'를 인용하며, 미주에서도 독일과 같은 조직적인 운동이 일어나야 한다고 주장했다.

대회의 분위기는 반유신 독재 비판과 민주화에 있었지만 재미 기독학자회에 속한 회원들, 교수, 목사 학생 중에는 색깔이 다른 여러 부류의 참석자들이 있었다. 통일 문제와 북한과의 관계설정에서 차이들이 드러났다. 북한과의 적극 대화 협력을 주장하는 림창영, 전 유엔 대사, 지창보 교수, 노광욱 의사 등이 참석했고, 사회민주주의를 생각할 수 있다는 조순승 교수, 고려연방제 통일을 주장한 임관하 교수도 발표했다. 물론 대부분은 자유민주주의와 반공을 절대시하는 기독자들이었다.

반독재 민주회복이 우선 과제이지만, 유신 정권을 타도하고 어떤 체제와 정부를 세워야 하는가의 '박정희 이후'(Post Park) 문제에는 독일에서와 마찬가지로 미주 안에도 여러 다른 사상과 색깔들이 있음을 느꼈다. 미주 안의 한인들이 어떤 사상과 생각들을 가지고 민주화운동을 하는지 알고 싶기도 했고, 마침 기독학자 대회 중 만난 많은 인사들이 자기 도시를 방문해 달라고 초청했기 때문에 나는 대회를 마친 뒤 몇 주일 동안 미국과 캐나다의 주요 도시들을 방문하기로 약속했다. 유학생으로 미국에 자주 온다는 것이 쉽지도 않았고, 해외 민주화운동의 연대 틀을 만들기 위해서는 최적의 기회였기 때문이다.

1974년 재미 기독학자회 대회는 조국의 민주회복을 위해 노력할 것과 구속자들의 서방운동과 지원 그리고 미국의 대한정책을 친독재에서 친인권으로 바뀌도록 힘쓸 것을 성명서에 담아 발표하고 13일 오후에 종료되었다.

미주 민주화운동 조직과 지도자들(민통, 민협, 민건)

1974년 4월 미주 기독학자회 대회를 마친 뒤 장성환 목사는 독일로 귀환했고 나는 미국과 캐나다의 몇 도시를 방문하며 민주인사들을 만나고 미주 안의 반독재 민주화운동의 실태와 조직 형편 등을 파악하려고 했다.

4월 14일부터 18일까지는 뉴욕에, 19~20일은 워싱턴에 머물며 다양한 그룹의 인사들을 골고루 찾아 면담하고 조직과 운동의 방향과 이념, 형태와 성격들을 알아보려고 노력했다. 앞으로 해외 운동을 지속적으로 확대해가려면 미주 한인사회의 운동이 큰 역할을 해야 하며, 또 미국 정부를 움직이는 데도 재미교포들의 영향력이 미쳐야 하기 때문에 나는 미주의 민주 인사들과 연계를 맺는 것이 매우 중요하다고 생각했다. 그중에도 뉴욕과 워싱턴은 핵심적 거점이기 때문에 주요 인사들과 여러 시간의 인터뷰를 했다.

우선 한국에서 민주 수호 범국민운동의 대부역할을 하시다가 한

달 전에 미국으로 나오신 김재준 목사와 긴밀한 면담이 필요했다. 앞으로 독일에도 모셔다 운동의 지도를 받아야 하기 때문이었다. 마침 14일에 강일남 씨가 김 목사와 나를 댁으로 초대했기 때문에 종일 그 댁에 머물며 오랜 시간 국내 사정과 앞으로 반독재 민주회복의 전망과 과제에 대해 말씀을 듣고 질문을 할 수가 있었다.

김재준 목사는 한국에서는 더 할일이 없기 때문에 들어가지 않기로 결심했다고 하시며, 오히려 밖에서 국내 운동을 돕고 국외에서 해야 할 일을 하겠다고 하시며 정세분석을 해주셨다. "박정희가 무너지면 혼란기가 오게 되는데, 그때 국민들이 신임하는 민주인사들이 질서를 잡고 민주 체제를 만드는 일을 해야 한다. 설사 군인들이 또 쿠데타를 한다고 해도 자기들만으론 안 되니 민주세력을 업고 해야 할 것이다. 학생들은 절대로 다시 군인들이 나오는 걸 믿지 못한다. 그때 명망 있는 민주 인사들이 국민들의 지지 위에 학생들을 꽉 잡고 올바른 민주정부를 세워야지, 만약 실패하고 혼란기가 오면 공산화되기 쉽다. 지금 민주화운동을 하는 청년들 속에는 사회주의파들이 침투해 있다. 기독청년 운동 속에도 들어와 있다고 한다. 지금은 누가 무엇인지 모르나 혼란기가 오면 조직 활동을 할 터인데 이를 견제하고 막을 수 있는 세력은 기독교 조직이요, 기독 학생들이다.[22]

김 목사는 이때 벌써 혼란기와 공산화를 염려하며 기독자들의 민주화운동이 박 이후에도 민주 체제를 만드는 데 중대한 역할이 있다고 생각하고 있었다. 김재준 목사가 1974년 3월에 정보부의 감시를

---

22 이삼열의 4월 14일자 일기 노트.

피해 미국으로 나올 수 있었던 것은 해외 기독자들의 민주화운동을 위해서는 퍽 다행한 일이었다. 국외에서 이분만한 지도자를 찾기 어려웠기 때문이다. 박 대통령이 김 목사의 출국을 알고 출국을 도운 가족과 보증인을 족쳐 귀국하도록 명했으나 김 목사는 귀국을 거부하고 박정권 붕괴 시까지 미주에 머물며 해외 운동의 지도자가 되었다.

4월 15일에 나는 4.19 이후 민주당 장면정부 시절 주미대사를 지내고 이후 미주에 거주하며 통일운동에 나서고 있는 림창영 박사를 댁으로 방문했고 장시간 면담했다. 미 국무성의 관료들과도 접촉이 있는 림창영 박사는 미국의 대한 정책과 일본, 중국과의 관계 전략에 대해 장시간 들려주었고, 강대국들의 지배계략에서 벗어나려면 민족의 통일이 이루어져야 하므로 북한과의 평화적 통일에 깊은 관심을 보였다. 림 박사와 부인은 1973년 북한에서 초청을 받았는데 국무성에서 처음에는 허락했다가 나중에 학자들이 가는 것과는 다르다며 거절했고, 그 뒤로 CIA, FBI에서 계속 자기를 추적한다고 말했다. "대부분의 한국 교포들은 민주화나 통일에 관심이 없고 한국문제에는 입을 다물고 산다. 뉴욕의 한인교회가 16개인데(1970년대 초) 목사들이 모두 움츠리고 영사관 눈치만 보고 있다. 나를 보면 슬금슬금 피한다. 극소수의 교민만이 의식을 갖고 민족 장래를 위해 투쟁하고 있다"고 했다.

림 박사는 김대중 씨에 대해 별 관심을 보이지 않았고 국내의 민주화보다는 민족통일에 더 열의가 있는 것 같이 보였다. 한국 땅을 떠나 산 지 오래서 국내 현실은 좀 어두운 것 같았다. 뉴욕 한인사회의 분위기를 더 파악하기 위해 나는 16일에 고등학교 동창인 조광남, 신승일을 만났고, 17일에는 문리대 동창이며 6.3 데모 주동자였던 김중태를 만나 오랜 시간 이야기 들었다.

18일에는 림순만, 장혜원 교수 부부와 이승만 목사, 선우학원 박사를 만나 뉴욕방문을 마무리하는 회합을 가졌다. 나와는 매우 가까운 민주동지라고 할 수 있는 이분들의 입장에는 한편으로 보수적인 기독교인들에게 유신독재를 반대하고 인권과 민주화에 대한 의식을 계몽해야 하면서 다른 한편 통일운동에 나선 친북적인 인사들과의 협력관계를 어떻게 설정하는가의 고민이 있었다.

림순만 박사는 림창영 전대사의 입장을 나에게 자세히 설명해 주었다. 서재필 박사의 유언을 받고 지키겠다는 림창영 박사는 나이도 많고 해서 북한의 김일성을 속히 만나 평화통일의 길을 여는 게 소원이라며 방북을 시도했다. 국무성의 허락도 받아 가려고 했는데, 김대중의 민통 측이 반대하고 틀어서 못 갔다는 것이다. 민주화운동에서 대북 통일문제에 대한 입장 정리가 필요하게 되었다고 했다. 김대중 씨는 림 박사가 북한에 가면 나하고는 함께 일할 수 없다고 거절했다고 한다. 선우학원 박사는 통일과정과 이후를 생각해 북쪽과도 대화할 수 있는 기독교 사회당을 만들어야 하지 않나 생각한다고 했다. 김재준 목사가 한국에서는 기독교라는 이름의 정당이 안 된다고 하니, 김철 씨의 통일사회당에 들어가거나 사회 민주주의 정당을 만들어야 하지 않나 생각한다고 했다. 장혜원 박사는 오히려 김일성과 거래(Bargain)나 타협은 불가능하며 우리 현실에 밑바탕을 둔 정책을 수립해야 한다고 했다. 한국인들의 반공 의식과 정신은 너무나 철두철미해서 무슨 말을 해도 듣지 않는다. 이들의 동조를 얻지 않고는 반독재 운동도 할 수 없다는 것이다. 이승만 목사도 "운동을 하려면 한국에 들어가서도 해야 하고, 적어도 국내 조직과 연결이 되어야 하는데 어떤 정책과 모델을 세우느냐가 문제이니 내년 기독학자회에서는 이 문제를 집중 논의해 보자"고 했다. 닷새 동안의 방문 대화를 통해 나는 뉴욕과 미주 한인사회의 분위기와 운동의 윤곽을 파악할 수 있었다.

4월 19일(금) 아침 나는 뉴욕을 떠나 워싱턴으로 향했다. 「자유공화국」(Free Republic)의 발행인 장성남 씨와 주필 신대식(서울 문리대 정치과 졸) 씨가 공항에 나와 맞아주었고 점심을 함께 하며 워싱턴의 분위기와 「자유공화국」 발간 이야기를 해주었다. 유신독재 초기인 1973년부터 교포들의 의식화를 위한 반독재 신문 「자유공화국」이 발행되어 미주와 유럽, 독일까지 배포되어 의식화에 많은 영향을 주고 있었다. 알고 보니 내가 잘 아는 후배 김영석(철학과), 남정현(연대) 목사 등이 자원봉사로 신문편집을 돕고 있었다. 진보적 민주주의를 생각하는 학자들이어서 독일의 민건회의 선언문과 운동에 많은 관심을 보였고 심지어 「자유공화국」의 한 면을 독일에서 편집해 세계 지를 만들자는 제안도 했다.

장성남 씨 댁에다 짐을 풀고 저녁식사를 초대한 민통의 사무총장인 강영채 박사 댁으로 장성남 씨와 함께 갔다. 강 박사는 미주 한민통의 주요 간부인 이재현(전 주미 대사관 공보관장이었다가 망명한 분) 박사와 이근팔(김대중 비서) 씨, 이성호(김대중의 처남) 씨와 우리 둘을 초대해 거창한 파티를 열었다. 미주 한민통이 독일의 민건회와 협력하기를 바라며 동지애를 보인 것이다.

나는 이날 저녁 한민통의 조직 경위와 내부 갈등의 문제 등 워싱턴 한인사회 분위기와 대사관 정보부의 활동 등을 이분들에게서 자세히 들을 수 있었다. 한민통(한국 민주회복 통일촉진 국민회의)은 김대중 씨가 일본에 가서 납치되기 직전 미국을 방문했을 때 워싱턴에서 결성된 조직이라고 했다. 1973년 7월 6일에 김대중 씨는 미주 안의 민주세력을 만들기 위해 워싱턴, 뉴욕, L.A, 샌프란시스코, 텍사스 등에서 민주화에 관심 가진 인사들 40여 명을 초대해 조직체를 만들기 위한 준비 회의를 열었다고 한다.

참석자 중에는 워싱턴의 장성남, 김응찬, 강영채, 문명자, 전규홍, 안병국, 뉴욕의 림순만, 림창영, 림병규, 달라스의 동원모, 김상돈 전 서울시장, 최석남 씨 등 퇴역 장군들도 있었고 림창영 전 주미대사, 노광욱 의사, 유기홍 씨 등 진보계열의 인사들도 있었다고 한다. 주미대사관 공보실장이었던 이재현 박사는 이때 손님(guest of honour)으로 초대되었다고 한다. 그러나 김대중 씨는 이틀 뒤 7월 8일에 일본으로 떠나게 되어, 김대중 씨를 한민통 국민회의 조직준비위원회 회장으로 추대했을 뿐 미주 본부의 조직은 하지 못한 채 떠나서, 김대중과의 실질적인 조직적 연결은 못 하고 있다는 것이다. 일본에서도 한민통 일본 본부를 8월 15일에 선포할 준비만 해놓고 8월 8일에 납치되어 실질적인 김대중 씨의 조직체가 되지는 못했다.[23]

일본에 동행했던 안병국 목사가 돌아온 뒤 몇몇 분이 모여 자생적으로 한민통을 결성해 의장에 김대중, 수석부의장에 안병국, 부의장에 이재현, 동원모, 사무총장에 강영채, 사무차장에 이근팔 씨로 조직했으나 김대중 선생의 재가를 받은 것도 아니고, 발기인 40명이 다 모인 것도 아니어서 내부의 이견과 갈등이 노출되고 분열이 일어나 통합이 되지 못해 조직적 어려움을 겪고 있다고 실토했다. 자유

---

23 이삼열의 4월 19일자 노트북 일기.

민주주의와 반공 노선을 지키는 기독교 목사들과 통일운동과 북한과의 협력을 주장하는 림창영 박사 등 진보계열과 노선 갈등도 있어 한민통이 미주에서 큰 조직체가 되기는 어려워 보였다. 장성남 씨는 진보적 학자들이 보수적인 한민통의 현 리더십을 신뢰하지 않는다고 하며 독일의 민건회와 같은 새로운 운동조직을 만들 수도 있다고 했다. 김재준 목사님 같은 분이 나서면 가능하다는 것이다.

4월 20일(토) 12시에 워싱턴 한인 학생회가 주관하는 4.19기념 반독재 데모가 열려 나도 참석했다. 워싱턴의 교민이 1만5천 명인데 약 2백 명의 유학생, 종교인과 한민통 인사들이 참가했고 일부 뉴욕에서도 참가자가 왔다. 플래카드에는 민청학년 사건 이후 긴급조치 4호가 사형언도를 선포한 것을 비난하며 "사형이라니 독재자를 사형하라"라는 극렬적 구호도 있었다. 데모 행사 후 한민통 수석부의장인 안병국 목사가 간부들과 나를 중국집에 초대해 오찬을 베풀었고 이 자리에서 나에게 독일의 민건 운동을 소개할 기회를 주어서 인사를 겸해 독일의 사정과 운동을 보고했다.

「자유공화국」 신문을 발간하는 장성남 씨 부부는 돈도 없이 유학생활 중에 무척 고생을 하며 희생적으로 신문을 만들고 있었다. 낮에는 뛰어 돌아다니고 밤 12시부터 아침 8시까지 회사 경비원으로 일하면서 글도 쓰고, 원고정리를 하며 부인은 타이프를 치고, 매호 인쇄에 5백 불이나 드는 비용을 감당하며 고투하고 있었다. 나는 독일에서 독자를 늘이겠다며 비용부담을 약속하고 왔지만 얼마 못가 장성남 씨는 과로로 순직하고 말아 참 아쉽고 안타깝게 되었다. 장성남은 해외 민주운동사에서 기억해야 할 민주투사였다.

4월 21~23일에는 애틀랜타 아덴(Athen)에 있는 조지아(Georgia)

대학에 가서 박한식 교수와 이충 박사를 만나 미국의 대한정책에 관한 이야기를 많이 들었고, 24일부터 30일까지는 로스앤젤리스에 들러 친척, 친구들을 만나는 것 외에 서부지방의 민주 인사들을 많이 만나 정보를 교환했다. LA는 일제 강점기부터 민족 독립운동을 하던 도산 안창호 선생의 흥사단 운동의 본거지였다. 그래서 흥사단 운동을 계승하는 민주운동가들이 많이 있었다. LA에서 반독재 민주운동의 신문 「신한민보」를 발행하는 김운하 씨 부부를 만나, 민주화운동의 역사와 조직에 대한 소식을 들었다. 그리고 흥사단 계통의 인사들과 기독교 목사들이 조직한 〈조국 자유 수호회〉에서 나를 초대해 10여 명의 간부들과 오찬을 했는데, 전 숭실대학교 총장 김성락 박사와 남가주 민주회복 국민회의 차상달 대표, 노의선 목사, 박재훈 선생, 석진영 여사, 김상돈 전서울시장 등이 참석해 나의 독일 보고를 듣고 격려해 주었다. 일요일 저녁에는 홍동근 목사의 선한 사마리아 교회에서 보고 강연을 했다.

나의 미주 여행은, 점점 오라는 곳이 많아져 원래 3주를 예상했는데 한 달이 훨씬 넘게 되었다. 샌프란시스코(이강우와 동창들)와 유진 오레곤(이화수 박사)을 거쳐 시카고에 와서 머무니(5월 7~9일) 미국에 온 지 만 한 달이 되었다. 시카고의 매코믹(McCormick) 신학교에 유학 중인 김동수, 백하나 부부와 김상호 목사 부부가 중심이 되어 반독재 저항운동을 열심히 하고 있었다. 성명서도 내고 4.19에는 김재준 목사 등을 모시고 강연회도 열고 데모도 추진해 70-80명이 나오게 했다. 마침 매코맥 신학교에는 당시 차현희, 신익호, 고재식, 김중기, 김정광, 전헌 씨 등 주요 신학자들이 학위 과정에 있으면서 함께 〈시카고 그리스도인 동지회〉를 결성하고 있었다. 동지회를 통해 목회자들과 정기적인 월례모임을 하면서 기독교인의 의식개발과 사회참여를 위한 행사와 운동을 추진하였다. 나중에 모두 귀국해 괄목할만한 교수가 되고 주요 목회자가 되어서 기독자 민주동지의 역할을 잘 감당한 분들이었다.

5월 10~11일에 디트로이트 앤아버(Detroit, Ann Arbor)에서 소흥렬, 한성수, 신오현 교수와 친구 변종화 기자를 만난 뒤 12일에 마지막 방문지인 캐나다의 토론토에 도착해서 이상철 목사 댁에 유하게 되었다. 이미 스토니 포인트 기독학자 대회에서 만났지만 다시 김재준 목사와 사위 이상철 목사, 전충림 뉴코리아 타임스 발행인을 만나 4일간을 집중적으로 해외 민주화운동의 전략과 연대에 관한 논의를 할 수 있었다.

이상철 목사는 이미 내가 오게 되면 토론토의 민건회를 조직할 준비를 해놓고 계셨다. 5월 13일 저녁에 이 목사는 토론토의 교포신문 기자, 민주동지들 10여 명을 자택으로 불러 나의 독일 활동과 민주사회건설협의회(민건회)의 조직경위와 현황을 자세히 듣게 했다. 이 자리에는 물론 김재준 목사와 문익환 목사의 부친 문재린 목사, 전충림 사장과 장인철, 김창열, 최동호 씨 등이 동석했다. 나의 보고를 듣고 나서 이분들은 〈토론토 한인 민주사회건설협의회〉를 조직하기로 합의했고, 이 사실을 뉴코리아 타임스에 발표하기로 결의했다. 그 후에 박찬웅 씨를 대표로 선출했다.

나의 미주 방문 중 가장 큰 소득은 토론토에 독일 민건회의 자매단체를 조직하게 된 것이다. 뉴욕에서도 림순만 박사가 선우학원, 이승만, 안중식, 림병규 등과 뉴욕 민건회 조직을 의론하고 있지만, 뉴욕의 여러 갈래 운동이 병존하는 가운데 인간관계들 때문에 이들 몇 사람만이 따로 조직을 공개하기가 쉽지 않았다. 그러나 캐나다 토론토의 경우 김대중 씨 한민통의 영향도 없고 다른 비기독교인 조직 활동도 없었기 때문에 단순하게 토론토 민건회를 이상철 목사의 연합교회를 중심으로 조직하기가 어렵지 않았다. 김재준 목사도 이제는 토론토에 상주하시기 때문에 해외 운동의 구심점으로 토론토의 민주화운동 기지를 확보할 필요가 있었고, 미주의 민통이나 민협, 민촉과는 다른 민건회를 조직함으로 독자성을 갖게 되었다.

토론토 민건회를 조직하면서 함께 추구해야 할 운동 목표도 설정했는데 (1) 박정권 이후의 설계와 방법 탐구, (2) 3백만 해외교포의 의식계몽, (3) 외국 정부와 국제기구를 통한 압력행사, (4) 국내 민주세력 지원(정신적, 물적) 등으로 규정했다.

5월 16일에 다시 뉴욕으로 돌아와 림순만, 선우학원, 림병규 등 뉴욕의 민주동지들과 마지막 회합을 갖고 미주 여행의 정리를 했다. 마침 김재준 목사도 뉴저지로 다시 오셔서 17일 저녁 모임을 함께했다. 뉴욕, 워싱턴, 토론토를 연결하는 민주사회건설협의회(민건회)를 조직할 수 있을 것인가를 검토해 보았다. 결론은 이미 존재하는 여러 그룹의 민주세력들을 각기 특색과 성격에 맞게 일하게 하고, 뉴욕의 민건 그룹(림순만, 이승만, 선우학원, 림병규, 안중식)은 노출되지 않는 전략 그룹으로서 있으며 여러 다른 조직들과도 협력하는 방식으로 일하자고 잠정 결론을 맺었다.

뉴욕에는 정기용 씨의「한민신보」와 서정균 씨의「해외 한민보」가 정기적으로 발간되는 신문인데 서정균은 좌파들의 지원을 받아 점차 래디컬 해져가고 있다고 평가되었다. 한때 〈민주수호 국민협의회〉뉴욕지부의 대표를 림창영 박사가 맡아 관리하기도 했다. 또한 반독재 그룹으로 〈재미 구국향군회〉가 있는데 최석남 장군이 사령관, 장석윤 대령이 부사령관으로 있고 림창영 박사를 고문으로 모시고 있었다. 뉴욕의 친북한 통일운동의 그룹으로는 재일교포인 강광석(Anthony Kang), 강일남, 최도식 의사, 지창보 교수 등이 있고 워싱턴의 노광욱 의사, 달라스의 안용구 음악교수 등이 합세하고 있으며 역시 림창영 박사의 지도를 받고 있는 그룹이라고 한다. 이 점에서 미주의 민주화운동에선 소수지만 림창영 박사 휘하의 좌파 그룹을 도외시할 수 없고, 적절한 협력 관계를 유지해 가자는 것이 선우 박사의 의견이었다.

다른 한편 뉴욕의 민건 그룹은 보수적 기독자 민주동지들과도 잘 협력해 가야 대중적인 운동을 펼칠 수 있다고 했다. 구속자들을 위한 목요 기도회의 대표 한승인 장로를 위시해 많은 목사 평신도들이 한국교회의 인권, 민주화운동을 지원하고 있기 때문이었다. 뉴욕의 민건 그룹(나중에 김정순 교장 가세)은 진보와 보수 그룹 사이에서 연합전선을 모색하며 반독재 세력을 키워 가기로 했다.

나는 5월 19일 한 달 열흘 동안의 미주 여행을 마치고 독일로 돌아왔다. 독일의 민주화운동과 미주 여러 도시의 민주운동의 연계와 협력의 길을 열었다고 평가될 수 있을 것이다. 넓은 땅 미주에도 수많은 민주동지들이 있음을 발견했으니 외롭지 않고 마음 든든했다.

독일 민건회와 미주 운동의 연대활동

재북미 기독학자 대회에 참석하고 돌아와 나는 5월 25일에 북미에 계신 선배, 친지 동지 여러분에게 회람 편지(circular letter)를 썼다. 유럽과는 다른 북미대륙 한인사회의 분위기와 문제점들을 알게 되었고 조국의 현실과 장래를 걱정하는 많은 동지들을 만나 의견을 듣고 배울 수 있는 귀중한 체험이었다는 감사의 편지였다.

미국 방문 이후 독일과 북미 대륙 사이에 서신과 교류 왕래가 잦아지게 되었다. 미국의 림순만, 장혜원 교수 부부와 선우학원 박사가 미국 안에서 운동 분위기와 활동에 대해 자세한 소식들을 보내주셨고 김재준 목사는 「제3일」 지를 캐나다에서 속간하여 1백 부씩 보내주어서 독일 안의 동지들에게 배포했다.

마침 콜롬비아 대학의 생화학 교수이신 장혜원 박사가 내가 사는 괴팅겐에 소재한 막스 플랑크 화학연구소에서 실험연구에 참여하게 되어 1974년 7월부터 두어 달 독일로 오시게 되었다. 후반부에는 남편 림순만 박사도 오시게 되어 민건회 동지들과도 회합할 수 있는 기회가 생겼다.

1974년 3월 1일 본(Bonn) 데모와 선언문 발표로 창립된 재독 한인들의 민건회(민주사회건설협의회)는 이제 대사관과 정보부의 탄압과 공작에 맞서서 조직을 강화하고 외연을 확대해야 반독재 운동을 제대로 할 수 있게 되었다. 데모 직후부터 한국에 있는 가족들이 정보원들의 조사를 받고 여권 연장에 어려움을 겪는 압력행사가 노골적으로 나타났다. 선언문에 서명한 55명의 신원을 보장하고 체류 허가와 안전을 확보하는 일과 결속을 강화하는 일이 시급했다.

민건회를 이제 조직적으로 운영하기 위해 활동계획을 수립하고 책임을 분담하는 체계(System)를 만들고 무엇보다 동지들을 결속시키는 작업이 필요하게 되었다. 대부분 유학생 신분으로 서명한 55명

중에는 벌써 가족들의 압력과 대사관의 협박으로 민건회 조직 활동을 계속할 수 없다는 사람들이 나왔다. 곧 귀국해서 취직해야 하니 미안하지만 이해해 달라는 것이다. 선언문을 쓰고 데모를 주동한 나와 동지 몇 사람은 편지를 쓰고 찾아다니며 설득했지만 결국 몇 사람은 조직에서 떠났다. 누구나 장기 체류를 각오하지 않고서는 반독재 운동을 계속할 수 없었기 때문에 탈퇴하는 동지를 이해해야 했다.

나는 창립총회 의장의 자격으로 3월 22~23일 하이델베르크 교외 비슬록(Wissloch)에 있는 최승규 씨 댁으로 주요 동지들을 소집해 민건회 1차 실행위원회를 열었다. 장성환, 이영빈, 이삼열, 강돈구, 박대원, 송두율, 임희길, 이준모, 배정석, 김길순, 오길남 등 14명이 참석해 데모 이후에 일어난 각 지역의 상황과 정보를 나누고 특히 회원들의 안전에 관계된 정보부의 공격과 분열공작, 협박, 회유, 매도 공작에 대한 대책을 의논했다.

우선 조직 강화를 위해 회칙을 만들어 회원을 확보하고 법인으로 등록해 민건회의 합법적 정체성을 수립해야 했다. 그리고 사업과 활동계획을 만들고 책임을 분담시켜야 지속적인 운동이 될 수 있기 때문이다. 회칙 초안 작성을 이삼열, 강돈구에 맡기고 회원들의 결속과 의식화를 위해 기관지「광장」을 발행키로 하고 편집 출판을 이준모, 임희길, 배정석에게 맡기기로 했으며, 세미나 준비를 이삼열, 오길남에게, 섭외활동을 송두율, 박대원, 김길순에게 맡기기로 했다. 회원의 회비를 월 5마르크 이상으로 정했다. 총무를 강돈구에게, 재정을 이준모에게 맡겼다.

이렇게 민건회를 주동적으로 이끌 운영팀을 결성하고 지역별로 한국의 상황을 알리고 독일인들에게 독재 비판의 여론을 조성하는

'한국의 밤'(Korea Abend)을 개최하도록 했다.「광장」지 첫 호가 1974
년 7월 15일에 발간되었고 미국에서 발행되는「자유공화국」과「제3
일」지를 1천 부씩 구독해 전국 각지로 배포했다. 회원수가 수십 명
더 늘어났다.

독일에서 민건회 활동을 공고히 하기 위해서는 회원들의 결속과
책임분담, 팀웍이 중요했지만, 독일 사회의 홍보와 독일의 단체 기
관들로부터 협조와 지원을 받는 일이 또한 중요했다. 대부분 유학생
들인 민건회 회원들은 경제적 여유가 없어 여행이나 세미나 참가조
차 매우 부담스러웠다. 본에서 3월 1일 데모를 할 때도 일부러 이틀
전부터 쾰른 근처에서 2박3일 세미나를 열어 50여 명이 참석해, 총회
도 열고 데모현장으로 함께 나갔다. 전국 지역 도시에서 오는 교통
비와 숙박비도 만만치 않아 독일기독학생회(ESG)에 교섭해 2500마
르크를 지원받았다.

나는 민건회의 회원 확대와 조직 강화를 위해 다시금 보쿰에 있는
기독교 장학기관(ÖSW)에 부탁해 한국 유학생 2차 세미나를 열도록
했다. 7월 24~28일에 다시금 보쿰 근처 필릭스트(Villigst)에서 열렸는
데 "한국 민주화운동의 현황과 가능성"의 주제로 40여 명의 민건회
원과 비회원들이 참석해 열띤 토론을 벌였다. 이 자리에 나는 미국
에서 오신 림순만 교수를 특별강사로 초대해 "한국의 기독교와 천민
선교"에 관한 강연를 하시게 했다. 림 박사는 종교사회학 교수로 한
국의 백정 등 천민선교에 공헌한 사무엘 무어(Samuel Moor) 선교사
에 관해 연구한 논문을 발표해주어서 기독교의 민주화운동과 민중
선교의 관계를 이해하는 데 도움이 되었다.

민건회를 조직해 독일 안에서 민주화운동을 전개하는 목적은 한

인 교민들의 의식화와 조직을 통해 해외 한인들의 반독재 운동을 강화하려는 데도 있었지만, 더 중요한 것은 국내 운동을 지원하고 독일 정부나 교회, 단체들에게 한국 민주화의 여론을 조성해 압력을 가하려는 데 있었다. 무엇보다 중요한 일이 독일 기독교 교회와 선교단체들로 하여금 한국의 기독교 인권선교와 민주화운동을 재정적으로 지원하게 하는 일이었다.

이미 독일교회는 한국 기독교의 진보적 선교활동을 지원하고 있었다. 1965년부터 크리스찬 아카데미(강원용 박사)의 수유리 아카데미 하우스 건물과 대화모임 비용을 지원했고, 안병무 교수가 세운 한국신학연구소의 출판 활동을 지원하고 있었다. 그런데 1973년 박형규 목사 등의 구속과 그리스도인 선언 그리고 바일슈타인 한독기독자 모임과 선언 등으로 독일교회 선교부와 사회봉사국은 한국기독교교회협의회(KNCC)와 수도권 도시빈민 선교회, 인권위원회 등을 본격적으로 지원하기 시작했다. 우선은 구속된 학생들과 목사들, 그들의 가족을 돕는 자금이 수만 불씩 KNCC 인권위원회로 전달되었다.

특히 독일교회 사회봉사국의 '세계 식량'(Bread for the World) 프로젝트가 한국의 수도권 빈민 선교자금으로 지원한 수십만 불의 자금 중 일부를 민청학련 등의 구속자 변호비와 가족지원비로 전용했다고 해서 김관석 목사, 박형규 목사, 권호경 목사, 조승혁 목사를 구속해 재판한 1974년 사건은 독일교회뿐만 아니라 세계교회의 주목을 끌었다. 재판정에 증인으로 나온 볼프강 슈미트(Wolfgang Schmidt, Brot für die Welt의 책임자) 목사는 선교자금이 구속자의 인권을 위한 활동에 쓰인 것이 합법적이며 정당하다고 변호했다.

물론 독일교회에도 정치적 중립을 주장하는 보수파들이 있어서,

총회 시에는 늘 논쟁들이 많았다. 여기에 한국 기독교의 인권, 민주운동을 독일 나치 독재 시대의 고백교회 운동에 비유하며 한국 운동권 지원을 관철시킨 인사들은 Brot für die Welt(세계를 위한 빵)의 슈미트 목사를 비롯해, 슈투트가르트 서남독 선교부(EMS)의 파울 슈나이스(Paul Schneiss) 목사, 함부르크 선교부 동아시아 책임자 게르하르트 프리츠(Gerhard Fritz) 목사, 베를린 선교부의 알브루샤트(Albruschat) 목사 그리고 이를 밑받침해준 샤프 감독(Bishop Scharf), 튀빙겐 신학부의 몰트만(Mohtmann) 교수 등이었다.

물론 이 기관들과는 국내에서 김관석, 박형규, 안병무 등 지도자들이 직접 서신 교류를 했지만 이들에게 정황을 설명하며 반대파를 설득하는 데 필요한 일은 독일에 거주하는 한인 목사와 평신도들이 해야 했다. 특히 장성환 목사와 내가 3개월에 한번씩 함부르크에서 모이는 동아시아 선교위원회(Ostasien Kommission)에 장 목사는 위원으로, 나는 상임고문으로(Ständige Berater) 참석하게 되어, 여러 선교 기관들이 지원하는 정책과 프로젝트를 심의하는 데 영향을 줄 수 있게 되었다.

독일교회 〈동아시아 선교위원회〉는 한국과 일본, 대만의 교회협의회와 선교협력 관계에 있었고, 한국에는 교회협의회(KNCC)가 조직한 독일위원회(Deutschland Commission)와 파트너 관계를 유지하며, 선교 신학적, 사회봉사적 협력사업과 정책들을 협의했다. 독일과 한국 양국교회가 파독 노동자 문제에 공동의 관심과 책임을 느끼며, 함께 해결하기 위해 모이게 된 '1차 한독 교회협의회'(Deutsch-Koreanische Kirchen Konsultation)가 1974년 6월 24~28일 뒤셀도르프에서 모였는데 '독일에 거주하는 한국인들의 교회와 간호원 광부 등 노동자들의 사회적 문제'를 주제로 열렸다. 한국에서는 김관석(KNCC 총무), 강원용(한독위원장), 김윤식(예장 총무) 목사, 김해득(KNCC 회장) 사령관 등 교단 대표들과 노정현, 이문영, 안병무 교수 등 전문위원들 10여 명 참석했고 독일교회 선교, 봉사, 신학 기관들의 대표 20여 명이 참석했다.

나는 이 협의회에서 "재독 한국 노동자들의 사회적 상황"[24]이라는 제목의 발표를 통해 한국 간호원 광부들의 취업, 거주, 임금, 해고 등의 차별조건과 인도주의적 문제들을 비판하며, 근로 취업조건의 개선을 요구했다. 무엇보다 3년 기간제 노동자로서 가족 동반이 허락되지 않고, 2~4인 1실의 빈약한 기숙사 거주, 병가로 인한 저임금, 해고, 강제 출국, 불리한 노동환경 등을 상세히 지적하며 보고했다.

한국 대표들은 협의회 동안 광산 노동자들이 석탄을 캐는 현장을 보기 위해 지하 일천 미터를 내려가 수백 미터의 굴속을 기어 다니며 40도가 넘는 지열 속에서 땀 흘리며 무거운 착암기를 들고 일하는 광부들을 보며 눈물을 흘렸다. 한국 간호사들이 언어 소통과 음식 문제가 어려워 고생하는 현장도 돌아보았다.

동 협의회에서는 한인교회 목회자들이 참석해 목사의 반독재 인권 설교를 듣는 노동자 교인들에게 대사관, 정보부의 부당한 압력과 신앙의 자유 침해가 일어나고 있다는 사실도 보고했다. 1974년 한독교회협의회는 결의문에다 재독 한국 노동자들의 체류, 채용, 거주, 노동 조건을 개선하고 가족동반 등 인도적 문제를 해결하라는 건의를 담아 독일 정부와 관계 요로에다 보내기로 했다. 또한 한인교회

---

[24] Samuel Lee, "Die Sozale Lage der Koreanischen Arbeitnehmer in der BRD," in EPD Dokumentation, 1974.

의 지위와 선교활동을 보장한다는 결의문을 통해 한인교회와 그리스도인들의 반독재 인권운동을 독일교회로부터 보호받는 효과를 간접적으로 얻게 되었다.

이때 독일 안의 한인교회들은 뒤스부르크(Duisburg)의 장성환 목사, 베를린의 정하은 목사, 프랑크푸르트의 이화선 목사, 함부르크의 이재형 목사가 목회하고 있었는데, 네 목사는 모두 민건회에 가입되어 있었기 때문에 개신교인들은 반독재 민주화운동의 영향을 받고 있었다. 한때 정보부원들이 뒤스부르크 교회에 못 나가게 루르 지역 광부 기숙사의 통역들을 통해 압력행사를 한 적이 있었지만 (Walsum 광산사건), 독일교회의 항의와 불법 정보활동에 대한 언론 보도로 방해공작들을 막아낼 수 있었다.[25]

1960년대 중반부터 외화를 벌기 위해 독일로 온 간호원·광부들 수천 명이 당한 고충과 노동법상의 문제를 대사관도, 한인회도 제기한 적이 없이 찬사만 해왔는데, 한독교회협의회가 처음으로 공식 문서를 통해 부당해고나 불법 추방, 사고 보상 등 노동법적 인권문제를 독일 기업과 정부에 제기했고 가족동반의 허가도 요청했다. 이를 통해 교민들이 한인교회와 민건회의 노동자 보호운동에 관심을 보이게 되었고, 한인교회들이 민주화운동의 중요한 터전이 되게 되었다.

나는 동아시아 선교위원회에 속한 서남독 선교부(EMS)나 함부르크 선교부(EMW), 베를린 선교부(BMW)에 민건회의 홍보활동에 재정적 지원을 요청했다. 김지하의 시집을 독일어로 번역 출판하는 일이나, 유신독재의 인권탄압과 기독교의 저항을 독일인들에게 알리는

---

25 이삼열, "독일에서의 민주화운동", 「기억과 전망」 34 (2016), 373-386.

홍보사업은 마땅히 독일교회가 부담할 수 있다고 생각했다. 여러 차례 수만 불의 지원을 받았다.

그래서 독일 선교부 관계자·신학자들과 한국 기독자들의 만남과 토론이 중요했다. 1972년부터 매년 실시된 바일슈타인 한독 기독자 연찬회(Klausur Tagung)가 1974년 12월 2~6일에는 타우누스(Taunus)에서 열리게 되었다. 1974년 연찬모임은 전과는 완전히 다른 분위기에서 추진되었다. 국내에서는 4월 민청학련사태와 긴급조치 4호로 김지하 등 학생 수십 명이 체포 구속되었고, 이를 지원했다는 박형규 목사와 지학순 주교가 다시 구속되었으며 한국교회협(KNCC)은 구속학생과 종교인 언론인들과 가족들을 돕는 인권센터가 되었다.

독일에서는 3월 1일 본 데모와 민건회가 조직되었고, 사형선고를 받은 김지하와 민청학련 학생, 교수, 목사들의 석방운동이 앰네스티를 비롯하여 대대적으로 전개되었다. 6월의 1차 한독교회협의회도 억압상황에 있는 한국교회와 인권운동을 독일교회 전반에 부각시켰다. 나는 민건회가 독일 사회에 뿌리를 박고 국제연대를 강화할 수 있는 좋은 기회라고 생각해 캐나다에 계신 김재준 목사를 한독기독인 연찬회의 주 강사로 모시도록 준비위원장 슈나이스(Schnesis) 목사와 의론했다. 기독교장로회의 창시자며 진보적 기독교의 원로일 뿐 아니라 해외 민주화운동의 거두인 김재준 박사를 독일에 오시게 해서, 독일인들과 한국 교민들에게 민주화와 인권운동을 각성시키며 민건회 활동을 강화할 수 있는 프로그램을 만들기 위해서였다.

김재준 목사를 독일에 초청하는 계획은 9월에 함부르크에서 모인 한독연찬회 준비위원회서 가결되었고, 10월 10~12일 쾨니히슈타인(Königstein)에서 모인 민건회 4차 실행위에서 통과시켰다. 나는 김 목사에게 한독 기독자 모임(12월 2~6일) 이후 한 달간 독일에 체류하시면서 각 도시를 순회하며 민건회가 주최하는 반독재 운동 집회에 참석해 강연을 해달라고 부탁했다.

타우누스 도르프바일(Taumus Dorfweil) 휴양지에서 1974년 12월 2~6일 모인 한독 기독자 연찬모임은 "사회정치적 긴장상황에서의 교회의 선교적 과제"라는 주제로 50여 명의 한독 신학자, 목사, 평신도들이 참석한 가운데 깊이 있게 진행되었다. 김재준 박사의 "한국 교회의 선교적 사명"이라는 발표에 이어 독일 신학자들이 나치시대의 고백교회와 바르멘 선언, 기독교와 맑시즘의 관계 등의 강연이 있었고, 기독교적 해방운동의 신학과 전략에 대한 신중한 토론이 전개되었다.

연찬회를 마치고 김재준 박사는 12월 7일(토) 오후에 프랑크푸르트 대학병원 예배실에서 모인 민건회 주최 시국 강연회에서 열강을 했다. 정보원들의 방해공작에도 불구하고 간호원, 광부와 교인들 80여 명이 참석해 "유신체제와 민주체제"라는 강연을 경청하고 질의 응답 시간을 가졌다. 8일 주일에는 프랑크푸르트에서 설교, 9일은 동아시아 선교부 방문, 10일에는 슈투트가르트 독일 개신교 연합(EKD) 총회장 헬무트 클라스(Helmut Class) 주교를 예방하고, 한국교회와 인권운동의 지원을 요청했다. 11일에는 튀빙겐, 13~15일은 베를린, 18일은 괴팅겐, 21~22일 함부르크에서 강연, 설교, 교민들과의 좌담 등 쉴 새 없는 강행군을 마치고 김 박사는 12월 24일에 캐나다로 귀환했다. 김재준 목사는 나와 함께 한 달간 독일 각지를 방문하여, 곳곳에서 유신체제의 반민주성을 비판하고 해외 운동들이 연대하여 민주 질서를 회복하고 민주사회를 건설하는 데 힘쓰자고 역설했다.

II장

〈기독자민주동지회〉와
해외 운동의 연대

구속, 해직, 탄압의 심화와 해외 지원의 필요

유신 독재정치와 긴급조치 탄압이 강화되면 될수록 국민적 저항 운동은 더욱 거세고 열차게 일어났다. 1974년 4월 민청학련 사건이 터진 후 학생 데모의 배후 조종자로 개신교의 박형규 목사와 천주교의 지학순 주교가 구속되자 구속자를 위한 기도회가 곳곳에서 일어났고, 마침내 가톨릭 신부들이 교구별로 기도회와 석방운동을 벌이다가 1974년 9월 26일에 〈천주교 정의구현 전국 사제단〉이 결성되었다. 정의구현사제단은 시국 선언을 발표하여 유신체제 철폐운동에 나서는 천주교 신부들의 강력한 조직체가 되었다.

학생 데모와 종교계의 인권운동 석방기도회 등의 보도를 금지한 언론 탄압에 맞서서 동아일보 기자들이 1974년 10월 24일에 '자유언론실천 선언'을 했다. 정보부는 기업들이 동아일보에 광고를 못 내게 광고탄압을 해서 백지 광고를 내다가 민주 시민들이 격려 광고를 실어 후원했지만, 회사 측은 결국 정부의 압력에 굴복해 130여 명의 기자들을 강제 해직시켰다. 같은 사태가 조선일보에도 일어났고, 두 신문의 언론자유 투쟁위원회는 유신체제의 언론탄압과 독재에 저항하는 언론인 단체를 결성했다.

　김지하, 양성우 등 시인들의 구속에 항의하며 석방운동을 벌이던 문학인들이 1974년 11월 18일 〈자유실천문인협의회〉 이름으로 문학인 101인 선언을 발표했다. 고은, 신경림, 백낙청, 염무웅, 황석영 등이 주도했고 언론, 출판, 집회 결사의 자유를 위한 투쟁운동에 나섰다. 문인들의 연행 구속이 계속되었고 서울대 문리대 교수였던 백낙청은 12월 9일에 파면되었다. 서울대뿐 아니라 연세대, 이화여대, 숭전대(현 숭실대) 등 전국 여러 대학 교수들이 파면철회 서명운동에 나섰다.

　감리교 선교사로 한국에 와서 1960년대 초부터 노동자들을 대상으로 산업선교에 헌신했던 조지 오글(George E. Ogle) 목사가 1974년 12월에 추방이 결정되었다. 구속자 석방기도회에 참석하고 노사문제 강의를 하며 유신헌법 철폐를 주장했다는 것이 추방이유였다. 감리교뿐 아니라 기독교 여러 단체들이 추방 반대, 항의 성명서를 내고 기도회를 열었으나 오글 목사 부부는 연행 감금되었고, 결국 12월 14일에 강제 추방되었다.

　구속과 고문, 해직 탄압이 각계로 확대되면서 저항세력은 오히려 늘어났다. 종교계, 언론계, 학계, 법조계의 민주인사들이 연대하여 1974년 12월 25일 서울 YMCA 회관에서 〈민주회복 국민회의〉를 결성했다. 〈민주수호 국민협의회〉의 운동을 계승하는 조직체였지만 이제는 각계를 망라한 포괄적인 민주화운동의 거대한 연합체로 조직되었다. 윤보선, 함석헌 등 원로와 이병린, 천관우, 이태영, 강원용, 홍성우, 한승헌, 함세웅, 김병걸, 안병무, 서남동, 이우정, 김철, 김정례 등 각계 지도적 인사들이 함께하는 큰 단체가 되었다.

이렇게 민주화운동과 저항세력이 확대되어 가는데, 1975년에 들어서면서는 유신정권의 극도로 악랄한 탄압과 말살정책이 나타났다. 3월에 조선, 동아일보의 기자들 200여 명을 해직시킨 데 이어 민청학련 배후로 김동길, 김찬국, 현영학, 서광선, 안병무, 문동환, 이문영, 이우정 교수 등 교수 80여 명을 해직시키고, 수도권 선교지역 선교자금 유용사건을 만들어 김관석, 박형규, 권호경, 조승혁 목사를 구속 재판했다.

각계로 이어지는 구속 재판, 해직 탄압의 결정판은 1975년 4월 9일 민청학련의 배후 세력으로 재판받은 인혁당 8명의 사형집행이었다. 민청학련 사건으로 김지하도 사형선고를 받았지만 국내외의 대대적인 석방운동과 압력으로 무기 징역형으로 감형되었는데, 도예종, 서도원 등 인혁당으로 몰린 7명과 학생운동가 여정남이 대법원 판결 하루만에 가족도 모르게 4월 9일 아침 형장으로 끌려가 사형이 집행되었다.

나는 가능한 빨리 학위논문을 마치려고 1975년 초부터는 논문작성에 매달렸는데 4월 9일 사형집행 뉴스를 듣고는 분통을 참을 수가 없어 논문을 다시 서랍에 넣고, 성명서를 쓰고 데모준비에 나섰다. 2주간 준비 끝에 민건회는 4월 26일에 프랑크푸르트의 1848년 혁명의 민주성지 바울교회당 앞 광장에 모여 4.19혁명 15주년 기념식과 함께 박독재 타도 민주회복 궐기대회를 열었다. 일 년 전 본의 삼일절 데모와는 교민들의 반응이 달랐다. 민건 회원과 교민 150여 명이 나왔고(전에는 50명) 독일인들도 100여 명 합세해 250여 명이 함께 시내 중심지까지 행진하며 구호를 외쳤다.[1]

항의 집회는 독일에서만이 아니었다. 뉴욕에서는 "인혁당이라는 조작된 사건으로 교수대에서 억울하게 사라진 8인의 추도예배가 거행되었고, 영사관 앞까지 데모가 있었다"라고 림순만 박사가 알려왔다(4월 24일 편지). 국내에서는 인혁당이라니까 감히 나서지들 못했는데, 외국인 시노트 신부(메리놀회)가 유가족들과 함께 불법적 사형집행에 항의하며 대법원 앞에서 시위하다가 경찰에 연행되었고 결국 4월 30일에 강제 추방되어 미국으로 돌아갔다.

민청학련 학생데모와 무관한 진보적 민주 인사들을 빨갱이로 몰아 죽인 인혁당 사건은 민주화운동을 압살하기 위한 박정권의 망나니 칼춤이며 광적 탄압의 신호였다. 여차하면 간첩이나 친북 용공으로 몰아 처형할 수 있다는 협박이었다.

구속학생·해직교수와 언론인의 수가 갑자기 늘어나게 되자 해외의 민주운동 단체와 운동가들은 희생자들을 돕기 위한 모금과 지원 활동에 더욱 바쁘게 되었다.

동경의 오재식 선생 사무실에서 해직 기자들의 생활비를 돕기 위한 모금 요청 편지가 왔다(1975년 4월 10일자). 동아·조선일보 해직 기자 200명에게 우선 3개월간 최소 생활비를 돕기 위해 1500만 원이 필요하니 독일에서도 모금해 달라는 요청이었다. 해직 기자들에게 한 달에 최소 생계비 5만 원씩을 돕겠다는 계획이었다. 민건회는 5월부터 은행구좌를 열어 '동아일보 해직기자 돕기' 운동에 나섰다.

선우학원 교수는 "이번 크리스마스에는 아이들 선물도 하지 않고 한국으로 보내기로 결정했습니다. 이태영 여사가 하시는 여성 상담소에도 도와야겠고, 동아에서 해직된 130명 기자에게는 무슨 일을

---

1 이삼열, "해외에서의 민주화운동"(2016), 369-373.

해서라도 도와주어야겠고, 또 80여 명의 해직교수와 구속학생들까지 돈 쓸데가 너무 많습니다"고 편지했다(1975년 11월 29일).

미주의 뉴욕이나 LA, 캐나다에서 구속자를 위한 기도회가 모이면 모금행사가 빠지지 않았다. 독일의 뒤스부르크 한인교회에서도 박형규 목사 등을 위한 모금에 노동자, 교인들이 2만 불이나 모았다. 미국, 독일, 스웨덴과 세계교회협(WCC)에서는 인권선교의 명목으로 수십만 불씩의 헌금이 해직 교수와 언론인, 구속학생들을 위해 보내진 것이 후에 밝혀졌다.

이처럼 해외의 지원활동이 매우 중요하게 되면서 정보 소통과 협동사업 그리고 나라별 지원 사업의 조정작업(Coordiation)이 필요하게 되었다. 특히 에큐메니칼 기독교 단체들이 수행하는 지원사업의 조정과 협력이 절대적으로 요청되었다. 가급적 여러 나라의 교회와 다양한 기독교 단체들이 한국의 인권운동과 민주화에 관심을 갖고 지원을 하게 하기 위해서도 해외에 있는 기독자 민주동지들이 연결망(network)을 갖고 정보를 교환하며 조정 협력하는 일이 필요하게 된 것이다.

이를 위해서는 세계교회와 각국의 기독교 선교봉사 단체를 움직일 수 있는 에큐메니칼 운동의 본부인 세계교회협의회(WCC)가 나서서 국제회의를 소집하는 것이 필요했고, 동시에 해외 기독자 민주인사들이 모여서 연대와 네트워크의 틀을 만드는 일이 필수적으로 요청되었다. 국내 지원을 효율적으로 하기 위해서 뿐 아니라 해외 민주화운동의 연대와 강화를 위해서도 정책과 전략전술의 공동 탐색과 연합전선 형성이 중요했기 때문이다.

특히 1975년 봄에 베트남, 캄보디아 전쟁에서 미국이 패해 철수하고, 공산정권이 승리하게 되면서 한국의 제이 베트남화를 걱정하는 분위기가 생겼고, 박정권은 이를 민주세력들의 탄압정책을 강화하는 데 이용했다.

정보부의 감시나 압력에서 자유로운 해외에서는 과감하게 주한 미군철수와 북과의 대화협상을 통한 연방제 통일의 기치를 들고 나오는 세력도 있었다. 그러나 월남, 캄보디아의 적화통일, 미국의 패배는 국내 민주화운동과 민주세력을 위축시키는 효과를 가져왔다. 독재정권이라도 이북의 공산독재를 막기 위해선 지지해야 한다는 논리를 만들었기 때문이다.

뉴욕의 장혜원 박사는 1975년 5월 28일자 편지에서 나에게 이런 분위기를 전해주었다.

한국의 사태는 점점 암담해 가기만 하니 답답합니다. 박정희가 Gulf에서 4백 만 불 선거자금 받은 것, 일본에서 발표한 부실기업 내용을 보면 썩고 도둑놈 같은 정부인데, 요새 월남, 캄보디아 사태 후 안보를 들고 나오고, 김옥길 총장까지도 '국민들은 정부를 믿어야 한다'고 하니 큰일이군요. 이곳 NCC의 Leiden이 최근 한국 다녀와서 하는 말이 공기가 아주 달라졌고 과거에 반정부하던 이들도 이북이 무서워서 다들 들어가 조용하다고 합니다.

국내 상황이 이렇게 어려워지니까 해외에 거주하는 민주인사, 동지들은 오히려 해외 민주화운동을 조직적으로 강화해서 국내 운동을 지원할 뿐만 아니라 국내에서 할 수 없는 운동까지 과감히 해야겠다는 각오들을 하게 되었다.

김재준 목사도 이제는 해외에 머물며 운동을 이끌어 갈 결심을 한

것 같았다. 1975년 6월 15일자로 나에게 쓴 편지에,

나는 본국에 들어가려고 얼마동안 애써봤지만 입국이 허락되지 않아서 박이 있는 동안은 여기서 좀 더 강하게 일해 보렵니다. … 토론토의 민건은 건전하게 일하고 있습니다. 워싱턴의 '민통'도 그동안에 내부 정리가 되고 대미국 하원, 상원, 국무성 등 그리고 정계, 언론계, 교계 등을 향한 로비에 열중하고 있으며 거의 반박 일색으로 되어가고 있습니다. 금년 민통 대회는 시카고에서 하기로 대략 작정되어 있는데 워낙 큰 기구이기 때문에 잘만하면 운동력도 큽니다.

또 김 목사는 1975년 9월 5일자 편지에는 이렇게 썼다.

본국 소식은 여기서 아는 대로 갈수록 암흑인 것이 사실인데 자정 넘어 기대되는 것이 소망이라면 그럴지도 모르겠습니다. '주여 언제까지이니까?' 하는 성도들의 호소가 안타깝습니다. … 장준하 씨의 '추락사(?)', 김철 씨와 간부 수명의 행방불명 등 소식은 정치범행을 연상하게 합니다. KCIA를 통한 박의 살인행위라는 심증이 새로워집니다. 심판 날이 속히 오기를 기대하게 됩니다. 여기 이상철 목사는 몹시 바쁜 모양이고 요새 한국에서 퇴직당한 대학교수들의 생활비 돕기 운동에 분주하고 있습니다. … 나는 시카고에서 열린 '민통' 대회에 갔다가 또 부득이한 형편으로 의장직을 맡았는데 저쪽에서의 분열공작이 성공 못 하게 하기 위한 부득이한 수락이었습니다.

국내 현실이 암담해 가니까 더욱 해외 운동을 강하게 조직해야겠다는 생각들이 편지들을 통해 오갔다. 선우학원 박사의 1975년 6월

16일자 편지에는 이런 말이 있다.

국내 정세가 악화해짐으로 그 여파가 해외까지 미치고 있군요. 점점 더 힘들어 갑니다. 캐나다 이상철 목사가 동경 다녀오신 후 NY에 와서 2일간 지내면서 '민건'에 관한 것, 김재준 목사에 관한 일 등을 의론했고 앞으로 전 해외에 산재한 '민건'을 연합해가지고 김 목사님을 대표로 하고 광범한 '민건' 운동을 해보자고 작정했습니다. 서독에 가서 더 자세히 의논하겠습니다.

우리는 7월 24일 Frankfurt에서 떠나기로 예약했습니다. 서독 민건 동지들과는 7월 18~20일 주말에 만나도록 해주시면 감사하겠습니다. 림순만 박사도 15일경에는 도착합니다. 말씀하신 대로 10일간 정도 서독에 유하지요. 금번 기회에 스웨덴, 프랑스 등의 동지들 만나서 연합체 조직하는 데 합의를 봤으면 합니다. 8월 초순에는 캐나다에 가서 몇 동지가 김 목사님 모시고 모임을 가지기로 돼 있고 김 목사님은 '민통' 의장직을 사임키로 돼 있습니다.

국내 운동이 위축되고 약화할 것을 염려하면서 해외 운동의 조직과 연대를 강화해 더 많은 지원을 하며 운동을 살려야겠다는 각오들이 일어났다.

나는 선우학원 박사와 림순만 박사가 1975년 7월에 독일에 오게된 기회에 독일교회 선교부를 방문하고, 민건회 주최 세미나에서 강연도 하도록 스케줄을 만들었다. 7월 17일(목) 슈투트가르트에 EMS(서남독 선교부) 회의실에다 슈나이스(Schneiss) 목사와 함께 '한국문제 간담회'를 준비하고 슈투트가르트의 선교 봉사부 관계자와 기독학생회(ESG), 앰네스티 멤버들을 초청했다.

림 박사는 "한국 기독교의 저항운동과 미국 교회의 연대활동"에 관해 보고했고, 선우 박사는 "한국 문제와 미국, 일본의 정책"에 관한 발표를 했으며 그후 질의응답과 함께 토론 마당이 열렸다. 전날 16일에는 한국을 돕는 독일교회 주요 인사인 슈미트(Wolfgang Schmidt, Brot für die Welt, 세계식량기구) 목사 또 슈나이스 목사와도 함께 저녁식사를 하며, 국내 운동 지원전략에 관한 의론도 했다.

7월 18~19일에는 프랑크푸르트의 '젊은이의 집'(Haus der Jugend)에서 민건회의 확대 실행위원회가 있었는데 여기에서 림 박사는 "미국에서의 민주화운동 전망"에 관해, 선우 박사는 "일본 군국주의와 한일관계"에 관해 강연했다.

독일인들과 교회를 향한 캠페인에서 대단히 성공적인 운동은 김지하 구명운동이었다. 김지하의 석방을 호소하는 성명서를 독일 저명인사들의 서명을 받아 발표했는데, 빌리 브란트 전 수상과 하인리히 뵐 펜클럽 회장 등 세계적 명사들의 서명이 언론에 보도되었다. 서명운동을 위해 김지하의 시와 사상을 출판하는 일이 필요했다. 어렵게 한글판 시집과 독일어 번역판을 출판해 5천 부씩을 배포했다.[2] 출판에 수고한 이준모, 송영배, 김길순, 임희길과 독일어 번역에 힘쓴 배정식, 김원호, 강정숙, 최두환 동지의 노고를 잊을 수 없다.

오글 목사와 시노트 신부의 추방은 국내에서 외국인 선교사들의 비판활동을 억제하는 데는 일조했을지 모르나, 해외 기독자들의 민주화운동에는 커다란 힘과 도움이 되었다. 유신체제와 박정권의 무자비한 인권 침해를 여과 없이 알리는 데 더 효과적일 수 없는 증인들이었기 때문이다. 미국으로 쫓겨나온 두 선교사를 미주의 교회와

---

2 이삼열, "김지하 구명운동과 시집출판", 「기억과 전망」 34 (2016 여름호), 391-395.

민주동지들이 보호하고 주선해 오글 목사는 에모리대학에서 강의하도록 했고, 시노트 신부는 워싱턴의 미 의회에서 한국 문제를 알리는 로비 역할을 하게 했다.

나는 WCC의 박상증 선배를 통해 이분들을 독일에 초청해 강연하고 증언하도록 계획을 세워 추진했다. 여비는 제네바 WCC에서 부담케 하고 독일 체류비를 독일교회 선교부에 부담시켜 1975년 11월 9~12일에 오글 목사와 시노트 신부 두 선교사가 독일에 올 수 있게 되었다. 나는 멀리 독일교회와 민건회에 방독 초청계획서를 제출해 허가를 받았고 뒤스부르크, 프랑크푸르트, 베를린 세 곳에서 민건회 주최로 강연과 토론회를 개최하도록 했다. 그리고 11월 11일에는 프랑크푸르트에 소재한 독일교회 외무국(Auβen Amt)의 유르겐 믹쉬(Miksch) 목사를 통해, 독일교회 관계자들과 기독교통신사(EPD)를 초청해 한국의 인권탄압 상황을 설명하는 간담회를 열도록 했다.

나는 두 분의 방독 초청강연의 목적을 "재독한인들과 독일교회 측에 국내 민주운동의 실황과 미국의 비판세력이 보는 한국 민주화의 전망을 알리고, 특히 노동대중의 참상과 산업선교자들의 끈질긴 노동운동을 강조하여 민주화운동의 폭넓은 지원을 얻도록 하는 데 있음"으로 계획서에 기록했다. 11월 9일(일) 오후 3시 뒤스부르크 한인교회에서는 한국의 산업선교를 위한 특별예배를 드리며 오글 목사의 설교 겸 보고 강연을 했는데 루르(Ruhr) 지역의 광부, 간호원 3백여 명이 모여 한국 노동자의 실태를 듣고 예배 후 감동적인 좌담회를 열었다. 11일 오후 8시에는 프랑크푸르트 니더라트(Frankfrut Niederad) 교회에서 민건회 주최 시국강연회에서 오글 목사는 "노동대중의 실태와 민주화운동", 시노트 신부는 "김지하의 수난과 우리의 책임"이라는 제목의 강연을 했는데, 두 분 다 15년 이상 한국에 살며 일해서 한국어가 능숙했고, 실제 경험을 통한 보고에서 참석한 민건 회원 80여 명에게 큰 감동을 주었다.

Geneva 회의와 민건 세계협의회 조직(1975)
― 해외 운동의 전략 조정 센터 구축

극도의 탄압과 말살정책으로 암울해진 1975년의 국내 상황을 접하게 되면서 국내 민주화운동의 위축을 염려하며 해외의 기독자 민주동지들은 결연히 조직 강화 운동에 나서게 되었다. 200여 명의 해직기자, 80여 명의 해직교수, 1천여 명의 구속학생들, 늘어나는 피해자들과 민청학련, 인혁당 관계자들의 사형집행과 유가족문제 등, 여간한 모금운동으로는 감당키도 어려웠고, 개별적인 지원이나 로비 활동으로는 엄청난 독재정권의 행패를 막아낼 수가 없음을 깨닫게 되었다.

일본, 미국, 독일, 제네바에서 나름대로 교회와 기독교 단체들의 지원을 받으며 국내 민주세력을 돕고 있던 기독자 민주동지들이 드디어 연대조직을 결성하고 세계교회협의회(WCC)를 통해 국제적 지원활동을 효율적으로 조직 강화하는 모임을 열기로 했다. 1973년부터 비공식적으로 연대하며 국내 운동을 지원해왔던 제네바 WCC의 박상증, 동경 CCA-URM의 오재식, 미국 장로교 선교부의 이승만, 김인식, 캐나다 연합교회 이상철, 독일 동아시아 선교위원회의 장성환, 이삼열이 일차적 네트워크를 결성하기로 했고, 국내에서는 김관석 KNCC 총무, 강문규 YMCA 총무, 박형규 수도권 선교위원회 대표를 연계시키는 조직이었다. 기독교 에큐메니칼 운동의 인맥을 활용한 네트워크인데, 이를 확대 조직해서 해외 기독자 민주동지들의 결속체를 만들자는 것이었다.

1975년 11월 케냐 나이로비에서 모이는 WCC 5차 총회가 좋은 기회라고 생각했다. 국내에서 김관석·안병무·문동환 등이 총회 참석차 유럽으로 나올 수 있다고 하여 11월 5일경에 제네바에서 국내외 기독자 민주동지들과 한국교회를 돕는 여러 나라 선교기관 책임자들이 함께 모이는 '한국 문제 기독자 회의'를 WCC의 박상증이 조직했다.

WCC의 전도와 선교국(CWME)의 간사로 일하던 박상증은 국장 에밀리오 카스트로(Emilio Castro)와 WCC 총무 필립 포터를 설득해 독재탄압에서 고통당하며 정의와 인권 민주주의를 위해 투쟁하는 한국의 기독교를 지원하며 연대하는 에큐메니칼 지도자들의 모임을 WCC가 주최하도록 만들었다. 그러나 공식으로 WCC가 한 나라만의 민주화를 위한 회의를 개최할 수는 없으니 〈한국 문제 비공식 협의회〉(Informal Consultation on Korea)라는 명칭을 썼다.

제네바시에 있는 르세나클 기독교 수양관(Le Cenacle Retreat Center)에서 11월 6~7일에 열린 한국문제협의회에는 미국, 캐나다, 영국, 독일, 스웨덴, 일본의 교회와 기독교 기관 주요 책임자 30여 명이 왔고 한국인 민주동지도 10여 명 참석했다. 오글 목사와 시노트 신부도 초대되었다. 민중과 함께 저항하는 한국의 기독교와 연대하여 인권, 정의, 민주화를 실현하는 것이 오늘의 기독교 사명임을 주제 발표와 토론들이 역설했다.

미국 교회 대표로는 터버(Newton Thurber), 라이덴스(Edwin Luidens), 부마(Kyoji Buma) 등이, 일본에서는 나카지마(John Nakajima), 쇼지(Shoji) 등이, 독일에서는 클라인(Klein), 프리츠(Fritz), 스웨덴 선교부의 오컬룬트(Karin Åkerlund), 영국의 잭슨(Graeme Jackson), 네덜란드의 반 더빈(Van der Veen) 등 교회기관의 대표자와 선교부의 책임자들이 주요 참석자였다. 미국 교회연합회(NCC)가 중심이 된 〈북미 한국인권위원회〉 활동, 일본 NCC가 중심인 〈한국문제 긴급회의〉 활동, 독일 동아시아 선교위원회의 한국 민주화와 독일 민건회 지원 등이 자세히 보고 되었다. 이 협의회는 한국 정세와 변화하는 상황의 판단과 해석을 위해 그리고 정보의 교환과 전략의 협의를 위해, 자료 수집과 연대활동의 센터가 필요하다는 결론을 이끌어냈으며, 세계교회들이 이 프로젝트를 지원해야 한다는 건의를 공식 제안하기로 했다. 무엇보다 우선 자료 센터(Dokumentation Center)가 있어야 한다는 주장에 여러 나라 교회들이 10만 불을 목표로 모금하기로 의견을 모았다.

그러나 더 중요한 제네바 회의의 목적은 이들 각 나라 교회와 선교부를 움직일 수 있는 한국인 기독자 동지들의 결속과 연대조직을 만드는 일이었다. 한국인 동지들은 국제협의회가 열리기 하루 전인 11월 5일에 미리 모여 한국인들끼리 현황 보고와 대체 토론회를 가졌고, 협의회가 끝난 뒤 8일에 연대조직을 위한 정식회의를 가졌다. 참석자는 캐나다의 김재준, 이상철, 미국의 이승만, 김인식, 손명걸, 일본의 오재식, 최경식, 독일의 장성환, 이삼열, 스위스의 박상증, 스웨덴의 신필균 등 11명이었다. 사회는 이상철, 기록은 이삼열로 정했다. 사정상 이 자리에 참석하지는 못했지만 미국의 림순만, 홍동근, 선우학원, 일본의 지명관, 이인하, 국내의 김관석, 이태영, 강문규 등을 불참한 회원 동지들로 인정했다.[3] 강문규는 이때 동경에서 서울로 귀국해 YMCA 총무가 되었으므로 국내 동지가 되었다.

민주동지회가 창립 조직되는 귀중한 모임의 기록 책임을 맡아 나는 회의록 작성을 위해 노트 한 권에 자세히 발언들과 결정사항들을 기록해 두었다. 이제 다시 노트를 읽어보며 방향설정에 영향을 준 주요한 발언들을 요약해 옮겨본다.

오재식의 말:

지명관, 이인하, 오재식은 정보부 노출을 피하기 위해 공적 모임에는 일체 안 나가고 뒤에서 지원하는 일만 하고 있다. 일본인들의 긴급회의가 앞장서 한국 민주화를 지원하고 있다. 한국과의 비밀연락 지원을 위한 여러 채널을 만들고 있다. 국내에 돈 보내는 것, 몸수색까지 당해 점점 어려워지고 있다. 일본 내의 교포들은 감시가 심해 주춤하고 있고, 한민통은 노선이 위험해 우리는 협력하지 않고 있다. 조련계와 민단계가 아니면서 선민주 후통일의 기치로 남한의 민주세력과 연결된 운동이 일어나면 광범한 조직과 모금이 가능하다. 일본의 재일교포들을 움직이면 큰 힘과 자금을 얻어낼 수 있다.

지금 우리 운동의 단계는 전문화, 직업화해야 할 때다. 우리들 사이에도 기능적인 중심부(functional center)가 있어야겠다. 해외에도 이런 Body가 있어야 해외 운동을 조직화하고 체계화할 수 있다. Ad hoc Base를 가지고는 곤란하다. 김재준 목사님의 「세계」지 기고가 전환점이 되어서 남북통일 문제까지 내다보면서, 북도 남도 아닌 제삼의 방향제시를 하면서 나아가야 한다.

---

3 강주화, 『박상증과 에큐메니칼 운동』, 224-230; 오재식, 『나에게 꽃으로 다가오는 현장』, 223-228.

이 토대 위에서 신학선언, 정치선언, 교포조직화가 이루어지면 한국인들의 자체 부담으로도 추진될 수 있다. 전략을 세워나가면서 이념적 이야기를 해보자. 전략전술 센터를 두고 연락망을 유지하며 기능적인 분담을 하자. 김재준 목사님을 상징적 지도자로 세우고 주변에 인적자원과 팀을 강화하자. 인적 자원은 국제 여론형성을 위한 외교적 역할과 국내지원(재정적, 전술적) 그리고 조직 활동을 위한 전문 인력이어야 한다. 미국인 Sinott, Linda 등의 감상적 활동보다는 보다 sophisticate한 워싱턴 Lobby 활동이 필요하다.

이상철의 말:

이제까지의 우리 운동을 근원적으로 반성해보자. 인권운동, 구속자 석방운동, 민주인사 지원 등은 좋으나 목표가 분명치 않다. 더 근본적인 질문을 하며 우리 운동의 목적과 방향이 무엇인지를 설정해야 한다. 1920년대 독립운동 시에도 민족주의, 공산주의로 갈리는데, 대부분 기독교인들이었던 민족개조론자들은 안창호, 이광수, 김활란 장래에 대한 blue print가 없었다. 지금 운동이 기로에 빠진 것은 우리의 focus가 너무 immediate한 구제 사업에 있으니까 그렇다. Long term goal이 없으니까 인도차이나 사태가 벌어지면서 확 주저앉아 버렸다.

김재준의 말:

본국의 탄압이 심해 위축되기는 했지만 학생층과 군부, CIA에도 상당한 불만층이 세력화하고 있다. 이제 해외 운동은 너무 국내 사정 보며 조심할 필요 없이 과감하게 광범한 층의 흡수를 위해 노력해야 한다. 가까운 동지끼리만 폐쇄적으로 하지 말고 폭을 넓히자.

박상증의 말:

예수쟁이들 하는 일에 늘 한계가 있다. 그러나 국내와 국외의 활동에 감각적 균형(sensitive balance)이 맞아야 한다. 어쨌든 Organizational Platform(조 직기반)을 가지고 밀고 나가야 한다. 한국교회의 신학적 언어가 현실적, 정 치적 action하는데 respond하거나 incarnate하지 못하고 있다. 실존적인 en-gagement가 안 나오고 있다. 우리의 연대조직은 ecumenical world의 공동 기반에서 출발하되, 각 지역의 현실과 조직 인맥을 존중하며 연대해야 한다. Regional body 나 group을 그대로 두고 각 운동체의 개별적인 인물(Person) 들을 core group으로 묶는 작업이 필요하다.

이러한 반성과 앞으로의 과제와 전략에 관한 브레인스토밍 형태 의 자유토론을 한 뒤에, 8일에는 회의 형태로 들어가 기독자 동지들 의 연대조직 체계와 운영 방식에 관한 토론과 결정이 있었다. 자세 한 내용은 내가 서기로 기록해 보관하고 있는 '제네바 회의록'(9쪽)에 기재되어 있는데 핵심내용만 몇 가지 옮기면 다음과 같다.[4]

4. 현 단계에서 가장 시급한 과제는 국내 국외의 제반 운동을 범세계적으로
  연결시키며 조직 활동, 외교적 활동, 국내 지원활동을 통제 강화할 수 있
  는 중심부(center)를 설치하는 일과 이를 담당할 인적자원을 중심부에 결
  집시키는 일이다.
 a) 김재준 박사를 이 조직체의 상징적 지도자로 하며 김 박사의 주변에 중
  심적 기능을 담당할 인적 자원을 팀으로 보강하며 중심부를 구상한다.

---

[4] Geneva 회의록은 국사편찬위원회가 발행한 『한국 민주화운동 자료 목록지』에 기재되
어 있고, 보관되고 있다.

b) 이 범세계적 조직체는 기왕에 조직된 각 나라의 지방조직, 그룹들을 성급히 통합 흡수하는 것이 아니라, regional group들을 그대로 두면서 각 운동체의 중요한 인물들을 개별적으로 묶어 핵심체(core group)로 만드는 작업이다. 다양한 조직들의 성급한 일원화는 오히려 분파작용의 가능성을 주기 때문이다

c) 중심부의 기능은 (1) 정보 자료의 수집, 평가, 분배, (2) 세계 여론을 위한 외교적 활동(Lobby & Pressure), (3) 공보선전 활동(Press Work), (4) 국내 운동의 물질적, 전술적 지원활동(support action), (5) 해외 제반 활동들의 연락조정(action coordination) 등으로 나누어 볼 수 있다.

d) 중심부를 김재준 박사가 계신 Toronto에 설치하며 센터의 기능을 coordinate 할 인물로 지명관 교수, 박상증 선생을 선출한다. 지 교수가 이를 수락하고 현실적으로 Toronto에 이주할 때까지 표면적으로 노출시키지 않으며 잠정적으로 Toronto와 Tokyo를 연결하는 선에서 중심부가 존재하도록 한다.

조직의 명칭을 〈한국민주사회건설세계협의회〉(World Council for Democracy in Korea) 약칭 '민건 세계협의회'로 정하고 의장에 김재준, 사무총장에 지명관, 사무차장 겸 대변인에 박상증, 회계 손명걸, 감사 이승만, 김인식으로 정했다. 중앙위원으로 참석한 11명과 불참한 지명관, 김용복을 선출했다. 이미 조직되어 있는 서독 캐나다 뉴욕의 〈민주사회건설협의회〉를 기초로 미국의 주요 도시와 일본에도 민건회를 조직하도록 한다고 결정했다.[5]

---

5 Geneva 회의록 참조.

기독자 민주동지들의 1975년 제네바 회의는 마치 해외에 망명정부라도 세울 것 같은 열정과 의욕 가운데 진행되었다. 박정권이 국내의 민주세력을 말살하고 영구 독재체제로 갈 수도 있다는 위기감이 존재했기 때문이다. 만일 유신독재가 독일의 나치 독재나 스페인의 프랑코 독재처럼 안정되며 장기화한다면 국내 민주화운동은 지하화할 것이며, 일제 강점기에 상해 임시정부가 섰던 것처럼 해외에 투쟁본부를 세워야 할지도 모른다는 생각이 있었다. 하여튼 해외 운동을 결집하고 국내 운동의 지원을 장기적 계획하에서 조직적으로 운행하여야 할 필요성이 분명했다.

그리고 현재는 일본교회의 엄호 아래 CCA-URM 오재식 사무실이 숨어서 국내외 운동을 연결하는 센터의 역할을 하고 있지만, 장기적으로는 불가능하며 한일 경제유착이나 김대중 씨가 납치된 것을 보아 동경이 안전한 곳이 될 수가 없다고 판단되었다. 그리고 미국의 반인권적 대한정책으로 보아 미국보다는 캐나다가 훨씬 자유롭고 안전한 센터가 될 수 있겠다는 생각들을 했다. 물론 김재준, 이상철 목사가 자리 잡고 있고, 토론토 민주 사회건설 협의회가 활발히 움직이고 있다는 점도 고려된 결정이었다.

그러나 '민건 세계협의회'는 출범과 동시에 사고가 생겼다. 원래 토론토 본부가 마련될 때까지 조직과 이름들을 노출시키지 않기로 했는데 김재준 목사가 그만 토론토의 「뉴코리아 타임스」와 로스앤젤레스의 「신한민보」 기자에게 제네바 회의 내용을 알린 게 크게 보도되면서 사방에서 난리가 났다. '민건 세계협의회'라는 조직 이름과 주요 참석자들의 이름까지 공개되면서 민건이 아닌 다른 조직에 속한 사람들뿐 아니라, '민건'에 속한 사람들도 의논과 합의 없이 '세계

민건'을 조직했다고 불평들이 나왔다. 초대받지 못한 사람들은 소외 감을 표시하기도 했다.

그러나 다른 한편 공개 보도됨으로써 해외 민주화운동의 세계적인 국제 연대조직이 처음으로 탄생하여 이름이 알려진 것은 무시할 수 없는 충격적 사건이 되었다. 국내 독재 정권에게도 상당한 도전이었고, 다른 비기독교적인 단체들에게도 큰 자극이었다. 지금까지 일본의 한민통이나 미주 민통에서도 국제적 연대 기구를 만들어 보려고 노력하고 있었지만 쉽지 않았다. 일부 친북 단체에서는 '예수쟁이들이 반공 조직을 만들었다'고 비난하기도 했다. 이제 관건은 '민건 세계협의회'가 어떻게 조직과 능력을 확대하여 중심부(center)의 기능을 할 수 있도록 인적 자원과 물적 토대 이념과 노선을 갖추느냐에 달리게 되었다.

제네바 회의의 핵심은 해외에서 활동하는 기독자 민주동지들을 하나로 결속시켜서 조직을 만들고 해외 운동의 기능적 센터를 캐나다 토론토에 김재준 목사를 중심으로 세워서 기능을 강화하자는 것이었다. 세계교회협의회(WCC)와 미국 독일, 일본 스웨덴 등 주요 나라의 교회들이 돕기로 전날(11월 6~7일) 합의했으니 '민건 세계협의회'를 탄생시킨 8일 회의는 고무적인 분위기와 감격 속에 진행되었다. 그러나 이런 결정은 이미 제네바 회의가 열리기 전에 동지들 간에 논의되고 결정되었다는 것을 서신 왕래나 비밀 보고서를 보면 알 수 있다. 제네바 회의를 준비하며 지명관 교수는 1975년 여름에 한 달간 미국과 캐나다 독일의 여러 도시를 방문하며 동지들과 긴밀한 의론을 했고 방문보고서(9월 3일자)를 비밀로 해달라며 나에게도 보냈다. 중요한 전략적 내용 몇 가지를 옮겨본다.

미국 대통령선거에 한국 문제가 이슈가 될 수 있도록 시카고의 런다 여사 등이 여성유권자연맹 등을 움직여 상원의 험프리, 하원의 프레이저에게 영향주고 있음. 여기에 한국인 동지가 있어야 바르게 조언할 수 있음. 월남전 반대그룹에게 한국 문제를 효과적으로 취급할 수 있게 해야 함.

지금까지 국내외가 호응해서 박정권이 결정적 타격을 받게 하는 데는 비교적 성공했으나 국내 운동이 지하화하는 데 대한 대책이 필요함. 11월의 제네바 회의가 이 문제를 다루어야 함. 지하화 젊은이들이 자포자기하지 않도록 격려해야 하며, 자포자기하면 좌경화할 수 있다. 박 이후에 현실적으로 현명한 운동의 길을 우리와 함께 걸어가기 위해서도 지금의 지원과 공동전선이 필요하다.

조직을 완전히 일원화하는 것은 어렵기도 하겠지만 분열의 가능성이 많고 그 사이에 적의 공작 가능성이 많으니까 모든 조직이 자기들대로 움직이면서도 상호 연락과 연대를 가지게 하는 것이 좋음. 이의가 없는 것이 아니었지만 대체로 동의를 얻었음. 토론토를 중심으로 하고 김재준 박사님을 정점으로 하는데 활동을 강화하기 위하여 김재준 박사 주위에 인원, 기구, 자금을 앞으로 집중시키는 노력이 계속되어야 한다는 데는 대체로 의견을 같이하였다. 우선 캐나다에서 예를 들면 영문「한국 일지」같은 것을 내서 국내 뉴스 등을 제공하고 간단한 코멘트를 가하는 일을 했으면 좋겠음.

해외의 반독재 신문들이 어려움 속에서도 간행되고 있는데 토론토의 뉴코리아 타임스, 로스앤젤레스의 신한민보, 뉴욕의 해외 한민보, 독일, 일본의 민주화운동 신문 등이 있는데, 충실한 사실보도, 좋은 논평, 해외 운동의 이미지 메이킹을 위해 토론토에서 '민주 사회 건설 매스컴 세미나'를 개최할 것을 제안함.

일본의 한민통은 주한 미군철수와 진보적 통일 논의를 하기 때문에 기독자

민주동지들은 국내 연대 세력 보호를 위해 거리를 취했다. 미국의 민통은 현재 김재준 목사를 대표로 모시고 있지만 림창영 좌파그룹들과의 갈등으로 단합된 일을 할 수 없기 때문에 김 목사는 사퇴하고 앞으로 민주사회건설(민건) 국제연합이나 협의회를 맡아 이끌어야 한다는 것이 림순만, 선우학원, 이상철과 동경 동지들이 합의한 사항이었다.

이밖에 10여 쪽에 달하는 보고서를 다 옮기지 못한다.

스웨덴 교회의 지원과 한인사회 민주화운동

제네바 회의를 준비하며 동경의 오재식, 제네바의 박상증은 후배인 나(이삼열)에게 스웨덴을 찾아가 선교단체 관계자들과 협의해 WCC를 통한 한국 민주화운동 지원을 하도록 교섭해 달라는 부탁을 했다. 나는 1975년 8월 25일부터 9월 2일까지 한 주일간 스웨덴 여행을 위해 스톡홀름으로 떠났다. 독일과 마찬가지로 스웨덴에서 반독재 여론을 일으킬 수 있는 한인들과 스웨덴인들이 협력 관계를 이루어야 한다고 생각해 먼저 스웨덴 사정을 알아야겠기에 25~26일에 오재식 선생이 소개한 신필균을 만나 상황을 들었다. 한국에서 기독학생회(KSCF) 활동을 하다가 스웨덴에 유학 온 신필균이 스웨덴 기독교 선교단체에 영향을 줄 수 있기 때문이었다.

27일과 28일에는 웁살라(Uppsala)로 가서 선교부(church of mission) 직원 오컬룬트(Karin Åkerlund)를 만나 독일 민건 활동과 선교단체의 지원 등을 보고하고, 11월 9-16일 스웨덴 선교주간에 "제삼세계의 인권과 발전"을 주제로 모이는 대회에 오글 목사와 시노트 신부를 강사로 보내기로 합의했다. 그리고 스웨덴 교회의 개발협력재단(SIKA)의 의장 스벤(Sven) 씨를 만나 한국의 인권 발전 사업에 재정지원 가능성을 협의했다. 아동복지 프로젝트로 5만 크로네를 오재식 사무실이 신청하도록 했다.

28일에는 스웨덴 교회 선교부 아시아 담당 총무 잉바르손(Benga Ingvarsson)을 만나 제네바 회의를 설명하고 스웨덴 교회 대표가 참석하겠다는 약속을 받았고 재정지원 문제를 협의했다. 그는 루터교인 스웨덴 교회의 선교비는 한국의 UIM이나 KSCF 등에 직접 보낼 수 없고 공식교회기구(establishrd church)를 통해서만 지원이 가능하기 때문에 WCC와 CCA(아시아 교회협의회)를 거쳐 한국교회협(KNCC)으로 가도록 하겠다고 했다. 우선은 스웨덴 교회 총주교(Arch Bishop)로 하여금 한국의 인권 상황에 관해 발언하도록 만들고 그다음에 원조를 추진해야 한다는 것이다. 지명관 교수의 일본 체류비 지원도 WCC의 요청으로 할 수 있는데, 필요성의 자세한 설명을 요구해 TK생을 얼버무리며 문필로 민주화에 공헌하는 자로 소개했다.

29~30일에는 스웨덴 한인사회에서 반독재 활동을 할 만한 인물들을 찾아 면담했는데 조성복 교수, 박화자, 임유직, 오한영, 이희춘 등을 만났다. 스웨덴의 한국인은 약 200명인데 스웨덴이 남한과 북한에 동시에 외교 관계를 맺고 있어 교민사회도 분열되어 있고 복잡한 일이 많았다. '조선 스웨덴 협회'가 조직되어 친북활동을 하고 있고, 북한 선전 영화나 전시회 무용공연을 열고 있었다. 한서협회도 있으나 입양 고아들 문제를 주로 다루고 반독재 운동을 좌익으로 몰아 방해하고 있었다.

이런 상황에서 친북도 친남도 아닌 임유직, 오한영, 이희춘 등 몇 사람이 독일 등의 영향을 받아 1974년 10월에 〈재서전 민주수호 협의회〉를 창립해 박정희 유신독재 철폐와 김지하 구명운동 등을 하고 있었다. 그러나 서전 민수협은 선통일 후민주를 정책으로 미군철수를 주장하는 매우 진보적 노선을 택하고 있었다. 그러나 조성복, 박화자, 웁살라 그룹, 김영두의 '북구 민주 전선' 그룹과는 통일문제와 대북관계에 의견 차이 등으로 합치지 못하고 있었다.

그래도 나는 해외 민주 단체 연합과 세력연대를 위해서는 인원수가 적지만, 스웨덴의 위치가 중요하다고 생각해 독일의 민건과 스웨덴의 민수협이 연합체를 구성하자고 제의했다. 독일에서 박대원, 이영준, 오석근을 오게 해 8월 30일 스톡홀름 아리랑 식당에서 유럽(구주) 연합체를 만드는 회의를 열었다.

서전(스웨덴), 노르웨이, 덴마크의 '민주 수호협의회'와 프랑스의 '조국 자주통일 촉진회'와 독일의 민건회가 합쳐서 가칭 '통일 민주사회 건설 구주연합회' 혹은 '민주사회 건설 구주 협의회'라는 이름으로 성명서도 발표하고 구주 신문도 만들고 자료 교환도 하는 조직을 만들어보자고 의론했다.[6]

나는 스웨덴 방문보고서를 작성하여 9월 10일에 오재식, 박상증, 지명관, 김재준, 이승만에게 보냈고, 11월 제네바 회의에는 스웨덴 교회의 지원을 받기 위해서 교회 기구 대표로 인권위원장 잉게(Inge) 씨를 초대하고, 선교부의 카린(Karin)은 중요한 친한 인사이니 개인 자격으로 신필균과 함께 초청하자고 보고서에 썼다.

---

6 이삼열, "독일에서의 민주화운동", 「기억과 전망」 34 (2016), 402-3.

이후에 카린과 신필균은 스웨덴의 교회와 사회를 움직일 수 있는 인물들을 골라서 한국의 인권 민주화를 도울 수 있는 한국위원회를 조직했다. 스웨덴의 자유교회 회장 엘름퀴스트(Karl Axel Elmquist) 목사를 위원장으로 카린이 총무를 맡고 선교부 직원과 언론인들이 위원으로 참여해 중요한 연대(solidarity) 그룹을 형성했고, 한국 민주화운동 지원에 많은 일을 했다. 때로는 임유직의 민수회와도 협력하며 행사를 했다.

Chicago 회의와 〈민주화세계협의회〉로 개칭(1976)
― 인권운동인가, 정치투쟁인가

제네바 회의와 민건 세계협의회라는 거창한 명칭이 밝혀짐으로써 국내외의 기대와 주목을 받게 되었지만, 막상 책임을 맡게 된 기독자 민주동지들은 조직의 내용과 기반을 만들어내야 할 엄청난 과제와 무거운 짐을 보면서 고민하게 되었다. 토론토에 센터를 만들기 위해, 지명관, 박상증 등이 옮겨 가야 하는데 체류할 수 있는 조건과 기반을 만들지 못하면 불가능한 일이었다.

해외의 민주동지들 가운데는 이승만, 림순만, 이상철, 이인하처럼 미국, 캐나다, 일본에 확실한 직업과 시민권을 가진 분들은 문제가 없지만, 일시적으로 해외에 거주하며 한국 여권을 연장받아야 하는 지명관, 박상증, 오재식, 이삼열, 신필균 등은 명분과 자리가 없이는 장기체류나 이동이 불가능한 형편이었다. 교수나 목사, 연구원으로 초청받아야 캐나다로 옮길 수가 있는데 가족까지 이주할 수 있는 조건을 만들지 못하고 토론토로 이주하기는 어려웠다.

또한 센터가 어디에 있든, 미국 일본 유럽의 운동들을 다 파악하고 조정하는 기능을 가져야 하는데, 인적으로나 물적으로 그런 능력을 가진 센터를 만들려면 몇 년이 걸릴지 몰랐다. 당장 시급한 국내 운동의 지원에 허덕이면서 어떻게 해외 센터를 마련할 수 있는지 매우 어려운 문제였다. 제네바 회의 결정이 장기적 전망에서는 타당하지만 현재의 실정에서는 실현이 어렵다는 것을 모두 느끼게 되었다.

1976년 2월 박상증은 나를 제네바로 불러 며칠 댁에 머물게 하며 어려운 과제와 문제를 놓고 의론했다. 사실 박상증은 그때 WCC 직원 임기종료를 6개월 앞두고 자신의 진로와 앞날을 걱정해야 할 처지에 있었다. 나는 독일로 돌아온 직후 3월 3일자 서신으로 박상증 선배와 오재식 선배에게 내 의견을 전했다.

제네바 방문에서 느낀 점이 많았지만 무엇보다 WCC에서 박 선생님의 자리를 비울 수가 없다는 것을 절실히 느꼈습니다. 부득이 떠나시면 꼭 후임 한국인을 데려다 놓고 떠나셔야 할 것 같습니다. 특히 세계 민건을 탄생시키고 성장시키는 데 back up해줘야 할 WCC의 역할이 축소 내지 감퇴된다면 우리 과업이 어렵게 되지 않을까 염려됩니다. 가능한 지난번 Geneva 회의의 열이 식기 전에 international coordination에의 조직과 역할에 관한 마스터플랜을 빨리 만들어 각 나라 기관들에 돌려 모금작업을 시작해야 할 것 같습니다. …
독재의 장기화에 따라서 radicalize되고 있는 일부의 움직임은 점차 노골적으로 나타날 것 같으며 비정치적인 운동들은 점차 무기력하게 되어갈 것 같습니다. 정말 정책과 이념과 비전이 있는 조직적인 운동체가 아니고서는 앞으로 해외 운동에서의 구심점 역할을 하기가 어려울 것 같습니다. … 그리고 세계 민건이 해외의 민주화운동에 리더십을 발휘하려면 속히 지도체계를 확립하고 일하는 팀을 짜야 합니다. …

좌우간 세계 민건의 마스터플랜을 빨리 세우는 것이 우선 급선무입니다. 그래서 제네바에서 말씀드린 대로 이 플랜을 세울 핵심요원들이 모여 work shop을 4~5일간 해야 할 것 같습니다. 이번 4월 미국의 기독학자회가 비용을 적게 들이고 모일 수 있는 기회라면 그때 전후해서 모임을 갖고 구체적 안을 만들었으면 좋겠습니다.

이런 걱정과 논의는 나뿐만 아니라 토론토, 뉴욕, 동경에서도 있었고 동지들 간에 의견이 모아져 미국 시카고에서 열리는 기독학자회 직후인 1976년 5월 3~5일에 매코믹 신학교에서 제네바 회의의 후속 모임이 열리게 되었다. 모임의 주도는 의장으로 선출된 토론토의 김재준 목사와 사위 이상철 목사가 맡아 연락을 했다.

김재준 목사는 4월 18일자 초청편지에 "우리 그룹의 Overall한 분석과 검토와 새로운 구상을 시도하기 위해 근본적인 토의를 갖고자 핵심 동지들이 모인다"고 썼다. 모임에 관한 안내의 말씀을 써 보낸 이상철 목사는 참가자를 미국 내의 민주운동 동지 약 10명과 구라파와 일본에서 운동하는 동지들 약간 명이라고 하고 의논할 내용은 '현재까지 우리 운동의 재평가와 앞으로의 전략과 계획'이라고 썼고, 모든 경비를 각자 부담으로 한다는 것과 모임을 일급비밀로 해달라는 부탁을 첨가했다. 시카고 현지의 연락책은 김상호 목사가 한다며 주소와 전화를 알려주었다.

나는 다시금 쓰고 있던 학위논문을 중단하고 미국 시카고로 떠날 준비를 했다. 다행히 1974년에 경유지 추가로 미국을 여권에 기재했기 때문에 비자를 받는 것은 쉬웠다. 차제에 일본을 들러서 동경의 사정도 알아보고 싶어 비행기 표를 프랑크푸르트-동경-로스앤젤레스-시카고-워싱턴-뉴욕-프랑크푸르트로 세계를 한 바퀴 일주하는 표로 만들어 4월 17일경 떠나 5월에 돌아오는 한 달간의 여정을 짰다.

일본에는 두 주간 관광여행 비자가 가능했다. 사실 제네바 회의에서 '민주사회건설세계협의회'라는 조직 명칭을 만들고 나서 나에게는 민건회를 세계적 조직으로 만들어야 한다는 심리적 부담이 생겼다. '민주 사회건설' 협의회는 독일에서 시작되었고, 그 작명은 나의 제안이었기 때문이다. 캐나다 토론토와 미국 뉴욕에 민주사회건설협의회(민건회)를 1974년에 내가 가서 조직했지만, 앞으로 일본과 미국의 여러 도시에 민건회를 조직하든지, 민건과 연대할 수 있는 다른 이름의 조직을 찾든지, 이제는 일본과 미국의 운동 현황을 파악하고 나대로 판단할 수 있는 자료를 갖고 있어야 하겠다는 생각이 들었다.

오재식, 박상증 선배와 의론했더니 기꺼이 일본방문을 초대해 주시고 동경 사무실에서 여비까지 부담하겠다고 했다. 나는 4월 16일부터 30일까지 보름간을 동경에 체류하면서 기독자 민주동지들, 오재식, 지명관, 김용복을 만나 동경과 국내와의 연락과 지원활동을 자세히 들었고 동시에 한민통의 배동호, 곽동의, 정경모 씨 등과도 만나 한민통의 구조와 활동에 대한 파악도 했다.

5월 1일에 미국 LA로 가서 홍동근 목사를 만나고 3일에 함께 시카고로 가서 기독자 민주동지들을 만나 제네바 회의 후속 모임에 참여했다. 회의를 마친 뒤에는 미주 안의 운동을 다시 살펴보고, 동지들을 만나 정보를 얻기 위해 몇 도시를 방문한 뒤 뉴욕으로 가서 이승만, 림순만 박사 등을 만나고 5월 24일경 독일로 돌아왔다. 한 달 열흘간의 세계 일주로 많은 정보를 얻고 이야기를 나누며 국내외 민주화운동의 방향과 전략을 모색해 본 귀중한 여행이었다.

시카고 매코믹 신학교 민주동지회 모임에는 캐나다에서 김재준, 이상철, 미국 뉴욕에서 이승만, 손명걸, 구춘회, 이신행, 시카고에서 김상호, 차현희, 미주리에서 선우학원, 제네바에서 박상증, 이선애, 달라스의 동원모, 로스앤젤레스의 홍동근, 일본에서 지명관, 독일에서 이삼열, 모두 15명이 참석했다. 사회는 이상철, 이승만, 박상증이 하루씩 맡고 기록은 다시 이삼열, 나에게 맡겼다.

각 지역 보고에 앞서서 국내 상황에 대한 분석토의가 있었는데 지명관 교수는 국내 운동과 국외 운동의 견해 차이와 갈등 요소를 지적했다. 밖에서는 요구를 강하게 하는데, 국내에서는 그렇게 쉬운 줄 아느냐고 항의가 온다는 것이다. 예를 들어 김재준 목사의 논설에 이제는 폭력도 불사해야 한다고 했는데 안에서는 누가 책임지느냐고 묻는다. 이데올로기적인 차이(gap)도 있고 운동 방식의 차이도 있다. 물론 국내에도 교회 그룹과 학생 그룹의 차이가 있고 여러 층으로 다양화하고 있다. 다른 한편 독재의 장기화와 폭압에 따른 패배 의식과 좌절감도 증대하고 있다. 교수들이 후퇴하고 있고 투쟁의식이 약화되고 있다. 이를 어떻게 밑받침(feed back)해 주느냐가 문제다. 지금까지 선교자금은 피해자들을 돕고 구호하는 데 쓰이고 있고, 해외의 지원활동도 선전홍보 활동이 주 업무였다. 일본교회 긴급회의(긴규까이)에서 동아일보 해직기자를 돕는데 3만 불이 나갔다. 그러나 이제는 이것으로 족한가 물어야 한다. 정권을 무너뜨리려면 무엇보다 정치적인 힘(power)이 있어야 하고 거기에는 정치적 조직과 돈(fund)도 있어야 하는데 이를 우리가 어떻게 감당할 것인가? 장기적으로는 직업적 혁명가(Professional Revolutionary)가 나와야 하고, 우리의 조직과 fund도 politicalize되어야 하지 않겠는가? 지 교수의 문제제기는 심각했다.

나는 독일 민건회의 다양한 활동을 소개하며 대중의식 계몽을 위해「광장」,「민주한국」,「김지하 시집」등 간행물을 발간하며 노동자 권익옹호를 위한 활동과 정보부 압력에 대한 발줌(Walsum) 광산 노동자들의 투쟁, 전략 연구 세미나 등을 보고했다. 젊은 유학생층에서 민주화운동을 반외세, 반자본주의 방향으로 발전시키려는 급진화(radiclize)의 경향이 있다. 독재의 장기화에 따라 회원들의 거주권 문제가 심각해지고 있다. 학위가 끝나고, 노동계약이 끝난 동지들이 여권연장과 체류허가를 못 받아, 망명신청을 하는 수가 늘어가고 있다. 독일교회와 기독학생회 등에서 한국 민주화 인권운동을 지원하는 액수는 늘어가고 있다. 최근 서남독 선교부는 구속자 가족 돕기에 5만 마르크의 예산을 투입했다는 보고도 했다.

북미주 동지들의 보고를 종합하면, 민주화운동 단체들이 도시별, 노선별, 인간관계별로 다양하게 조직되어 있으며 상호 연락이나 협력은 잘 이루어지지 않고 있다. 민통, 민건, 민협, 민촉, 구국향군, 남가주 국민회의, 인권옹호회, 목요기도회 등 다양한데 통일된 전략 전술은 없고 고립과 분열을 면치 못하고 있다. 이들을 연합시키고 전문화, 정치조직화해서 national body를 만들어서 convention을 하면 좋겠는데, 가능성이 보이지 않는다. 어떻게 거시적 안목에서 단결하도록 하느냐가 문제다. 미국 교회들의 협력은 'North American

Coalition for Human Rights in Korea'를 통해 잘 유지되고 있고 모금과 지원활동도 잘 되고 있다. 그러나 우리 기독자 동지들의 활동이 humanitarian feeling을 만족시키는 정도에 머물고 political action으로 넘어가지 못하고 있다. 목사나 교인들이 정치적 투쟁단계에서 무엇을 할 수 있느냐도 검토해야 할 심각한 문제다.

의장인 김재준 목사는 기조발표에서 운동의 정지작업을 위해 "우리가 누구냐?", "투쟁의 목표가 무엇이냐?"를 분명히 해야 한다고 역설했다. "우리가 해방자(liberator) 예수의 제자들이라면 revolutionary로서의 준비가 되어 있어야 한다. 투쟁목표는 남북한 모두의 독재를 제거하는 일이다. 맹자의 교훈처럼 전투에는 천시, 지리, 인화가 중요하다. 장기적 계획하에 국내외의 공동전선을 세우고 overall한 계획하에 역할분담을 해야 한다. 이제까지 냉혹한 전투를 피하고 Violence 없는 혁명을 외쳐왔는데 과연 이것이 가능한가? 독일의 나치는 결국 전쟁을 통해 해결되었는데 전쟁은 가장 큰 폭력행위였다. 이데올로기 문제, 방법론도 연구해서 목사들은 교회를 사회화하고 교수들은 학생을 사회화해야 한다.

기독자 민주동지 모임의 수장으로서 김재준 원로의 의지는 단호했다. 독재자 박정희와는 순교를 각오하고 싸워야 한다는 것이다. 참석자 대부분의 의견도 이제는 인권운동에서 정치운동으로 나가야 한다는 주장이었다. "박을 물리치고 어떤 나라를 세울 것인지 이데올로기적 좌표와 민주화와 통일의 관계도 논해야 한다. 정치적 자유, 경제적 평등을 지향하려면 맑스주의에 빠지지 않는 민주적 사회주의(Democratic Socialism)를 구체적으로 연구해야 한다. 북한식 사회주의도 아니고 반공주의나 교조주의도 아닌 개방적 이념을 찾아야 한다. 이를 위해 세계협의회 안에 전략 연구팀이 있어야 한다"는 주장들이 있었다.

운동의 목표와 방향, 이념에 관한 토론을 하루종일 했고 다음날에는 조직과 기구, 운영에 관한 토론으로 들어갔다. 우선 제네바 회의에서 정한 명칭을 수정하기로 했다. '민주사회건설세계협의회'가 마치 지역 민건회의 연합체인 것 같은 오해를 일으키므로 다른 단체의 회원들도 포괄할 수 있기 위해서 〈한국 민주화운동 세계협의회〉로 바꾸기로 했다. 영문 이름은 처음대로 World Council for Democracy in Korea(WOCODEK)로 두기로 했다. 외국인들에게는 명칭변화가 없게 하고 한국어 명칭만 수정했다.

조직의 성격을 운동단체의 연합이 아니라, 국내외의 운동을 연결시키며 지원하고 조정하는 실체로서 동지적 결합체를 지향한다고 했다. 회원은 일단 제네바 회의와 시카고 회의에 참가한 분들로 정하며 가급적 동질성을 유지하기 위해 회원을 공개적으로 확대하지 않고 필요한 분들을 기능적으로 연결한다는 방침을 세웠다.

회원 각자는 자기가 속한 지역 단체에서 충실하게 일하며 주요한 인물들을 찾아 연계 조정하기로 했다. 우리 '협의회'(WOCODEK)는 독자적 사업을 하지 않고 각 지역 운동들이 제 구실을 할 수 있도록 돕고(enabling), 봉사하며(service) 국내외 운동들과 연계 조정하는(co-ordinating) 역할을 하도록 한다. 중요한 일은 모금해서 국내외 운동의 재정지원(funding)을 하는 일이며 앞으로 정치집단(political group)이 형성되도록 기초를 닦는다는 것이다. '재북미 한국 민주단체 연합회'(Federation of Democratic Organization in North America)가 결성되도록 노력한다는 결정도 했다.

임원 선출에서는 회장 김재준, 부회장 지명관과 회장 부회장이 지명하는 국내 1인, 사무총장 이승만, 대변인 박상증, 회계 손명걸, 감사 동원모, 구춘회로 정했다.

제네바 회의에서는 중앙위원들을 정했는데 이번 시카고에서는 대신 세 가지 실무위원회(working committee)를 두기로 했다.

전략연구위원회(Study & Strategy Committee)
위원장: 선우학원
위원: 동원모, 이삼열, 이신행, 김용복, 김동수, 이선애
재정위원회(Fund Raising Committee)
위원장: 손명걸
위원: 림순만, 홍동근, 김정준, 이상철, 차현희, 김인식, 김정순, 박상증
행동조정위원회(Action Coordination Committee)
위원장: 오재식
위원: 장성환, 이승만, 김상호, 박세일, 신필균, 홍동근, 구춘회

각 실무위원회가 따로 모여 분과토의를 하고 활동 계획을 세워 책임도 분담했다(보고서 참조). 토론토 센터 문제는 현실적인 문제들이 해결될 때까지 유보하기로 했고, 당분간은 서울, 동경, 토론토, 뉴욕, 제네바가 정보 통신 연락망이 되어 밀접하게 소통하고 협의한다고 했다.

5월 4일에는 기독자 민주동지들의 '세계협의회'(WOCODEK)가 해야 할 과제들을 열거하고 토의했다. 노트에 기록한 과제들의 항목만 써보면 다음과 같다.

1. 기독교인, 목사, 교수, 외국인들의 의식화, 계몽

2. 정확한 Information과 Interpretation 제공

3. Overall Coordination of action

4. Fund Raising (국내 지원 자금의 모금)

5. 국내외의 소통과 정보교환

6. 이념, 정책, 전략의 연구 협의

7. 각 나라, 지역별 운동조직 강화

8. 국내 압력(pressure)을 위한 Lobby, Press, Public Relation

9. 한인 사회의 Community Work, minority issue

10. 다른 나라 liberation group과의 유대 강화

헌장과 규약을 만들기로 했고 모금방식과 연락망도 토의했다. 모금과 공적 활동을 위해 공문서식(stationary)을 만들되 회장과 사무총장의 이름만 넣고 기타 임원과 회원은 비공개하기로 했다.

1976년 5월 시카고 모임이 열렸을 때는 국내에서 3.1절 명동성당의 민주구국선언 사건으로 김대중, 문익환, 안병무, 이문영, 함세웅 등 신구교 지도자들 10여 명이 구속되고 정부 전복선동 사건으로 재판을 받는 중이었다. 민청학련 사건과 함께 기독교 민주세력이 대거 구속된 상황에서 해외의 기독자 민주동지들은 결연히 운동의 정치화, 전문화를 내다보며 장기전에 돌입할 태세를 갖추었다.

제네바 회의보다는 훨씬 현실적이며 효율적인 논의와 결정을 했다고 볼 수 있다. 내부 조직을 감추고 공개된 지역조직 속에 들어가 활동하고, 로비활동과 자금확보(Fund Raising)에 주력하자는 결성은 현명한 판단이었다.

'세계 민건'이라는 조직을 내세워, 다른 단체들과의 경쟁과 갈등을 야기하는 일은 피할 수 있게 되었다.

재일 기독자 동지들과 일본의 한민통

나는 시카고 회의 참석차 미국으로 가는 도중에 일본 동경에 2주간 들러 기독자 동지들과 한민통 간부들을 만났다. 오재식 선배의 아시아 교회협 도시농촌선교부(CCA-URM)를 중심으로 국내와 해외 운동의 연결을 맡고 있는 동경 베이스의 활동과 내용을 자세히 알고 싶었고, 또한 경계의 대상이 되고 갈등을 빚고 있는 일본 한민통의 구조와 인물들도 파악해 보고 싶어서였다.

동경의 기독자 동지들은 한민통과 거리를 두고 있으며, 국내 민주세력의 보호와 안전을 위해 접촉도 대화도 하지 않고 있었다. 그러나 서독에서 민건회를 조직해 운영의 책임을 진 나로서는 접촉과 대화마저 피할 수는 없었다. 민건회로서도 한민통의 연합운동 제의에 가부간 확실한 대답을 해주어야 했고, 판단을 위해서는 한민통의 내부와 노선을 분명히 알 필요가 있었다.

일본의 한민통은 1973년에 김대중 씨가 조직했다는 명분을 가지고 유신체제를 비판하면서 가장 먼저 반독재운동을 시작했고, 해외의 운동체를 연합시키기 위해 상당한 노력을 하고 있었다. 독일 민건회에도 여러 번 초청장을 보내왔고 미국에 조직된 한민통과도 연대하려고 애쓰고 있었다. 주간신문 「민족시보」를 발행하며, 해외 민주단체의 지도적 인사들을 초청해 연대 성명도 발표하고 국제적인 연합조직을 만들려고 온갖 노력을 하는 모습이 보였다.

1975년 2월 10일자로 일본 한민통이 주도해 발표한 국민 투표 반대 〈해외 동포 공동서명서〉에는 김재화 한민통 의장대행을 필두로 미주 한민통 의장 김재준과 림창영(동아구제위), 최석남(구국향군), 최홍희(태권도연맹), 송두율(서독 민건회) 등의 이름이 열거되어 있었다. 마치 전 세계의 민주단체들이 한민통을 중심으로 연합한 것 같은 인상을 주었다. 조직과 자금력도 상당했다.

제네바 회의가 조직한 기독자 민주동지들의 〈민건 세계협의회〉가 공개적인 연대 활동을 하려고 했다면 분명히 한민통과 부딪치며 갈등과 경쟁관계에 들어서게 될 터였다. 시카고 회의에서 비공개 조직체를 유지하기로 결정했지만 독일과 캐나다의 민건회와 미주의 지역운동 단체들이 한민통과의 관계를 어떻게 유지하느냐는 피할 수 없는 중대한 문제가 아닐 수 없었다.

나는 동경에 도착한 직후 4월 18일에 먼저 오재식 선배를 만나 동경 베이스의 사정을 자세히 들었다. 오 선배가 전해준 내용의 요지를 당시에 기록했던 노트에서 옮겨본다.

오 선생의 사무실과 DAGA(CCA-URM의 자료센터)는 국내 운동과 소식을 주고받는 주요 거점(base)이다. 기독학생 박세일, 선교사 Linda Jones 등이 정보제공에 큰 역할을 하고 있다. 서울에 있는 미국 선교사들이 월요일마다 모여서 구속자와 고문, 탄압의 소식들을 정리해 동경으로 보내주고 있다. 밖의 소식을 국내로 보낼 때는 선교사(Schneiss, Harvey)들을 보내거나 APO 통신을 이용한다. 한국 경제현실의 분석과 해석은 동경대 수미야 교수가 도와준다. 일본 안의 홍보활동은 〈긴급 회의〉의 주요인물 나까지마, 모리오까,

이지마 등을 통해 하고 오 선생 자신은 절대 나타나지 않는다. DAGA 예산의 70~80%를 한국 정보교류에 쓰고 있다. 동경 base는 기독교 에큐메니칼 기관이므로 underground work의 Front 역할밖에 못 한다. 제네바 회의에서 조직한 동지들의 모임은 앞으로 political wing을 만들어 에큐메니칼 line에서 독립해야 한다.

4월 20~21일에는 지명관 교수, 김용복 박사를 만나 국내 민주화운동의 동향과 전망에 관해 많은 정보를 얻었다. 김용복은 박정권이 무너진 후에 어떤 정권을 세우느냐에도 관심을 가져야 한다고 했다.

미국의 통제하에서도 service할 수 있는 정권을 어떻게 만드느냐에 민주동지들이 관심을 가져야 한다. power base를 만들기 위해 노동자 그룹을 만들어야 하는데 지적 능력이 있는 교원노조를 만들면 좋겠다. 목사나 신학자들이 정치를 할 수 없다. 정치는 power에 대한 taste도 있고 enjoy할 수 있는 자라야 할 수 있다. 민주 운동가들은 우선 야당을 조직하고 힘을 길러야 한다.

24일에 만난 최경식 목사는 재일 한국민 60만 명에 대해 설명해 주었다.

조련계가 30만, 한국계가 30만쯤 되는데 모두 재일 외국인으로 등록되어 있어 일본에 영주하는 외국인으로 볼 수 있다. 일본에서 태어났거나 오래 산 사람에게만 주는 영주권인데 다른 나라에 가서 1년 이상 살면 영주권이 없어진다. 최 목사는 캐나다에 가서 3년 유학하고 돌아와 영주권을 잃고, 1년씩 거주 연장을 받고 있다. 요새는 2년 연장도 해준다. 유학생들은 6개월, 1년씩

연장해준다.

한민통 사람들은 김대중 납치사건 이후 한국 민단에 반발해 퇴출당하고 한국 여권을 포기해서 외국여행도 못한다. 한민통이 동원할 수 있는 인구는 1-2천 명 된다. 조련계 학교는 북한이 많이 도와, 대학이 하나 있고, 고등학교 3개, 초, 중등학교와 유치원이 전 일본에 200여 개 있다. 민단측 한국계 학교는 동경, 오사카, 교토에 초중고교 한 개씩 있을 뿐이다. 비교가 안 된다.

민단계에서 분리해 조련계와도 거리를 두고 있는 한민통의 묘한 입장과 위치를 알 수 있었다. 조련계도 민단계도 아닌 이분들의 희망은 통일에 있기에, 한민통이 통일운동에 적극적으로 매달리는 이유를 알 수 있었다.

나는 오재식 선배에게, 동경에 가면 한민통 사람들도 만나보아야 겠다는 이유를 미리 편지(3월 3일자)로 이렇게 썼다.

> 동경에 가는 기회에 일본 안의 반독재 운동과 풍토에 관한 survey를 해보고 저 합니다. 한국의 장래가 절망적으로 되어갈수록 민주화운동이 radicalize 되어 가고 있으며 여기에 일본의 한민통이 비기독교측 반독재 운동에 자꾸 먹혀들어 가고 통합운동을 펴나갈 움직임이 있는 것 같습니다. 우리 서독 민 건의 분열을 막기 위해서도 제가 한번 일본 한민통과 대화를 가지고 우리 형 편을 알리고 원만한 협력 관계를 유지하도록 하는 것이 중요한 것 같습니다.

나는 스웨덴 방문을 통해 임유직 씨가 동경 한민통을 다녀왔고, 주체그룹이나 노련그룹 또 민건회의 진보적 그룹들이 한민통에 상당히 경도되어 있음을 알게 되었다. 한민통의 정체와 정확한 내용을 파악하는 것이 민건회의 분열을 막기 위해서 중요한 일이었다.

나는 오재식 선배에게 사정을 말씀드리고 4월 22일에 한민통을 찾아가 우선 실제 대표자격인 배동호 씨를 만났다. 그는 조직의 어려움부터 말했다.

사업가들이 돈을 줄만한데 CIA가 못하게 한다. 재일 교포들도 우리하고 관계하면 여권을 못 받으니 슬슬 피하고 들키지 않으려고 한다.

우리는 빚을 지고 일한다. 전담 직원이 23명인데 젊은 직원들은 월급 조금씩 주고 간부급들은 무료봉사하고 있다. 우리는 여권이 없어 꼼짝 못 하고 기독교계 인사들은 여권이 있어 이인하 목사 같이 해외여행도 하면서 일한다. 우리와 별도로 일할 수밖에 없다고 본다. 박정권은 곧 무너지리라 보는데 그다음이 문제다. 민주화되면 통일로 가야 한다. 독일에는 한국에 돌아갈 노동자들이 있으니 잘 훈련시켜 보냈으면 좋겠다. 일본에 사는 교포들은 다 여기서 영주하려고 하니 들어가기 어렵다. 우리 안에도 물론 보수주의자도 반공주의자도 있다. 계몽시켜야 할 사람도 많이 있다.

4월 26일에 나는 다시 한민통을 찾아가 주요 간부들인 곽동의, 조활준, 정경모, 김군부를 만나 재일 교포들의 사정과 한민통이 생기게 된 역사를 많이 들었다.

일제에서 해방될 당시 일본에는 250만의 조선, 한국인이 있었는데 본국 귀국운동으로 대부분 들어가고 남은 자들이 60만 명이다. 그중 10만 명이 귀화해 일본 국민이 됐고 북조선으로 북송된 자도 9만 명이다. 지금 61만 7천 명이 조련계와 민단계로 나누어져 있다.

1971년까지 우리들은 민단계 안에서 교포사회의 민주화와 권익옹호를 위해
투쟁했다. 그런데 1971년에 우리들 100여 명이 민단에서 제명처분을 당해
쫓겨났다. 배동호, 곽동의, 정재준이 이때 당했다. 일반 교민들은 여권 때문
에, 여권 받아야 자제들이 유학도 가니까 한국 독재 정권에 복종하고 있다.
여권이 압력 수단이다.

1972년에 7.4 공동성명이 나오면서 우리들은 민단계와 조련계의 공동모임을
주선했다. 통일을 위한 대화를 위해서다. 민단 중앙은 불참했지만 민단의 도
쿄 본부와 가나가와 시가 참석했다. 한청(한국계 청년본부)의 중앙 멤버들
도 참석했다. 그런데 얼마 후 이들을 민단에서 대량 제명 처분했다. 조련계
와 대화만 해도 이적행위로 몰고 있다. 한학동(한국계 학생동맹)과 조선학
동이 대화하려고 합의해 각서까지 썼는데 KCIA가 방해해서 못하고 말았다.
지금은 국내 여건을 감안해서 대화를 중단한 상태지만 기회가 오면 대화할
수 있다.

조총련은 통일의 대상이지 투쟁의 대상이 아니라는 것이 곽동의
씨의 입장이었다. 조활준 씨는 감각이 좀 달랐다. 통일의 전제로서
민주화를 선행시켜야 한다고 했다. 선민주 후통일론자였다. 선통일
론자도 한민통 안에 있다고 했다. 외국 세력을 끊어낼 수 있는 길이
무엇인가? 미군철수를 시키려면 민주화해서 그런 힘을 만들어야 한
다고 했다. "박정권 이후의 정권은 반독재, 반외세, 반매판 등 4반 이
념에 서야 한다. 그러나 운동에서 구호가 높다고 해서 좋은 것은 아
니다. 우리도 미군철수 요구할 수 있지만 국내 동포와의 연결 때문
에 구슬픈 피리가 되지 않기 위해서 피하고 있다." 조활준은 현실론
자였다.

그러나 곽동의는 달랐다. 반미구호는 전술적 문제를 감안해야 하지만 기본적으로 우리 입장은 반외세 운동을 해야 한다는 것이고, 민족의 자주권과 민족 이익을 옹호하는 입장에서 미국 일본과 우호 관계를 유지해야 하며, 적화통일도 승공통일도 아닌 민족 자주 독립 운동과 연결을 가지고 주체세력을 확립해야 한다고 강조했다.

그날(26일) 오후 3시에 한민통 간부들의 상무회의가 열렸다. 내가 진지하게 이들의 이야기를 적으며 경청하니까, 독일 민건의 간부인 나를 믿을 수 있는 동지처럼 생각하며 상무회의에 참석해 보라고 권했다. 나는 망설이다가 이왕에 실정을 파악하려면 회의 구경을 하는 것도 좋겠다 싶어 저녁 6시까지 진행된 상무회의를 참관했다. 회의에는 김재화 의장대행(의장은 김대중)과 정재준, 조활준, 배동호, 곽동의, 정경모, 김군부 등 간부 외 15명이 참석했다.

첫째 의제가 가나가와 민단 건물을 한민통 측이 물리적으로 싸워서 재점령했다는 곽동의의 보고였다. 일본인들까지 1천 명을 동원해 데모를 했더니 민단측을 물리치고 승리했다며 건물을 지키기 위해 조직위원장과 부단장 2명을 보강해야 한다는 토론이었다. 나는 정말 동경이 KCIA와 물리적 투쟁까지 해야 하는 험악한 곳임을 알게 되었다. 곽동의 씨는 유능한 조직운동가며 전략가로 보였다.

다음 의제는 7.4 공동성명 4주년 기념행사였는데 재일 외국인 학자를 포함 250명을 초청해 통일문제 심포지엄을 조직하고 토론자료(position paper)를 만들자는 안이었다. 여기에 조련계 동포를 함께 초청할 것이냐 말 것이냐를 놓고 의견들이 분분했다. 몇 가지 발언을 기록해 두었다.

동경의 민단에서라도 조련계 동포를 초청해 대화를 가지자. 외국인과만 대화하는 것은 의미가 없다. (김성호)

우리를 좌익으로 모는 상황을 고려해야 한다. 3년 전보다 더 어려워지고 있다. 김종필이 현재 일본에 나와 모종의 일을 꾸미고 있다. (정재준)

하고 싶지만 참자. 외국인과의 심포지엄도 큰 의미가 있다. 우리의 position만 분명히 밝히면 된다. (곽동의)

작년에도 내가 제의한 바가 있다. 때가 이르다고 해서 거부되었는데 언제 그런 때가 오는가, 언제든지 오해를 받는 것은 마찬가지다. (정경모)

이런 논의 끝에 추진하기로 결의했다. 오해를 무릅쓰고라도 대화는 해야 한다는 결론이 우세했다.

셋째 의제는 김대중 씨의 '민주구국선언' 사건 공판이 5월 4일에 있는데 한민통에서는 2일부터 헝스트(hurger streik)를 스끼야바시에서 하겠다는 안이었다. 보통의 방법으로는 매스컴에 먹혀들지 않으니 신문이 나오는 때를 이용해 5월 2일(일요일) 오후 2시부터 4일(화요일) 오후 재판 결과를 알 때까지 단식 투쟁을 하자는 계획이었다. 한민통의 의장 김대중 씨의 재판이니 간부들이 직접 앞장서서 단식 투쟁에 나서야 한다는 주장들이었다. 김대중 구출 위원장(정재준), 의장대행(김재화), 사무총장(조활준), 김대중 씨 비서출신(김군부, 김종충)과 청년들 15~20명이 단식 투쟁에 나서기로 결의했다. 독일과 미국에서는 반독재 데모정도 했는데, 일본에서는 단식 투쟁까지 결의하는 한민통을 보며 충격을 받았다. 동경이 국내와 같은 싸움터처럼 보였다.

미국 하원의 프레이저(Fraser) 의원이 박정권을 비판한 발언을 한국 정부가 문세광 사건처럼 역이용하고 왜곡하는데 여기에 대한 한 민통의 태도를 표명해야 한다는 의견도 나왔다. 정경모 씨가 초안해 프레이저에게 격려편지를 보내자는 의견을 내자(배동호), 편지에 "한 반도가 적화되더라도"라는 말에 걸리지 않도록 써야 하며, 우리가 그것을 원하는 것처럼 써선 안 된다는 의견도 제출되었다(김재화).

곽동의 씨는 회의가 끝난 뒤 내가 일본을 떠나기 전에 따로 한번 만나자고 요청해서 4월 29일에 한민통 사무실 밖에서 따로 만났다. 곽은 속에 있던 부탁을 털어놓았다.

사실 반(反)박투쟁은 국내 민주세력과 연결해서 해야 하는데 국내에서 기독 교인들의 역할이 크지만 기독교인만 가지고서는 안 되지 않겠느냐. 노동자, 군인들이 조직되어야 한다. 일본에 있는 한인 기독교 지도자들과 연대하고 싶은데 우리를 너무 무서워하고 협력하지 않는다. 이인하 목사도 너무 압력 이 심한 것 같다. 오사카의 최충식 목사와는 협조가 잘된다.

지금 단계에서 민주화운동은 보수적인 기독교인들과도 같이 해야 한다. 구 호를 낮추어서라도 연합전선을 펴야 한다. 그래서 한민통은 기독교인들이 주도하고 있는 미국의 한민통과도 같이 해보려고 초청도 하고 사람도 보내고 많은 노력을 했다. 이곳에 많이들 다녀갔다. 림창영, 안병국, 문명자, 최명상, 동원모, 선우학원, 차상달, 이용운, 이근팔, 이성호 등등. 그러나 서로 주장이 다르고 자기중심적이어서 화합이 안 된다. 그리고 미국의 운동조직은 대부 분 박사, 목사, 장군들이다. 졸병은 없고 머리들만 있다. 어떤 조직이든 중심 인물이 있고 명령계통이 서야 하는데 그런 조직을 보기 어렵다.

지금 산발적인 조직들이 자꾸 생겨나고 있다. 감투욕들이 많아서 무슨 행사 나 일이 있으면 새 조직이 또 생기고 있다. 이들 단체들을 통합한다는 것은 불가능한 일이다. 그러나 기회가 되면 세계 협의체 같은 걸 만들어서 국민투표 반대 때 했던 것처럼 연합으로 성명서를 내는 것이 좋을 것 같다.

해외 운동단체들의 협의체를 만들려면 각국을 다니며 연락하고 협의를 해야 하는데 자기네는 여권이 없이 다닐 수가 없으니 감당할 수가 없어서 나에게 그런 역할을 좀 맡아 줄 수 없겠느냐는 제안을 했다. 곽은 많은 사람들이 다녀갔지만 "이 동지 같이 믿을만한 사람은 못 만났다"라고 나를 치켜세웠다. "조직하는 일은 아무나 하지 못한다. 설득력이 있고 판단력과 여러 가지 조건이 구비되어야 할 수 있다. 나는 아는 사람도 많고 그런 능력이 있으니 한민통 조직과 해외조직들의 연계를 맡아줄 수 없겠느냐"고 노골적인 부탁을 했다.

나는 아직 입장정리도 못하고 정세파악을 위해서 동경에 처음 갔는데 곽동의는 나를 떠보려는 건지 모르지만 한민통의 간부처럼 일해달라는 제의를 했다. 미국의 김재준 목사를 일본에 한번 오시도록 중개해 달라는 요청도 했다. 곽은 이미 김재준 목사와 림창영 박사 그룹 사이의 대립과 갈등 때문에 미주의 한민통이 단합도 제구실도 못하고 있다는 것을 자세히 듣고 알고 있었다. 미주 한민통이 김재준, 림창영, 선우학원, 최석남 씨 등이 합세해 지도부를 이루고 아래 조직들이 합치면 충분히 큰 조직이 될 수 있는데 인화와 협조가 안 되서 깨져버리는 것이 안타깝다고 곽은 말했다.

림창영, 선우학원 등이 미주의 한민통을 나와서 민주 한인 협회 (민협)를 만든 것은 성급하고 잘못된 판단이었다고 비판했다. 그때 일본 한민통에게 축전을 보내달라는 요청이 왔는데, 미주 한민통이 우리 조직인데 어떻게 분립에 축하를 하느냐고 축전을 보내지 않았다고 했다.

나는 노골적으로 한민통의 자금이 어디서 생기느냐고 물었다. 곽은 교민들의 성금으로 유지하는데, 빠찡꼬 같은 사업을 해서 돈을 많이 번 사람들도 도와주고 있다고 했다. 후원자들이 민단계 사람들만인지, 조련계 사람들도 있는지는 묻지 못했다. 한민통을 친북단체로 모는 정보부나 친정부 사람들은 조련계나 친북 그룹에서 지원받는다는 의혹을 퍼트리고 있었다. 조련계를 통한 북의 지원이 가능하다는 논리다

나는 며칠간의 대화를 통해 일본 한민통이 상대하는 재일 조선인과 서독의 민건이 상대하는 재독 한국인 사이에는 엄청난 위상과 배경의 차이가 있음을 알게 되었다. 북한의 자금과 지원을 받는 조련계가 절반이 넘는 재일 동포 사회 가운데서 하고 있는 남한의 반독재 민주화와 민족통일 운동은 한국 안에서나 미국, 독일에서 하는 운동과는 색깔이나 강도가 다를 수 있음을 인식하게 되었다. 더구나 조련계도 아니고 민단과의 관계도 분명치 않은 한민통의 사람들은 북도 남도 아닌 민족통일을 부르짖으며 외세 추방과 민족자주에 매달리는 경향을 보이고 있었다.

나는 곽동의 씨에게 솔직히 한민통과 민건회는 입지와 여건이 다르다는 것을 강조하면서 반독재 민주화를 위해서는 대화와 협력을 해야겠지만 조직과 정책을 같이 하기는 어렵겠다고 말했다. 서독의 교민들은 독일에 영주하기 어렵고 체류조건이 끝나면 귀국해야 하기 때문에 북한이나 사회주의 문제에는 자유롭지 못함을 이해해 달라고 했다. 물론 한민통 안에는 보수적 입장도 있다는 것을 알았지만, 어떤 노선이 정체성을 나타내는지는 분명히 알 수 없었다. 며칠

방문으로 전략전술을 다 알 수는 없었다.

　그런데 내가 미국을 거쳐 독일로 돌아온 뒤 한민통에서는 8월 15일을 전후해 '한국 문제 긴급 국제회의'를 개최하면서 독일 민건회에서는 윤이상 교수와 이삼열을 초대한다는 편지를 보내왔다. 외국의 학자들과 전문가들 중심의 심포지엄이라고 하지만, 해외 한국인 민주단체 대표들을 초청해 묶어서 국제적 연합체를 시도하려는 것이 분명했다. 미국에서는 선우학원 박사가 초대되었다. 동경의 오재식 선배는 미군철수와 반미구호가 나올 테니 국내 기독자 동지들의 안전을 생각해 내가 참석하지 않았으면 좋겠다고 했다. 그러나 나는 윤이상 씨가 혼자 가서 민건회를 대표할 경우 한민통의 뜻대로 구라파 한민통을 만들 우려도 있기 때문에 선배의 만류를 무릅쓰고 동경으로 다시 떠났다. 단지 공개되는 국제회의에는 요시다(吉田)라는 가명을 달고 참관만 하며 발언도 하지 않겠다고 했다. 실은 지난 4월 며칠간 한민통을 방문했지만 아직 의문이 많이 남아있었고, 더 정확한 파악을 다각적으로 해보겠다는 심산이 있었다.

　8월 13~15일에 1백여 명의 국제적 참석자들이 모여 오다 마코토(小田實) 작가의 사회로 진행된 회의는 남한의 독재타도와 주한 외국군의 철수, 자주적 통일을 결의문에 담았고 한청의 청년들을 앞세워 데모도 했다. 회의 후 며칠 더 동경에 머물며 정경모, 김군부, 곽동의 등과 국제 연대 문제를 놓고 의견교환을 했는데 나는 내가 본대로 미국의 여러 단체와 캐나다, 독일의 민건회가 이념과 노선이 다양해 연합이나 연대가 어렵다는 점을 강조했다. 민건회에서도 보수적 인물들이 탈퇴, 분열해가는 모습도 알려주었다. 한민통 안에서도 사상과 전략에 견해 차이가 많이 있고 지위와 권력에 따라 주종관계도 있음을 알게 되었다.

나는 한민통 밖에 있으면서 독재 비판과 민주화를 주장하는「한양」잡지의 편집인 김인재 씨를 8월 19일에 만나 여러 시간 재일교포들의 여러 입장과 통일문제에 관한 이야기를 들었다. 또 서울대에서 기독 학생운동을 했고 동경대에서 사회학 박사과정에 있던 이시재를 만나 유학생 6백여 명의 형편과 분위기도 듣고, 이시재의 소개로 유명한 작가 이회성 씨도 만나 저녁 대접을 받으며 장시간 대화했다. 이들은 대체로 한민통이 민단 중앙의 탄압을 받으면서 민주화 의지를 대변하고 있다는 데서 교포들이 존중하고 있다고 했다. 그러나 참여는 안 하고 있었다.

나는 또 지명관 교수의 소개로「세계」지 편집장인 야수에 료스께 (安江良介) 씨를 만나 장시간 인터뷰를 했다. 두 번씩이나 평양을 방문해 김일성 주석과 김영남 등 북의 최고 간부들과도 만나고 온 야수에 씨에게 북한의 실정과 남한의 민주화와 통일 정책에 관해 많은 질문을 던지며 영어로 인터뷰했다.

그는 박정권 이후의 남북관계에 많은 관심을 가지고 있었고, 김일성 주석에게도 성급한 통일이나 남조선 해방이 가져올 혼란과 전쟁 위기를 경계해야 한다고 말했다고 한다. 북의 모험주의를 막는 방법은 한국의 민주세력이 박정권 타도 시에 국민을 묶어 세우는 힘을 가져야 하며 연합전선을 형성하려면 래디컬(radical)한 주장들은 피해야 한다고 했다. 해외 한국인들이 더 큰 연합전선을 이룩해 국내의 분열도 막아야 한다고 충고해 주었다.

이 모든 것을 종합해 나는 두 가지 결론을 얻었다. 하나는 해외 민주화운동에서 일본의 한민통은 재일 교포들의 대표적 단체로서 영향력과 힘을 무시할 수 없다. 한민통이 급진파에 주도되지 않고 연합전선을 모색한다면 민건회로서는 연대 협력할 수밖에 없다. 그러나 오재식, 지명관, 김용복 등 동경의 크리스찬 베이스에서 일하는 기독자 민주동지들이 한민통과 연계되면 국내 민주세력이 크게 다칠 수 있기 때문에 철저히 거리를 취하는 정책이 타당하다고 생각했다. 해외 운동가들 사이에도 서로 입지가 다르기 때문에 전략과 노선이 다를 수밖에 없겠다는 것이었다.

그러나 오재식 선배는 만류에도 불구하고 내가 한민통 국제회의에 참석한 것이 몹시 섭섭했다는 유감의 편지를 보내왔다. 나는 동경에서 돌아와 1976년 9월 10일자로 오재식 선배에게 긴 편지를 썼다.

이번 방일 문제로 저를 아껴주시는 선배님들께 많은 심려와 부담을 끼쳐 드려 죄송한 마음 다 표현할 길이 없습니다. … 제가 이번에 한민통 회의에 간 것은 민건회의 사정 때문에 조직 간에 채널을 갖는 것이 전략적으로 필요하다는 판단 때문이었습니다. 저 자신 민건회에서 주체그룹을 배제하고 미군 철수 등 좌익 노선을 막으며, 국내 동지들과 우리 network의 line을 지키느라 "반동이다", "기독교 조직의 agent다", "제국주의 노선이다" 등 별의별 욕설과 모함을 들으며 일하고 있습니다. … 오 선배께서 강조하시는 Realism의 입장이 바로 제가 취한 입장이었습니다. … 윤이상 씨가 스웨덴, 독일을 중심으로 하는 '한민통 본부' 설치 문제를 배동호 씨와 이야기했는데, 내가 이의 실효성이 없음을 납득시킴으로써 구라파에 민건 이외의 다른 조직을 섣불리 만들지 못하게 한 것도 제가 이번에 갔기 때문에 가능했습니다.

염려와 반대에도 불구하고 내가 한민통 회의에 참석해 섭섭했던 오재식 선배는 10월 20일자로 답신을 보내왔다. "우리 사이에 기본적인 문제는 없습니다. 단지 전술상의 차질이었다고 규정지읍시다. 우리들의 우정은 물론 공동전선에서의 동지로서 계속 손잡고 일하리라 믿습니다." 오 선배와 나 사이에도 입장의 차이로 한때 이런 긴장이 있었다.

미주 운동의 분파와 연합운동(UM) 결성(1977)

시카고 회의 참석 전 두 주간 동안 동경에 들러 일본의 민주화운동을 살펴본 나는 시카고 회의를 마친 뒤 18일간(5월 6~24일) 미주 안의 몇 도시를 방문해 기독자 민주동지들과 타 조직의 인사들을 만나보고 민주화운동의 양태를 살펴보았다.

2년 전인 1974년 4~5월에 미주에서 만났던 인사들을 다시 만나 그간의 발전과 변화를 알고 싶었고, 시카고 회의에서 결정한 민주운동 단체들의 연대와 연합의 가능성이 얼마나 있는지도 살펴보고 싶었기 때문이다. '민주화운동 세계협의회'가 제 기능을 하려면 독일과 일본, 미국에서 해외 교포 운동들이 서로 협동할 수 있어야 한다.

그런데 미국의 사정은 독일이나 유럽과는 판이하게 달랐다. 우선 지리적으로도 독일보다 몇십 배 넓었고 한국 교포의 수도 100만을 넘어, 1만 명의 독일과는 비교할 수 없었다. 게다가 독일에는 노동자 유학생 중심의 교민사회이지만, 미국에는 45년 해방 전에 이민 간 사람들부터 1970년대에 갓 이민 간 사람들까지 다양하고, 의사, 교수 목사 등 안정된 직업을 가진 층과 막노동 청소나 부엌일을 하는 이

주민까지 여러 층의 그룹들이 있어서 이민 사회와 교회, 단체들이 매우 다양했다.

독립운동 시기에 갈라졌던 안창호 선생의 국민회의파와 이승만 계 그룹 간의 파벌 갈등은 그 후손들과 동료들 사이에도 계속 존재했다. 물론 기독교도들과 비기독교인들의 조직과 모임에서는 서로 경원시하는 풍조가 그대로 있었다. 또한 분단과 전쟁 전후에 와서 오래 산 한국계 미국인(Korean American)과 1960년대 이후에 유학이나 이민 간 영주권자 한국인들 사이에는 정서나 의식 면에서 큰 차이를 느낄 수 있었다. 박정희 정권에 대한 평가나, 민주화와 통일에 대한 생각들도 배경과 환경 성분에 따라 많은 차이가 있었다.

나는 시카고 회의 직후(5월 6~8일) 선우학원 교수와 동행하여 미주리주 컬럼비아 파예트(Columbia Fayette)에 있는 선우 박사댁을 방문했다. 해방 전 평양의 기독교계 숭인상업학교를 나와 일본 유학을 거쳐 미국에 온 선우 박사는 독립운동 시기에는 좌익운동을 했고, 매카시 선풍의 피해를 보기도 한 파란만장한 생애를 살아왔다. 김재준 목사의 제자여서 재미 기독학자회의 회장도 맡아 기독자 민주동지의 핵심멤버로 있지만, 민주적 사회주의를 주장하며 평화통일운동에 열심인 진보적 크리스찬이었다. 선우 박사는 반공적인 미주의 민통을 싫어했고, 한때 림창영 박사와 민협(민주한인협회)을 함께 했지만 림순만, 이승만과 함께 뉴욕 민건회를 결성해,「세계」지에 민건회 이름으로 성명서를 발표하기도 했다. 선우 박사는 분단 이전부터 미국에서 오래 산 한국계 미국인이었으므로 남한에 뿌리를 둔 기독자 민주동지들과는 운동 전략에서 많이 달랐다. 그 점은 시카고 회의 직전 나에게 보낸 편지(1976년 4월 2일자)에 잘 나타나 있다.

세계 민건은 협소한 기독교 단체가 될 수 없고 반공이나 반통일 단체가 될 수도 없습니다. … 미주의 민통 본부는 그런 단체가 되었습니다. 우리는 이북의 공산정권을 인정하고 그들과 deal을 해야 할 터인데 상대자의 존재를 무시하고 어떻게 하겠소. 반독재 민주화운동이 이념 때문에 갈라지지 않으려면 좌·우파를 묶어 같이 가야겠지요. 나는 그런 역할을 2년 전에 민통 미주 본부 2차 대회(워싱턴에서 1974년)에서 시도했으나 실패했습니다. 그때 림창영 박사와 김재준 목사를 같이 모시고 Co-chairman으로 일해 보고저 했었는데 안병국, 동원모, 김상돈 제씨의 싸보타지로 깨졌지요. 그래서 결국 '민협'(민주한인협회)이 창립된 것입니다. 사실상 림 박사와 김 목사 사이에 이념적 차이는 없습니다. 내 역할은 '민건'의 한 사람으로(뉴욕에서는 이승만, 림순만, 나 셋이서 민건을 대표했으니까) 그리고 민협의 부위원장으로 양편을 다 support하고 있기 때문에 다리의 역할을 합니다.

선우 박사는 일본 한민통과는 밀접히 협력해야 한다는 입장을 이렇게 편지에 썼다.

지금까지 형편을 봐서 재일교포 민주운동은 한민통이 주동력이 되고 있다고 봅니다. '해외민족대회' 같은 것을 구상한다면 그들과 조직할 수밖에 없습니다. 불행히도 동경의 우리 기독자 동지들과 한민통 사이에 아무 연락이 없을 뿐만 아니라 연락을 꺼리고 있습니다. 장기적으로 Post Park Period와 통일 문제를 두고는 한민통과 유기적 관련을 맺어야 할 것입니다. 재일교포 제외하고 '세계 민건'이 무슨 역할을 하겠소? 그래서 김재준 목사님을 배동호 씨에게 소개했고 배 씨가 수차 초빙했으나 김 목사님은 사양했습니다.

선우 박사의 편지와 댁 방문을 통해 미주 민주 운동단체들의 분열과 이합집산이 심각하다는 것을 알게 된 나는 워싱턴과 뉴욕에서 좌우로 갈라진 민주동지들 여러분을 만나 양측 이야기를 들으며 분열과 갈등의 진면목을 파악해 보려고 노력했다.

나는 먼저 워싱턴에 들러 미국 행정부와 의회를 대상으로 로비 활동을 하고 있는 시노트 신부를 만났다. 마침 5월 11일에 민주당 대통령 후보였던 맥가번(Mcgovern) 상원의원을 만나게 되어 있다고 하면서 나에게 동행을 요청했다. 나는 미국 민주화운동의 핵심과제가 미국 정부를 설득해 박독재 정부에 압력을 행사하도록 로비하는 일이기에 직접 활동의 현장을 보고 싶어 동행에 동의했다.

맥가반 상원의원의 면담에는 뉴욕에서 이승만 목사와 '한국인권북미연합'(North American Coalition for Human Rights)의 의장인 페기 빌링스(Peggy Billings)가 와서 함께 만나 한국의 독재와 인권탄압의 상황을 브리핑하기로 했다. 빌링스는 감리교 선교사로 한국에서 오래 일했고, '미국 교회의 여성 연합'(Church Women's United) 회장도 역임한 인권운동의 여걸이었다. 시노트 신부와 빌링스 여사, 이승만 목사 세 사람이면 기독교 민주동지로서는 최적의 로비 역할을 할 수 있는 인물들이었다.

11일 12시 30분부터 14시 30분까지 맥가번 의원실 방문으로 예약되어 점심식사부터 하게 되었다. 우리 네 사람과 맥가번의 부인과 보좌관이 동행해 함께 샌드위치로 식사하며 대화하는 자리였다. 상원의원실은 차를 타고 터널을 지나 의사당 구역(Capitol Hill) 안에 있는 개인 사무실이었는데 15명 정도의 박사, 교수급의 보좌관과 비서들이 일하고 있었다. 나라별 국제 문제 전문가들과 국내 문제별 연구관들이 스탭으로 근무하고 있다고 했다. 사무실에는 1972년 대통령 선거 때 찍은 사진들과 잡지 표지들이 걸려있었고 워싱턴 모뉴먼트가 훤히 보이는 전망 좋은 방이었는데 맥가번 부인도 처음 들어와 본다며 놀랐다.

맥가번은 국무성(State Department)의 견해를 전한다며 박정권이 무너지면 공산화할 위험이 있다는데 사실이냐며 물었다. 정부를 전복시키려는 세력이 공산주의자들이 맞느냐, 사형된 인혁당 관계자들이 진짜 공산주의자들이냐 등을 질문했다. 빌링스와 이승만은 3.1민주구국선언과 구속된 김대중, 문익환 목사 등 기독교 인사들을 자세히 소개하며 민주세력들은 공산주의를 막기 위해 독재정권을 제거해야 한다고 오래 역설했다.

나는 미국 국무성과 의회가 한국 상황을 이렇게 단순하게 반공 논리로 보고 있다는 데 놀랐다. 국무성의 키신저는 "한국 정치에는 인권보다 안보(Security) 문제가 우선이다(Priority)"라고 주장하던 때였다. 워싱턴의 로비 업무가 정말 중요하다는 것을 눈으로 직접 본 좋은 경험이었다.

같은 날 저녁 나는 미주 민통의 사무총장 강영채 박사를 만나 대화를 나눴다. 강 박사는 "10명 조직이나 100명 조직이나 결국 일하는 사람은 한두 명"이라며 미국 의회와 시민들을 향한 로비활동을 자랑했다. '민주 구국 선언'을 자기 손으로 번역해 돌리고 있고 119명의 의원 서명을 받아낸 것도 자기였다고 했다. 이를 지방신문에까지 크게 홍보했다고 한다.

림창영 박사는 동지로서는 곤란하다고 못을 박았다. "1973년에 북한 방문하려다 못했다. 이북의 무슨 학회의 초청을 받았다고 하는데 김일성이 초청한 것이나 다름없다. 한민통 총회에서 김재준 목사를 의장으로 선택하고 탈락되니까 자기를 밀던 사람들과 함께 나가서 민협(민주한인협회)를 따로 만들었다. 그것도 처음에는 민촉(민주통일촉진회)을 한다고 했다가 바뀌었다." 강영채 박사와 선우 박사의 말을 종합해 보면 미주 민통의 분열이 김재준 목사와 림창영 박사를 리더로 삼는 두 그룹 간의 경쟁과 불화에서 나온 것이 분명했다. 김재준 목사를 의장으로 선출한 기독교 그룹이 이긴 것이지만 시카고 회의에서 기독자 민주동지들은 김 목사를 민통의 의장직에서 사임시키기로 결정했다. 민통 안의 복잡한 내분들이 있어 김 목사께서 수습하기는 어려웠기 때문이다.

나는 5월 8일에 「자유공화국」 신문을 발행하는 장성남, 신대식 동지들을 다시 만났다. 진보적 성향의 두 사람은 민통에서 김재준 목사보다 림창영 박사를 지지했다고 하여 기독자 동지들과도 멀어졌다. 민통에는 인물들이 부족해 나왔고 강영채 박사 그룹과도 헤어졌다는 것이다. 워싱턴의 민건 그룹을 만들어보려고 했지만 일부 반대가 있어 민건도 못 하고 있다고 했다. 그러면서 '민건 세계협의회'에 자기들이 빠진 것을 섭섭해했다. 노광욱 의사 등이 하고 있는 민촉(민주통일 촉진회)과 연계하고 있는 것 같았다.

워싱턴의 민통이 분열되고 갈라진 이야기를 듣고 나는 뉴욕으로 와서 우선 민통에서 갈라진 '민협'의 리더 림창영 박사와 좌파신문으로 알려진 「해외 한민보」의 발행인 서정균 씨를 만났다. 분열의 원인과 보수 측과의 견해 차이가 무엇인지 확실히 알아보기 위해서였다.

5월 16일 점심에 전가복 식당에서 림창영 박사를 만나 단독 회견을 했다. 일본의 한민통에 대해서는 억압 속에서 자라 학술적, 이론적 능력이 부족하다고 낮게 평가하며 통일문제에는 노선이 분명치 않고 더블 플레이를 하고 있다고 비판했다. 미주 민통도 비판했다.

미국의 민통은 반공이념에 차 있고, 김일성이 있는 한 대화를 않겠다고 하니 너무 소극적이다. 나를 선통일 후민주라고 점찍는데 나는 민주와 통일을 동시에 같이 추구한다. 민주와 통일은 불가피한 관계에 있다. 통일이 안 되면 미국이 철수하고 일본이 재무장하면 한국을 예속화할 수 있다. 먼저 북과의 대화로 전쟁을 방지하고 연방제 같은 공존 가능성을 만들어야 한다. 나는 반미도 친미도 아니다. 경험에 의해 미국을 너무 믿지 말자는 것이다. 미군철수는 찬성하지만 중요한 문제가 아니다. 전쟁 나면 4만 명 미군 곧 철수하고 오키나와의 공군을 투입할 것이다.

김재준 목사는 양심적 인물이며 단지 아래 사람들의 강요로 우왕좌왕하고 있다. 나와는 언제나 손잡을 수 있다. '민주한인협회'(민협)을 따로 조직하게 된 것은 민주회복과 민족통일 외세로부터의 독립을 함께 추구하고 미주 한인들의 역사적 문화적 정체성(Identity)을 확립하기 위해서였다. 조직하게 된 경위는 민통의 워싱턴 총회 후에 너무 헤게모니 쟁탈전 하는 것이 보기 싫었다. '누가 하면 같이 못 하겠다'고들 한다.

75년 초 신년회에 갔다가 보다 representative 한 조직을 만들어야겠다고 생각해 민협을 구상했다. 5인의 조직위원회를 구성해 선우학원 박사가 책임을 맡았다. 의견들이 좀 달라도 합의하자고 뉴욕, 워싱턴, 필라델피아의 인사들을 모았다. 그런데 워싱턴 사람들이 민촉(민주통일촉진회)이라 이름으로 따로 조직했는데, 민협과 이념이 다른 것은 없다. 워싱턴의 민촉에는 구국향군(재향군인 모임)의 몇 사람도 들어있다.

그나마 림창영 박사의 좌파그룹도 뉴욕 중심의 민협과 워싱턴의 민촉으로 나뉘어 있었다. 인간관계와 자리다툼 등이 복잡했던 것 같다. 민통, 민협, 민촉에 민건까지 몇십 명 안되는 민주 인사들 사이에 조직과 분파가 남발되는 이야기를 들으니 착잡하고 한탄스러웠다. 왜 한국인들은 단합을 못 하고 자꾸만 분열되고 분파를 만들까 회의가 왔다. 하긴 독일의 민건회 안에도 분파작용은 막을 수 없었다.

나는 뉴욕 민협의 내막을 좀 더 알기 위해 림창영 박사와 함께 일하는 핵심 멤버인 서정균, 고원, 장성환을 5월 18일에 만났다. 서정균은 서울 문리대를 나와 미국 유학을 왔다가 「해외 한민보」라는 반독재 신문을 내고 있는 주요 인물이었다. 대학시절 「신진회」에 속했던 이야기를 해주며 통혁당의 이문규를 잘 아는 것으로 보아 좌파 학생운동의 경력을 갖고 있었다. 독일 민건의 박대원과 동창 친구인 서정복의 형이었다. 그래서인지 서독 민건회와 나의 정황을 잘 알고 있었다.

그는 먼저 내가 기독교인들과 함께 일하는 것을 알면서 기독교운동을 비판했다.

뉴욕의 기독교인들은 반독재운동에 나선 사람들도 너무 반공 의식이 강하다. 우리가 주최하는 데모에는 나오지 않는다. 지난번 데모에 이승만, 김병서 두 사람만 나왔다. 기독자들의 운동은 너무 교회중심적이고 배타적이어서 타 종교인들이나 무신론자들은 참여하기 어렵다. personality에 문제들이 있어서 우리와는 생리적으로 맞지 않는다. 민협 안에는 생리적으로 기독교를 싫어하는 사람들도 있으나, 대체로는 기독교인들을 무시하지 말고 존중하자는 편이다.

미군이 철수해도 북에서 절대로 밀고 내려오지 않는다. 30년 동안 분단체제를 하루아침에 무너뜨리지 못한다. 연방제 같은 것을 만들어 통일문제를 장기적으로 생각해야 한다. 북쪽 체제도 물론 완화되어야 한다.

그는 독일의 운동에 대해서도 많이 알고 있는 것 같았다. 급진파를 비판했다.

「주체」지는 아직 미숙하다. 자기 아는 것을 자랑하는 대학생 학보 같다. 상품을 만드는 데 고객의 의식정도를 생각지 않고 하고 있다. 써내는 것으로 자기만족 하며 아는 것 다 늘어놓는다. 노련이 만드는 「해방」은 완전히 실패했다. 운동의 경험이 없어 그렇다. 우리 신문에 나왔다는 광고도 못하겠다. 계급의식을 논하는데 그 말 안 하고도 할 수 있지 않나. 「오적」이 바로 그런 것이다. 통일전선이 무엇인지 이해들을 못하고 있다.

해외의 반독재 신문, 잡지들도 통합이 되어야겠다. 독자층이 뻔한데 같은 것을 여기저기서 만들어 정력과 재력을 낭비하고 있다. 서로 지쳐서 얼마 안 가모두 쓰러질 것 같다. 구라파에도 민주운동들, 프랑스까지 합쳐 연합체 하나나왔으면 좋겠다.

독일 민건은 왜 주체그룹을 포함시키지 못하는가?" 서정균은 나에게 충고까지 했다.

장성환은 민협 안에도 의견이 모두 같지 않다고 했다.

노선에 관한 이야기는 안 하고 있다. 하면 갈라질 판이다. 주로 쟁점은 이북에 관한 견해의 차이에 있다. 이북에 완전 identify하는 사람과 비판하는 사람, 전혀 거부하는 사람들의 차이다. 작년 한 해 동안 조금 radical한 사람들이 노선을 내세워 적은 수지만 진보적으로 해보려 했으나 따라오는 사람이 없다. 대중들은 아직 낮은 단계에 있다. 지창보 씨 같은 이는 물러서게 하고 낮은 선에서 사람들을 결합시키려고 한다. 이념 이야기는 해봐야 두 사람, 세 사람으로 갈라진다. 인화로 사람을 묶어야 한다. 그래서 야유회도 가고 간담회도 한다. 기독교인들 하고는 같이 하는 데 문제가 있다. 미군철수 같은 것 주장하면 같이 못 한다고 한다. 림순만, 이승만 같은 이도 보수 기독교 세력에 압력을 받는 것 같다.

민주주의자며 동시에 사회주의자라고 자처하는 시인 출신의 고원 씨는 한때 성공회 신자였는데 불교도가 되었다고 했다. 그는 민협에 들어있지만 배타적인 입장은 아니고 기독교도도 민주주의자니까 같이 해야 한다고 했다.

마침 한일회담 반대 민족주의 비교연구회(민비)를 이끌던 김중태가 뉴욕에 있어서 만났다(5월 17일). 그는 "해외에서 데모나 선전해봤자 소용없다. 좌든 우든 한국에 가서 일할 사람들이 아니니 관심이 없다. 괜히 CIA에 점 찍혀서 해만 당한다. 국내에 들어가서 혁명할 생각을 해야 했다"라며 해외 운동을 평가 절하했다.

나는 민협의 진보계열 인사들과 며칠 만나 이야기해보고 나서 이들이 민통을 접수하려다 갈라져 나온 배경을 알게 되었고, 기독교에 대한 반감 때문에 민건의 기독자 동지들과도 함께 일하기 어렵다는 것을 알게 되었다. 그러면 이제 뉴욕의 기독자 민주동지들은 누구와 어떻게 연합운동을 해야 하는가? 나는 마지막으로 림순만, 이승만 박사들을 만나기 전에 뉴욕 민건을 함께 하고 있는 림병규(Ben Limb)

씨와 안중식 목사를 만났다.

림병규는 민건의 림순만, 이승만 박사들은 보수 기독교인들, 즉 친정부 인사들과도 대립하고, 민협의 진보 인사들로부터도 비판을 받아 외로운 처지에 있다고 했다. 1974년에 진보적 반독재 신문 해외한민보 주최 4.19 기념제에는 2백 명이 모였는데, 1975년에는 80명, 1976년엔 20명으로 줄었다. 민협 측이 데모에 통일과 미군철수를 넣자고 하니 기독교인들은 참가 못 했다. 민협에서도 림창영, 장성환, 서정균은 미군철수는 넣지 말자고 하고, 강광석(Anthony), 김원국, 최석남 장군은 원래 반공을 고수했으나 림창영 대사의 영향을 받아 반공 버리고 사회주의적 경향을 띠게 되었다. 김원국, 고원, 모두 기독교 싫어하고 사회주의 신념 강하다.

림병규는 민건이 문을 좀 넓혀 약간 반공 보수적인 기독교인들도 수용해야 된다고 했다. "목요기도회가 월 1회 모이는데 한승인 장로가 중심이 되어 있다. 민건의 Fellowship에 포함시켜도 좋다. 신성국 목사도 우리가 open해서 받아들이면 훨씬 나아질 것이다. 민건의 멤버가 될 찬스가 있었으나 선우 박사를 리더로 해서 실패했다. 민건이 잘하면 이승만, 림순만, 김홍준, 안중식, 김병서, 김윤국, 신성국, 임관하 등으로 회원이 확대될 수 있다."

17일에 만난 안중식 목사는 민건이 조직 확대를 하려면 대중적 리더가 있어야 한다고 했다. "이승만 목사는 인화력이 좋지만 선교부 일에 매여 추진할 여유가 없고 림순만 박사는 인간관계가 넓지 못해 적이 많고, 철학은 있지만 정치적 조직 능력은 없다. 이신행, 박세일도 일을 하려면 결단하고 들어와야 한다. 어차피 기성의 조직이나 그룹과 연결을 가져야지 따로는 못한다. 민협이든 민건이든 선택을 해야 하고 아니면 또 하나의 그룹을 만들어야 한다."

나는 워싱턴과 뉴욕의 민주동지들과 운동 조직들을 열흘 넘게 만나고 대화를 나눠보고 나서 미주의 연합운동은 어렵겠다는 생각을 했다. 이념과 종교, 가치관의 차이도 크지만, 신분과 성격에 따라 인간관계, 이해관계들이 너무 다양하고 복잡하기 때문에, 더구나 해외의 자유로운 지대에서 한 조직 속에 결합시킨다는 것은 불가능할 것 같이 느꼈다.

나는 뉴욕에서 버스를 몇 시간 타고 코넬대학을 찾아가 유학 중인 박세일을 만났다. 오재식 선배께 들은 바가 있어 국내 학생운동과 민주화운동 조직가들의 이야기를 듣기 위해서였다. 박세일은 나의 미주 운동을 살핀 이야기를 듣고, "해외 운동은 naive하고 비규칙적이며, 비조직적이고 규율이나 integration이 없다"고 비판했다. 자기도 권유를 받지만 "조직들의 integrity가 없어서 내 생의 결단을 하며 뛰어들기는 어려워 망설이고 있다"라고 했다. "적어도 1960년대에 대학을 다녔던 우리 세대는 40~50대의 어른 세대와 역사적 경험이 달라 반독재 운동이라도 함께 하기 어렵다. 내가 함께 하던 국내 학생운동은 해외 운동보다 radical하다. 모두 체제 개혁해야 한다고 믿고 있다. 이북문제는 information이 적어 어둡지만, 조영래, 김근태 등이 숨어있는 중요한 인물이다. 나는 우선 4.19, 6.3, 민청학련까지 경험한 해외의 젊은 세대를 규합해서 조직하고 국내에 들어가서 할 준비태세를 갖추고자 한다. 일본에서는 나도 한민통, 한청과의 관계로 고민했다. 청년그룹의 공통적인 전략을 마련하고 base를 구축해야 한다. 이데올로기, 조직, 활동 프로그램, 자금 계획까지 만들어 어른 선배 목사님들 찾아가 지원을 요청해 볼 생각이다. 아니면 독자적으로 출발할 수도 있다."

나는 박세일의 생각에 많은 용기를 얻어 해외 운동의 젊은층 후배들의 조직을 생각해 봐야겠다는 힌트를 얻었다. 나는 그 생각을 뉴욕에 나가 YMCA 운동을 하고 있는 이신행과 뜻을 맞추고, 이승만, 림순만 박사들과 의론하자고 제의했다.

박세일은 바쁜 논문작업을 덮어두고 5월 22일 나와 함께 뉴욕에 나와 이신행과 셋이서 오랫동안 이야기를 나눴다. 마침 이승만 목사가 리버사이드(Riverside) 근처에 편한 숙소를 마련해 주어 세 사람은 2박 3일 많은 시간을 해외 운동과 국내 학생운동에 대한 정보를 나누며 나이와 세대가 비슷하니까 해외의 청년운동이라는 새로운 면을 개척해보자고 뜻을 모았다. 마치 도원결의나 하는 듯이 세 사람은 시내 상점에서 같은 무늬 색깔의 셔츠 세 벌을 사서 함께 입고 거리를 활보했다.

23일 저녁 이승만 목사 댁에 초대된 우리 세 사람과 림순만 박사는 뉴욕의 민주화운동 조직 문제를 이원적 방식으로 하기로 결론을 내렸다. "지금 단체와 조직들이 얽히고 설키는 상태에서 '민건'이라는 조직을 내놓고 경쟁할 필요가 없다. 민협, 인권옹호위원회, 목요기도회, 구국향군 등 각기 활동하게 하고 가끔 '민주인사 간담회' 같은 것을 열어 공동행사 같은 것을 협의하게 한다. 부정기적으로 가끔 모이는 이 간담회는 이승만 목사가 coordinate하도록 한다.

그러나 이면에서는 핵심체(core group)를 만들어 가는 작업을 계속한다. 인간관계, 사상, 인품을 고려하여 신중하게 선택된 소수의 그룹이 한사람, 한사람씩 같은 이념과 방향으로 용해시켜 어떤 단체를 (가령 민건을) 만들어낸다. 한 달에 한 번 정기적으로 모여 정보와 의견을 교환하고 이념문제 등을 연구 발표한다. 이 모임의 조직 작업은 림순만 교수가 맡는다."

이렇게 뉴욕의 그룹이 형성되면 워싱턴의 장성남 그룹, 시카고의 김상호, 김동수 그룹, LA의 홍동근 목사, 차상달 그룹을 연계해 어떤 (민건?) 내셔널 바디(national body)를 만들자는 방침을 세웠다.

나는 5월 24일에 독일로 돌아와 시카고 회의록을 작성해 토론토와 동경으로 보내면서 오재식 선배에게 드린 편지에 이렇게 썼다.

오늘에야 겨우 시카고 회의록을 정리해서 보냅니다. 보안문제를 생각해서 오 선생님과 토론토에만 한 부씩 보냅니다. 이제 follow up해야 할 많은 일들을 어떻게 할지 모르겠습니다. 역시 핵심적 역할을 해야 할 오 선생님, 지 선생님, 박 선생님, 이승만 목사님들이 잘 협의하셔서 강하게 추진하는 도리밖에는 없을 것 같습니다. 지난번 일본과 미국을 둘러 볼 수 있는 기회를 가진 건 참으로 유익하고 중요한 공부가 되었습니다. 약 40여 일 동안에 70여명의 민주 운동에 관계된 분들과 이야기 하고 노트를 해가지고 왔습니다. 각지를 다녀 본 보고서를 만들어 보고 싶기도 하지만 워낙 confidential이 많아서 문서화 시키기가 두렵습니다. 특히 독일의 민건이 해외단체와의 연결이 필요했는데 이번에 일본의 한민통, 미국의 한민통, LA의 국민회의, 워싱턴의 민족, 뉴욕의 민협, 신한민보, 한민신보, 해외 한민보, 일본의 한양사 등 많은 조직, 단체, 언론사 등과 연락을 가질 수 있어 다행이었습니다.

그러나 내가 살펴본 바로는 미주의 운동은 민통, 민협, 민족, 민건, 목요기도회로 갈라져서 힘을 합치기 어려워 보였다. 나는 김재준 목사님께 드린 편지(6월 23일자)에서 "미주를 다녀 보고 난 느낌은 각 단체들의 연합체 구성은 불가능할 것 같으며, 인화도 어려울 것 같습니다"라고 비관적 느낌을 말씀드렸다. 이념, 종교, 출신, 성격들이 너무 달랐기 때문이다.

그럼에도 시카고 회의와 그 후의 민주동지들 간의 만남과 대화들은 소득이 없지 않았다. 이승만 목사, 림순만 박사, 선우학원 박사 등 기독자 동지들이 적극적으로 나서 각 단체들과 연락하며 기적 같은 연합운동을 추진했다. 우선 뉴욕에서 이승만 목사는 한승인 장로 등 목요기도회를 중심으로 한 기독교 인사들을 설득하고, 선우 박사는 민협에 제의해서 1976년 10월에 뉴욕에서 〈미주 한국민주화연합운동〉(United Movement for Democracy in Korea)을 발족시켰다. 한승인, 고원, 김상호를 대표로 내세워 단체들이 연합운동을 추진했다.

이렇게 동부의 연합운동에 호응해, 서부에서는 김상돈, 차상달, 이용운 등이 나서 연합운동을 추진했고 드디어 1977년 1월 15일에 로스앤젤레스에서 동부와 서부의 민주인사 50여 명이 모여 〈한국민주화연합운동〉(UM)을 결성했다.

미주 한국민주화연합운동(UM)이 결성된 경위를 선우학원 박사가 편지(1977년 1월 18일자)로 나에게 알려주었다.

1월 14~16일에 나성에서 '북미 한국민주화연합운동' 조직을 위해 30여 명이 회동하여 모였고 성공적으로 조직됐습니다. 이 모임은 나성의 차상달, 홍돈근, 김상돈, 이용운 제씨가 주로 책임지고 했지만 뉴욕의 이승만 박사의 노력이 컸습니다. 결국은 민건(民建) 인사들이 배후에서 핵심적 역할을 하고 있습니다. 불행한 것은 림창영(林昌榮) 씨가 대회를 반대하고 불참했고 워싱턴의 민통도 불참하기로 결정했었는데 마지막에 송정율 목사를 보냈지요. 중앙 연락위원으로 8명을 선출했는데 김재준, 문재린, 차상달, 송정율, 전규홍, 림병규, 이재현, 선우학원 등이고 장(長)이 없이 super structure가 아니라는 것 입증했습니다. 명년쯤 가서는 장도 있고 어느 정도 기구가 생겨야겠다고 믿고 헌장을 내가 초안키로 되었습니다. 사무처는 김상호 목사 사무실로 했고 각 단체들이 구속이 없이 자치적으로 활동하되 서로 연락을 하도록 하며 앞으로 '세계 한국민주화연합운동'을 구성하자는 목표를 결정했습니다. 이번 대회에 뉴욕에서는 한승인, 이승만, 림병규, 김상호, 손명걸 제씨가 참석했고 워싱턴에서는 전규홍, 고세곤, 문명자 세 분이 참석했고 장성남 씨는 온다고 약속했는데 안 와서 섭섭했습니다.

결국 림창영 박사의 '민협' 그룹과 노광욱 씨의 '민족' 그룹이 빠지고는 미주 안의 거의 모든 민주단체들이 참가한 셈이다.

그 후 6개월 동안 연합운동의 조직과 규약 총회를 위한 준비를 거쳐 1977년 6월 24, 25일 중부지방 세인트루이스에서 대표자 대회를 열어 연합운동의 조직을 완수했다. 트리니티 교회 회의실에서 열린 북미주 대표자 회의에는 처음으로 동부와 서부의 민주운동 단체 대표들이 모여 선우학원 박사를 임시 의장으로 선출하여 강령과 규약을 채택한 뒤 임원을 선출했다. 한국민주화연합운동(UM)의 북미주 본부는 회장 1인 중심의 조직체계를 피하고 여러 단체의 연합이라는 특성을 살리기 위해 지도부로서 집행위원회 제를 택했다.

규약 6조에 "최고 결의 기관으로서 구성하고 대표자 회의를 설치하고, 집행부로서 집행위원회와 사무국을 둔다. 집행위원회는 7명으로 구성하고 임기는 3년으로 한다. 초선에는 3년제 3명, 2년제 2명, 1년제 2명을 선출하고, 매년 만기된 위원은 대표자 회의에서 3년 임기 위원으로 보선한다. 집행위원회는 상임 집행위원 1인을 선출하고 임기는 1년으로 하며 1회에 한해 재임할 수 있다"고 규정해 연합 정신과 민주적 운영 방식을 살리려고 노력했다.

이틀간의 논쟁과 타협 끝에 투표를 거쳐 선출된 집행위원은 3년 제 김재준, 김상돈, 차상달, 2년제 한승인, 전규홍, 1년제 선우학원, 이재현이었고, 이들 7인 집행위원들은 다시 김재준 목사를 상임집 행위원으로 선출했다. 사무국에는 총무에 이승만, 재무와 서기에 구 춘회, 섭외에 림병규로 결정되었다. 결국은 뉴욕의 기독자 민주동지 들이 조직을 주도했고 실무 책임을 맡게 되었다.

1976년 시카고 회의의 결정을 김재준, 이승만, 선우학원 등 미주 기독자 민주동지들이 몸소 실천했다고 볼 수 있다. 물론 '한국민주 화연합운동'(UM)은 민통이나 민협, 남가주 국민회의 등 단체들을 통 합한 것이 아니라, 각 단체를 있는 그대로 인정하면서 연합 사업과 운동만을 추진하는 협의체라고 할 수 있다. 그러나 연합정신을 살린 의미와 영향은 대단히 컸다.

New York 회의와 〈기독자민주동지회〉로 재개칭(1977)
— 포스트 박과 미군철수 찬반 논쟁

김재준 목사는 1977년 2월 19일자 편지로 나에게 민주화운동연합 (UM) 소식을 전해 주셨다.

서독 소식 정리해 보내신 것으로 건투상을 짐작할 수 있고 각 민주 단체 또는 인사들의 친화와 협동이 증진됨을 경하합니다. 여기서는 1977년 1월에 LA에 모여 'United Movement for Democracy in Korea'를 Structure Base보다도 Movement 중심으로 전 지방 위원회에 Coordinator를 두어 연합운동을 기능적으로 유효하게 전개하기로 해서 잘 되갑니다. 뉴욕 친구들이 실무를 맡아 3.1절에 다양한 데모와 집회, 행사적인 service를 한다고 분주히 뛰고 있습니다.

나는 김 목사님께 보낸 답신(1977년 3월 11일)에서 독일 소식과 함께 이념과 노선의 분열을 염려하며 우리 네트워크의 단합과 연대의 필요성을 말씀드렸다.

오랫동안 소식 올리지 못해 죄송스럽던 차에 선생님의 혜서를 받고 반가웠습니다. 저는 지난 12월에 학위를 마치고 이번 3월부터 장성환 목사님이 계신 루르 공업지대에 와서 한인교회의 교육프로그램과 노동자들의 사회문제 상담하는 일을 맡기로 했습니다. … 이곳 민건은 독일교회에서 약 2만 마르크의 지원을 받아 여러 가지 출판, 공보, 사업을 전개하고 있습니다. 3월 31일부터 4월 3일까지 연구세미나(주한미군철수와 인권문제)를 갖게 되고 4.19때 공개토론회, 5월에 여성문제 세미나, 김지하의 밤 등 많은 행사 계획을 세우고 있습니다. 제가 노동자들과 접촉하며 일하게 되니까 이들을 위한 의식계몽과 교양프로그램을 많이 만들어 해야 할 것 같습니다. 장 목사님 교회구역에서 일하기 때문에 가끔 평신도로서 설교도 해야 하고, 교회 일이 많아 반목회자가 된 기분입니다. …

미주에서 민주화운동 연합체가 생기게 되어 기쁩니다. 어디나 문제는 많이 있지만 이 운동의 전열을 깨지 않고 모아세우는 일이 중요한 것 같습니다. 그러나 아마 이데올로기 문제 때문에 점차 운동이 두 가지 진영으로 갈라지게 될 것 같습니다. 4월 초에 뉴욕에서 아마 left group이 중심이 되어 confer-ence를 갖는 모양인데, United Movement와 대립관계가 되지 않을까 염려됩니다. 일본의 한민통과 긴급회의의 대립이 미주에도 재연되지 않을까 싶습니다.

독일은 아직 하나로 묶여있는데, 해외 다른 지역에서 갈라지면 필히 이곳에도 영향이 있어 금이 생길 것 같습니다. 해외 민주화운동의 전략들이 혼선을 빚을 가능성이 많은데, 우리 World Council이 분명한 유기적인 연대의식을 높이게 되기를 바랍니다.

2월 말에 Sweden을 다녀왔습니다. 그곳의 Korea Committee에서 연차 총회를 하는데 guest speaker로 초청받아 갔습니다. 스웨덴의 기독교계 인사들과 언론인, 사회민주당 내의 크리스찬 서클이 있어 든든함을 느꼈습니다. 우리 network에 관한 이야기를 내밀히 했고 앞으로 지원해주겠다는 약속을 받았습니다. 보내주신 World Council의 예산요청을 그곳에서 응답하도록 노력하고 있습니다.

내가 김재준 목사에게 '연합운동'(UM)이 성립되었지만 아직 좌우 갈등과 분열의 소지가 있다고 한 이유는, 선우 박사의 설득으로 고원 씨 등 민협의 일부가 UM에 가담했지만 장성환, 강일남 등 일부는 민협에서 나가 다른 조직을 만들었다는 이야기와 림창영 씨가 UM에 참여하지 않았다는 말을 들었기 때문이었다.

4월 1~3일에 뉴욕에서는 민협이 주도한 '한국문제 국제회의'가 열렸다. 외국인들이 70여 명, 한국인이 30여 명 도합 1백여 명이 참석한 큰 회의였는데, 노선과 방향문제로 '연합운동'(UM) 측은 참여파와 불참파로 갈라졌다. 선우학원, 차상달, 이용운은 참여했고, 이승만,

림순만, 시노트 신부 등은 불참했다. 일본 한민통 측에서 지원한 색깔이 드러나서 기독자 민주동지들이 참석을 않기로 했기 때문이다. 통일문제와 미군철수 문제가 나오면 좌우 양측은 갈라설 수밖에 없었다.

그런데 1977년 1월 20일 인권정책을 들고 나와 당선된 지미 카터 미국 대통령이 취임하면서 한국 문제는 한층 더 복잡한 이슈로 발전하게 되었다. 카터 대통령은 외교에서 인권문제를 중시하겠다고 했을 뿐 아니라 주한미군의 철수 정책까지 내놓았다. 3월 9일의 기자회견에서 주한미군 4만여 명을 4~5년 안에 철수시키겠다고 했고, 3월 18일 UN 특별 연설에서는 동남아와 태평양 지역의 적대국들과도 관계를 개선하고 여기엔 월맹과 중국, 북한도 포함된다고 했다. 3월 8일에는 미국이 29년간 북한 방문을 금지했던 조치를 해제시켰다.

카터의 새로운 대한정책은 박정희 독재정권뿐만 아니라, 여야 정치권과 시민사회, 종교계에도 커다란 충격과 혼란을 던져 주었다. 미군철수를 표면적으로라도 반기는 사람은 거의 없었고, 대부분 반대운동에 나섰고 특히 야당이 더욱 강하게 반대했다. 박정희 대통령은 오히려 1월 12일 기자회견에서 "남북한 불가침 조약이 맺어지면 미군철수에 반대 않겠다"고 선언했다. 그런데 야당의 이철승은 '미국이 남북분단의 책임이 있는데 미군철수는 한국에 대한 신의를 배반하는 것'이라 했다. 미국에 가서 한국이 아직 완전한 독립국가가 되려면 10년이 더 걸린다고도 했다.

야당뿐만 아니라 국내 보수 기독교 교단들이 북한의 침략과 전쟁을 두려워하며 미군철수에 반대운동을 펴기 시작했다. 반독재 운동에 앞장선 진보적 기독교교회협(KNCC)은 곤란한 입장에 놓였다. 카터의 주한미군철수 정책이 인권문제와 연결되면 독재정권에 압력이 되기 때문에 찬성해야지만, 보수적 반공 기독교인들과 일반 국민들의 북한공포증과 전쟁불안감을 고려하면 보수층의 반대운동에 공조할 수밖에 없었다. 보수 측은 미국에 대표단을 보내 미군철수 반대를 의회와 교회 지도자들에게 설득하며 다니기도 했다.

해외의 민주화운동 단체들에게도 주한미군철수 문제는 뜨거운 감자 같은 문제였다. 찬성이든 반대든 입장표명을 하면 반대편 사람들의 비난을 면키 어려웠다. 찬성하면 친북 공산주의자로 몰리고, 반대하면 반공 반통일 제국주의자로 몰리는 분위기였다.

해외의 통일운동가나 진보적 단체들에게는 신나는 호기였다. 차제에 북한과의 대화와 평화협정을 추진해 연방제든 중립화 통일이든 대대적인 통일운동에 나서야 한다는 주장들이 나왔다. 4월 초의 뉴욕 국제회의도 일본 한민통과 민협 등 좌파적 진보 운동가들이 미군철수와 통일운동을 촉진시키기 위한 국제회의였다. 국내 기독교운동을 보호하려는 해외 기독자 동지들은 그래서 참여를 거부했다.

독일의 민건회에서는 1977년 3월 31일~4월 3일 필릭스트(Villigst)에서 정세변동에 따른 토론을 위해 세미나를 열었다. 김길순의 "미군철수 문제에 따른 국제, 국내정세변동"이라는 발표와 로렌스 교수의 "칠리사태 분석", 송두율의 "한국사회민주주의는 가능한가" 등의 발표를 하였고 「세계」 지에 발표된 김순일, 신영표의 논문을 소개하며 반독재 투쟁과 통일운동의 전략에 관해 토의했다.

뚜렷한 결론을 얻었다기보다는 안보와 통일문제, 북한에 대한 이해와 요구, 해외투쟁과 국내투쟁의 관계, 민주세력의 확장 방안 등에 대한 폭넓은 의견교환을 했다. 문제는 국내의 민주세력들이 새로운 정세 속에서 안보와 통일, 미군철수문제와 민주화운동 전략을 어떻게 설정하는가를 알아야 해외 운동의 방향을 정할 수 있을 것 같았다.

그런데 마침 교회협(KNCC) 총무 김관석 목사가 독일교회 기관들과 협의하기 위해 본에 오시게 되어 나는 1977년 3월 21~23일 이틀 동안 통역을 맡게 되었고 많은 이야기를 나눌 수 있었다. 김 목사는 국내 민주화운동의 현장에서 가장 중요한 자리에 있는 국내 기독자 민주동지의 대표였다.

나는 박정권이 무너진 뒤의 문제를 국내 민주세력들이 어떻게 구상하는지 포스트박 프로그램(Post Park Program)과 미군철수에 대한 견해, 대미정책 등에 관한 질문을 드렸다. 당시에 노트에 적어둔 김관석 목사의 견해를 가감 없이 옮겨본다. 당시의 국내 상황과 민주세력들의 생각을 짐작하는 데 도움이 될 것이기 때문이다.

박정권 붕괴 이후의 대책에는 엇갈리는 주장들이 있다. 현 야당을 개조하느냐 아니면 제삼당을 새로 만드냐의 문제. 질서유지를 위한 과도내각은 여당권에서 군부세력이 없는 약한 인물을 선정해 맡긴다. 그러한 인물로는 최규하 현 총리도 괜찮다. 그 후에 새 정당이 탄생, 옥중 인사들이 나와 조직해서 선거를 통해 집권한다. 이때 김대중의 가능성이 크다. 새 정권 역시 미일 관계를 끊고 존재할 수는 없다. 평화적 정권교체이며 미일의 투자는 당분간 보장해야 한다.

우리는 미군철수 문제와 인권문제를 결부시키지 않을 것을 희망한다. 안보문제는 미국에서 계속 간여해주기를 바라고, 박정권에 대한 압력은 경제적인 무기를 사용해 원조중단이나 투자저지 등을 언급하면 좋겠다.

워싱턴이 인권문제에 대해 더 적극적인 압력의사 표시를 해야 한다. 미국이 공식적인 우려는 표명했으나 압력은 가하지 않고 있다. 남북대화 추진을 위해 미국이 북쪽과 직접 대화하여 길을 터야 한다. 미군철수 문제는 어쩐지 북한의 주장이므로 하기 싫다.

Post Park Era를 위한 장기대책으로는,

(1) 우선 해직 교수, 해직 언론인, 퇴학된 학생들을 가능한 세력권으로 보고 민주구국선언 관계 인사들을 중심으로 지금부터 Seminar를 만들어 유대를 강화하고 결속하는 토론이 필요하다.

(2) 정책연구를 위해서는 Research Institute를 만들어 국제정치, 경제문제, 사회정책 등에 관해 연구해야 한다.

(3) 해직된 언론인을 중심으로 새로운 일간신문을 만들 준비를 해야 한다. 새 시대의 언론방향을 논의해야 한다.

한국기독교교회협의회(KNCC)를 중심으로 일어나는 국내 기독자들의 민주화운동이 구속자와 해직자들을 돕는 구호사업과 인권운동에 치우쳐 있고 정치적이지 못하다는 비판이 가끔 있었지만, 그러나 김관석 목사는 대단히 정치적인 계산과 계획을 생각하고 있었다.

카터 대통령의 주한미군철수 안에 대해 반대하는 많은 기독교인들과 교회들의 염려를 전하고, 한미 유대를 강화하기 위해 한국기독교교회협의회(KNCC)는 미국교회협의회와 한미교회협의회를 미국에서 열었다. 1977년 10월 26~28일에 뉴욕 근처 스토니 포인트에서 열린 협의회에는 김관석 총무와 강원용 목사, 강문규 총무를 비롯한 교단 대표들과 임원들 20여 명이 참석하게 되었다. 국내와 국외의 기독자 민주동지들이 만날 수 있는 좋은 기회였다.

한국민주화운동 세계협의회(WOCODEK)의 의장 김재준 명의의 초청장이 내게로 왔다. 한미교회협의회가 열리기 직전 10월 22~24일에 뉴욕의 북쪽 코네티커트주의 시버리 하우스(Seabury House)에서 기독자 동지들이 모이는데 국내에서는 김관석, 강문규 동지가 미리 출국해 동지회 모임에 참여한다는 것이다. 1차 제네바와 2차 시카고에 이은 3차 뉴욕 회의에는 캐나다에서 김재준, 이상철, 미국에서 이승만, 림순만, 손명걸, 선우학원, 박상증, 구춘회, 김상호, 일본에서 오재석, 지명관, 이인하, 김용복, 독일에서 장성환, 이삼열 등 17명이 참석했다. 그동안 김관석 목사와 강문규 총무는 개별적으로 해외에 나와서 우리와 만난 적은 있었지만 이렇게 해외 민주동지들과 함께 전략회의를 하기는 처음이었다.

10월 22일 저녁에는 김관석, 강문규로부터 국내 보고가 있었다. "서울의 구속자는 종교인, 학생, 언론인을 합해 66명이며 지방의 구속자들까지 합하면 현재 185명이다. NCC 인권위원회에서 이들을 돕고 있다. 민주구국헌장 사건 이후에는 3.1사건 구속자 가족들은 NCC에 피해가 너무 커서 집에 들어가서 은거하고 있고 목요기도회에만 나온다. 구국헌장 서명자(윤보선, 함석헌 등)는 놔두고, 이를 배포한 사람들을 구속했다. 정명기 전도사, 강명순, 양성우, 조태일 등이 구속되었다. 김한림 여사가 윤보선 대통령 집에 가서 공덕귀 부인과 의논하고 로마 교황청에 보낼 호소문을 가지고 나오다가 집 앞에서 체포 구속되었다. 크리스찬 아카데미의「대화」지가 폐간되었다. 한완상이 조선일보 칼럼에 '야당 당수는 성전환했다'라고 썼는데 이철승의 수석비서가 깡패를 보내 협박했다는 등"의 소식이 보고되었다.

23일에는 종일 국외단체 보고(미국, 일본, 독일)와 함께 민주화운동의 문제와 전략에 관해 국내, 국외 동지들과의 솔직한 의견교환과 토론이 있었다. 운동의 노선과 전략 문제에서는 국내와 국외 동지들

간에도 차이가 많이 있음이 드러났다.

김재준 목사는 한국 기독교의 반공주의를 신랄하게 비판했다. "교회가 반공십자군이 되면 부끄러운 일이다. 반공, 승공, 멸공을 주장하면 통일에 방해가 된다. 통일이야기 하면 용공으로 몰아 숙청되는데, 통일 않고 이대로 가면 일본의 경제식민지가 된다. 다국적 기업과 군부가 합해서 더 절망적이 된다. 미군의 주둔도 한국을 위해서라기보다 미국의 이익을 위해 있다. 미군이 가겠다는데 '가지 말아주시오' 하는 것은 여기서 보기는 쑥스런 느낌을 준다." 해외 운동의 진보적 주장을 김 목사는 대변했다.

김관석 목사는 여기에 대해 "국내 인권운동자들이 절대 rigid한 반공주의자는 아니다. 그러나 현 단계에서 남한이 민주화되지 않은 단계에서는 북한과의 접촉이나 대화는 위험하다. 공산주의와 원수되자는 것은 아니다. 우선 priority는 민주화에 있다. 미군철수를 반대하는 것도 현재 독재상태에서 철수를 반대하는 것이다. 창비그룹도 기독교(NCC)가 미군철수를 반대한다고 비판하는데 김 목사님 논리와 같다. 그러나 우리의 반공은 박정희의 반공과는 context가 다르다. 박의 반공은 파쇼적 반공이고 우리의 반공은 민주적 입장의 반공이다. 카터의 인권정책으로 우리는 고무를 받고 낙관적 기대를 했는데 정치적 차원에서 안 되니까 맥이 풀리고 좌절하게 된다. 카터 정부가 인권운동에 moral support라도 해주면 좋겠는데 안 한다. 여러분들이 해외 여론을 좀 더 일으켜주기 바란다"고 안타까운 심경을 토로했다.

강문규는 "한국교회가 반공하지 않으면 survive하지 못한다는 것이 한국 실정이다. 우리 운동을 빨갱이로 모는 CIA의 공격, 에큐메니칼 용공론에 대해 방어하다 보면, 반공을 표방할 수밖에 없다"고 했다. 김관석은 덧붙여 정보부의 에큐메니칼 용공론 작전을 소개했다. "최근 홍지영이라는 분이『정치신학의 이론과 실제』라는 두꺼운 책을 써서 돌리는데, WCC와 NCC, 김관석, 강원용 등 기독교 인사들의 사상을 나열하면서 친공분자로 몰고 있다. 정보부(CIA)가 뒤에 있겠지만 기독교 민주세력을 용공 세력으로 몰아 제거하려는 작전이다. 김경래, 유상근, 김득황, 홍지영 등이 반공 기독교를 만들기 위해 애쓰고 있다"고 배경을 설명했다.

강문규는 "해외 운동이 국내운동을 지원하는 데 목적이 있다면 용공으로 몰려 약화되기 쉬운 국내 기독교 민주세력의 political realism을 이해해주기 바란다"며 해외 운동이 너무 앞서나가는 것이 국내에 도움이 안 된다고 했다.

오재식은 "어느 운동이나 장기화하면 국내와 국외 운동은 달라질 수밖에 없다. 해외 운동은 international liberal 풍토에 맞추지 않으면 적응을 못하니까 진보적이 될 수밖에 없고, 국내는 현실적 제약 속에 있으니까 행동이 제한될 수밖에 없다. 기독자민주동지회는 숨어서 국내 운동의 지원을 priority로 하기 때문에 해외의 liberal한 운동에 연합할 수 없다"며 국내의 흐름에 맞추자고 했다.

김용복은 "국가안보에 대한 감각(perception)이 국내와 국외가 다르다. 카터 정부가 들어선 이후에 해외는 더욱 남북통일에 대한 견해가 급진하고 있어 국내와 차질을 빚고 있다. 그러나 해외의 운동단체에 몸담고 일하는 동지들, 선우학원, 홍동근, 이삼열, 이인하 등은 국내의 인권운동과 반독재운동을 지원하지만, 유신 독재체제를 물리치고 나서는 나라가 어디로 갈 것이냐는 문제에 관심을 안 가질 수가 없다. political vacuum이 생겼을 때 월남과 같은 남북 전쟁이 생길 수도 있는데, 다시금 독재와 예속경제, 반공대결로 가지 않고 평화적이고 지속적인 민족공존이나 통일로 가려면 지금부터 국내든 국외든 Post Park 문제를 준비해야 한다. 국내는 현실적 제약 때문에 조심하더라도 밖에서는 너무 국내에 매이지 않고 독자적으로 한 걸음 앞서갈 수 있어야 하지 않는가"라는 의견을 내놓기도 했다.

강문규는 여기에 대해 "해외 운동은 Post Park에 관심이 많아 이념과 통일문제에 매달리는데 안에서는 우선 Park을 어떻게 제거하느냐에 관심을 가질 수밖에 없다"고 했다.

장시간의 논쟁에서 국내와 해외 운동의 감각(perception)과 초점이 다르다는 것이 분명하게 드러났다. 특히 주한미군 철수문제, 기독교와 반공노선의 문제, 민주화와 통일의 이념적 문제, 연합전선의 범위 문제 등에서 차이가 보였다. 특히 일본의 한민통과의 관계를 정하는 데도 견해의 차이가 있었다. 해외 운동의 기반을 넓힌다는 면에서 소외시키지 않고 연계를 갖자는 주장(김재준)과 운동의 폭을 넓히는 것은 좋으나 배동호 그룹이 이북도 이남도 아닌 입장에서 한다지만 국내 운동에 해를 끼쳐서는 안 된다(김관석)는 주장이 나왔다. 그러나 결론은 차이와 대립을 적극적으로 받아들이고 보완과 역할 분담을 통해 조정해야 한다는 데로 모아졌다. 결국 해외의 다양한 운동들을 억지로 국내 운동에 맞추어서 획일화할 수는 없다는 것에 모두 동의했다.

강문규는 "국내와 국외가 때로는 서로 전략을 달리할 수도 있다. 그러나 action coordination이 되었으면 좋겠다. action uniformity를 갖자는 것은 아니다"고 했다.

지명관은 "앞으로의 민주화운동이 다양하게 여러 가지로 발전할 것이다. radical한 사람, socialism하자는 사람 등 진보적 운동들이 나온다. 정권에 참여하려는 사람은 middle right로 갈 것이다. 진보도 보수도 중도도 있어야 한다. 그래야 이 시대에 어떤 역할을 할 수 있다. 차이와 대립이 있겠지만 이를 positive하게 생각하고 보완하면서 대립을 극복해가야 한다. 국외는 국내를 존중하면서도 과감하게 앞서갈 필요가 있다. 상황에 따라 방식을 조정해가야 한다"고 했다.

강문규는 "국내 운동을 밖에서 check해 주어야 한다. 밖에서 압력 주면 보완(supplementary)할 수 있다"고 했다.

내가 서기로서 기록한 뉴욕 회의록에는 이렇게 적혀있다.

국내외의 동지들은 이제까지의 운동에 대한 평가나 앞으로의 방향 정립에 있어서 현실감각의 차이와 이견을 조정하는 데 노력하였다. 국내 동지들은 극히 어려운 상황하에서 어떻게 많은 희생을 내지 않고 운동을 계속 시키느냐에 고심하는 데 비해, 해외의 동지들은 해외의 자유스런 분위기와 진보적인 풍토 위에서 요청되고 있는 운동의 이념과 방향을 무시할 수 없는데 고민이 있음이 드러났다. … 토론의 결과는 현재의 운동을 어떤 특정한 이념이나 노선에 고착시킬 수가 없으며 급변하는 국내외 정세나 상황의 변동에 따라 운동의 개념이나 목표가 발전할 수 있다는 것을 확인했고, 우리의 운동은 조심스럽게 유연성을 가지고 대처하면서 계속 방향모색을 해야 한다는 데 공감했다.

조직의 운영과 활동에 관해서 뉴욕 3년차 회의(1977)는 중요한 결정을 했다. 제네바 회의(1975)와 시카고 회의(1976)에서 결정한 '세계협의회'(World Council)라는 조직의 명칭을 더 이상 쓰지 않기로 했다. "지역적으로 모두 떨어져 있고, 전담기구와 직원이 없는 현재 상황에서는 그 취지대로 운영하기가 어려워 그 구상과 계획은 그대로 두고, 구체적 실현은 보류하며, 우선 결속을 강화하는 작업에 치중하자고 결의했다"(뉴욕회의록).

새로운 명칭은 〈기독자민주동지회〉(International Christian Network for Democracy in Korea)로 했다. 우리의 조직이 Christian Fellowship 이며, International Network이라는 특성을 살린 명칭이었다. 동지회의 회원은 제네바, 시카고, 뉴욕 회의에 참가한 사람을 중심으로 구성하며, 그 외에는 지역동지들의 추천에 의해 상임위원회의 동의를 얻어 가입시킨다는 결정을 했다. 동지들은 여러 가지 지역적 조직이나 운동에 자유로이 가담하되 개인 자격으로 기독자민주동지회의 회원이 되기로 했다. 지역적 이념적 전략적 다양성을 인정해주며 자율성을 부여하기로 한 결정이었다.

회장: 김재준
총무: 손명걸, 회계 구춘회
중앙상임위원: 이상철(캐나다), 이승만(미국), 지명관(일본), 장성환(독일), 김관석, 강문규(국내)

회원은 연 2백 불의 회비를 납부해야 하고 모금을 합해 3만 3천 불의 예산도 세웠으며, 「제3일」지와 월간 뉴스레터 「민주동지」를 발간하도록 결의했다. 이념과 노선 정립을 위해 연 1회 심포지엄 형식의 모임과 전략회의를 하기로 했다.

III장

해외 운동의 갈등과
동지회의 정책 노선

두 갈래로 갈라진 해외 민주화운동

일본에서는 이미 1974년부터 한민통과 기독자들의 〈긴급회의〉가 따로 조직되어 연결이나 접촉이 없이 활동해왔다. 긴급회의는 일본 교회 지도자들이 중심이 되어 조직되었지만 재일교포 교회의 한국인 목사나 신도들이 가담되어 있었다. 동경의 최경식 목사, 오사카의 최충식 목사, 이청일 간사 등이 열심히 참여했고, 오재식, 지명관, 이인하가 숨은 채 뒤에서 도왔다.

미주에서는 다양한 적은 운동조직들이 지역마다 독립적으로 유지되어 왔는데 1977년 초부터 기독자 동지들이 나서 연합운동을 전개하여 〈한국민주화운동연합〉(UM)을 결성했다. 물론 운동연합(UM)에 들어온 조직들도 워싱턴의 민통이나 뉴욕의 목요기도회, LA의 남가주국민회의 등은 독자적인 조직을 유지하며 활동을 했다. 그러나 운동의 노선이나 전략은 민주화운동연합(UM)을 통해 조정하기로 했기 때문에 약간씩 차이는 있어도 큰 문제나 갈등은 없었다. 각기 국내 지원과 해외 로비활동은 있는 곳에서 따로 잘 수행했다.

민주화운동연합(UM)과 기독자민주동지회의 핵심그룹은 역시 토론토의 김재준 목사와 뉴욕의 이승만 목사를 축으로 하는 동부지방에 있었다. 회장과 총무 회계가 다 있는 여기가 '세계협의회'든 '민주동지회'든 중심(center)이 될 수밖에 없었다.

시카고 회의가 끝난 뒤 '민주화운동 세계협의회'의 운명과 활동을 추진하기 위해 1976년 12월 21~22일에 토론토에서 임원회가 모였다. 김재준, 이상철, 이승만, 손명걸, 박상중, 김상호 등 여섯 분이 모였다. 연락사무와 실무진(task force) 역할은 사무총장(이승만)이 있는 뉴욕 그룹이 맡고 토론토 본부는 「제3일」 기관지 발간과 기금모금(Fund Raising) 사무를 맡기로 결정했다.

그 후 1977년 1월 3일 뉴욕 그룹, 이승만, 손명걸, 림순만, 김상호, 구춘회가 모여 실무협의와 재정에 관한 의론을 했다. 국내 한신대생 김철현 군의 사형이 대법원에서 확정됨에 따라 청와대와 주한미국 대사에게 사면요청 전문을 각 단체, 개인들이 보내도록 결정하고 숄을 판매한 돈을 한국에 보낼 것, 카터 대통령의 취임식에 축전 보낼 것, 단체들을 연대해서 삼일절 행사를 개최할 것, 뉴욕에서 새로 발족한 청년모임을 목요기도회를 통해 지원할 것 등을 결정했다.

매주 월요일 뉴욕에서 실무진 회의를 열어 정보교환과 실무집행 협의를 하고 연합운동(UM)의 결성에 따른 미주본부 사무국 운영문제도 의론했다. 이승만 목사, 손명걸 목사가 근무하는 미국교회 선교부가 들어있는 뉴욕 리버사이드의 국제센터(International Center)가 기독자민주동지회와 미주 운동연합(UM)의 사실상 본부가 되었다.

기독자민주동지회의 사무실은 토론토와 뉴욕의 교회기관 사무실을 허락받아 무료로 쓰게 되었지만, 기관지 출판이나 자료수집 분배, 우편통신, 사무간사의 인건비 등에는 돈이 있어야 했다. 박상중 목사는 김재준 회장의 이름으로 독일교회 동아시아 선교위원회 총무인 프리츠(G. Fritz) 목사에게 제네바 에큐메니칼 협의회(1975년 11월)의 결정을 근거로 문서작성과 번역(Documentation and Interpretation) 활동비조로 2만 불을 요청했다(1977년 1월 12일자 서한). 내가 그 위원회에 상임고문으로 있었기에 결정은 쉽게 되어 2만 불이 토론토로 송금되었다.

사실상 '기독자민주동지회'(ICNDK)의 북미주 운동 모체는 '운동연합'(UM)이었다. UM이 조직된 이래 생긴 큰 장점은 성명서를 하나로 통일해 집행위원 7인의 이름으로 발표함으로써 공신력과 영향력을 얻게 되었다는 점이다.

김대중, 김지하의 석방운동이든, 민주구국선언 지지서명 운동이든, 구속자를 위한 모금운동이든 호소문이나 성명서를 발표할 때 여러 단체들이 따로 하던 작업을 이제는 '한국민주화연합운동' 집행위원 김재준(상임), 한승인, 차상달, 김상돈, 정규홍, 선우학원, 이재현 7인의 이름으로 발표해 북미주 전국에 배포함으로써 더 큰 효과를 보게 되었다.

가령 박동선 사건이 났을 때 연합운동(UM)은 1977년 11월 15일 7인 대표의 이름으로 이렇게 성명을 발표했다.

박동선 사건은 우리 민족의 긍지와 위선을 땅에 떨어뜨렸다. 해외에 거주하는 우리 한국인들은 치욕감 때문에 고개를 들 수 없게 되었다. 박동선 사건은 그를 하수인으로 내세운 박정희 독재정권의 범행임은 만천하에 폭로된 사실이다. 우리는 국민의 이름으로 사건의 진상공개를 요구한다. (하략)

김대중 선생, 문익환 목사 등 3.1사건의 구속자들을 위해 단식투쟁을 하고 있는 국내 기독자 동지들에 호응하여 국외에서도 일일 금식운동을 전개하고 그 돈을 모아 국내로 보내자고 한 1977년 10월 18일자 호소문(김재준)도 전국에 돌려져서 큰 호응을 얻게 되었다.

1978년 3월 1일 저녁에는 연합운동(UM)이 North American Coalition for Human Rights in Korea(북미주한국인권연합)와 함께 공동 주최해 뉴욕의 인터내셔널 센터에서 수백 명 교민들과 미국인들을 초청하여 자유, 정의, 평화의 삼일운동 기념식과 반독재성토대회를 열었다.

이렇게 기독자 민주동지들을 중심으로 하는 UM(운동연합)이 상당히 효과적으로 미주 교민들과 미국인들을 대상으로 민주적 대중운동을 실시하고 있는데, 다른 한편에선 림창영 박사의 '민주한인협회'(민협)가 중심이 되어 반독재 민주화와 자주적 통일을 앞세운 대중운동을 하고 있었다.

민협은 기독자들이 중심이 된 운동연합(UM)에 가담하지 않고 독자적인 연대활동을 추진하기 위해 '민주단체 연락처'(Coalition for Democracy in Korea)라는 조직을 따로 만들었다. 민협이 1976년 4월 17일에 발표한 "교포 민주단체 상호 연락에 관한 건"이라는 성명서에는 이렇게 적혀있다.

우리 교포 민주단체의 수가 늘고 활동이 활발해지고 있음은 마음 든든한 일인 바, 아직 하나의 연합체는 만들 수 없는 사정이라 하나 서로들 정보만큼은 교환하는 것이 공동 목표를 추진하는 데 필요하다고 느끼고 몇몇 뜻을 같이하는 사람들이 상의한 결과 비공식으로나마 다음과 같은 요령으로 상호 연락을 가지기로 하였으니 협력하여 주시기를 바랍니다.

이렇게 서문을 쓰고 국내 정보나 각 단체의 행사 소식을 공유하자는 요령과 함께 '민주단체 연락처', Coalition for Democracy in Korea, P. O. Box 132, Caldwell, NJ. 07006라는 명칭과 주소를 기재했다.

한국민주화운동연합(UM)이라는 큰 조직이 뜨면서 소외된 '민협'이 나름대로 여러 단체와의 정보교류라는 명분으로 연락 사업을 시도한 것이다. 더구나 '민협'의 일부, 고원 씨 등이 UM에 가담하면서 UM 가담에 반대하던 장성환 씨가 '민주단체 연락처'의 책임을 맡아 일하게 되었다.

내가 뉴욕에서 만나본 장성환 씨는 기독교 인사들의 반공의식을 몹시 싫어했고 그래서 조직을 함께 할 수 없다고 말했던 인물이다. 그는 반외세 조국통일운동을 반독재민주화와 함께 해야 한다고 강조했었다.

'민협'의 이런 운동을 지원하는 다른 주요 인사가 「해외한민보」 신문을 발행하는 서정균 씨였다. 그는 서울 문리대에서 진보적 운동조직 〈신진회〉에 가담했던 인물이다. '재외민주한인협외'(민협)은 기관지로 「밀물」이라는 잡지를 발간했는데 서정균 씨가 편집을 맡고 있었다. 1976년 8월에 발행된 「밀물」 2호의 내용은 "반독재 민주건설", "조국의 자주적 평화통일", "민족의식의 고취와 민족문화의 창달"의 내용들이었다.

민협은 1976년 7월 3일 기독교인들이 늘 모이는 International Center 를 빌려 7.4공동성명기념 토론회를 열었다. '민주단체연락처'의 보도문은 "통일문제에 관한 공식 토론회가 있은 것은 뉴욕지방에서는 이번이 처음이었는데 약 40명의 교포가 참석한 가운데 진지한 의견교환이 있었다. 토론회의 주제는 "민주화운동과 통일문제"로 림창영 민협 위원장의 인사, 강근 씨와 장흥호 씨의 주제 강연이 있은 다음 토론에는 민주화운동과 통일문제의 불가분의 관련성을 강조하는 발언들이 많았다"고 썼다.

이 자리에서 민협은 '통일촉진에 관한 성명서'(7월 4일자)를 발표했다. 자주, 평화 민족대단결의 3대원칙을 강조하며 "이 원칙을 파기하며 통일을 무한정 연기하려는 정권을 민족반역자로 단죄하고, '힘의 대결에 의한 평화공존'이라는 '현상고착화' 이론은 반통일 궤변으로 규탄되어야 한다. 우리는 그러한 집단의 기만과 궤변을 용납할 수 없으며 이를 물리치기 위해 영웅적으로 투쟁할 것을 다짐한다. 반통일 노선을 조종, 조장함으로써 자신의 이익을 추구하는 외세를 통탄한다. 우리 민족의 통일달성의 노력에 대한 직접, 간접적인 방해를 배격하고 부당한 간섭을 중지하도록 경고한다"는 내용이었다.

민주단체연락처는 미국의 반전단체들이 6월 25일 오후 5시부터 2시간 동안 뉴욕 한국영사관 앞에서 주한미군의 철수와 박정권에 대한 원조 중단을 외치며 시위했다고 보도했다. 시위의 주체는 미국의 반전단체였으나 제삼세계 단체들과 우리나라 교포들도 호응하여 약 3백 명의 시위대가 '주한미군철수', '박정권 타도', '자주통일 만세' 등의 구호를 외쳤다고 했다.

'민협'이나 '민주단체연락처', '해외한민보' 등 림창영 박사를 중심한 그룹에서는 반독재 민주화운동에 참여하면서 외세배격, 주한미군철수, 자주통일에 역점을 둔 운동을 전개해나갔다. 기독자 동지 중심의 UM(운동연합)과는 미군철수 문제에 대한 입장 차이로 함께할 수 없었으며 결국은 두 진영으로 갈라져 때로는 함께 때로는 부딪치며 운동을 계속해갔다.

이러한 두 진영으로 갈라지는 모습은 내가 몸담은 독일의 민주화
운동에서도 서서히 드러났다.[1] 민주화운동연구소가 발행하는「기억
과 전망」지 2015년 33호와 2016년 34호에 실은 나의 회고록 "독일에
서의 민주화운동 -민주사회건설협의회"에 자세히 기록했지만 이념
과 노선의 갈등으로 인한 두 진영 간의 경쟁이나 대립, 분열과 연대
는 독일의 교민사회에서도 불가피한 현실이 되었다.

1974년 3.1절을 기해 본에서 반독재 데모를 하며 창립된 재독한인
'민주사회건설협의회'(민건회)는 55명의 발기인들이 선언서에 공개
서명함으로 조직되었다. 당시의 교민사회는 간호사, 광원 등 파독
노동자들이 6~7천 명, 유학생이 7~8백 명, 여타의 직장인을 합해 1만
명 정도의 한국인들이 있었다. 민건회의 창립 발기회원 55명 중에는
30여 명이 유학생이었고 노동자 10여 명 기독교 목사와 교수 가족 등
이 10여 명이었다. 그 후에 회원들은 1백여 명 이상으로 늘었지만 대
부분 유학생들이었다.

민건회 창립 시에 〈남북사회연구회〉라는 단체 이름으로「주체」라
는 잡지를 발행한 정철재(발행인)와 오석근(편집인)은 민건회 회원이
될 수 없도록 결정했다. 민건회가 친북단체로 몰리면 대중적 민주화
운동을 할 수 없기 때문이었다.

동백림 사건으로 납치되었다 석방된 윤이상 교수의 가입문제도
오래 논쟁했지만 독일 사회에 뿌리박은 세계적 작곡가이며 독일국
적을 가진 분이어서 명단에 포함시켰다. 민건회가 독일 사회와 정부

---

1 이삼열, "독일에서의 민주화운동 -민주사회건설협의회",「기억과 전망」2016년 여름호
  (통권 34호, 민주화운동기념사업회), 415쪽 이하 "독일민주화운동의 이념갈등과 분화",
  434쪽 이하 "한민련과 한민건의 분립."

를 향해 반독재 민주화를 호소할 때 유명인 윤이상의 이름이 유용할
것이라는 계산도 있었다.

프랑크푸르트 유학생 김성수는 당시 정보부에서 간첩행위를 했
다고 조작 발표해서, 함께 민건회 창립을 준비했지만 일단 55명 발
기인에는 포함시키지 않기로 했다. 1973년 한독 기독자들의 바일슈
타인 모임에서 김성수의 간첩조작과 정보부의 테러행위를 규탄하는
성명서를 발표한 바가 있었다.

이렇게 조심스럽게 조직을 보호하며 독재정권과 싸우기 위해 민
건회를 창립했지만 내부에서는 항상 이념과 노선문제로 갈등과 논
쟁이 있었다. 우리는 창립선언문을 작성할 때부터 공개적이며 대중
적 연합을 운동 전략으로 결정했기 때문에 가능한 극좌, 극우를 배
제한 중도적 대중노선으로 가려고 노력했다. 그러나 세미나와 토론
회를 할 때는 자유민주주의와 반공에 대한 좌파들의 비판이 있었고,
반외세 민족 주체 통일에 대해서는 우파들이 북한의 김일성 독재를
거세게 비판했다.

반독재 데모나 김지하, 김대중 구명운동을 할 때는 문제가 없는데
성명서를 내거나 신문 잡지 출판물을 낼 때는 이데올로기와 가치관
들이 달라서 논쟁과 문제가 발생했다. 민건회 이름으로 발행된 신문
「민주한국」에 미 제국주의가 통일의 방해물이라는 친북적인 글이
실렸고, 세미나에서 김종한의 북한 찬양발언을 문제 삼아 배정석,
박종대 등이 1976년 7월에 민건회를 탈퇴했다. 친북좌파들을 막지
못하는 민건회가 불안하다는 이유였다.

민건 회원인 노동자 출신 이영준은 광산 노동자들과 '노동자연맹'
(노련)을 조직해 1976년 봄에 「해방」이라는 잡지를 발행했다. 노동계

급의 승리와 민족통일을 주장하며 친북적인 과격한 표현들이 있었다. 민건회는 상임위원회를 열어 노련과 동일시되면 반공보수적 회원들이 떠날 염려가 있기 때문에 노련 회원 이영준 등을 회원자격에서 탈퇴시켰다.

그럼에도 다른 한편에선 자유민주주의를 고수하자던 배동인이 민건 회원들의 민주주의 이해가 의심스럽다며(자유민주주의에 대한 비판) 민건회를 1976년 3월에 탈퇴해서 '버트런드 러셀회'를 만들었다. 또한 베를린의 한인교회 정하은 목사도 민건회의 논쟁이 부담스럽다며 탈퇴하고 교인들과 인권문제연구소를 만들었다.

이렇게 이념과 노선문제로 몇 사람의 탈퇴자가 있었지만 1977년까지는 독일의 민건회가 좌우계파를 융합하여 한 조직으로 잘 유지해 왔다. 융화를 위해 공식문서나 성명서에는 미군철수나 북한 비판, 반외세 통일 등은 일체 언급하지 않았다. 논쟁을 시작하면 모두 학문하는 유학생들이라 끝이 없었고 양보도 없었기 때문에 아예 과격한 표현은 쓰지 않기로 했다.

유럽 한민련 조직과 독일 민건회의 분열(1978)

그런데 어려운 문제는 일본의 한민통과 한민통이 1977년 8월에 조직한 한민련(민주민족통일 해외한국인 연합)과의 관계 때문에 생기게 되었다. 기독자 민주동지들이 1975년에 '민주사회건설세계협의회'를 조직하려 했듯이 일본의 한민통은 해외 민주화운동 단체들의 세계적 연합회를 조직해보려고 많은 노력을 했다. 내가 1976년 8월에 한민통이 조직한 국제회의에 참석했을 때도 국제적 연합기구를 만들어 보려고 시도했으나 어려웠다.

그런데 1977년에 들어와 한민통에서는 '민주구국헌장'(윤보선, 함석헌 등 10인이 서명한)을 지지하고 정치범을 석방하라는 서명운동을 세계적으로 펼치며 해외 민주세력의 연대를 강화하려고 힘썼다. 그러면서 한민통은 1977년 8월 12~14일에 동경에서 〈해외한국인 민주운동 대표자회의〉를 개최한다고 초청장을 보내왔다. 발기인에는 해외 운동을 대표하는 지도급 인사들 9인의 명단을 올렸다. 거기에는 미국의 김재준, 김성락, 림창영이 있었고, 유럽의 윤이상, 이영빈, 일본의 정재화, 배동호가 있었다. 연락책임자는 배동호였다.

한민통은 미국의 연합운동(UM)과 독일의 민건회를 포함해 세계적인 '한민련'을 조직하려고 사전 계획을 치밀하게 세워 김재준 목사의 이름을 초대장 발기인 명단에 넣었다. 그러나 김재준 목사는 결국 동경에 가지 않았다.

김 목사는 뉴욕회의를 마치고 토론토를 방문한 나에게(1977년 11월 5일) 그 경위를 설명해 주었다. "발기인으로 교섭하기 위해 한민통은 이용운 장군, 최홍희 장군, 장석윤 씨 등이 여러 번 찾아왔다. 발기취지문을 읽어보니 국내 운동을 지원하자는 것이고 연합해서 하자는 것이니 하나도 내 뜻에 어긋나는 것이 없어 동의했다. 나중에 이상철 목사가 동경의 동지들과 의론 없이 한 것이 실수라고 노발대발해서 참석은 하지 않고 전충림 씨를 가서 보고 오라고 했다. 그런데 그 회의가 끝난 다음날 이북방송에서 내 이름을 대며 그 회의를 크게 계속 보도하더라는 소식을 들었다"고 했다.

독일의 민건회는 1976년 9월 총회에서 윤이상 교수를 의장에, 이영빈 목사를 부의장으로 선출하고 송두율, 박대원, 김길순, 이삼열 등은 상임위원으로 실무를 맡기로 했다. 유학생 신분의 청년들보다는 독일 상황에 오랫동안 정착한 어른들을 대표로 모셔야 민건회가 장기적으로 든든해질 수 있다는 판단에서였다. 의장을 하던 송두율은 연구담당을 맡고 나는 공보대변인을 맡았다. 8개 지역회의 대표들로 중앙위원회도 구성하고 지역별 한국 문제 토론회나 김지하의 밤 등을 열어 운동이 크게 확장되었다.

1977년 7월 23일 베를린에서 모인 중앙위원회는 일본 한민통이 요청한 민주구국헌장 서명운동에 적극 참여하기로 하고, 8월의 '해외 대표자 회의'에 윤이상, 이영빈, 김길순 3인을 민건회 대표로 보내기로 결정했다. 나에게도 개인적으로 초청장이 왔으나 이미 1976년에 가보았고, 대표단이 가니까 내가 또 갈 필요는 없었다.

나중에 들어서 알았지만 동경회의에는 민건회 대표 3인 만이 아니라 주체 그룹과 노련 그룹, 프랑스의 통일추진회 이희세 그룹 등 유럽에서 좌파 통일운동을 하는 인물들이 10여 명 이상 참여했다. 미주에서는 '민협'과 '민촉' 측에서 주로 참석했는데 친북인사로 알려진 지창보, 노광욱과 함께 김성락, 최정연, 이홍로 씨 등이 참석했고, 캐나다에서는 전충림, 장정문 씨와 최홍희 장군 등이 갔다고 한다. 선우학원 교수와 이상철 목사도 초대되었지만 결국 참석하지 않았다.

선우학원 박사는 한민련 조직의 혼선을 이렇게 편지에 쓰셨다 (1977년 9월 26일).

「민족시보」에 보도된 '한민련'에 관한 documents는 자세히 읽었습니다. 배동호 씨의 기조연설이 가장 중요한 듯싶고, 그 외는 장식품인 듯하더군요. 뉴욕의 림창영 그룹이 가장 극좌행동을 표현하고 있는데 배동호 씨는 몹시 조심스럽게 취급하고 있습니다. 뉴욕에서는 '민협' 회원들이 총동원해서 동경에 참여했습니다. 공산화 통일은 이북에서도 단념했다고 보는데 무조건 조국통일의 주장은 하나의 극좌의 구실로밖에 볼 수 없습니다.

한민통에서는 기독자민주동지회 측 인물들도 초청해 좌우파를 연합시켜보려는 의도를 가지고 추진했던 것이 분명하다. 김재준, 이상철, 선우학원, 이삼열을 초청했으나 동경의 동지들의 조언에 따라 참석하지 않았다. 선우학원 박사는 배동호 씨의 부탁으로 김재준, 김성락 기독교 운동 지도자 두 분을 설득해 동경회의에 발기인이 되도록 설득하고 참석하도록 노력하기까지 했었다. 그러나 막상 선우 박사가 참석하지 않아 배동호는 몹시 섭섭해했다.

동경 회의의 목적은 결국 해외 운동의 연합체를 만드는 데 있었는데 좌파 단체들에서는 모두 참석했지만 기독교 측 민주인사들은 참석을 거절한 셈이 되었다.

동경의 해외 운동 대표자회의는 8월 13일에 전격적으로 제안해 '민주민족통일 해외한국인연합'(한민련)이라는 단체를 조직 결성했다. 정보부의 공작으로 보이는 테러단이 습격해 들어와 경호원들과 격투를 벌이고 피투성이가 되는 어수선한 분위기에서 회의가 진행되었다. 차분히 토론할 여지가 없었고 주최 측이 계획한 대로 만장일치 박수로 모든 게 통과되었다고 한다. 테러가 무서워 외국에서 온 대표 40여 명은 호텔 밖을 나가지도 못했다는 것이다.

이 자리에서 한민련의 일본본부, 미주본부, 구라파본부가 결성되었고, 윤이상은 공동의장으로, 이영빈을 구라파 지역의장으로, 김길순을 사무총장으로 선출했다. 문제는 동경회의를 마치고 돌아온 이영빈 의장이 한민련 구라파본부를 조직하는 데서 생겼다. 구라파 안의 모든 민주운동 단체들을 포괄한다는 명분으로 민건회와 함께 우선「주체」라는 잡지를 발간하는 '남북사회문제 연구회'와「해방」잡지를 내는 '재독한인노동자연맹', '재불자주통일협의회'를 가입시켜 네 단체가 동등한 한 표씩의 권리로 운영위원회를 구성하여 모든 일을 결정한다는 것이다.

이것은 민건회가 창립 당시부터 배제시킨 주체 그룹과 너무 급진적인 계급투쟁 등을 내세운「해방」잡지를 문제삼아 민건회에서 퇴출된 '노련'을 가입시켜 한민련을 통해 민건회마저 좌익노선으로 끌고가려는 전략이라고 볼 수밖에 없었다. 이렇게 되면 민건회는 자율성을 잃고「주체」지나「해방」지 같은 선언문이나 성명서가 한민련의 이름으로 공표되어도 따를 수밖에 없게 된다.

1977년 10월 1일에 열린 민건회 4차 총회에서 한민련 가입 문제가 찬반 논의되었을 때는 한민련의 조직이나 구조를 아직 모르기 때문에 상임위원회에 책임을 맡기기로 하고 가입에 동의했다. 그러나 한민련은 10월 15일에 소집된 구라파지역 대표자회의에서 네 단체가 1인씩 대표를 보내 운영위원회를 조직하기로 결정해버렸다. 상임위원회나 총회에서 토론된 바 없이 민건회는 친북 좌파 단체들과 함께 한민련 조직에 묶인 것이다.

나는 기독자동지회의 뉴욕회의에 참석하고 11월 초에 미국에서 돌아와 내가 없는 사이에 이렇게 돌아간 사실을 알고 12월 10일 프랑크푸르트에서 모인 중앙위원회에서 항의했다. 그러나 민건회 의장이며 동시에 한민련 구라파 본부의 의장이 된 이영빈 목사는 "한민련의 기구와 조직은 이미 대표자회의에서 결정되었고 '남북사회문제연구회'는 한민련의 창립(동경에서) 단체이기 때문에 변경할 수가 없다"고 강변했다.

이미 한민련 가입에 반대하는 장성환 목사와 루르 지역 기독자 회원들은 민건회를 탈퇴하겠다는 뜻을 나에게 전했다. 민건회 루르 지역 회원들 10여 명이 모여(장성환, 이삼열 포함) 장시간 의론한 뒤 민건 회원들에게 '공동발의문'을 보내 공개적인 항의를 전하기로 했다. 1977년 12월 30일자로 이삼열, 이준모, 이정의, 임영희, 정찬종, 천명윤 등 16인의 이름으로 보낸 '공동발의문'에 이렇게 기록했다.

우리는 민건회가 가입키로 한 한민련의 구주지역 조직이 상임위원회의 비준 동의가 없이 결성되었을 뿐 아니라 우리의 뜻과 의사를 반영시킬 수 없는 단체가 되었음을 유감으로 생각합니다. (중략) 한민련이 아무리 연합조직이라 하더라도 가입단체는 최소한의 자격요건을 갖춘 단체여야 하는데, 「주체」 잡지 발행인 한 분밖에 누가 회원인지도 모르는 '남북사회문제연구회'를 가입 단체로 하고 '민건회'와 같은 표결권을 행사하게 한다는데 이 연합체의 조직과 노선에 문제가 있다고 봅니다.

「주체」 잡지에 익명으로 실린 논문에 이런 구절이 있습니다. "사회생활의 모든 부문에서 반민족적이고 반민중적인 못된 짓을 꾸미는 자들이 예수교 신자들이다"(「주체」 9호, 39). "계급사회를 타도하고 사회주의 통일조국을 건설하는 민족해방, 계급해방의 전 과정을 앞당기자"(「주체」 9호, 46).

이 노선은 결국 민족과 민중의 적인 예수교 신자를 없애고 계급해방을 하자는 논리인데 감옥에 갇힌 김지하, 김대중 같은 기독교인들도 없애야 한다는 말입니까? (중략)

우리는 이런 익명의 단체와 함께하는 한민련 가입을 철회하고 그로부터 구속과 통제를 받지 않는 자율적인 민주사회건설협의회로 존속할 것을 결심하였으며 우리와 뜻을 같이 하는 회원들과 함께 이를 발의하려는 것입니다.

민건회는 1978년 2월 12일자 '공개해명서'에서 '남북사회문제연구회'나 '노련'을 적대시하지 말라며 오히려 발의자들이 연합을 깨트리는 분열주의자라고 비난했다. 타협은 불가능해 보였다. 이미 주체그룹과 노련 그룹 여러 명이 동경의 한민련 창립대회에 참석하고 왔기 때문에 일본의 한민통과도 굳게 결합되어 있어 민건회도 어쩔 수 없이 따르는 것 같았다.

이런 한민련의 전략과 노선이 분명하다면 한민련에 소속된 민건회를 떠나 자율적인 민건회를 다시 만들 수밖에 없었다. '공동발의문' 서명자들은 1978년 3월 24일자로 민건회 중앙위원회에 '공개서한'을 보내면서 민건회를 분립하여 '한국민주사회건설 재독협의회' (약칭 한민건, AG Demokratische Gesellschaft in Korea)를 창립하겠다고 통고했다.

우리는 이 분화의 계기가 한민련이나 민건회에 깊은 반성의 기회를 마련하여 줄 것을 바라며 민주화운동 단체들이 서로 적대시하거나 비방하지 않으면서 건설적으로 비판하며 사실적으로 논쟁할 수 있어야 한다고 생각합니다. 비록 소속과 조직은 달리했다 하여도 우리는 다같이 조국의 민주화를 갈구하는 동지들이기에 공동의 토론과 행동의 길이 열려있다고 생각합니다. 따라서 서로의 발전을 위해 아낌없는 충언과 격려를 나누게 되기 바랍니다.

이렇게 1974년에 창립되어 연합적으로 유지되었던 민건회가 4년 만인 1978년에 한민련 소속 민건회와 독립한 한민건으로 갈라지게 되었다. 독일의 민건회마저 분열됨으로써 해외의 민주화운동은 완전히 두 개의 진영으로 나뉘게 되었다.

나는 많은 시간과 정력을 바쳐 만든 독일의 민건회를 쪼개어 한민건을 만드는 결정 앞에서 많은 고민과 고통을 겪었다. 민건의 창립 시 사상과 이념, 신분과 종교가 달라도, 독재타도와 민주사회건설을 위해서는 연합하여 투쟁하자고 역설했던 게 나였는데, 이제 노선 차이 때문에 민건회를 분할한다는 것은 자기모순이 아닐 수 없기 때문이었다. 민건회 창립 운영을 함께 주도한 유학생들은 나의 동창과 친구들이며, 오랫동안 함께 고생하며 정을 나눈 동지들이었다.

정치철학과 이데올로기 문제를 전공하는 사람으로 북한공산주의자들과도 대화를 할 수 있어야 하는데 친북 좌파들이 몇 있다고 조직을 가르는 것이 맞는가라는 자괴감도 없지 않았다. 일부 친북통일론자가 있어도 반독재민주화운동단체인데 연대활동까지 단절할 필요는 없지 않은가라는 생각도 있었다.

그런데 문제는 기독자민주동지회의 결정이었다. 뉴욕회의에서 국내 동지들의 부탁을 존중해 국내 운동에 피해를 줄 수 있는 위험한 조직들과의 연대는 피하자고 했기 때문이다. 특히 장성환 목사, 정하은 목사와 크리스찬 민건 회원들이 탈퇴하는데 나만 남아있으면 독일교회와 선교기관들을 움직이는 데도 지장이 생길 수 있고 무엇보다 국내 동지들과의 협력이 어려워진다는 것을 고려하지 않을 수 없었다. 그래서 강돈구, 이준모 등 가까운 동지들과 의론 끝에 조직을 따로 하면서도 필요할 때 연대하는 관계를 만들자고 했다. 독일 사회를 향한 명칭은 민건회(Forum für Demokratie)의 자매기관처럼 AG Demokratische Gesellschaft로 했다. 강돈구는 민건회에 남아 급진파(radical)를 견제하고, 이준모는 나와 같이 기독교 목사와 신도들이 참여하는 한민건 조직을 만들기로 했다.

재독 한민건과 기독자 동지들의 활동

해외 한인들의 반독재 민주화운동이 크게 두 갈래로 갈라진 것은 분단체제와 통일에 관한 인식과 입장의 차이에서 온 것으로 자연스런 흐름이었고 불가피한 현상이었다. 국내 운동을 지원하기 위한 목적으로 시작되었지만, 해외 운동은 독재비판이나 구속자석방 등 인권보호운동에만 머물지 않고, 유신체제를 물리치고 난 뒤에 어떤 정부와 체제를 세울 것이냐에 관심을 가지며 '포스트 박' 문제, 남북관계 문제, 통일문제까지 토론과 논쟁을 하게 된다.

독일의 민건회는 데모와 성명서 발표만 하지 않고 일 년에 2~3차례 세미나와 토론회를 열었다. 보통 2박 3일의 행사였으므로 많은 토론 시간을 가졌다. 민주화의 방향에 관한 토론은 자유민주주의냐, 사회민주주의냐, 사회주의냐의 토론으로 흘렀고, 계속되는 군부독재를 막기 위해서는 남북의 분단체제 극복과 통일문제가 필수적으로 나왔고 통일 방식에 대한 열띤 논쟁이 벌어졌다.

특히 '민건회' 조직을 주도한 서독의 유학생들은 정치철학을 전공하는 나를 비롯해서 송두율, 강돈구, 박대원, 이준모, 송영배, 이창균, 오길남, 김길순, 배정석, 배동인, 강정숙, 박소은 등 철학, 정치학,

경제학, 독문학 등의 분야에서 박사학위 논문을 쓰고 있던 인문사회과학도들이었다. 토론의 과정에서 사상과 이념의 차이는 드러나기 마련이고 시간이 갈수록 생각과 가치관의 차이 때문에 그룹이 나누어지기도 했다. 기독교인들과 무신론자들의 대립과 갈등도 생겼다.

심각한 문제는 자주적 민족통일과 주한 외국군대 철수와 북한체제에 대한 견해와 정책의 차이에서 드러났다. 여기에는 국외에서 영주할 수 있는 사람과 국내로 돌아가야 할 사람들의 감각(perception)과 입장의 차이도 한몫 작용했다. 해외에는 분단 이전에 조국을 떠나 남북한이 모두 내 조국이라고 외치는 통일론자들이 미국에도 일본에도 유럽에도 있었다. 그러나 국내에 뿌리를 둔 대부분의 해외교포들은 북한의 독재나 공산주의를 절대로 인정할 수 없다는 반공교육을 받고 자랐고 국가보안법과 반공의식에 사로잡혀 있었기 때문에 주한미군 철수나 북한의 현 정권과의 통일은 친북 공산화 통일로 보거나 짙은 의심을 했다. 박정희 독재 타도와 함께 김일성 독재도 제거해야 통일을 할 수 있다는 논리와 북한의 현 체제를 두고도 연방제 통일 같은 것을 해야 민족자주성을 지키고 영구분단을 막을 수 있다는 입장의 대립이었다. 물론 미국, 일본의 제국주의적 지배를 벗어나기 위해서는 북한의 주도로 자주적 통일을 해야 한다는 주장들도 적은 수지만 없지 않았다.

민건회 안에는 자유민주주의와 반공통일을 주장하는 사람과 사회민주주의와 연방제 통일을 주장하는 사람, 반외세 자주적 친북사회주의통일을 주장하는 사람들이 혼재되어 있었다. 유학생뿐 아니라 노동자들과 기독교 목사들 사이에도 견해와 입장 차이가 드러났다. 그러나 민건회 안에서 세미나를 하거나 성명서를 낼 때는 보수적 회원들을 존중해 미군철수 주장이나 친북 사상과 노선의 주장들은 나오지 못하게 했다.

그러나 「주체」 지를 발행하는 '남북사회문제연구회'와 「해방」 지를 발행하는 '노동자연맹', '재불 자주통일추진회' 세 단체는 미군철수, 자주통일 친북발언을 자유로운 유럽 땅에서 노골적으로 하면서 때로는 기독교와 반공세력을 반통일 세력으로 비판하는 공격을 가하기도 했다. 서정균 씨의 평가에 의하면 북한의 통일전선전략에도 어긋난 전술적 실수였다.

해외 운동의 일부에서 이처럼 과격하며 급진적인 통일론이 나오게 된 데는 월남의 공산화 통일과 1977년 카터 대통령의 주한미군철수론의 영향이 컸다. 한국이 제이의 베트남이 될지도 모른다는 불안과 염려 가운데 북한과의 대화와 자주적, 평화적 통일이 시급하다는 주장들이 나왔다. 민주화보다 통일문제가 더 급하다며 '선통일 후민주'론이 이때 나왔다.

카터 대통령이 취임하며 29년간 유지해왔던 북한방문 금지조치를 해제하는 바람에 1978년도부터는 재미교포들의 가족 찾기와 북한 방문이 은밀하게 추진되었다. 기독자 민주동지들 가운데도 북한에 거주하는 모친이나 동생을 만나기 위해 비밀히 북한을 방문하는 경우가 생겼다. 뉴욕의 이승만 목사, LA의 홍동근 목사가 평양을 다녀와 동지회 안에서 논란이 되기도 했다.

한민통과 한민련 계열의 좌익 단체들에선 미군철수 후 민족자주통일이라는 주장이 더 강렬하게 나왔고, 국제적 여론을 일으키기 위한 국제회의들이 여기저기서 조직되었다. 북한에서는 기회를 놓치지 않고 해외 동포들과의 만남과 대화를 제안했다. 국내에서는 정부의 허락이 없는 북과의 접촉이나 교신을 엄밀하게 통제했지만, 해외에서는, 특히 미국보다 자유로운 유럽과 독일에서는 동베를린을 통해 북한과의 접촉과 접선이 쉽게 이루어질 수 있었다.

미국과 독일에 영주하는 한민련 계통의 인사들은 북한을 방문한 뒤 북한을 칭찬하며 선전하는 역할도 했다. 융숭한 대접을 받고 돌아와서는 비판을 할 수가 없다. 최덕신 장군, 최홍희 장군 등은 아예 노골적인 친북 통일론자가 되었다. 독일에서도 한민련과 민건회 소속 회원들이 비밀히 북한과 접촉하거나 방문하는 경우들이 생겨났다.

여기에 대해 '기독자민주동지회'의 영향하에 있는 북미주 민주화운동연합(UM)과 한민건 재독협의회는 성급한 통일론과 일방적 대북접촉을 경계하며 박정희 독재정권을 물리치고 민주체제를 확립하는 것이 통일문제보다 우선한다는 '선민주 후통일'론을 주장했다. 설사 대북접촉이나 북한방문을 하더라도 미군철수나 고려연방제 통일 같은 친북 통일정책에 동조하는 행위는 할 수 없다고 못을 박았다.

물론 기독자 민주동지들 사이에도 견해와 입장의 차이는 있었다. 특히 북한에 대한 평가와 통일방안에 대해서는 통일되지 않았다. 그래서 통일문제에 대한 깊은 연구와 진지한 토론이 필요하다는 의견이 나왔고 세미나와 토론 프로그램이 계획되었다.

민건회에서 분립된 한민건에서는 우선 성급한 통일논쟁에 휩쓸리지 않으며 차분히 조직을 정비하고 보수적인 교민들과 기독교인들에게 민주주의와 인권의식을 심어주는 홍보출판 활동과 국내 지원활동에 주력하기로 했다.

한민건의 동지들은 1978년 5월 26일 보쿰에서 연구세미나와 함께 1차 총회를 열고 헌장 통과와 임원선거를 했다. 세미나에서는 국내 민주화운동의 현황과 문제를 파악하기 위해 「창작과 비평」 1978년 봄호에 게재된 "한국기독교와 민족현실"(박형규, 백낙청)을 중심으로 토론했다. 이정의를 대표위원에, 정참종을 총무위원으로 선출하고, 이삼열을 연구위원, 이준모를 편집위원으로 결정하고 기관지로 「민주사회」를 발행하기로 했다.

한민건의 제2차 연구모임을 1978년 7월 28~30일 부퍼탈(Wuppertal)의 연합선교부 회의장에서 "인권운동의 개념과 현실"이라는 주제로 개최했다. 국제정치와 인권문제의 연관을 중요시하는 카터정부의 정책 기류에 따라 국내 민주세력들도 인권협의회를 발족시키는 등 인권운동에 관심을 보이는 추세였다. 세미나 초청장에 이렇게 썼다.

한국의 민주화운동이 포착한 인권운동의 실체를 파악하기 위해서는 인권문제에 관한 보편적 이론에서부터 우리의 현실 속에 뿌리박은 인권개념의 주체적 내용을 인식하는 노력이 있어야 할 줄 알아 문제의 접근을 위한 한 시도로서 인권문제에 관한 연구모임을 개최합니다.

프로그램은, (1) 한국 인권운동의 현황을 슈나이스(Schneiss) 목사가 발표했고, 미국과 캐나다의 현황을 미국에서 참석한 림순만 박사가 했다. (2) 인권운동의 개념을 신학적 측면에서 김창락이, 사회과학적 측면에서 이삼열이 발표하고 토론했다. (3) 한국사 속의 인권운동을 이준모(전통사회와 저항사상에 관해)와 림순만(천민들의 인권의식 -백정운동을 중심으로) 교수가 발표했다. (4) 마지막은 인권운동과 민주화운동에 관해 국내외의 운동에 관한 종합토의였다.

한민건이 주최한 세미나에는 민건 회원들도 초대해 일부 참석했고 이제까지 민주단체의 모임에 나타나지 않던 많은 유학생, 노동자, 기독교인들이 관심을 보였다. 과거 민건 회원으로 있다가 좌경 분위기 때문에 탈퇴했던 몇 사람이 한민건 회원으로 복귀했다. 마침 기독교 에큐메니칼 장학생으로(ÖSW) 독일에 갓 온 여러 사회과학도들(김문환, 최재현, 이영희, 황민영, 이종오, 정현백, 이상화 등)이 가세해 주어 노동자들을 교육하고 민주화운동을 확산시키는 데 큰 도움이 되었다. 이들 장학생은 ÖSW의 한국 파트너인 크리스챤 아카데미(강원룡 원장)가 사회발전의 인재양성을 위해 특별히 선발해서 보낸 유능한 인재들이었다.

1978년 11월에 안병무 박사가 한독교회협의회 참석차 독일에 나와서 반년간 체류하게 되어 한민건과 재독 기독자 민주동지들에게는 커다란 소득이었다. 1975년에 교수직을 해직당하고 1976년에 삼일절 명동사건으로 옥고를 치른 안 박사는 독일교회의 공식초청장으로 여권을 받아 독일에 올 수 있었다. 안 박사는 몇 개월 국외에 머무는 동안 국내 운동이 필요로 하는 '포스트박' 민주화와 통일문제에 대한 연구와 토론을 위해 세미나를 준비해 달라고 나에게 요청했다.

한민건으로서도 국내 운동과 협력할 수 있는 좋은 기회였으므로 안병무 박사를 초대해 강연회와 토론회를 열기로 했다. 마침 이 무렵 안 박사의 한신대 제자인 손규태 목사가 프랑크푸르트 한인교회에 담임목사로 와있었고, 박종화 목사가 슈투트가르트의 서남독선교부의 협동목사로 와서 일하게 되었다. 재독 기독자민주동지회는 장성환, 정하은 목사와 더불어 손규태, 박종화 목사까지 동지 수가 들어났다.

마침 1979년 삼일절 60주년을 맞아 한민건은 삼일운동 기념식과 강연회를 내가 사는 보쿰시에서 열기로 했다. 안병무 박사는 "오늘의 삼일운동과 민족, 민중의 장래"라는 제목으로 장시간 강연과 토론을 이끌었다. 3월 3일(일요일) 오후에는 보쿰시 멜랑크톤 교회에서 노드라인 베스트팔렌주 한인교회 연합회 주최로 3.1독립운동 60주년 기념예배를 드렸는데 수백 명이 모여 안 박사의 설교와 강연을 들었다.

3.1절 60주년을 기해 한민건에서는 안병무 박사가 참여한 기념식에서 "삼일운동 60주년 선언서"를 발표하고 찬동하는 교민들의 서명을 받는 운동을 전개했다. 한민건의 회원 확대라기보다는 민주화운동의 지지층을 확대하기 위한 목적이었다. 해마다 삼일절에는 국내에서 민주구국선언이 발표되었고, 1976년 명동성당의 3.1절 행사에는 안병무 박사와 김대중, 문익환 선생 등이 서명 발표한 선언문으로 옥고를 치러야 했다.

내가 초안했던 한민건 선언서는 민주화운동의 과제와 결의를 싣는 한편, 당시에 논란이 되고 있는 통일문제와 북한과의 관계에 대한 입장과 우리들의 문제의식을 담았다. 선언문의 몇 구절을 옮겨본다.

민족의 자주성과 독립을 맨주먹 붉은 피로 선포한 기미년 삼일운동의 60주년을 맞아 우리는 오늘의 삼일정신이 민족의 염원인 자주성과 통일을 쟁취하며 민중이 갈구하는 민주사회를 건설하는 데 있음을 선포한다. …
무엇보다 오늘 독립운동의 선조들께 고개를 들 수 없이 부끄러운 것은, 피 흘려 찾은 조국의 강토를 두 동강이로 나눈 분단의 상처와 민족의 고혈을 빨아가던 일제 앞에 조국의 강산이 다시금 경제적 식민지로 타락된 유흥장으로 전락해가는 굴욕적 예속 때문이다. … 언제 어느 날에 경제적 한일합방이 이루어질지 조국의 운명이 암담하기만 하다.

아직 냉전시대의 고루한 이데올로기와 폐쇄성을 극복치 못하고 영구독재와 대외의존 수탈경제체제로 굳어져 가는 한국이 어떻게 국제정치상황 속에서 고립과 멸시를 당하지 않고 견뎌낼 수 있단 말인가? …

한반도를 둘러싼 강대국들의 이해관계가 복합적으로 작용하는 혼미한 기류 속에서… 우리 민족의 살길은 오로지 민주적, 자주적, 평화적 통일을 성취하는 데 있음은 당연한 명제다. 그러나 우리는 조국의 장래와 민족의 운명이 달린 통일문제를 남북한 어느 정권이나 특정 세력의 보호와 이익을 위해 이용하거나 독점하는 오만을 결코 허용할 수 없다. …

우리는 남북한 민중들의 진정한 요구와 소망이 담긴 남북대화와 통일을 위해서 남북한 사회의 민주화가 전제되어야 한다고 확신한다. 이것은 일단 남한의 유신독재체제를 철폐하고 민주화를 이룩하려는 우리들이 북에 있는 동포 형제들에게 마찬가지로 부탁하고 싶은 말이다.

북쪽의 동포 형제들이 사는 사회와 체제가 결코 남의 땅과 나라가 아니겠기에 우리는 동조와 찬양이 아닌 인정과 평가에 인색하지 않아야겠고, 비방과 중상이 아닌 충고와 비판을 서슴지 말아야겠다는 것이 우리의 인식이며, 이를 과감히 실천하는 것이 통일을 향한 한 걸음의 진보라고 굳게 믿는다. (후략)

반공 통일론처럼 북한의 적대시도 아니고, 급진 통일론처럼 성급한 대북접촉이나 일방적 회담도 아닌 중도적 입장에서 조심스런 접근이었다.

안병무 박사가 부탁한 '한국의 미래상'에 대한 연구세미나를 준비하기 위해 재독 기독자 민주동지라고 할 수 있는 장성환, 정하은, 손규태 세 분 목사와 이삼열, 이준모, 한민건 대표로 준비위원회를 조직하고 김문환을 실무위원으로 정해 준비 작업에 들어갔다. 안병무 박사는 독일교회 외무국장 헬트(Held) 박사와 교섭해 모임 장소와 재정지원의 약속을 받았다. 국내 민주화운동의 대표적 인사의 요청이기 때문에 충분한 지원을 받아 1979년 3월 13-16일에 프랑크푸르트 근처 타우누스(Taunus) 숲속에 위치한 기독교 가족휴양지에서 3박 4일간이나 세미나를 열게 되었다. 세미나의 목적을 초청장에 이렇게 썼다.

안병무 박사님은 특히 조국의 미래상에 관하여 체계적인 지식과 분석을 통해 대안을 만드는 작업이 국내 운동에서 시급하다고 강조하시며 이를 해외의 동지들이 연구해달라고 간곡히 부탁을 주시었습니다.

국내외에서 크리스찬 민주동지들이 함께 받는 도전과 문제의 시급성을 고려해서 이 문제를 고구하는 세미나를 개최하기로 하였습니다.

연구토론을 위한 발제는 (1) 안병무 박사가 민주화운동의 전망에 관해, (2) 선우학원 교수가 통일의 전제와 담당세력에 관해, (3) 이삼열이 기본이념의 모색을 위한 모델들의 비교연구에 관해 발표가 있었다. 안병무 박사는 민중, 민족, 민주의 꿈을 실현할 수 있는 정책을 연구해달라고 부탁하면서 민주사회주의 혹은 산업민주주의의 가능성을 언급했다. 선우학원 박사는 외국자본에 종속된 변형적 자본주의를 개혁하기 위한 여러 정책 방향들 제시했다.

나는 사회민주주의 혹은 민주사회주의를 주장하는 여러 나라의 정당과 정책들을 비교 분석하는 발표를 했다. 이미 국내외에서 '포스트박' 체제의 이념으로서 자유주의나 사회주의가 아닌 민주사회주의(Demokratic Socialism) 이야기를 많이 거론하고 있었기 때문이었다.

몇 개월 후에 후속 세미나를 열기로 했지만 국내 사정의 악화로 안 박사는 5월 13일에 귀국하게 되었다. 나에게 간단한 메모를 보내고 떠났다.

그동안 여러 가지 고마웠습니다. 미래의 할 일을 위해 많은 준비를 바라며 또 기대하겠습니다. 지금 선교교육원에도 손을 댈 모양으로 김성환이란 젊은 목사를 잡아갔습니다. 아무래도 독일교회의 경제지원에 수를 가하려는 징조처럼 보입니다. 바로 그 현장이 역시 내가 들어가야 할 곳으로 알고 가벼운 마음으로 떠납니다. 모두에게 대신 인사 전해주시고 특히 Fritz 목사에게 전화 인사 전해주십시오.

유신체제가 종말을 고하는 마지막 해인 1979년에 민주세력에 대한 탄압과 통제는 극도에 달했고 학생, 노동자, 종교인, 지식인 등 검거와 구속의 광풍이 불었다. 체제비판 세력을 말살하려는 정보부는 온건한 기독교 사회교육기관인 크리스찬 아카데미(원장 강원룡 목사)의 중간집단교육의 간사들 6명을 반공법위반으로 3월 6-13일에 구속했다. 불온서적을 읽고 북한 방송을 청취했다는 죄목이었다.

크리스찬 아카데미는 1965년에 독일교회와 개발원조처의 재정지원을 받아 수유리에 아카데미 하우스를 짓고, 교회와 사회를 잇는 대화모임을 통해 사회개혁과 교회갱신을 추구하는 사회교육기관이었다. 나 자신 유학 오기 전 2년간을 크리스찬 아카데미 프로그램 간사로 일했으며 독일의 개신교 아카데미에서 수련을 받기도 했다. 구속된 이우재, 장상환, 김세균, 황한식, 신인령, 한명숙 등 여섯 간사는 나의 후임들로서 기독교 신앙과 사회개혁 의지를 겸비한 훌륭한 일꾼들이었다.

가족 면회도 안 되고 변호사들만 방문해 지독한 고문으로 사건을 조장하고 있다는 소식을 전해 듣고 독일교회와 선교기관들에 알리고 석방운동에 나서달라고 호소했다. 독일 아카데미와 선교기관들은 대대적인 지원과 석방운동에 나섰다. 구속된 간사들을 면회하기 위해 독일교회의 최고지도자 중 한 사람인 베를린 브란덴부르크주의 샤프(Scharf) 주교를 파송하기로 했다.

샤프 주교는 6월경 74세의 노구를 이끌고 서울로 날아와 이우재의 면회를 신청했으나 거절당했다. 며칠을 기다리다가 허락이 안 되어 독일로 귀국했다. 그 뒤로 많은 항의와 국제적 압력이 들어가 면회를 허락한다는 답이 왔는데, 샤프 주교는 다시 비행기를 타고 한국에 가서 면회를 하고 왔다. 그는 독일교회 총회의 성명서를 법정에 제출하고 아카데미 운동에 독일교회의 협력과 관심을 표명했다.

샤프 주교의 두 번에 걸친 구치소 방문과 아카데미 사건이 신문에 크게 보도되면서 독일 정부와 교회의 관심이 높아졌고 우리의 운동에는 큰 힘이 되었다. 나는 매우 고마워서 한국에서 돌아온 뒤 7월 28일에 베를린으로 찾아가 샤프 주교를 방문했다. 나치시대에 저항한 고백교회의 지도자였던 샤프 주교는 한국교회의 인권운동과 민주화 투쟁에 깊은 관심을 가지고 있었다.

이분의 경험을 한독 그리스도인과 교회에 알리는 것이 좋겠다고 생각해 나는 샤프 주교를 한민건 주최 강연회에 초대했는데 오시겠다는 허락을 받았다. 1979년 8월 25일 오후 2시에 보쿰 시내 교회 루터하우스(Luther Haus)에서 "독재국가와 고백교회"(독일과 한국의 경험들)이라는 제목으로 많은 독일 청중들 앞에서 열띤 강연을 했다. 참석한 한국 기독자 동지들에게도 고백교회의 반나치 저항운동과 정신을 소개해 주어서 큰 감명과 힘을 주었다.

미주 국민연합(UM)과 한민련의 갈등

1978년에 들어오면서 국내의 반독재 민주화운동은 정치적인 대안을 모색하는 운동으로 발전하는 모습을 보였다. 1976년 삼일절의 명동 '민주구국선언', 1977년 3월의 '민주구국헌장' 발표, 1978년 '3.1 민주선언'으로 이어지는 국내 민주화운동 지도자들의 행보는 1978년 7월 5일에 윤보선, 문익환 등 인사 4백여 명을 조직하여 '민주주의 국민연합'을 결성하는 데 이르렀다.

1978년 12월에 김대중 선생이 석방되고 나서는 1979년 3월 1일에 '민주주의와 민족통일을 위한 국민연합'으로 확대 개편하고 윤보선, 함석헌, 김대중 3인을 공동의장에 선출하여 명실공히 정치조직의 색깔을 띠었다. 3월 4일 윤보선 전 대통령 자택에서 열린 기자회견을 통해 '국민연합'은 유신체제 철폐와 민주정부 수립을 천명했다.

국내 운동의 추세에 맞추어 미주의 '민주화운동연합'(UM)이 조직 명칭을 '민주주의 국민연합'으로 바꾸었다. 동지회의 총무 손명걸 목사는 1978년 9월 25일자 편지에 나에게 이렇게 알려왔다. "이곳에서는 그간 UM으로 활동하던 것을 국내 운동과 호흡을 같이 한다는 뜻에서 '민주주의 국민연합 북미본부'라는 이름으로 바꾸어 조직 강화와 저변 확대에 힘쓰고 있습니다."

미주 '운동연합'(UM)이 국내 운동과 호흡을 맞추기 위해 이렇게 개명까지 한 것은 이름을 같이한다는 의미 이상의 무엇이 있었다고 생각된다. 1978년도 '3.1 민주선언'에는 윤보선, 함석헌, 문익환, 윤형중 등 10명의 이름이 기재되었는데 사실은 해외 인사 4명이 함께 기재되도록 하였다는 것이다. 선우학원 박사가 1978년 3월 2일자 편지로 나에게 알려주었다. "수일 전 이승만 박사의 전화에 의하면 3.1 선언서가 국내에서 발표되었는데 해외 민주인사 대표로 네 명, 김재준, 김상돈, 전규홍, 한승인을 포함했다고 합니다. 국내에서 그 네 명을 선택한 것이지요."

국내의 선언문 발표 때는 빠졌지만 해외에서는 선언문에 4인 명단을 함께 넣기로 했다는 것이다. 4인은 UM의 상임위원 7명 중의 네 분이었다. 나머지 세 분 상임위원은 차상달, 선우학원, 이재현이었다. 아마도 7인 명단을 김상호 목사가 국내로 가져갔는데 3인은 빼고 4인만 포함시킨 것 같다는 것이다. 선우 박사는 차상달 씨와 선우 박사가 빠진 것으로 보아 진보인사를 제외한 태도가 보인다고 했다. 예민한 문제라 더 말은 없었지만 미국 내 UM이 국내 민주세력과 소통하며 연대를 하고 있다는 사실이 분명하게 드러났다. UM이 국내와 같은 이름 '민주주의 국민연합'으로 바꾸게 된 이유가 충분했다.

'한국민주화연합운동'(UM)은 아직 이름을 바꾸기 전 1978년 3월 31일에 한승인 사무국장과 김상호 지방연락 책임자의 이름으로 '3.1 민주선언문'을 보내며 서명운동을 해서 받은 명단을 보내달라고 각 지방연락 책임자들에게 보냈다. 또한 덧붙여 "국내에서 들어온 급한 소식을 전하오니 동일방직 오물사건 때문에 일어나고 있는 사태발전을 주목해주시고 수난을 겪고 있는 민주지도자들에게 전보, 전화, 편지 등으로 뜨거운 격려를 보내주시기 바랍니다. 동봉하는 「제3일」지와 「민주동지」를 나누어 주시고 더 필요한 경우에는 속히 연락 바랍니다"고 알렸다.

독일의 한민건과 기독자 동지들도 동일방직 오물사건에 충격을 받아 해직 여공들을 돕기 위해 대대적인 모금운동을 벌이고 있었다. 나는 인천산업선교의 조화순 목사, 크리스찬 아카데미 노동간사 신인령 씨 등의 요청을 전했는데, 독일교회와 선교단체들은 대규모적 지원운동을 벌였다.

나는 미국에 있는 기독자 민주동지 선배들과 잦은 서신교환을 통해 한민건의 활동을 전했고 또 미주의 소식들을 들을 수 있었다. 나는 한민련 소속 민건회와 한민건 분립 과정과 공개서한들을 미국의 동지들에게도 복사해 보냈다. 림순만 박사의 부인이며 콜롬비아 대학 생화학 교수인 장혜원 박사는 나에게 이러한 답신을 보내왔다 (1978년 3월 18일).

2월 21일부 소식 반갑게 받았지요. 겨우내 여러 가지 복잡한 일들이 많았으리라 짐작하지만, 두 분이 취한 태도가 한국의 현실(국민의 마음)에 비추어 옳은 판단이었다고 생각됩니다. 미국 내의 민주화, 반박운동도 이제는 완전히 둘로 갈라졌습니다. 불가피한 것이라 볼 수밖에 없습니다.

3.1 선언문이 서울에서 나오고 해외인사 이름에 림창영 씨가 빠짐으로 한민련과 적어도 South Korea는 관계가 끊어지는 것으로 되어가는 형편입니다.

3.1절 기념식도 따로 가졌지요. 3.1 선언문에 쓴 통일방안을 그쪽에서 받아

들이지 못하니까 한승인 씨가 거부했습니다. UM측 기념식에는 4백여 명이 모여 김재준 박사의 기념사와 림순만 박사의 강연을 들었는데 림창영 박사 그룹은 약 20여 명이 모여 기념식 했다고 합니다. 미주 한민련은 Left로 인정되는 그룹들이 가입되어 고립상태가 되어가는 느낌입니다. UM은 절대 한민련에 가입하지 않고 동등하게 의견교환을 해야 한다는 얘기를 여기서 하고 있습니다.

선우학원 박사는 이렇게 답신을 보내왔다(1978년 2월).

독일 민건이 분열된 공개서한을 받아 읽고 결국 미국에서 우리가 당한 경험을 독일에서도 당하고 있는 듯싶습니다. St. Louise에서 분열사태가 난 후 나는 몹시 아팠습니다. 선우라는 개인이 좌우합작을 기도하다 실패하는 모양으로 선전되었지만 사실은 합작될 수 없는 역사적 물길을 억지로 합치고자 한 나 자신 쓴웃음을 웃지 않을 수 없었습니다. 우측의 기독교 인사들은 어느 정도 응했는데 좌측 인사들이 바가지를 긁어 고의적으로 분열하는 것을 보고 나 자신 분했고 부끄러웠습니다.

좌와 우 합작을 하려다 실패하고 양측으로부터 비난을 받는 선우 박사의 모습은 나의 처지와 비슷했다. 또 선우 박사는 1978년 4월 7일자 편지에 극좌파들의 전략적 실수를 이렇게 비판했다.

어제 주신 편지는 잘 받아 읽고 그새 다방면으로 수고가 많으신 줄 믿습니다. 무엇보다 광부들의 힘이 되고 후원자의 역할을 하시어 많은 공헌이 있기를 바랍니다. 민건의 분열은 올 수밖에 없는 사태가 닥쳐왔습니다. 여러 해 동안 애쓰신 것이 결코 수포로 돌아가지 않을 것입니다. 투쟁 도상에서 분열과 통합은 언제나 있는 법입니다.

미국에서나 서독에서도 극좌파가 tactical mistake를 범하고 있습니다. 한국 민주화운동이 극좌의 지도 밑에서 발전될 수 없는 것은 분명합니다. 그들이 현명하다면 온건파인 크리스찬들을 내세우고 협력하는 것이 목적을 달성하는 방법과 전술일 터인데 그러지 못하니 아쉽습니다.

선우학원 박사는 미국의 기독자 민주동지 중에 가장 진보적이며 한민련이나 민협 그룹과도 연대해야 한다는 주장을 하는 분이었다. 그는 나에게 보낸 서신에서 자기의 사상과 노선을 이렇게 설명했다 (1978년 2월).

나는 지금도 동경의 배동호 씨나 한민통과 연합전선을 맺고 어느 한계까지 같이 움직이는 것이 필요하다고 믿고 있습니다. 그러나 그쪽에서 충분히 이해해야겠고 우리가 납득시켜야 할 것은 우리 크리스찬들을 이용할 생각을 말라는 것입니다. 동지는 못 되도 원수가 될 필요는 없지 않아요. 우리 UM(연합운동)에서는 김재준 목사님의 주동으로 '민주사회주의' 정신 밑에서 Post Park Korea를 수립하기로 만장일치로 통과되었습니다.

민주사회주의 하면 옛날 Social Democracy 식이나 현재의 Socialism International만에 국한할 필요는 없다고 봅니다.

내가 보는 '민사'의 골자는,

1. 정치적으로 민주주의 –민중본위,

2. 경제적으로 사회주의 –생산제도, 분배제도 등의 사회화, 국가소유,

3. 국민의 인권보장 평등, 자유(제한된) 사랑 정신 보급 등 이 세 가지 요소를

지적하고 싶습니다. 이북이나 중국이나 어디서나 이런 제도가 실천된다면 나는 서슴지 않고 받아들이겠습니다. 물론 이 요소에는 크리스찬 정신이 포함됐고 마르크스 정신도 있습니다. 사실 나는 Jesus and Marx가 만나는 기로에서 새로운 사회가 수립될 수 있다고 믿는 사람이지요. 그런데 소위 "Left" 측에서는 자기들만이 "과격"하고 "좌익"인 듯 행동하는데 웃음을 금할 수 없습니다.

나에게 보낸 사신 속에서지만 선우 박사는 자기 속마음을 이렇게 고백했다. 이런 사상과 가치관이 있었기 때문에 선우학원 박사는 기독자 동지들이 시카고 회의(1976) 이후 미주 단체들의 연합운동에 나설 때 좌파인 '민협'을 설득해 우파인 '민통' 측과 함께 연합운동(UM)을 결성시키려고 했다. 이때 이승만 목사와 선우 박사는 '민건'을 중도라며 조직을 내세우지 않았다. 자기 단체는 없는 것처럼 감추어야 중간에서 연합의 일을 할 수 있기 때문이었다. 1977년의 세인트루이스(St. Louise) 1차 총회 때는 림창영 씨의 반대로 민협의 가입은 실패했다. 그런데 1978년에 연합운동(UM)의 위상이 올라가게 되자 '민협'과 '민통'이 모두 UM에 가입하겠다는 의사를 보내왔다고 한다. 선우 박사는 연합 추진을 원했지만 어렵게 된 사정을 편지에 이렇게 설명했다(1978년 7월 4일자).

8월 17~19일에 있을 UM(연합운동) 2차 대회는 Detroit에서 가지게 되는데 내부 조직 강화를 목표로 하고 연합보다는 우리 조직을 구체화, 체계화시키는데 더 주력키로 하고 있습니다. 그런데 민협과 한민련 측에서 와 민통 측에서 적극적으로 "연합"을 주장하면서 우리 UM과 연합해보자는 것입니다. 우리는 그것을 부정할 필요는 없고 태도를 cool하게 가지고 "두고 보자"는 식으로 대회를 준비하고 있습니다.

그러나 디트로이트 2차 대회에서는 좌파인 '민협'의 가입은 이루어지지 않았고 오히려 우파인 '민통'이 가입하면서 다수의 인사들이 몰려와 연합운동체(UM)를 '탈취'(take over)하려고 했다고 한다. (안병국, 송정율, 전규홍, 동원모, 문명자, 정기용 등이 참석했다.) 실권을 민통 측에 빼앗기지 않았다는 선우 박사의 증언으로 봐서 김재준 목사와 민통 측의 지도자들 사이에 경쟁이 있었던 것 같다. 결국 김재준 목사는 유임되고 뉴욕의 실무진들이 실권(운영권)을 장악하게 되었다고 한다.

미국 안의 소식을 나에게 자주 전해주는 기독자 민주동지 선우학원 박사와 림순만, 장혜원 박사 부부는 김형욱 전 CIA 부장과 만난 이야기를 자세히 전해주었다. 1978년 초부터 뉴욕의 연합운동(UM)과 기독자 동지들에게 연락이 와서 자주 만나 반독재 운동을 돕겠다는 약속을 받았다는 놀라운 소식이었다. 그때는 비밀로 해달라고 해서 아무에게도 말하지 않았지만, 이제는 지나간 역사니까 받은 편지에 실린 내용을 그대로 옮겨 적는다.

한 가지 소식은 김형욱 씨를 계속 만나서 과거에 있었던 박정권 내의 여러 가지 일들의 내막을 듣고 있습니다. 앞으로 민주운동을 뒤에서 돕고 싶다고 진심으로 얘기하더군요. 이번에 선우 선생님도 같이 가서 만나서 얘기했습니다. 좌우간 박정권이 3, 4월을 지나고 5월을 무사히 넘기면 저희들은 장기투쟁으로 들어가야 한다고 하면서 그때는 자기도 발 벗고 나선다고 합니다. 현재는 주로 미국 국회 인사들과 Korea gate 폭로에 주력을 하고 있고 일본 자민당의 부정 폭로에 주력을 두고 있습니다. 저희들이 앞으로 어떤 형식으로 그런 분과 민주운동에 협조를 할 것인가에 대해서는 좋은 의견을 보내주시기 바랍니다. 함부로 경솔히 할 생각은 없습니다. (림순만)

김형욱 씨를 만나보니 생각보다는 괜찮은 사람 같이 보이지만 (부인은 좋아요) 사는 모양을 보면 너무 호화로워 부정부패를 입증하는 것으로 보입니다. 민주사회주의를 주장하는 사람이라 다시 놀랐습니다. UM쪽 사람들에게 퍽 호감을 가지고 approach 해오고 있습니다. (장혜원)

장혜원 박사는 그 후 김형욱을 만난 이야기를 더 자세히 편지해 주었다(1978년 3월 18일).

최근의 뉴스로서는 뉴욕 동지들이 그 무섭다는 김형욱 전 중앙정보부장과 자주 왕래하고 있다는 사실입니다. 한국의 최근 20년사와 극비에 속하던 사실을 알게 되어 흥미진진합니다. 만나보니 솔직하고 머리는 좋고 자기의 과거의 죄를 충분히 인정하고 있습니다. 반공자이나 박정권의 반공과는 다르고 반김일성 정권이라는 말이 맞겠지요. 한국의 장래를 볼 때 경제는 사회주의 해야 한다고 믿고 중공을 찬양하는 사람이니까요.
지금 박동선 사건의 증언자로 불리어 다니고 있고(미국 CIA와 협조) 박정희가 없어져야 한국이 산다고 확신하기 때문에 반역자 노릇을 지금 하고 있다고 합니다. … 그 부인도 "우리 같은 죄인이…" 하고 얘기하는데, 잘못을 저질렀지만 회심하고 솔직한 역사의 증인이 되고자 하는 용기는 인정해 주고 그 사람이 갖고 있는 Information은 역사를 바로 쓰는 데 절대 필요하다고 생각합니다.

선우학원 박사도 나에게 편지했다(1978년 3월 2일).

전일 뉴욕 가서 김형욱 씨도 만나서 장시간 이야기했습니다. 한승인 장로가
만나는 중간역할을 했지요. 본인은 내가 쓴 글도 읽었고 나에 대한 소식을 잘
알고 있더군요. 과연 CIA 두목이었구나 하고 인상이 깊었습니다. "과거에 진
죄를 용서해주시고 민주운동에 참여케 해주십시오" 하지 않겠습니까? 너무
도 겸손하시던 걸요.
내가 만나러 갈 때 이승만, 림순만, 김홍준, 김정순, 한승인이 같이 동반했습
니다. … 정치자금으로 1백만 불만 내놓으라고 김형욱 씨에게 교섭하자고 한
승인 장로와 이야기했습니다. 김 씨도 반독재운동을 위해서 신문출판 등 어
느 정도 자금을 내놓을 생각이 있는 것을 암시했지만 1백만 불 이하는 속죄
감이 안 될 것이라는 것을 한 장로에게 다짐했고 경계도 했습니다.

그 뒤로도 몇 번 만났다고 하지만 별 진전은 없었다. 김형욱은 역
시 정보통으로 여러 가지 계산을 하고 있었던 것 같다. 결국은 박정
권의 정보부에 의해 파리에서 유인되어 살해되었다. 김형욱이 돈을
내놓아 미주 민주화운동이 번창했다면 어떻게 되었을까? 진심으로
회개하고 민주투사가 될 수 있었을까? 의문이 남는다.
　하여튼 북한과 접촉 방문했다고 독일과 프랑스의 유학생들을 납
치한 주범 김형욱 정보부장이 우리 민주동지들에게 이제는 민주사
회주의를 해야 한다고 말한 것은 주목할 만한 사건이었다. 베트남
공산화 통일 이후 동아시아에서 미국의 반공 자본주의 정책이 실패

했다는 반성이 일어나면서 한반도의 통일은 자유민주주의와 사회주의를 절충한 민주사회주의에서 찾아보려는 시도들이 해외에서 있은 것은 사실이다. 아마도 김형욱은 이런 분위기를 파악했기 때문에 우리 민주동지들에게 민주사회주의를 주장했으리라 짐작된다.

선우학원 박사는 '민주국민연합' 측에서도 민주사회주의를 논의하고 있다고 나에게 편지에서 언급했다(1978년 3월 2일자).

'연합운동' 측에서는 김재준 목사님의 「제3일」에 발표된 "해외교포의 지향"이 우리의 이념 guideline으로 채택됐지만 그 이념을 그대로 몰고 나가는 것이 문제가 아닐까 근심스럽습니다.

김 목사님은 "민주사회주의"를 주장하셨는데 그것이 무엇인지 분명히 해설되지 않고 있지요. 그래서 내가 "민주사회주의란 무엇인가?" 하는 article을 써서 토론토에 보냈습니다. …

이런저런 각도에서 봐서라도 우리도 우리의 이념을 주장하는 기관지나 잡지가 속히 출간되어야겠다고 믿어집니다. 그래서 서독과 미국에서 몇몇 동지가 각오하고 희생적으로 출판 사업에 헌신해야겠습니다. 제일 쉽고도 힘든 프로젝트입니다. 잘 생각해 보십시오.

이제 통일문제와 이념문제는 기독자민주동지회와 민주국민연합(UM)의 동지들에게도 절박한 문제가 되었다. 유신독재와 박정권은 곧 몰락할 것으로 보이고 북한에서는 해외 동포들에게 가족 방문의 길을 열어놓고 남북대화와 자주적 민족통일을 강조하는데, 남북대화나 교류의 주도권을 친북 좌파 그룹에만 맡길 수는 없다는 생각에 서였다. 김일성 정권과는 상대할 수 없다는 극우적 반공통일, 멸공

통일론과 미 제국주의의 노예보다는 사회주의 친북통일이 낫다는
극좌적 선통일론 사이에서 기독자 민주동지들은 바른길이 무엇인지
고민할 수밖에 없었다.

림순만 박사는 나에게 8월 디트로이트에서 모이는 '연합운동'(UM)
대회에 참석해서 독일에서 전개된 논쟁을 소개해 달라며 이렇게 편
지에 썼다.

> 좌우간 서독의 근황을 자세히 듣고 우리들의 방향과 전략을 세워보아야 하겠
> 습니다. 서독 동지들의 모임에서 토론한 것을 요약해서 여기 Meeting에서
> present할 수 있기를 원합니다. 우리는 미국 내에 Radical Left와 Right Wing
> 을 제거한 group으로 형성되어 갑니다. 남북통일 문제도 말을 시작할 작정
> 입니다. 우리 운동 내에서도 Right Wing(특히 기독교 계통) 사람들이 좀 문
> 제될 것 같으나 슬기롭게 잘해서 밖으로는 분열의 인상을 주지 않고 우리들
> 의 입장을 견고히 하여야겠다고 생각합니다. 이번 한민련이 개최한 Bonn 회
> 의에 선우 박사님, 저, 이승만 목사님이 초청 받았었지요. 그러나 여기 한민
> 련이 아주 그쪽 Agent라는 것이 드러난 사실이 있습니다. 우리는 일대일로
> 대화하지 뿌리 없는 Agent가 될 수 없다고 생각해 참석을 거절했지요. 이런
> 때 저희들에게 오는 바람이 좀 심하겠으나 용기백배해서 차분하게 앞날을 위
> 한 운동을 펴야겠습니다. (1978년 6월 23일)

> 우리의 행동이 어디까지나 국내의 운동과 보조를 맞추어야 하겠지만 이제부
> 터는 방향제시, 이념설정, 우리들의 선 자리를 밝히지 않으면 해외 운동이 난
> 관에 빠지겠습니다. (1977년 9월 12일자 림순만의 편지에서)

민주주의국민연합 북미본부(UM)는 1979년 1월 29일자로 '조국통일에 대한 공개서한'을 중국의 등소평 부주석과 미국의 카터 대통령에게 보낸다며 신문에 발표했다. 마침 등소평이 카터와의 회담을 위해 미국을 방문하게 되어 한반도의 통일문제를 소홀히 취급하지 않도록 몇 가지 방법과 원칙을 밝힌 것이다.

자유신문 1979년 2월 10일자에 실린 UM 성명서의 요지는 다음과 같다.

1) 한반도는 남북을 막론하고 주변의 4강국이 자기들의 이익을 위해 영구분점하고 통일된 자주독립 한국의 건설에는 관심이 표시되지 않고 있다. 따라서 우리는 4강의 자국이익본위의 한반도 정책을 단연 배격한다.

2) 통일에 의한 단일민족으로서의 자주독립국가를 회복하기 위해 현존 남북 독재정권을 민주적인 정권으로 교체 또는 개혁되어야 한다.

3) 통일문제는 남북 정권 담당자의 차원에서만이 아니라 전 민족적인 자유로운 연구와 판단과 참여에서 이루어져야 한다.

4) 한반도의 통일을 추진시키는 주체는 바로 민주화, 사회화한 우리 민족이며, 4강의 세력균형 및 이익균점 하의 현상 안정이 근본적인 해결책은 아니다.

기독자민주동지회의 1978년도 연차모임은 11월 13~15일 뉴욕 근처 워윅 컨퍼런스센터(Warwick Conference Center)에서 모이게 되었다. 한독교회협의회가 11월 20일경 독일 뒤셀도르프에서 모이게 되어 한국 NCC대표들이 출국할 수 있었으므로 김관석 목사 등이 먼저 미국에 가서 민주동지회를 마치고 독일로 갔다가 귀국할 수 있도록 날짜를 잡았다고 손명걸 목사(총무)가 편지했다(1978년 9월 25일).

나는 독일에서 한독교회협의회를 준비하고 손님들의 지역방문을 주선하느라 너무 바빠서 동지회의 뉴욕 4차 회의에는 참석하지 못했다. 그러나 뉴욕회의 직후 국내와 미주의 동지들이 (손명걸 총무도 초청되어) 한독교회협의회에 참가했기 때문에 나는 회의 내용을 자세히 전해 들었다. 주로 미주의 동지들만 참석해「민주동지」편집운영에 관한 문제, 김대중·김지하·문익환·박형규 목사 등 석방 운동의 전략 문제, 카터 대통령 방한반대 운동 문제 등과 타 단체와의 연대문제 등을 논의했다고 한다. 22명이 모여 3일간 회의한 회의록은 간단히 정리되어 보내왔다. 1979년도 연차회의는 서울 아니면 동경에서 하기로 결정되었다. 1978년 민주동지회의 회의록 중 중요한 몇 구절만을 여기 적어본다.

나) 민주인사 석방운동에 관하여

(1) 김대중 씨 석방운동 – 일본에서 계획하고 있는 대로 국회의원 레벨로 온 세계에 확대한다.

(2) 김지하 씨 석방운동 – 문인을 동원하여 노벨상 수상운동을 다시 펴도록 한다. (김지하 작품을 스웨덴어로 번역한다.)

(3) 문익환, 박형규 목사 등 국내 교계인사 석방운동을 각국 교회기관을 통하여 일제히 일으킨다.

라) 카터 대통령 방한계획에 대한 대처문제 – 단독 캠페인을 하지 않고 서로 정보교환하면서 협력하여

(1) 원칙적으로 방한 반대를 표명한다.

(2) 압력단체(예: 미국교회여성연합회 등)를 동원하여 편지보내기 운동을 전

개한다.

(3) 북미 인권위원회를 통하여 언론기관을 동원한다.

(4) 국내에서는 성명서를 발표한다.

(5) 국내 입장은 양심범 전원 석방과 긴급조치의 철회선을 지킨다.

마) 조직 확대 여부에 관한 문제

　　민주동지 국제조직은 확대하지 않는 것을 원칙으로 하되 지역사정 대로

　　약간씩 하며 일 년을 지내기로 한다.

바) 북미 인권위원회에 대해 전반적인 검토를 하고 재조직을 구상하도록 한다.

사) 해외 각종 한인단체에 적극적으로 참여하여 영향력 행사를 도모한다.

(1) 미국 한인 이민사회 내의 인권문제를 다룬다.

(2) 해외에서의 한인교회들의 난맥상을 시정하기 위하여 한국교회 협의회가

　　올바른 방향제시를 위한 공적인 협의회나 모임을 시도한다.

자) 1979년도 모임 장소와 시일

(1) 서울을 제1 후보지로, 일본을 제2 후보지로 하며, 시일은 10월 말로 한다.

(2) 부부동반 및 여성대표 참석을 위해 절대적인 지원을 한다.

해외 운동의 좌우 대립과 대북 통일정책의 모색

　해외 민주화운동이 좌우 두 갈래로 전개되어 오다가 조직적인 분립이 확실하게 그어진 것은 1978년에 와서다. 독일에서 민건회가 한민련에 가입하면서 기독자들 중심의 회원들이 한민건을 조직해 분립하고(1978년 5월), 미주의 민주주의 국민연합(UM)이 디트로이트에서 2차 총회를 하며 우파인 민통을 가입시키고 좌파인 민협을 배

제함으로써(1978년 8월) 해외 민주화운동의 조직적 분화가 완결되었다고 할 수 있다.

그전까지는 그런대로 좌우 연합전선이 막연하게나마 존재했는데, 조직적으로 분립되니까 대립과 경쟁이라는 역기능이 나타나게 되었다. 조직적 분화의 계기를 만든 것은 일본 한민통의 책임이었다. 섣불리 세계 조직을 만든다고 좌파적 인물들만 모여 한민련을 조직함으로써(1977년 8월), 친북인사들과 급진적 통일론을 내세우는 한민련에 동조할 수 없는 우파와 중도적 인사들이 한민련과 선을 긋고 선민주 후통일의 노선 위에 결집하는 모양새가 되었다. 특히 미국 안의 민주화운동은 여러 도시와 지역에서 다양하게 전개되었는데, 초기에 형성된 그룹, 민통, 민협, 민촉, 민건들이 분명한 색깔을 드러내지 못하다가 한민련이 동경에서 조직된 이후에는 민협과 민촉의 인사들은 한민련에 가입하고 민통, 민건이 합쳐진 '민주주의 국민연합'(UM)은 한민련과 거리를 두는 두 갈래로 완연히 나누어지게 되었다.

세계적인 연합조직을 만들어 보려고 많은 애를 쓰다가 오히려 분열을 조장하게 된 일본의 한민통은 전략의 실패를 자인하고 자숙하게 되었다. 한민련 국제본부를 동경에 두고 미주본부와 구주본부를 결성했지만 미국과 독일에서 좌파로 분류되는 단체들과 소수의 인사들만으로는 대중적인 운동을 하기가 어려웠다. 민주화보다는 북과의 자주적 통일에 역점을 두고 있는 한민련 소속 단체들이 아직 한국(남한)에 뿌리를 두고 있는 해외 교포사회에서 대중적 운동을 펼치기가 쉽지 않았기 때문이다.

일본의 한민통은 한민련 조직의 한계를 아는 것 같았다. 1977년 8

월에 조직은 했지만 그 후에 한민련 이름의 행사나 활동이 공개적으로 일어난 것을 볼 수 없었다. 독일에서도 미주에서도 한민련 주최의 행사는 일어나지 않았다.

민건회와 한민건이 분립된 직후 민건회는 1978년 4월 15일에 본에서 4.19혁명 기념 유신독재타도 민권쟁취 궐기대회를 개최했는데 재독한인 노동자연맹, 프랑스 자주통일협회와 공동주최로 열었다. 한민련 구주본부의 이름은 쓰지 않았다. 한민련 가입단체인 '남북사회문제연구회'(주체 그룹)의 이름은 빠졌다. 한민건이 분립된 이후 독일에서 한민련 이름을 내걸고 대중집회를 열기는 어려웠던 것 같다. 그 대신 한민통은 구주 한민련을 시켜서 독일과 유럽의 지식인들을 초대하여 한국 문제를 인식시키고 민주화와 통일운동을 지지하도록 설득하는 국제회의를 시도했다. 1978년 6월 5~6일에 본(Bonn)의 '호텔 유럽'(Hotel Europa)에 호주의 매코맥 교수, 루이제 린저 작가, 독일의 프로이덴베르크 교수(Korea Komitte 위원장), 미국 롱아일랜드 대학 지창보 교수, 일본 사회당 다카시와 국제부장 등을 초청해 한국문제 국제회의를 열었다.

일본의 한민통이 많은 재정지원을 하며 윤이상, 이영빈, 김길순 등 한민련 구주임원들이 민건회와 함께 준비한 국제회의에 유감스럽게도 기독교 인사들은 참석하지 않았다. 베를린의 샤프(Scharf) 감독과 골비처(Golwitcher) 교수가 초대되었지만 기독자 동지들이 참석하지 않는다는 것을 알게 되면서 참석을 사양했다. 미국에서도 이승만 목사, 림순만 교수, 선우학원 교수 등이 초대받았지만 한민련이 조직한 본 회의에 무슨 결의문이 나올지 몰라 참석을 거절했다고 림 교수가 편지로 알려왔다(1978년 6월 23일).

여기 한민련에도 그쪽 agent가 있다는 사실이 드러났습니다. (서독 가서 말씀드리겠습니다.) 우리는 일대일로 대화해야지 뿌리 없는 agent가 될 수는 없다고 생각합니다.

나는 물론 한민건 조직으로 한민련과 선을 그었기 때문에 본 국제회의에 초대받지 않았고, 갈 수도 없었지만, 이렇게 조직의 분열이 불신과 경쟁의식을 가져오는 역기능과 불편함은 유감스러운 일이었다.

한민련과 기독자 민주동지들과의 불편한 관계는 미국에서도 일어났다. 일본 한민통은 한민련 미주본부의 림창영, 최덕신, 서정균, 고원 등을 통해서 1979년 6월 8~10일에 뉴욕에서 '민족문제해외동포회의'를 주관하게 했다. 그러나 한민련 이름을 쓰지 않고 초청장에 "김재준, 림창명, 최덕신과 준비위원회(명단 생략) 올림"으로 세 분 지도자의 이름만 썼다. 대회 주제는 "오늘의 민족문제와 해외동포의 과업"인데 (1) 민족의 자주, (2) 민중과 민주주의, (3) 통일의 문제점과 해결책이라고 초청장에 기재했다. 3일간 뉴욕의 유엔플라자(UN Plaza)의 처치센터(Church Center)에서 회의를 하고 11일에는 워싱턴 백악관 앞에서 시위를 계획했다.

미주와 독일, 일본, 유럽에서 민주단체 임원들을 대거 초청했다. 독일과 유럽에서 20여 명이 온다는 소문도 냈다. 미국의 민주국민연합(UM)과 기독자 민주동지들은 처음에 영문을 몰라 당황했다. 한민련의 작용이 분명한데 김재준 목사의 이름으로 초청장이 나간 것이다. 미국에서 장혜원 박사가 자세한 경위를 편지로 알려주었다(1979년 6월 13일자).

최홍희 장군과 서정균 씨가 토론토로 김재준 목사를 찾아와 초청

인이 되어달라고 부탁했지만 김 목사는 뉴욕의 민주주의 국민연합
(UM)과 의론하겠다고만 했는데, 허락을 받기 전에 개인 자격으로 초
청장에 이름을 넣었다는 것이다.

> 김 목사님도 초청장에 반박민주화운동 언급은 없고 통일문제만 있는 걸 보고
> 또 속았구나 하셨답니다. … 그렇지 않아도 한민련 사람을 불신하고 있는 터
> 에 자기네들끼리 계획을 다 해놓고 기독교 측 인사들(UM)을 들러리로 세우
> 자는 의도가 아닌가 생각해 이곳 동지들(손명걸, 구춘회)은 참석하지 않기로
> 했습니다.

결국 김재준 목사는 민족문제 해외동포회의에 참석하지 않았고
회의장에서는 일부 참여자들이 김 목사를 찾아오라고 소동을 피워
혼란스런 일들이 벌어졌다. 동포회의를 주관한 최덕신, 최홍희 장군
은 이미 북한을 다녀와 친북인사로 알려졌고 뉴욕의 한민련 인사(서
정균, 고원, 림창엽)들도 이미 좌파 운동가로 소문나 있었다. 일본 한
민통이 돈을 대고 한민련 미주본부가 숨어서 조직한 모임에 기독자
동지들이 갈 수가 없어서 김재준 목사를 가시지 못하게 한 것이다.

지금 와서 돌이켜보면 좌파들에 대한 불신과 분열이 지나쳤다고
볼 수도 있지만, 기독자 동지들은 당시의 위험한 상황에서 국내 민
주세력과의 연대를 보호하기 위해 친북좌파 운동과의 분리를 철저
히 지키려고 했다. 김지하, 김대중, 박형규, 문익환 등 민주화 지도자
들이 해외의 친북세력과 연결되었다고 하면 너무나 위험한 상황이
벌어질 것이었기 때문이었다.

그러나 기독자 민주동지들에게도 북한문제와 통일문제는 피할

수 없는 고민거리며 딜레마였다. 동지들 사이에서도 인식에 차이가 있었다. 선우학원 박사는 한민통, 한민련 등 좌파 단체들과도 협력해야 한다고 주장했고, 김재준 목사를 연결시키려고 노골적으로 노력했다. 김재준 목사의 이름이 한민통 주최 국제회의 초청장에 여러 번 오른 것은 선우 박사가 배동호 씨와 연락해서 한 일이었다. 김 목사도 좌파들과 대화협력은 해야 한다는 입장을 종종 언급했다. 선우 박사는 나에게 이렇게 편지했다(1979년 9월 28일자).

> 조국통일 전야에 기독교인들이 좀 더 적극적으로 참여해야 이북의 종교정책이 변화될 수도 있고 이북 지도자들이 이남의 기독교 세력을 respect하게 계몽할 수 있습니다. 문익환 목사가 지적한 것도 그런 의미에서 말한 것이 아닌가 싶습니다. 이 노선을 지지하는 것이 김재준 목사의 근일의 태도이며 나의 태도인데 기독자 동지들 간에 이것이 문제가 돼서 표면으로 김 목사님을 비판할 수는 없으니까 결국 비판의 화살이 내게 오고 있습니다. 그렇다고 퇴보할 수는 없습니다.

선우학원 박사는 기독교인의 정체성을 지키며 북한의 정권담당자들과도 과감히 대화에 나서 평화통일의 길을 열어보자는 입장이었다. 분단을 극복하고 통일을 논의하기 위해 언젠가는 북과도 대화해야 한다는 데는 기독자 동지들이 모두 동의했다. 그러나 북이 시키는 대로 하는 대리인(agent)이 아니라 당당한 주체로서 북한도 비판하면서 하자는 것이 대부분 생각이었다. 북의 전략전술에 말려들지는 말자는 입장이었다.

그러나 그러려면 우선 북을 알아야 하니 접촉과 대화 방문은 필요한 것이 아닌가 하는 생각까지 하는 동지들이 있었다. 유신독재 말기에 북한은 해외동포들의 북한방문의 길을 열어주는 전략정책을 폈다. 월남 동포들이 북한에 두고 온 가족과 친인척을 방문하여 북의 달라진 모습을 보게 하고 통일에 관심을 갖게 하는 놀라운 통일전선 전략이었다.

캐나다 토론토의 민주화운동 신문인 「뉴코리아 타임스」의 전충림 씨와 로스앤젤레스 「신한민보」의 김운하 씨를 북한이 초대해 북한방문의 연락업무를 맡기며 큰 선전효과를 보았다. 이렇게 공개된 해외동포 북한방문 사업을 열기 전에 비공개, 비밀로 북한을 방문하는 해외 교포들이 있었다. 미주 기독자민주동지회의 핵심 인물인 미국장로교 선교부의 한국담당관인 이승만 목사가 1978년 4월에 중동 순방 중 이집트에서 북한대사관을 방문하고 비밀히 평양을 방문해 여동생과 가족을 만나고 왔다. 이 목사는 원래 평양에서 자랐고 장로교 목사인 부친은 순교했다. 부친과 기독교도연맹 위원장인 강양욱 목사와는 친한 사이여서 강 위원장도 만나고 왔다. 이 일이 약 일년 뒤에 알려지면서 기독자 동지들에게는 큰 충격을 안겨주었다. 북한이 시키는 대로 하지 않고도 가서 기독교와 인권과 민주주의를 말할 수 있다면 얼마든지 가야 하는 것이 아닌가? 발상의 전환이 생기기 시작했다. 이승만 목사의 방문은 이후에 홍동근 목사, 강위조 박사, 김동수 박사 등 재미 기독교 인사들의 방북과 기독교 통일운동에 중요한 이정표가 되었다.

선우학원 박사는 기독교 지도자와 북한정권 관료들과의 만남과 대화를 오랫동안 꿈꾸어 왔고 비밀히 시도했던 것 같다. 김재준 목사를 설득해 북한 방문을 성사시키려 했다. 1979년 7월경 김재준 목사를 모시고 스위스 제네바에 있는 북한대사관을 방문해 회담을 시도했다. 어디까지 추진되었는지는 알려지지 않았지만 사위 이상철 목사가 나중에 알고 선우 박사에게 몹시 화를 냈다. 동지들의 만류로 김 목사의 방북은 이루어지지 않았다. 해외 기독자 민주화운동의 상징적 지도자인 김재준 목사가 이때 방북했다면 국내 운동에 엄청난 충격이었을 것이며 해외 운동에도 큰 혼란을 일으켰을 것이다.

이 일이 있은 후에 기독자 동지들은 의론 없이 김재준 목사를 제네바 북한대사관까지 모시고 간 선우학원 박사를 비판하면서 선우 박사와는 거리를 두게 되었다. 가까웠던 장혜원 박사마저 선우 박사의 친북 행위를 동의하기 어렵다며 나에게 이렇게 편지했다(1979년 6월 25일).

지난 뉴욕 민족대회를 둘러싼 엇갈린 생각, 선우 박사님 때문에 온 우리 마음의 trouble들이 이제는 많이 식어졌고 이성적으로 판단할 수 있는 여유가 생긴 것 같습니다. 요컨대 선우 박사님에게는, 6.25 동난 이후에 미국에 온 사람들, 국내 사람들과 퍽 생각에 차이가 있고 이북 정부에 대한 suspicion이 거의 없다는 느낌이 듭니다. 저쪽과 대화를 해보시겠다는 생각의 도가 짙어서서 그쪽의 요청에 따라 한민련 측과 기독교인 그룹들이 합쳐서 이북 측에 유리한 resolution을 내는 데 협조하고 계신다는 결론이 나왔습니다. 그 반면 우리는 대화가 지연되더라도 절대로 저쪽 정부의 지령에 따르거나 agent 노릇은 못하겠다는 생각이니까 사건 분석이나 해석에 차질이 생기는 것 같습니다.

LA의 「신한민보」 1979년 6월 14일자에는 노의선 목사가 김형식, 장성환 씨 등과 평양 방문을 마치고 돌아와 인터뷰한 기사가 실렸다고 한다. "가족 방문을 원하거나 통일을 희망하는 사람들은 한민련의 추천을 받든지 북한대표부에 신청하면 북한의 평화통일촉진회가 허락할 것"이라는 내용이었다. 한민련이 이북 정부와 직접 통하고 있다는 사실이 처음 공개되어 놀랐다고 한다.

북한의 통제된 개방정책과 이에 따른 해외 교포들의 가족 고향방문, 친북세력들의 미군철수와 민족자주적 통일 주장 등은 해외 민주화운동 모두에게 혼란과 갈등을 일으켰고, 이것은 기독자 민주동지들, 미국과 독일에서도 마찬가지였다. 북의 주장을 대변하지 않고 기독자 양심을 내세우며 어떻게 북측과 대화를 할 수 있을까 고민과 딜레마가 생겼다. 여기 다 기록할 수 없는 많은 논란과 논쟁이 벌어졌다.

이러한 논란과 혼동이 계속되는 가운데 기독자 민주동지들이 주도하는 '민주주의 국민연합'(UM) 북미주본부는 1979년 8월 24-26일 스토니 포인트에서 대표자 대회를 열고 남북한의 정치 경제 사회 인권에 관한 토의를 거쳐 8월 25일에 성명서를 발표했다. 통일문제에 관한 부분을 적어본다.

5. 조국통일 문제에 관하여

조국통일은 민족의 강한 염원이며 의지다. 그러나 우리는 오늘 남북의 두 독재정권에게 통일을 위한 노력을 기대하지 않는다. 그들은 민족통일을 담당할 자격도 성의도 없는 집단이기 때문이다. 민족통일은 두 정권의 기득권 포기로서만 가능한 것인데 남북 독재정권들은 영구집권을 지상목표로 하기 때문에 엄밀한 의미에서 통일을 방해하고 있다.

우리는 또 일부 기득권층이 소시민적 안일을 탐닉하면서 민족분단의 영구화를 주장하는 현실론을 배격한다. 민족의 영구분단은 6.25와 같은 민족상잔의 위험성을 앞에 둔 불안한 민족사의 영속이기 때문이다.

우리는 또 선통일 후민주론 등 무조건 통일론도 배격한다. 민주적 방식과 내용이 아닌 통일이란 권력자의 야합은 될지언정 민족을 위한 통일은 아니기 때문이다. 그러므로 우리는 선민주 후통일을 주장한다. 이에 우리는 조국의 민주화를 위해서만 아니라 조국의 통일을 위해서도 그 일차적인 장해물인 박정희 독재정권의 타도를 위하여 더욱 단결하여 투쟁할 것을 선언한다.

성명서는 상임위원장 이상철, 사무국장 김정순의 이름으로 발표되었다. 이 성명서를 나에게 보낸 김상호 목사는 이렇게 메모를 적었다. "UM 위원장과 사무국장이 성명서의 이름과 같이 바뀌었습니다. 세대교체가 된 셈이지요." 김재준 목사로부터 이상철 목사에게 UM 위원장 자리가 옮겨졌다는 말이다. 고령의 나이 때문이기도 하지만 선우 박사나 대북관계의 문제를 생각해 교체한 것으로 보인다.

미주의 국민연합(UM)은 보수적 민통 세력이 다수 차지하고 있기 때문에 현 단계에서 북한의 독재정부와 통일논의는 하지 않겠다는 완전히 우파적인 성명서를 내놓았다. 논란거리였던 민주화와 통일의 선후 문제를 두고도 '선민주 후통일'로 노선을 규정했다. 박정희 독재를 무너트리기까지는 이 노선과 정책이 타당한 것으로 보였다.

통일문제에 관한 민주국민연합(UM)의 입장을 성명서로 발표한 뒤 11월 하순에 뉴욕시에 대중강연회를 열어 김재준, 김상돈, 함석헌, 김종태 4인의 강연을 청취하게 했다.

유신독재의 종말과 Tokyo 동지회의(1979)
─ 군부 재등장을 경계하며 국내로

드디어 유신독재가 종말을 고하는 날이 왔다. 1979년 10월 26일 박정희 대통령을 김재규 중앙정보부장이 암살한 사건이다. 독재자는 갔으나 독재체제는 무너진 것이 아니었다. 안개 정국이 시작되었고 권력을 잡은 신군부의 움직임이 요란했다.

기독자민주동지회는 이미 11월 22~25일에 동경 근처 하코네(箱根)에서 5차 회의를 하도록 예정되어있었다. 일 년 전 뉴욕 4차 회의에서 1979년 5차 회의는 국내가 아니면 일본 동경에서 하기로 결정했고 8월경에 이미 초청장이 발송되었다. 국내에서 이런 정변이 일어날 줄은 예상치 못했는데 상황이 급진전되어 동경회의는 동지회의 높은 기대와 관심 속에 열리게 되었다.

기독자민주동지회는 10.26사태가 난 지 사흘 뒤인 10월 29일에 성명서를 발표했다. 성명서는 독재자의 죽음에 대한 충격을 표시하며 애도가 아니라 민주인사의 석방과 민주주의 회복 사회정의 재생을 호소하며 군부에 협조를 요청했다.

오늘의 상황에 관건을 쥐고 있는 군부의 움직임을 예의주시하지 않을 수 없다. 오늘을 파국에 몰고 가는 사태를 피할 수 있는 그들의 애국적인 결의를 간청해 마지않는다. 군이 하루속히 재야 민주인사들과 협의체를 구성하고 긴급조치의 철회, 정치범의 석방, 언론자유의 회복, 정치적 민주체제의 회복으로 국민적인 예지를 집결할 수 있기를 바란다. 지금까지 한국의 민주회복을 위해 싸워온 국내외의 기독자 우리는 이러한 역사적 방향에 적극 협조를 아끼지 않을 것이다.

이러한 성명서와 함께 미주의 기독자 동지들은 미국 정부와도 접촉하며 로비활동을 개시했다. 박상증 선배는 나에게 동경회의 참석을 부탁하며 이렇게 편지로 로비 내용을 알려주었다(1979년 11월 7일).

그동안 서울에서 발생한 사건들을 민주화운동의 안목으로 이해하며 해외 지원의 전략을 세우는 일에 신경을 써왔습니다. 사실상 사태는 아직 유동적이기 때문에 관망하는 입장이나 우선 기본적 입장을 세우기 위해 성명서를 준비했습니다. (10월 29일)

몇 사람이 국무성과 국방성을 방문, 여러 가지 의견을 교환했습니다. 국무성의 의견은 분명치는 않으나 기본노선은 비슷하고 어떻게 한국 정부에 전달하느냐는 데 있어 전통적인 Quiet Diplomacy에 의존하는 경향이 농후한 것 같고, 군대 중립은 비현실적인 생각이라는 태도인 것으로 판단됩니다. 국방성은 안보위주 사고방식이며 군대개입이 stabilizing factor라는 선을 강하게 내세우고 있습니다. 분명히 내용적으로는 자기 나름대로의 후보자도 생각하고 있는 인상이었습니다. (11월 1일)

10.26사태가 난 뒤 며칠 안 된 때인데 박 선배가 파악한 미국 정부의 태도는 이미 전두환 5공화국 같은 군부개입을 예상하고 있었다. 미 국무성, 국방성의 방문에는 국민연합(UM)의 이상철 목사와 인권협(coalition)과 미주 한민통의 대표들이 동석해서 상기한 동지회의 성명서를 미국 정부에 전달했다.

11월 22일 동경회의에는 국내에서 김관석 NCC 총무와 강문규

YMCA 총무가 참석하여 박정희 사망 이후의 최근 정세를 자세히 들을 수 있었다. 암살사건이 권력층의 내분으로 발생했지만 민주화를 목적으로 한 행위로 보긴 어렵고 군부와 미국이 민중혁명을 저지하고 새로운 군부독재를 준비하는 것이 아닌가라는 의혹들이 있다고 했다. 아직 12.12 군부 쿠데타가 있기 전이었지만 여러 가지 상황의 분석을 통해 낙관보다 비관적인 예측을 했다. 따라서 동경에 모인 국내외 기독자 민주동지들은 급변해진 국내 정세의 분석과 함께 앞으로의 변화발전에 대한 가능성을 전망해 보면서 민주회복과 민주사회건설을 향한 기독자 동지들의 책임과 활동 방향에 관해 많은 토론의 시간을 보냈다. 도쿄 회의를 마치고 나서, 새롭게 동지회의 사무총장이 된 박상증은 회원 동지들에게 서신을 보내(1979년 12월 19일자) 핵심적 결의사항을 알렸다.

민주동지 제위

이번 모임에 같이 참석했었던 동지들과 동참하지 못했던 동지들에게 삼가 멀리서 서면을 통하여 인사의 말씀을 드립니다. 고국의 사태는 지극히 유동적인 상태인 것 같고 국내 동지들은 신중히 사태를 관망하고 있는 듯한 느낌입니다. 우리들의 기억을 새롭게 하기 위해서 몇 가지 결의사항을 추려서 소개하겠습니다.

1. 민주동지들의 관련성을 국내 국외로 구분해 오던 것을 이번 기회에 결단을 내리어 일원화하기로 결정했습니다. 이것은 더욱더 과거보다는 한층 국내 국외의 연락을 긴밀히 한다는 것이고 더 나아가서는 우리의 투쟁의 정략을 다원적이면서도 통일성 있게 수립한다는 데 중요한 목적이 있는 것으로 이해할 수 있습니다.

2. 「민주동지」지의 편집 내용을 대폭 정리 확대한다는 것을 결의했습니다. 성명서, Chronology 등등을 유지하되 해설, 논설을 포함한다는 것입니다. 동지 여러분의 투고를 기대합니다.

3. 남북통일 문제를 민주화운동과 유기적인 관계에서 포착하여 앞으로 적극적으로 검토 토의해 간다는 입장입니다. 1차로 1980년 중에 세미나와 심포지엄 출판을 통해 지금까지의 이슈를 총정리하는 방향으로 생각하고 있습니다.

4. 명년도 모임을 고국에서 가지지 못하는 경우에는 구라파(독일)에서 모임을 가지기로 결정했습니다. (임원소개와 회비 부탁 등 후략)

동봉하는 결의문은 이번 모임에서 논의된 사항을 총괄해서 잘 정리된 결의문입니다. 초안 작성에 이삼열 박사가 수고했습니다. 이기는 날까지 계속 싸웁시다.

12월 19일 박상증 배

이번 모임에 나는 회의록 작성 책임을 맡지 않고 토론내용을 압축해 결의문 형태의 요약문을 초안하는 책임을 맡았다. 주요한 내용을 옮겨 적는다.

1) 10월 26일의 대통령 암살사건은 일단 오랜 민주화 투쟁이 가져다 준 결실의 하나로 간주하며 독재체제를 청산하고 민주화를 실현할 결정적 계기를 만들어 준 것으로 판단한다. 그러나 현 집권층은 민주화를 표방하면서 유신체제의 범죄와 과오를 시인하지 않으며 유신헌법으로 유신체제를 개선하겠다는 모순된 이론과 안보를 구실로 민중의 자유와 권익을 도외시한

위장민주화를 도모하고 있다.

2) 민주화운동을 주도해 온 재야 민주세력들과 기독자 민주동지들은 그간의 제 성명을 통해 유신체제의 연장과 지속의 부당성을 밝히며 계엄령 해제와 양심범의 석방, 언론, 집회, 결사, 정치활동의 자유가 보장된 가운데 의회민주주의적 방식에 의한 민주체제의 수립을 주장하였으며 각계각층의 민주세력을 결합하여 범국민적 민주화운동을 거국적으로 전개할 것을 천명하였다.

3) 국외에서 해외의 언론형성과 교포사회의 민주의식 고취에 힘써온 동지들은 국내에서 위협과 고문, 투옥을 불사하고 민주화운동에 헌신하여 온 동지들과 그간에 맺어온 유대관계를 재확인하며 새로운 정세에 대처하여 민주화의 목표를 결정적으로 달성키 위해 국내외의 구별이 없이 민주운동의 공동체를 결성하여야 할 필요성을 절감하며 긴밀한 연락과 상호지원으로 운동의 일원화를 기하고, 다양한 형태의 기능과 활동을 통합시켜 민주체제의 수립과 민주사회건설이라는 역사적 과업에 함께 이바지할 것을 결의한다.

4) 앞으로 예상되는 민주화운동의 정치화와 다원화가 가져올 운동의 기능과 역기능을 함께 고려하면서 특히 교회와 정치의 중간 무대에서 크리스찬의 소명의식에 따라 행동하여 온 기독자 민주동지들은, 어떤 정치적 인물이나 정파의 선택에 앞서 민주화를 향한 공정한 절차와 제도적 장치의 확립에 매진할 것이며 자유와 정의와 인권을 보장하는 참된 안정과 민주화 그리고 올바른 경제발전과 평화통일의 개념을 밝혀서 시대적 양심과 민중의 의지를 대변하는 예언자적 사명에 충실할 것을 새롭게 다짐한다. 특히 국가의 안정과 민주화에 필수적 함수관계에 있는 민족통일과업을 위해 기독자로서의 사명과 기여를 다하도록 노력하기로 한다.

5) 국내외의 제반 교회기관과 여러 가지 형태의 민주운동체에서 활동하고 있
   는 기독자 민주동지들은 각자가 처한 입장과 활동무대에서 교회의 갱신과
   사회참여에 그리고 교포사회의 민주화와 인권운동에 헌신하며 앞장설 것
   을 다짐한다.

1979년 11월 25일 동경에서
기독자민주동지회 5차 모임 참가자 일동

동경 회의에 참석한 동지들은 아직 민주화의 길이 요원하다는 각
오하에 모처럼의 기회를 활용하여 민주화를 촉진시키는 데 열과 성
의를 다하자는 결의를 했다. 이를 위해 국내 투쟁과 국외의 지원활
동이 더욱 치밀하게 협력하여 진행되어야 한다고 뜻을 모았다. 민주
화의 방향이나 통일과의 관계에 대해서도 더 철저한 연구와 전략이
강구되어야 한다고 합의했다.

교회 기구(KNCC)를 중심으로 인권운동을 해오던 기독교 민주세
력들이 이제 민주화가 정치과정을 통해 실현되어야 하는 마당에 어
떤 정치적 역할을 해야 하는지도 논의되었다. 더 이상 교회 기구에
매달리지 않고 독립된 운동체를 만들어야 한다는 주장이 나왔다. 교
회협(KNCC)의 인사들이 항상 정치적 발언과 행위를 할 수는 없기 때
문이다. 김관석 목사의 임기가 끝난다는 점도 고려되었다.

앞으로 국내 운동의 센터를 어디에 둘 것인지 고민하자고 했다.
교회협(KNCC)인가, 민주국민연합인가, 신민당인가? 이들을 어떻게
연결하며 조정하는가(coordinate)도 문제였다. 국내의 기독자민주동
지회도 결성 공개하고 회원 확대도 시도하자는 주장도 나왔다. 현재
연대하는 기독자 민주동지들은 누구며 얼마나 되는가의 질문에 국

내 동지들은 지금까지 아래와 같은 인물들이었다는 대답이 나왔다.

김관석, 강문규, 안병무, 서남동, 이문영, 이우정, 한완상, 박형규, 김용복, 조화순, 조지송, 이재정, 김상근, 안재웅, 문익환, 문동환, 이경배 등의 이름들이 나왔다.

동경 회의에 참석한 기독자 민주동지들은 미주에서 이상철, 박상증, 손명걸, 림순만, 구춘회, 독일에서 장성환, 정하은, 이삼열, 일본에서 지명관, 오재식, 이인하, 최경식, 국내에서 김관석, 강문규였다. 캐나다의 김재준 목사는 병환으로 불참했다.

국내 상황 분석과 토론이 오래 진행되었고 각 지역 활동 보고와 사업에 관한 토의가 있었다.

손명걸 총무는 기독자동지회의 총무로서 그간에 일어난 내부 갈등에 관해 설명했다. "이념 문제를 둘러싼 토의가 여러 곳에서 전개되었으며 태도가 선명하게 드러난 것도 사실이다. 동지들 간의 갈등도 불가피했다. 고통스런 경우도 없지 않았으나 동지 상호 간 신뢰도 두터워졌다"고 요약했다.

북미주 한국인권협의회(coalition)의 총무 김상호 목사가 건강상 이유로 9월 20일부로 사임했고 패리스 하비(Pharis Harvey) 목사가 후임으로 선정되었다.

회계 구춘회 여사는 1979년도 재정보고로 3만8천 불의 수입과 지출을 보고했는데, 수입은 독일교회 선교부에서 1만 불, 아시아교회협의회에서 1만 불, 나머지는 회원들의 회비였다. 지출은 토론토의 「제3일」지 발간과 「민주동지」 발간비와 운영, 회의비 등이었다. 80년도 예산으로는 6만 4천 불의 수입, 지출계획을 내놓았다.

이상철 목사는 북미주 보고에서 12개 지역대표들이 8월 24~26일에 스토니 포인트에 모여 대표자회의를 열었고, 이상철 동지(자기)가 신임 위원장에 선출되었다고 했다. 북미 한민통이 전국적 조직이고 민주국민연합(UM)에 사실상 들어와 있으므로 통합된 것이나 마찬가지라 했고, 일본의 한민통과 한민련과는 이념상, 노선상의 문제로 선을 그었다고 했다. "무언가 북쪽에 대해 suspicious하다"는 것이었다.

서독의 이삼열은 한민건 활동을 중심으로 30여 명의 노출된 회원과 독일교회의 지원 에큐메니칼 장학생들의 협력 등을 보고했다. 아카데미 구속자 지원활동과 샤프 감독의 두 번 방한과 강연회, 여성모임 조직 활동도 보고했다. "독일교회는 동아시아 선교위원회 안에 한국 문제 태스크포스(task force)를 설치하려고 준비 중이다. 야당 당수 김영삼을 초청할 계획도 하는 중 박정희 사망사태가 일어났다. 「민주동지」 발간에 매년 2만 마르크 지원하고 있고 이번 회의 참가 3인의 여비를 지원했다. 독일인들의 한국 민주화와 통일운동 지원을 위해 한국위원회(Korea Committe)가 조직되어 브라이덴스타인(한국에 선교사로 왔던 신학자)과 프로이텐베르그 교수(오스나부르크 대학)가 중심이 되어 한국의 밤을 여는 등 독일인들을 동원하고 있다.

베를린의 정하은 목사는 인권문제연구회를 조직해 간호원 30명이 가입했고, 동일방직 여공들을 위한 모금 활동을 통해 7천 마르크를 보냈다고 보고했다.

일본의 지명관 교수는 '긴규까이' 활동과 'TK생의 한국통신' 그리고 「민주동지」 월간 발행에 관해 자세히 보고했다. 민주화운동의 사건보고(chronology)뿐만 아니라 해설과 논평, 이론적 논문까지 싣도록 노력한다. 현재 6백 부를 발간해 미주와 유럽에 발송하고 국내 발송도 계획하고 있다.

재일교포 상황과 활동에 관해 이인하 목사와 최경식 목사가 보고했다. 66만 교포 중 80%가 2세 교포들이다. 정치적 소수자인 재일교포에 대한 에큐메니칼 연대와 지원이 필요하다고 했다.

동지회의 동경회의는 국내 상황의 급격한 변화와 민주화에 대한 기대로 국내 운동의 강화 발전을 위해 국내외 기독자 동지들이 더욱 단합하고 밀접하게 연대 협력할 것을 결의했다. 이것은 새로운 조직 형태에도 나타났다. 회장을 국내 인사로 하기로 결정한 것이다. 그리고 국내와 북미, 유럽, 일본 네 곳의 지역별 책임자(coordinator)를 두어 밀접히 연대하도록 했다. 국내는 강문규, 북미는 손명걸, 유럽에는 장성환, 일본은 최경식 등 4인으로 정했다.

임원 선출에서 김재준 목사를 명예회장으로 올리고, 회장은 국내로 하며 익명 처리를 하기로 했지만 실제는 김관석 목사를 의미했다. 부회장에 지명관, 총무에 박상증, 회계 구춘회였다. 중앙위원은 4인 지역책임자(coordinator)를 포함해 북미에 이상철, 이선애, 홍동근, 유럽에 장하은, 신필균, 일본에 김군식, 이청일, 오재식, 국내는 김관석, 박형규, 이우정으로 정했다. 마지막 날 사업계획과 앞으로의 과제를 의론하면서 기독자 동지들이 중요한 발언들을 했다.

지명관: 기독자민주동지회가 이제는 국내에도 조직을 하고 지하운동에서 지상으로 나와야 한다. 민주화의 방향과 내용을 규정해 국내 민주화운동에 기여해야 한다.

강문규: 국외와 국내가 하나로 solidarity를 가지고 나가야 한다. Consensus Building을 해야 한다.

김관석: 계엄령 철폐와 연금해제를 위한 캠페인을 속히 벌이는 것이 중요하다. 로비활동도 중요하다. 강원용 목사는 교회 대표자들이 미국에 가서 교회가 생각하는 Alternative를 가지고 lobby활동을 하자는 제안도 했다.

이상철: 미국 정부, 특히 Pentagon에 가보니까 교회나 학생, 지식인들이 오히려 귀찮게(disturb) 하고 있다는 표정들이었다.

박상증: 이제는 통일문제에 대한 연구를 본격적으로 추진하자. 심포지엄을 조직해야 하고, NCC에는 통일문제연구위원회를 조직하면 좋겠다.

이상철: 해외 민주운동자들 중 특히 pro-nord(north)로 움직이는 친구들은 국내 상황의 급변으로 issue를 잃어서 통일문제를 집중적으로 공격할 가능성이 크다. 통일문제 연구소를 설치해 심포지엄을 열도록 임원들이 추진하자.

이상철 목사의 예측과 염려는 그대로 적중했다. 박정희 독재자가 암살되고 전두환 군사독재가 부상하는 틈에 북한은 해외 동포들을 대상으로 통일 공세를 펴기 시작했다. 고향방문의 길을 열어 해외 동포들을 초청할 뿐 아니라 민주화운동을 했던 인사들에게 민족회의를 하자는 제안을 해왔다.

이상철 목사에게 1980년 1월 15일자로 조선민주주의 인민공화국 부주석, 조선로동당 중앙위원회 비서, 조국평화통일위원회 위원장 김일의 이름으로 초청장이 날아왔다. 토론토 "민주주의와 민족통일을 위한 국민련합 북미주본부 상임위원장 리상철 귀하"라고 직명을 써서 보내온 북한 정부의 공식 편지였다. 요지는 이렇다.

현 시점에서 민족의 참다운 출로는 오직 해내외를 불문하고 애국하는 모든 사람들이 사상과 리념을 초월하여 서로 합작하고 단결하여 통일을 이룩하는데 있습니다. 이 길을 열어나가자면 북과 남의 대화를 재개하여 민족의 총의를 구현한 구국 방책을 마련해야 할 것입니다. … 나는 대화와 통일의 새 국면을 타개하는 데서 해내외의 책임 있는 인사들이 응당한 역할을 해야 한다고 인정하면서 귀하와 직접 만나 의견을 나눌 것을 희망합니다. 우리들의 접촉은 평양이나 혹은 3국에서 가질 수 있으며 시일은 빠를수록 좋다고 생각합니다. 나는 우리의 이 애국적 발기에 호응하여 귀하가 긍정적인 회답을 보내리라는 기대를 표시합니다.

북한의 부주석 김일의 편지는 해외의 민주화운동 지도자 10명에게 보내졌으며 기독자 동지들에게는 김재준 목사와 이상철 목사에게 왔다. 이상철 목사는 곧 우리 동지들에게 서신을 공개하고 국민연합의 공식 입장을 정한 뒤 답변하겠다고 편지했다. "우선 평양에는 편지를 받았다는 것과 우리 단체와 의논하여 추후로 우리의 태도를 전달하겠다고 회답할 생각입니다. 서면으로 전해주시면 종합하여 우리 단체의 태도를 결정하고 평양에 통고하겠습니다"(1980년 3월 6일자).

이상철 목사는 토론토에서 발행되는 「민중신문」(51호)에 "남한의 독재자가 피살당하고 잠정정권이 하우스키핑 역할을 하는 때에 북한이 남북회담을 제의해왔다는 것이 건전하고 성실해보이지 않는다"고 비판적 견해를 표명했다. "남북회담은 자기 선전을 위한 작희가 되어서는 안 된다"며 초청에 응하지 않을 뜻을 사건이라며 밝혔다.

5.18 광주학살과 Bad Ball 국제회의(1981)
─ 북한과의 대화로 긴장완화와 평화공존을

박정희 유신독재는 무너지고 전두환 5공독재는 아직 드러나지 않았던 1980년 봄은 오랜만에 민주화의 봄이 왔던 계절이었다. 최규하가 잠시 대통령 권한대행을 맡았지만 실권은 전두환 보안사령관에게 있어서 정국은 어디로 갈지 모르는 안개 정국이었다.

그러나 제적되었던 학생들이 대학마다 복학 조치가 이루어져 캠퍼스가 활발했고 해직교수들도 복직이 되어 다시 강단에 서게 되어 서울의 대학가는 희망에 찬 봄이었다. 학생들은 다시금 계엄령 해제와 양심수석방 언론자유를 외치며 시위에 나섰고 학원민주화와 어용교수 총장퇴진 등 학내 운동을 벌였다. 억눌렸던 노동자들도 노조 활동의 자유와 해고 노동자 복직, 임금 인상 등의 투쟁을 활발하게 전개했다.

해외의 기독자 민주동지들은 동경회의(1979년 11월)에서 의론한 대로 국내 정세의 흐름과 운동 방향을 주목하며 국내 동지들의 전략과 요청에 부응하기로 했다. 마침 국내 여행 금지가 풀리게 되어 해외 거주 동지들은 오랜만에 국내를 방문할 수 있었고, 해외여행이 금지되었던 국내 민주인사들은 해외로 나올 수도 있었다.

가장 먼저 국내 여행을 감행한 동지는 동경의 오재식이었다. 1980년 2월 28일부터 3월 10일까지 열흘간 서울을 방문한 오 동지는 7년 만에 고국을 찾은 소감을 길게 회람 편지로 동지들에게 전했다(3월 14일자).

7년 만에 서울 땅을 밟고 보니 기쁘다기보다는 억울한 생각이 앞섰습니다. 좀 더 일찍 끝장을 내지 못했던 것에서 오는 분함, 말할 수 없는 희생을 치른 사람들에 대한 송구스러움, 소비와 향락으로 왜곡시켜버린 민족정기, 모두가 억울했습니다.

교회협 29차 총회에 참석해 김관석 목사의 총무 임기가 끝나고 후임에 대한 경쟁을 목격했고, 도시산업선교 정책회의에 참석해 사회선교 행동협의회의 조직과 활동을 볼 수도 있었다. 무엇보다 유신체제 붕괴 후에 일어날 후계구도와 여야 정치인들의 게임을 자세히 살피고 와서 소식을 전해주었다. 정가에서는 벌써부터 김영삼 진영과 김대중 그룹 사이의 긴장과 경쟁이 나타나고 있다는 것이다.

재야세력이라고 하면 아직도 그 중심이 신구 기독교인데, 교회가 얼마나 pressure group으로서의 역할을 할 수 있느냐? 얼마나 조직능력을 발휘할 수 있느냐? 등이 문제점입니다. … 이제까지 투쟁해온 각계 인사들은 NCC라고 하는 platform에서 연락하고 접촉하고 coordinate해 왔는데 거기의 중심적인 leadership이 question으로 남는 마당에 구체적인 전망이 서지 않는다는 실정입니다. 재야세력의 또 하나의 platform은 국민연합입니다. 김대중 씨는 감금되어 있고, 함석헌, 윤보선 두 분이 지키고 계시는데 실제로 움직일 사람들은 문익환 목사님의 지휘 아래 뛰고 있습니다. 문인, 언론인, 대학교수 등이 교계와 지적 교류를 할 상대는 박형규, 서남동, 안재웅 씨 등을 든답니다.

오재식은 서울 방문 도중 국내 민주동지회의 모임도 참석하고 왔다.

민주동지회는 주로 서울을 중심으로 동지들이 월 1회 내지 수시로 모이고 있는데 규약을 만들고 임원을 선출했습니다. 회장에 박형규, 부회장 조남기, 조화순, 총무 김상근으로 정했습니다. '기독자민주동지회'라는 명칭을 쓰고 반쯤 표면화시켜 지방조직을 서두르고 민주화 과정에 적극적으로 참여한다는 것. 앞으로 통일의 전망을 잃지 않고 연구, 접근한다고 했습니다. 해외에 있는 민주동지회에 대한 연락과 긴밀한 제휴 아래 정책적인 면에서 공동보조를 취하기로 되어 있습니다.

해외의 동지들은 오재식의 이런 보고를 읽으며 민주화의 가능성과 희망을 그리는 꿈속에 벅차 있었다. 유럽산업선교회의 총무를 맡고 있던 나 자신도 희망에 부풀어 귀국해 더 알아보고 싶었다. 마침 독일교회 선교부 방문단이 5월 중순에 한국 방문을 하는데 통역 겸 나를 동반하겠다고 해서 나는 5월 초에 호주 멜버른에서 열리는 세계선교대회(Thy Kingdom come 주제)를 마치고, 5월 12일에 동경에서 독일팀을 만나 함께 서울로 가기로 되어 있었다.

그런데 내가 한국 방문했다가 다시 나오려면 대사관에서 일시귀국 허가를 해주어야 하는데 떠날 때까지 허가가 안 나왔다. 할 수 없이 동경에 와서 독일대사관으로 전화해 물어보아도 국내에서 허가가 안 떨어졌다는 것이다. 5월 12일 독일교회 대표단은 서울로 출발했다. 나는 할 수 없이 호주선교대회에 같이 갔던 박형규 목사님과 동경의 한 호텔에서 기다리고 있는데, 5월 17일 밤에 국내 민주인사들과 김대중 씨가 잡혀갔다는 소식이 나왔다. 나도 12일에 귀국하면 17일에 서남동, 한완상, 문익환 등과 김대중 씨를 만나도록 되어 있었는데, 결국 이들이 모두 연행되었다. 내가 귀국했더라면 아마 함께 연행되어 구속되었을 것이다. 5.18 광주민중학살의 시작이었다.

　나는 광주학살 소식을 독일의 동지들에게 전화로 알리고 13년 만에 고국을 찾으려던 방문을 포기하고 어머니 얼굴도 못 본 채 울면서 독일로 돌아왔다. 나에게 일시귀국허가가 안 나온 이유를 알았고, 오히려 체포와 고문을 면해준 정보부(KCIA)가 고마웠다.

　5월 말에 독일로 돌아와 보니 이미 여러 도시에서 전두환 독재자의 광주민중학살 규탄 데모와 성명서가 계속 나오고 있었다. 이제는 민건회나 한민건이 나서서 시위나 집회를 조직할 필요도 없었다. 쾰른, 튀빙겐, 베를린, 마인츠 유학생회에서 단체로 조직해 규탄 대회와 성명서를 발표했다. 또 두이스부르크, 베를린 등 한인교회들이 나서서 교인들과 함께 추도예배를 드리고 성명서를 발표하며 희생자들을 돕는 모금운동을 폈다.

　박정희 유신독재 시와는 너무 달랐다. 반대 시위와 규탄집회에는 수백 명씩 모여 성황을 이루었다. 이제까지 잠잠하던 유학생들도 분연히 일어섰다. 정통성도 대표성도 없는 군부 독재자가 총칼을 휘두르며 민주화를 억누르고 질식시키려는 광주학살의 참극에는 울분을 표하지 않는 교민을 찾을 수 없었다.

　사정은 미국에서도 비슷했다. 박상증 선배는 광주학살사건 직후에 미국의 분위기를 편지로 알려주었다(1980년 5월 30일).

North American Coalition이 주동해서 어제 저녁 뉴욕의 Riverside Church에서 김재규 씨와 그 사건 관련자 및 광주사건 희생자를 위한 추도예배가 있었습니다. 약 500여 명 참석했고 3일간에 이렇게 준비하고 동원할 수 있었습니다. 마침 한국에서 나오신 문동환 교수가 보고했고 이우정 여사가 기도하고

Coffin 목사가 설교했습니다.

기독학자회의는 워싱턴에서 모였고(5월 22-24일) 동지회의 남북통일문제 연구 working group을 조직해 8월에 민주국민연합(UM)이 모일 때 심포지엄을 열기로 했습니다. 김재준, 함성국 목사가 신학적, 성서적 입장에서 본 통일문제를 논한 paper를 제출키로 했습니다. 5월 25일 워싱턴 국방성 앞에서 약 2백 명이 데모했고, 26일 시카고에서는 약 천 명이 동원되어 가두데모를 했습니다. 문동환 목사 가족이 현재 미국에 있고, 박형규 목사는 일본에 체류하며 사태를 관망하고 있습니다. 기독자민주동지회 network 모임도 제2안을 생각할 필요가 있다고 보이는데 독일 동지들 사이에서 좀 의론이 있었으면 좋겠습니다. 부탁드립니다.

박상증 동지는 또한 6월 9일자 서신에서 미주의 동지들이 통일문제에 대한 더 적극적인 논의를 시작하겠다고 알려왔다. 이것은 광주학살사건 이후 국내 민주운동가들이 민주화를 위해서도 북한과의 긴장완화와 평화정착이 필요하다는 인식의 전환을 하게 된 것과 관계가 있어 보인다. 문익환 목사 등이 선민주 후통일이 아니라 민주통일 동시, 혹은 선평화통일 후민주라는 논리를 제시했기 때문이다. 한반도의 남북대결체제를 그대로 두고서는 남쪽도 북쪽도 민주화가 어렵다는 역사적 경험을 바탕으로 제시된 새로운 논리였다.

마침 이우정 여사와 문동환 교수가 미국에 가서 기독자 민주동지들과 합류하게 된 것도 새로운 자극과 계기가 된 것 같다. 1980년 5월 21~22일에 워싱턴 DC의 인터내셔널 센터(GH National Center)에서 모인 '남북통일에 관한 Ad hoc Meeting'에서 이우정 교수가 본국에서 최근 진행되고 있는 남북통일에 관한 토의내용을 전달했다고 한다. 참석자는 김재준, 이상철, 박상증, 이승만, 함성국, 손명걸, 안중식, 이신행, 이우정, 구춘회, 김병서 부부였다.

이 모임에서 있었던 중요한 결정과 발전은 기독자들도 서울과 평양, 평양과 워싱턴 사이에 긴장완화와 화해를 이룩하는 문제를 건설적으로 추진(praxis)하는 방법을 모색하는 계획(Frame Work)을 만들었다는 데 있다. 북한의 독재정권과는 일체 대화를 않겠다는 우파적 논리에서 일보 진전한 것이다. 그리고 북한의 부주석 김일에게서 김재준, 이상철 목사에게 온 대화 제의에 대해서도 거부가 아니라 적극적인 태도를 가지고 검토하기로 했다. 회의록에 이렇게 기록되었다.

북한 정부로부터 각계 인사들에게 보내온 민족대회를 위한 서신에 대한 회신에 관해서도 주요한 문제를 두고 널리 토의를 거친 후에 가능한 한 broader consensus를 얻고 북한 initiative에 대한 소극적인 반응보다도 적극적인 initiative를 취할 수 있는 위치에 서야겠다는 데 의견을 모았다.

이 모임을 남북통일협의회(The Working Group on Unification of Korea)로 칭하고 모임의 확대를 위해 노정선, 림순만, 김정순, 김신행 등을 고려한다고 했다. 8월 초순경 모이는 민주국민연합(UM) 대회에서 통일문제를 적극적으로 논의할 것도 결정했다.

1980년 5.18 광주시민학살로 학생과 시민, 노동자, 종교인들의 민주화운동을 군화발로 짓밟아버린 전두환 신군부 일당은 박정희 유신독재 체제를 계승하고 새로운 군부독재 체제를 만드는 데 혈안이 되었다. 비상계엄령을 선포하고 국회 기능정지, 정당활동 중지, 학원은 휴교령으로 문을 닫고, 언론은 멋대로 통폐합하고, 완전한 파쇼 독재체제를 구축해갔다. 결국 최규하 대통령도 사임시키고 전두환 스스로 통일주체국민회의에서 선출로 1980년 8월 27일에 대통령이 되었다.

유신헌법으로 대통령 자리에 앉은 전두환은 두 달 만에 국회와 정당을 해산시키고 국가보위입법회의를 조작해 새로운 5공화국 헌법을 만들고 7년 임기의 팟쇼 대통령으로 1981년 3월에 취임했다. 국가내란음모 사건 조작으로 김대중을 사형선고했고 문익환, 서남동, 이해동 등 기독자 민주지도자들은 15년 징역에 처했고, 재야 시민사회 종교계, 학계, 언론계 인사들은 구속되거나 감금당해 맥을 출 수가 없었고, 모두가 침묵할 수밖에 없는 냉한의 겨울 공화국이었다. 민주화의 물결을 군홧발로 짓밟은 군부 독재자에 대한 증오심과 이를 묵인한 미국 정부에 대한 원망과 절망감은 극에 달했다. 림순만 박사는 1981년 2월 9일자 편지로 답답한 심정을 이렇게 썼다.

이런 암담한 시기에는 Gandhi의 Soul Force가 필요합니다. 해외에서도 소수의 무리가 아침 여명을 기다리는 파수꾼처럼 마음 든든히 지켜야 합니다. 요새 전두환이 오가고 하는 판이 너무도 기분이 나빠서 정말 못 견디겠습니다. 항상 속아 오는 것이지만 Reagan이라는 놈을 둘러싼 극우파가 우리 민주화의 길을 이렇게까지 방해하고 있습니다. 우리 민족은 어떻게 되었는지 이래도 반미감정이 일어나지 않는 것이 이상합니다.

해외의 민주동지들 모두가 이런 절망과 분노로 가득 차 있었지만, 그렇다고 체념하고 국내 상황을 불구경하듯 구경하고 있을 수는 없었다. 무엇보다 사형언도를 받은 김대중의 목숨을 살리는 것이 긴급한 과제였다. 1980년 5월 17일 체포된 김대중은 군사재판에서 9월 17일 짜여진 각본에 따라 사형선고를 받았다. 세계 여론을 일으켜 미국 정부를 압박하고 미국이 전두환 독재자에게 압력을 가하지 않으면, 광주 민중을 천여 명이나 학살한 전두환 일당은 김대중까지 희생양을 만들려는 음모가 분명히 드러났다.

누구보다도 해외 기독자 민주동지들의 구명운동이 시급해졌고 발 빠르게 움직여야만 했다. 사무총장 박상증은 세계교회협 국제위원회(WCC-CCIA)를 움직여 긴급대책회의를 소규모로 열도록 했다. 1980년 9월 24일자로 WCC-CCIA 간사 바인가르트너(Erich Weingartner)에게서 10월 6~8일에 뉴욕에서 긴급협의회(consultation)가 모이니 참석해달라는 초청장이 내게도 왔다.

박상증이 9월 23일자로 보낸 긴급협의회의 목적과 이슈는 1979년 10월 26일 이후의 한국 상황이 급변하고 있으며 민주화가 위기에 몰려 세계교회와 아시아 교회들이 한국의 해방운동(liberation struggle)을 지원하는 전략의 협의를 위한 것이라고 했다.

뉴욕의 유엔플라자(UN Plaza) 8층에서 모인 긴급회의에는 WCC와 CCA의 국제부 실무간사들(Dwain Epps, Victor Hsu, Erich Weingartner)과 미국의 빌링스(Peggy Billings), 패터슨(Patricia Patterson), 하비(Pharis Harvey), 호주의 리처드 우튼(Richard, Wooton), 스웨덴의 에어(Marianne Eyre) 그리고 한국인으로 이승만, 손명걸, 박상증(미국), 오재식(일본), 이삼열(독일), 손학규(영국), 문동환, 이우정(국내) 모두 16명이었다.

이 긴급협의회에서 김대중 구명운동과 한국의 인권운동 지원을 세계교회를 통해 대규모적으로 전개하도록 정책과 전략을 의론했다. 사실상 김대중의 사형언도 대법원 판결이 1981년 1월 23일에 나오면서 전두환 대통령이 무기징역으로 감행시키는 조치가 급히 나오게 된 데는 1980년 11월, 12월의 전세계적인 서명운동과 구명 로비가 효과를 본 것이라 할 수 있다.

밧볼(Bad Ball)회의(1981년 4월)에서는 세계 각지에서 일어난 김대중 구명운동의 실황들이 보고되었다. 특히 미국과 일본의 서명운동을 통한 대정부 압력이 큰 효과를 본 것 같다. 일본에서는 김대중이 사형될 경우 한일관계는 최악의 상태가 될 것이라는 경고를 담은 기독교인과 비기독교인 시민 서명을 16만 명에게서 받았다. 특히 일본의 노동조합은 550만 명의 서명을 받아 남한의 어용노동조합에 한국 선박의 입국을 막겠다는 경고까지 보냈다. 미국 교회의 대규모적 서명운동도 레이건 행정부가 한국 정부에 압력을 가해 종신형으로 감형시키는 데 크게 작용했다.

이때야말로 해외에서 다시금 민주화운동의 불길을 지펴야 할 때였다. 해외의 기독자민주동지회는 이제 민주화운동의 새로운 진로와 전략을 모색하지 않으면 안 되게 되었다. 많은 전화와 편지들이 오가며 방문회의들이 있었다. 원래 1980년의 동지회 6차 모임은 국내에서 하기로 1979년 11월 동경회의에서 결정했는데, 불가능할 경우 독일에서 하기로 정한 바 있다. 동지회의 사무총장 박상증 선배는 독일의 기독자 동지들과 협의하여 독일 개최를 준비해 달라고 나에게 부탁했다(1980년 6월 15일자 편지).

박상증 선배와 나는 1980년 11월에 독일교회 외무국과 동아시아 선교부를 찾아가 국내외의 상황을 설명하고 민주동지들과 해외 기독교기관 인사들이 함께 모여서 새로운 방향과 전략을 모색하는 국제회의를 독일에서 열 테니 재정적인 지원을 해달라고 요청했다. 규모와 인원수에 따라서 수만 불이 필요한 재정이었다.

장소를 슈투트가르트 근처에 있는 개신교 아카데미 밧볼(Bad Ball)로 정하고 1981년 4월 말경 국내외 동지들 30여 명과 세계교회 에큐메니칼 기관의 책임자 등, 우리를 후원해줄 각국의 지도자들 40명 모두 70명의 모임을 구상하고 계획을 세웠다.

해외 인사들의 여비 2만 불은 박상증 선배가 WCC를 통해 지원받기로 하고 독일 밧볼 아카데미 숙식비 1만여 불은 내가 독일교회에 교섭하기로 했다. 다행히 세계교회협의회(WCC)의 선교위원회와 국제위원회가 여비 2만 불을 지원해주고 독일교회 선교부가 숙식비 1만 불을 허락해 주었다.

기독자민주동지회가 주선한 밧볼 회의는 크게 두 가지 목적을 가졌다고 볼 수 있다. 첫째는 유신독재가 무너지고 5공 전두환 독재가 체제를 굳혀가는 마당에 한국의 민주화운동은 어떤 문제의식과 방향감각, 이념적 틀을 가지고 운동을 계속해야 할지를 분석 검토해보며 국내외의 운동을 더욱 공고히 연대시켜 민주세력과 민주국민의 힘을 강화시키는 데 크리스찬들과 교회들이 기여하도록 노력하자는 데 있었다.

유신독재 타도를 위해 국내외 민주화운동은 많은 고통과 희생을 치르며 투쟁해서 독재자를 제거하는 목표는 달성했지만, 다시금 군부 독재세력에 의해 광주학살 등 파쇼 억압통치의 지배를 당하고 절망과 탄식에 빠질 수밖에 없게 된 원인과 책임이 어디에 있는지를 반성해야만 했다. 민주화운동에 참여했던 기독교 세력들이 반성하면서 앞으로 해야 할 과제와 방향을 모색하는 일이 중요하며 필요하게 되었다.

학생과 종교인, 지식인들의 양심적 저항만으로는 독재체제를 물리칠 수 없고, 정치적이며 이념적인 세력의 조직과 투쟁이 없이는 대안이 없음이 명백해진 터라 기독자와 교회는 이제 민중의 힘(people's power)을 기르며 조직하는 일에도 나서야 한다는 주장들이 나오므로 새로운 진로의 모색을 피할 길이 없었다.

또 하나 광주학살과 전두환 군부의 득세 과정을 보면서 믿었던 미국에 배신을 당했다는 지울 수 없는 허탈감도 문제였다. 안보의 위협 때문에 군부독재를 지원하지 않을 수 없다는 미국 국방성이나 국무성의 태도를 어떻게 평가하며 시정할 수 있는가의 문제였다. 이와 함께 안보의 위협을 막을 수 있는 북한과의 긴장완화와 대화의 길은 열 필요와 가능성이 없겠느냐는 문제도 등장하게 되었다. 이제까지 남북의 민주화를 함께 주장하며 북한 정권과의 접촉이나 대화를 거부했던 우파 민주인사들도 통일이 아니라 긴장완화와 전쟁방지를 위해서는 북과의 접촉 대화를 해야 하는지, 한다면 어떻게 해야 하는지도 고려할 문제라고 적극적인 태도를 보였다. 회의에서는 안보, 평화, 통일, 남북관계 문제를 새로운 국제정치 정세에 따라 검토하며 민주화와 통일운동의 방향과 전략도 같이 논의해야 하게 되었다.

둘째로 큰 목적은 세계교회협의회(WCC)와 유럽, 미주, 아시아의 교회들로부터 한국 민주화운동에 계속 지원과 협력을 얻어내기 위한 것이었다. 지금까지의 도움에 감사를 표하며 새로운 정세와 악조건 속에서도 정의와 인권, 민주화와 평화통일을 향해 투쟁해나갈 결의와 각오를 보이며 계속 지원을 요청하려고 했다. 재정지원도 큰일이지만 해외 여론과 압력(pressure)을 조성하는 로비활동을 위해서도 국제기독교 네트워크 조직이 필요했다.

　사실상 사형선고를 당한 김대중 씨의 사형집행을 막고 사면선고를 받기까지 세계교회들의 구명운동, 서명과 탄원, 집회와 예배 등 로비활동은 대단했다. 미국, 일본, 독일, 스웨덴, 영국, 네덜란드 각지의 교회들이 구명운동에 나섰고 수십만의 서명들을 받아 한국 정부에 압력행사를 했다. 특히 북미주의 인권협과 일본의 긴급회의, 독일의 사회봉사국(Diakonia) 인권위원회는 전력을 다해 김대중 구명에 나섰다.

　드디어 밧볼 회의가 열리게 되었다. 1981년 4월 27일부터 30일까지 3박 4일 동안은 세계교회 인사들과 국내외 민주동지들이 함께 영어로 국제회의를 했고, 국제회의를 마친 뒤 30일부터 5월 2일까지 2박 3일은 한국인 30여 명이 따로 모여 민주동지회 6차 모임을 계속했다.

　주요 참가자는 미주교회 대표로 미국 NCC 총무 라이덴스(Ed Luidene), 빌링스(Peggy Billings), 페터슨(Pat Paterson), 하비(Phario Harvey), 노팅감(Bill Nortingam) 등이었고, 일본교회 대표로는 일본 NCC 총무 쇼지 목사, 모리오까, 와다 하루끼 교수 등이었고, 오스트레일리아의 우튼(Dick Wooton), 캐나다의 화이트헤드(Rhea Whitehead), 영국의 아틀리(Jack Artley), 독일의 군더트(Klein Gundert), 로체(Lottje), 알브레흐트(Albrecht) 등이었다. WCC에서는 에밀리오 카스트로(Emilio Castro), 니이난 코시(Ninan Koshy), 조지 토드(George Todd) 등 주요 국장들과 직원 6명이 참석했다.

　한국 측 참석자는 미국의 손명걸, 박상증, 박성모, 캐나다의 김재준, 이상철, 일본의 지명관, 오재식, 이인하, 이청일, 김준식, 독일에서는 장성환, 정하은, 손규태, 박종화, 박명철, 이삼열, 이준모, 김창락과 홍콩에서 안재웅, 영국에서 손학규, 국내에서 문동환, 이우정, 강문규 등이 참석했다.

먼저 국제회의에서는 거물급의 발제 강연자들이 강연했다. 특히 독일 베를린의 주교 샤프(Scharf) 감독이 "한국교회와 기독자들의 민주화 투쟁의 신학적 의미"에 관해 첫 강연을 했는데 한국의 민중신학과 남미의 해방신학, 독일 고백교회의 신학을 비교하며 성서신학적인 의미를 밝혔다.

일본 동경대학의 사카모토 요시카수 교수는 "세계사적 관점에서 본 한국과 일본"이라는 제목으로 한일관계의 불행한 역사와 현안문제들을 경제발전, 군사주의(militarism), 세계질서의 관점에서 분석하며 발전과제를 제시했다.

한반도의 현안문제를 새로운 국제정세 속에서 분석하며 새로운 운동방향을 제시한 발제강연이 주한 미국대사관에서 근무한 경력이 있는 저명한 핸더슨(Gregory Handerson) 교수에 의해 행해졌다. 남북분단의 역사와 전쟁, 미국의 대한반도 정책을 자세히 알고 있는 핸더슨 교수는 미국의 대한정책도 안보위주가 아니라 전쟁 방지와 한반도의 민주주의와 평화를 위해 시정되어야 한다는 주장을 했다. 군비강화와 대화의 단절이 악순환으로 전쟁위협을 낳고 있는 한반도에 대화와 소통을 통해 긴장완화와 군비축소가 이루어지는 방향으로 전환해야 한다며 WCC와 기독교가 인도주의와 평화의 원칙 위에서 북한과의 대화(communication)를 시도해야 한다고 주장했다.

국제회의와 한국인들만의 민주동지회에서 6~7일간 논의된 주요한 내용을 다 소개하기는 불가능하다. 동지회 모임에서는 모든 발제와 토론을 기초로 앞으로 민주화운동이 지향해야 할 방향과 중점 과제들을 요약한 결의문을 만들기로 하고 이삼열에게 초안 작성을 명했다. 나는 이념문제에 대한 국내외 동지들의 장시간 토론을 요약해 아래와 같은 문서를 만들었다. 물론 나의 주관적 해석과 판단이 작용하지 않을 수 없으므로 아주 객관적인 요약이라고 할 수는 없지만, 5월 1일 전체회의에서 낭독해 이의 없이 박수로 동의를 받았으므로 민주동지회의 공식 입장으로 인정되었다. 많이 알려지지 못했으므로 여기에 전문을 싣는다.

민주화운동의 이념적 방향 설정에 관하여

I. 이념적 방향모색의 중요성이 국내외 동지들에 의해 공통적으로 인식되고, 이념문제에 관한 본격적인 토론과 연구가 시급한 과제로 요청되었다.

1) 반체제 학생운동의 일부가 현 체제를 군부팟시즘으로 규정하고, 노동자, 농인, 진보적 지식인들의 연합전선으로 외세와 결탁한 매판재벌, 매판관료, 군벌을 타도하는 이념적 투쟁으로 급진화 시키려는 현시점에서, 기독자 민주동지들은 사회현실 분석과 이념문제의 심각성을 의식하면서, 지금까지의 미비한 자세를 반성하며, 보다 적극적이며 체계적인 연구와 탐색이 긴급히 요구되었다.

2) 한편 현 정권이 위장된 민주주의와 정의의 깃발을 들고, 노동운동, 학생활동, 언론기관을 극심하게 탄압하며, 이념 서클을 말살시키고, 이념서적을 금지시키는 상황에서, 기독자 민주화운동은 극우적 이념과 체제에 대한 이데올로기 비판의 역할을 다 할 수 있어야 하겠다고 공감했다.

3) 외세의 지배와 종속으로부터 탈피하며 민족분단의 비극을 극복하지 않고서, 참된 민주화의 달성이 불가능한 것으로 보이는 오늘, 우리는 한반도를

둘러싼 외세 강대국들의 지배이데올로기가 무엇인지, 통일의 상대방으로 서의 북한의 지배체제와 이데올로기가 무엇인지, 이해하며 정리해야 할 필요성을 심각히 느낀다.

II. 80년대의 민주화운동의 이념적 방향설정은, 70년대를 이어온 이념적 핵심이었던 민주, 민중, 민족, 다시 말해서 정치적 자유, 경제적 평등, 민족적 주체와 자립의 가치개념들을, 새로이 전개되고 있는 국내외적 정치상황과 여건 속에서 구현하는 방향에서 찾아져야 하며, 이념적 목표와 함께 실천적 방법론이 구비된 새로운 체제와 사회의 설계도로서 부각되고 구체화 되어야 한다.

1) 민주화운동의 진보적 세력들이 주장해온 반독재, 반특권, 반외세, 반분단의 가치들을 구체적으로 규정하고 설명하는 이념으로 발전시켜야 한다.

2) 현 집권세력이 극우적인 폭압통치와 수탈경제체제를 가속화하고, 광주학살 사건 등으로 절망상태에 빠진 반체제 세력들이 극좌 노선으로 격렬화 될 경우, 우리는 극단적 좌우이념의 폭력적 대립이 생길 것을 염려하면서, 기독자 민주동지들은, 독점자본주의적 체제와 공산독재체제의 비리와 모순을 지양할 수 있는 제삼의 이념의 가능성을 모색하여야 한다.

3) 현 집권세력의 지배이념인 안보와 경제발전의 이데올로기를 비판적으로 검토하여, 자유와 인권이 보장되는 안보, 민중의 생존과 복지가 보장되는 경제발전, 전쟁과 분단을 극복하는 통일방안 등 우리의 민주화운동은 차원 높고, 실현성 있는 정책들을 제시하며 투쟁해야 한다.

III. 기독자 민주동지들은, 한국의 사회적 정황 속에서 나타난 민중신학, 사회선교신학의 의미를 창조적으로 발전시켜야 하며, 인간, 자연, 역사, 사회에 관한 성서적, 신학적 가치관들이 한국의 현실분석에 기초한 정치적 이념의 설정에 기여할 수 있도록 보다 근원적이며 상황적인 연구에 힘을 기울어야 한다.

1) 기독자들은 민주화운동의 이념적 방향을 설정하는 데 있어서도, 기독자가 아닌 다른 모든 민주세력들과 협력하여야 하며, 진지한 대화와 토론을 위한 공동의 광장(Forum)을 마련하여야 한다.

2) 외세의 지배와 경제예속, 정치적 탄압 등으로 고통을 당하고 있는 제삼세계의 민중들과 함께 연대하여, 그 공통적인 구조적 모순을 극복하도록 노력하여야 하며, 이를 위해 이들의 역사와 사회구조 정치적 이념들을 깊이 연구하고 배워야 한다.

3) 민주화와 통일을 위한 기독자들의 노력에 있어서, 우리는 기독교신학과 교회의 역사가 갖고 있는 보수성과 반동성을 스스로 비판해야 하며, 철저한 자기비판과 끊임없는 갱신을 통해 기독교가 민족의 자주성을 확립하는 역사의 창건과 민중의 주인이 되는 민주사회의 건설에 기여토록 노력한다.

1981년 5월 1일

기독자민주동지회 Bad Ball 모임

(이것은 이념문제에 관한 국내외 동지들의 장시간의 토론을 요약한 것임)

5공화국 군부독재와 기독자동지회의 진로
─ 평화통일 운동과 민중조직, 사회발전 운동으로

5.18 광주민중학살과 김대중의 사형언도, 민주인사들의 구속, 재판, 해직으로 공포 분위기를 만든 뒤 전두환 군부세력은 민주정의당을 만들어 유신체제를 마감하고 국가안보와 부정부패 일소를 내세

우며 5공화국을 출범시켰다. 국가보위 입법 과정에 몇몇 재야인사들의 이름을 올려 민주세력 포용을 가장하기도 했다.

박정희를 암살한 10.26 전 중앙정보부장 김재규를 체포하여 처단하는 과정을 통해 전 보안사령관 전두환은 12.12 군부 쿠데타와 5.18 광주학살을 자행하며 실권을 장악했고, 주한 유엔군 사령관 위컴의 묵인하에 군부 쿠데타를 도모하여 또 하나의 독재체제 5공화국을 만들어낸 것이다. 강압적인 입법 과정과 체육관 선거로 대통령을 뽑은 5공화국을 맥없이 추종하는 한국인을 보며 위컴 주한 미군사령관은 한국 사람들은 들쥐와 같이 지도자를 잘 따른다고 조롱했다.

국가안보라는 명분으로 군부 쿠데타와 광주학살을 묵인한 미국에 대한 비판과 원망이 민주화운동에 참여했던 사람들에게겐 들불처럼 치솟아 올랐다. 작전명령권을 가진 주한 미군사령관의 승인 없이 공수부대의 광주 투입은 불가능하다고 보았기 때문이다.

밧볼 회의에서는 그레고리 핸더슨이 반공안보를 구실로 군부독재를 지원한 미국의 정책을 호되게 비판했다. 또한 군부독재의 구실로 과대 포장된 북한의 남침 위협과 안보의 불안을 시정하려면 교회가 북한과의 대화와 긴장완화에 나서야 한다고 충고했다.

밧볼 회의에 참가한 기독자 동지들은 전두환 독재체제를 외세와 결탁한 군부 파시즘으로 규정하며 매판재벌과 군벌을 타도하는 이념적 투쟁으로 급진화하려는 반체제 학생운동을 주시하면서 현실 분석과 이념문제를 적극적이며 체계적으로 연구 탐색해야 한다고 결의했다. 또한 외세의 지배와 종속을 탈피하지 않고서는 민족분단의 극복과 민주화의 달성이 불가능함으로 강대국의 지배이데올로기와 북한의 이데올로기가 무엇인지 이해하고 정리해야 한다고 했다.

극우적 폭압통치와 수탈경제가 가속화될 때 절망에 빠진 반체제 세력이 극좌노선으로 갈 경우, 좌우 이념의 폭력적 대립이 생길 것을 우려하며 기독자 민주동지들은 독점자본주의 체제와 공산독재체제의 모순을 지양하는 제삼의 이념을 모색하자는 결의까지 했다.

기독교 민주화운동이 가진 미비한 자세를 반성하고, 기독교 신학과 교회사가 가진 보수성과 반동성을 비판하면서 민족적 자주성을 확립하며 민주사회를 건설하는 과업에 매진하자는 결론도 내렸다.

이러한 목표와 과제의 인식을 토대로 기독자민주동지회는 전두환 5공 독재체제하에서 민주화운동의 전략과 정책을 새롭게 구상해야만 하게 되었다. 밧볼 회의 결의문은 1980년대 5공 시절 기독자들의 운동이 이념과 노선에서 한 단계 진보화할 수 있는 토대를 제공했다.

청년 학생들의 시위와 투쟁은 계속되고 구속자나 피해자를 돕는 인권운동은 교회가 지속해야겠지만 새롭게 등장한 군부독재 세력에 대항할 수 있는 정치세력과 국민의식이 없이 저돌적인 충돌만으로 민주화운동을 지탱하기는 어렵게 되었다.

또한 기독자민주동지회는 광주학살과 미국의 독재 승인을 보면서, 선민주 후통일이라는 대북 폐쇄정책을 수정하지 않을 수 없게 되었다. 북한과의 평화적 공존이나 긴장완화 없이 남한의 민주화는 불가능하다는 것이 판명되었기 때문이다. 한국 기독교와 교회들의 반공 보수주의와 대북 적대감을 시정하지 않고서 기독교가 평화적 통일이나 긴장완화, 전쟁방지에 기여할 수 있는 길은 보이지 않았다.

1981년 4월 밧볼 회의 이후의 기독자민주동지회는 정책이나 전략, 조직 면에서 사실상 커다란 변화를 겪게 되었다. 동경회의(1979년 4월)가 결의한 대로 동지회의 중심은 국내로 옮겨졌지만 광주사태와

5공화국 수립 이후 국내의 민주화운동과 저항운동은 극렬화 내지는 좌경지하화하는 현상을 보이므로, 교회를 토대로 하는 국내 기독자들의 민주화운동은 일치된 방향과 전략을 수립하기 어려웠다.

김관석 목사가 총무 임기를 마친 교회협(KNCC)이 유신시대와 같은 민주화 인권운동의 거점 역할을 하기도 곤란했다. 김 목사는 기독교방송(CBS) 사장으로 자리를 옮겨 방송 언론을 통한 민주주의, 인권, 정의 문제의식을 넓히는 역할을 했다.

해외의 기독자 민주동지들에게도 각자 신상의 변화가 있었다. 아시아교회협 도시농촌선교부(CCA-URM)가 1981년에 동경에서 홍콩으로 옮기며 오재식이 동경을 떠나게 되었고, 뉴욕에서 활동하던 박상증이 1981년 가을 아시아교회협(CCA) 부총무로 싱가폴로 옮기며 미국을 떠나게 되었다. 오재식은 1982년에 교회협(KNCC) 부총무 겸 통일연구원장으로 완전 귀국했다.

동경의 DAGA에 속해있던 한국 민주화운동 관계 자료들은 민주동지회가 계속 관리하기로 하고, 동경에 자료센터를 설치해 자료보관과 새로운 자료들을 해외에 배달하는 역할을 위해 김경남 목사를 파송했다.

세계교회협의회 도시농촌선교부(WCC-URM)의 협동간사로 유럽산업선교회(ECG) 총무직을 밭고 있던 나 이삼열도, 유신체제 종말과 5공화국 출범이라는 새로운 정세를 주시하며 앞으로의 삶과 운동에 대한 장기적 계획을 세워야만 했다. 미국과는 달리 영주권이나 국적 취득이 불가능한 독일에서 망명을 하지 않고 영주할 수 있는 길은 없기 때문에 독일을 떠나 귀국하는 문제를 생각해 보지 않을 수 없었다.

나는 우선 한번 일시귀국을 통해 오랫동안 가보지 못했던 한국 사정을 알아보고 어떤 가능성이 있는지를 찾아보고 싶었다. 그런데 마침 한독교회협의회 4차 대회가 서울에서 1981년 6월 10일경부터 열리게 되었고, 독일교회 동아시아 선교위원회가 나를 통역을 겸해 독일측 대표단에 포함시켜서 한국 여행을 할 수 있는 기회가 생겼다. 이번에는 대사관에서 나의 일시귀국을 막지 않고 얼른 허가해 주었다. 유신시대 반독재운동은 5공화국에서는 문제 삼지 않는다는 설명까지 하면서 귀국을 종용했다. 1968년에 독일 유학을 떠난 지 13년 만에 처음으로 한국 땅을 다시 밟고, 오랫동안 헤어졌던 부모님과 동생들 가족들과 감격적인 재회를 했다.

6월 12~14일 수유리 크리스찬 아카데미 하우스에서 열린 제4차 한독교회협의회는 "한국과 독일, 분단 상황하에서의 교회의 책임"이라는 주제로 분단극복과 평화통일에 대한 양국 기독교의 사명과 역할에 대해 3박 4일간의 진지한 협의회를 열었다. 1981년의 4차 한독교회협의회는 한국교회가 남북의 평화적 공존과 통일운동에 적극적으로 나서게 되는 계기를 만들어 준 역사적 회의였다.[2]

이 회의 결의문에 한국기독교교회협의회(KNCC) 산하에 통일문제 연구원을 설치해야 한다는 결의를 담게 되었다. 이미 1981년 4월 기독자민주동지회의 밧볼 회의에서 "한반도에서 남북 적대감과 긴장완화를 위해 교회는 북한과의 접촉과 대화에 나설 필요가 있다"는 토의를 한 바가 있는데, 한국기독교교회협의회가 그 취지를 2개월 뒤에 실현시킨 격이 되었다.

---

[2] 한국교회의 평화통일 운동의 역사에 관한 자세한 내용은 이삼열 저, 『평화체제를 향하여』 (동연, 2020)에 기록되었음.

나는 한독기독교교회협의회가 끝난 뒤 한 달간 한국에 머물며 강원용, 김관석, 안병무, 한완상, 조요한 등 선배 원로들을 만났고, 친구, 동창, 친지들과도 의론한 뒤 국내로 들어와서 할 일을 찾아야겠다는 결심을 했다. 새로운 정세하에서 장기적인 민주화와 평화통일운동은 곤경과 위험이 있더라도 국내에 뿌리를 박고 해야 하겠다는 것이 한국교회와 사회, 정치현실을 한 달간 보고나서 얻은 결론이었다.

귀국하면 일할 자리도 알아보니까 조요한 교수는 숭실대 철학과에 자리가 생기니 응모해보라고 조언해 주었고, 안병무 박사는 한신대 철학과에도 자리가 있으니 오라고 했다. 강원용 목사는 대학에 취직이 안 되면 옛날에 일했던 크리스찬 아카데미에서도 할일이 있다고 귀국을 격려해 주셨다.

나는 독일로 돌아와 가족과 민주화운동 동지들에게 자세히 한국여행과 사정을 보고했고 해외 운동의 전략도 협의했다. 이제 독일에 유학생으로 와서 나와 함께 민주화운동에 참여했던 민건회의 동지들은 학위를 마친 사람이나 학위 공부 중인 사람이나 장기적인 삶과 운동의 길을 선택해야 하는 기로에 놓이게 되었다. 부인이 간호원이거나 직장을 얻어 장기 체류를 할 수 있는 사람과 망명을 하지 않고서는 체류가 어려운 사람들로 갈리게 되었다. 내가 귀국해서 안전하게 자리를 잡는다면 학위를 마친 민건회 동지들은 자리를 얻는 대로 귀국하겠다고 했다.

나는 5공 초기 해직당한 조요한 선배의 추천과 도움으로 1982년 봄 학기부터 숭실대 철학과의 교수로 부임할 수 있어 귀국하게 되었다. 1983년에는 민건회 동지 강돈구, 송영배가 한신대 철학과 교수로, 그 후에 이준모, 김창락이 한신대 기독교교육과와 신학대학 교수로 오게 되어 독일의 민주동지들 상당수가 국내에 돌아와 대학교 수직을 맡게 되어 숭실대와 한신대가 독일의 민주동지들이 귀국할 수 있는 길을 열어준 것이다.

1974년 3.1절 본 데모에 참여해 민건회의 활동을 함께한 50여 명의 동지들 가운데는 최두환(중앙대), 송윤엽(외대), 이태수(서울대), 배정석(성신여대), 오인탁(연세대), 양재혁(성균관대), 이종수(광주대), 김길순(동국대), 배동인(강원대), 김영한(숭실대), 박종대(서강대) 등이 1982년 전후로 국내로 들어와 학계 활동을 했고 일부는 민주화교수협의회나 시민사회운동에도 열심히 참여했다.

물론 독일에서 직장을 찾거나 결혼 등으로 영주권을 얻은 동지들은 성장한 자녀들과 함께 독일에 남아 민건회나 한민건 활동을 계속하기도 했다. 송두율, 박대원, 김원호, 임희길, 강정숙, 박소은, 이지, 이보영 등이 독일에 영주하며 통일운동, 여성운동, 녹색운동에 기여하였다. 독일 민건회의 동지들 가운데는 남한의 군부독재와 수탈경제 대미종속에 절망하며, 1980년대 초에 북한으로 넘어간 친구들도 있었다. 경제학 박사를 받은 이창균과 오길남이었다. 오길남은 그후 다시 북한을 탈출해 남으로 왔지만 이창균은 북에서 고위직을 맡고 있다고 한다.

유신체제 말기 1978년경부터 좌우 양쪽으로 갈라졌던 해외의 민주화운동은 전두환 5공 독재로 이어지면서 더욱 극단적으로 방향과 전략을 달리하게 되었다. 국내 운동과 호흡을 맞추며 온건한 선민주 노선을 취했던 기독자 동지들은 귀국해서 새로운 역할을 맡던가, 해외에 남아서 지원활동을 계속했다. 그러나 좌파운동을 하던 단체나 개인들은 민주화보다는 반미자주화 통일운동을 펼치며 미군철수와 연방제 통일운동에 나섰다. 해외 동포들에게 고향방문의 길을 열어 준 북한과의 접촉, 대화에 호응하며 자주평화통일의 기치를 높이 들었다.

기독자민주동지회나 민건회에서 조심스럽게 활동하던 동지들 가운데도 과감하게 북한을 방문하고, 북측과 연계해 반미자주통일운동을 주장하는 분들이 나오게 되었다. 미국에서는 홍동근 목사, 강위조 박사, 선우학원 박사 등이 북한의 학자들과 함께 통일 대화에 나섰다.

한민련 구주본부 대표를 맡았던 독일의 이영빈 목사는 이화선 목사와 일부 평신도들과 함께 '조국통일기독자회'(기통회)를 조직하여 북한을 방문하고, 1981년 11월 3~5일에 오스트리아 비엔나에서 '제1차 조국통일을 위한 북과 해외 동포, 기독자 간 대화 모임'을 개최했다.

북에서는 김득룡, 고기준 목사 등 기독교도연맹의 간부 몇 분이 참석했지만, 조국통일 민주주의전선 서기 국장 허정숙과 조평통 부위원장 전금철 등 비기독교인 정치관료들이 주도한 회의였다. 미군 철수나 고려민주연방공화국 창립 방안 등까지 논의한 북측의 의도는 종교인들을 곁들인 친북통일 논의의 장을 만들려는 것이 분명했다. 2차 헬싱키 대회까지는 기독자들이 참여했으나 해외 운동을 반독재 민주화보다, 반미자주화 통일운동으로 이끌어가려는 의도가 노골화하여 기통회에도 분열이 생겼고, 친북 종교인들 간의 만남은 중단되고 말았다.

1981년 비엔나 회의가 열리기 직전 세계교회협의회 국제위원회 (WCC-CCIA)는 남북 기독자들의 회의니까 비엔나 회의에 참석해 축사를 해달라는 요청을 받았다. WCC 측은 한국 NCC 측에 문의했고

NCC가 곤란하다는 답을 보내 WCC는 초대를 거절했다. 북측의 의도나 아젠더와 대표단의 성격을 모르는 상태에서 NCC나 WCC가 참가했을 경우 용공으로 몰리고 있는 WCC나 에큐메니칼 운동의 피해는 너무나 큰 것이 염려되어서였다. 한국기독교교회협의회가 참가하거나 동의하지 않는 북한과의 대화에는 WCC가 참가하거나 축전을 보낼 수 없었다.

그러나 이영빈, 강위조, 홍동근 등 기독교 신학자들과 선우학원 박사 등이 북한의 주체사상이나 김일성주의자들과 만나서 토론했다는 것은 의미가 없지 않았고, 한국교회나 기독교 통일운동자들에게도 자극과 논쟁이 되는 영향을 가져왔다. 그러나 기독교와 평화통일 운동이라는 역사적 관점에서의 구체적 평가를 하기 위해서는 회의 내용과 결의문 등을 자세히 검토해야 객관적으로 할 수 있으리라 생각된다.

1981년 4월 밧볼 회의 이후로 기독자민주동지회의 주요 인물들은 국내로 들어왔다. 국내로 들어온 동지들은 다양한 자리와 위치에서 역할을 하였기 때문에 동지회의 정체성이나 진로를 규정하기는 매우 어렵다. 사실상 해외에서 기독자동지회가 국제회의를 연 것은 1981년 4월 밧볼 회의가 마지막이었다. 그 후 국내에서 몇 차례 소수의 동지들이 모이는 비공식, 비공개 모임들이 있었지만, 국내외를 아우르는 기독자민주동지회의 대화나 전략회의는 열리지 않았다.

그러나 해외에서 논의되고 결의했던 동지회의 전략이나 과제들은 1980년대 5공 시절에 국내의 기독자 민주동지들에 의해 다양하게 수행되고 실천되었다고 볼 수 있다. 그중 중요한 결실 하나는 '기독교 사회문제 연구원'(기사연)의 설치와 연구 활동이었다. 민주화와 통일운동, 인권운동과 경제정의운동, 평화운동, 여성운동 등 기독교적 윤리실천운동의 이론과 정책 전략을 개발하며 전문가를 육성하는 사업이었다. 기독자민주동지회가 오랫동안 필요성을 강조했고, 추진하도록 노력한 사업이다. 이를 추진한 인물이 김관석, 박형규, 강문규, 김용복, 조승혁 등 기독자 민주동지들이었다.

기사연은 독일, 네덜란드 등 에큐메니칼 교회기관들의 지원을 받아 1980-90년대 민주화 통일운동, 노동자 농민운동, 빈민 여성운동에 필요한 연구와 전략개발에 적지 않은 공헌을 하였다.

다음으로 생각할 수 있는 기독자민주동지회의 진로와 공헌은 기독교 평화통일 운동에 있었다고 할 수 있다. 1981년 밧볼 회의와 4차 한독교회협의회의 결의문에 따라 교회협(KNCC)은 평화통일 문제를 연구하고 실천하는 기구로 '통일문제연구원'을 NCC 산하에 설치했고 동경의 오재식을 책임 원장으로 1982년에 임명했다.

오재식 원장은 강문규, 김용복, 이삼열 등 민주동지들을 전문위원으로 위촉하고 평화통일 정책연구 세미나와 국제회의를 열었고, 1984년 10월에 유명한 WCC 주최 도산소 평화회의를 개최해 남북적대관계와 원수상을 해소하자는 결의문을 도출했다. 1986년에는 드디어 WCC가 주최하는 남북교회 대표자들의 역사적 글리온 회의가 열렸고, 1988년에는 중요한 평화통일 선언문을 한국기독교교회협의회(KNCC) 총회의 결의로 발표하는 큰일을 해냈다.

KNCC를 중심한 기독교 평화통일 운동은 남북관계 개선을 이루는 정부의 정책과 대중의식에도 커다란 영향을 주었다. 반북·반공의식에 젖은 보수교회들의 협의체 교회협(KNCC)이 평화협정과 남북의 신뢰구축이 이루어지면 주한미군의 철수와 핵무기를 철거해야 한다는 선언문을 결의하는 기적적 성과를 이루어냈다.

국가보안법의 굴레를 벗어던지고 북한 방문과 김일성 면담을 감행해 다시금 긴 감옥살이를 한 문익환 목사의 선도적 실천행동도 개인적 행위였지만 기독자 민주동지로서 지대한 영향을 준 것이 사실이다.

교회협의 1988년 선언과 평화교육운동은 한국 사회의 분단극복과 통일운동의 물꼬를 트는 역할을 했다는 평가를 받았으며, 실제로 1991년 남북 고위급 회담과 남북합의서 작성에 지대한 영향을 주었다는 인정을 정부 관계자로부터도 받았다.

1970년대 유신독재 시절 해외 민주화운동 과정에서 기독자민주동지회는 선민주 후통일의 노선에 매달려 통일문제나 북한과의 접촉이나 대화에는 항상 소극적인 입장을 취했고 자주적 민주통일과 주한미군철수를 주장하는 좌파운동들은 경계해왔다.

그러나 5·18 광주학살과 군사독재의 재등장을 보면서 기독자 민주동지들의 생각도 바뀌게 되었다. 북한과의 평화적 관계 개선 없이는 남한의 민주화가 불가능하겠다는 인식이 생기며 '선통일 후민주', 혹은 '민주 통일 동시'라는 구호의 변화를 보게 되었다. 그렇다고 분별없이 북한의 주장이나 입장에 동조하는 것은 아니었다. 88선언을 통해 민족자주의 원칙과 교류 협력의 원칙을 받아들이면서 인도주의 원칙과 민주적 참여의 원칙, 평화공존의 원칙을 강조했다. 무조건적 미군철수가 아니라 평화협정과 신뢰구축의 전제조건 하의 미군철수와 작전권 반환을 주장했다. 친북 좌익 통일론은 아니면서도 진보적 평화통일의 이념과 정책을 내놓을 수 있었다. 해외에서 좌파운동과 경쟁하며 단련된 기독자 민주동지들의 경험과 토론이 마침내 진보적 평화통일론을 신출했다고 볼 수 있다.

기독자민주동지회가 1980년대 5공화국 시절 국내의 민주화운동에 공헌한 또 하나의 업적은 민주화와 사회발전을 위한 민중들의 풀뿌리 운동을 지원한 '기독교사회발전위원회'(기사발)의 조직과 사업이었다고 하겠다.

유신체제를 패망케 한 민주화운동이 전두환 5공 독재에 짓밟혀 좌절하는 쓰라린 경험과 과정을 겪으며, 이제는 민중의 힘을 길러 민주세력을 강화하는 길밖에 없다는 인식을 공유하게 되었다. 대학생들은 노동자들을 조직하기 위해 위장취업을 하며 공장으로 들어갔고, 농민, 빈민들의 조직을 위해 농민운동과 슬럼 지대의 사회복지사업에 뛰어든 청년들도 많이 나왔다.

기독학생 청년운동을 했던 젊은 목사들은 민중교회를 조직하여 변두리와 지방의 노동자나 농민, 빈민 등 민중층의 의식화와 조직운동에 나섰다. 노동운동에 뛰어들었던 기독청년들은 '한국기독교노동자총연맹'(기노련)을 조직했고, 농민운동에 뛰어든 기독자 동지들은 '가톨릭농민회'(가농)와 '기독교농민회'(기농)를 조직해 활발히 움직였다. 기독자 여성운동가들도 여러 지역에서 여성과 아동을 위한 공부방이나 여성모임(기독여민회) 등을 조직했다.

대학 캠퍼스에서는 독재타도, 민주쟁취, 평화통일의 구호로 시위와 투쟁운동이 계속되었지만, 데모와 투석전만으로 독재 권력을 물리칠 수는 없다는 인식하에 민주화운동은 민중의 의식화와 조직운동으로 발전하게 된 것이었다. 기독교 측의 운동도 민중교회 운동이나 민중 속으로 들어간 풀뿌리 운동으로 발전하게 되었다.

문제는 맨주먹으로 풀뿌리 운동 속으로 들어간 운동들의 재정지원이었다. 월급도 수입도 없이 막노동을 하며 민중조직운동을 하는 운동가들의 삶과 형편은 대단히 열악한 것이었다. 산업선교나 도시 빈민선교는 아직 세계교회나 유럽, 독일교회의 지원을 받아 어렵지만 유지되었는데, 공식 교회의 인정이나 지원을 받지 못한 기독교, 노동자, 농민, 빈민, 여성운동은 교회나 해외에서도 도움을 받을 길이 없었다.

나는 독일에 있을 때, 크리스찬 아카데미를 지원하는 독일기독교 사회발전 지원청(Evangelische Zentralstelle Für Entwicklungshilfe, EZE)에 강원용 목사의 통역으로 드나들며 한국담당 간사를 친하게 사귈 수 있었다. 특히 내가 1982년에 귀국할 때 EZE의 한국담당 간사를 새로 맡게 된 쇤베르크(Karl Schönberg) 박사는 한국의 개발원조 사업을 추진하면서 나의 자문과 도움을 요청했다.

1970년대까지 독일 개신교 원조기구인 EZE의 대한원조정책은 기독교대학을 발전시켜 개발에 필요한 인재를 육성하거나 기독교병원을 돕는 큰 사업을 지원하는 정책이 주 사업이었다. 연세대, 이화여대, 계명대 등은 1백만 불씩 지원을 받아 과학관, 도서관을 지었다. 숭실대는 기독교 대학이면서도 지원을 받지 못했는데 내가 1982년에 교수로 부임하게 되자 강신명 총장은 나에게 EZE 지원을 교섭해 달라고 부탁했다. 그러나 1980년대에 와서는 EZE의 정책이 바뀌어 대학교의 건물지원은 더 이상 하지 않겠다는 결정을 했다는 것이다. 나는 쇤베르크 박사와 오랜 토론과 협의 끝에 기독교 사회발전 운동과 사업에 기여하는 교육연구시설을 숭실대학에 마련하도록 EZE가 재정지원을 하게끔 결정을 보았다. 숭실대학교 캠퍼스에 1백만 불의 지원을 받아 사회봉사관(Social Diakonia Center)을 짓고 기독교가 사회봉사와 발전을 위해 연구하며 교육하는 사회발전 교육사업을 수행하도록 했다. 나는 숭실대에 기독교사회연구소를 설치하고 소장이 되어 봉사관 운영과 사회발전교육사업의 책임을 맡게 되었다.

나는 EZE의 쉰베르크 박사가 한국의 민주화와 사회발전을 위해 민중운동, 풀뿌리 운동(grass roots)을 하는 소규모의 조직과 운동을 도울 수 있게 '기독교사회발전협의회'를 조직하는 일을 맡아 하게 되었다. 공식 교회나 법인체가 아니면 EZE의 지원을 받을 수 없기 때문에 풀뿌리 민중운동들에게 소규모라도 재정지원을 하려면 책임지고 나누어 주고 보고하며 관리할 합법적인 조직기관이 필요했기 때문이다. 나는 이 문제를 기독자민주동지회의 동지들과 의론하여 1985년에 '한국기독교사회발전위원회'를 조직했다. 1985년 7월 9일에 인사동의 경향식당에 김관석, 박형규, 강문규, 오재식, 이우정, 이삼열 6인이 모여 EZE로부터 지원을 받는 '소규모 사업 발전기금'을 운영하는 위원회를 조직한 것이 기사발의 시작이었다.[3]

그 후 준비 작업을 거쳐 1985년 11월 6일 '기독교사회발전위원회'의 첫 모임을 열었는데 위원은 앞서 모인 6인과 이효재, 조화순 등 여성위원 2명을 보강해 8인으로 결정했고, 위원장에 김관석, 서기에 이삼열, 회계에 오재식, 감사에 이세중 변호사, 간사에 김경남 목사로 결정했다.

기사발은 그 후 독일 EZE에서 매년 30만 마르크(약 2억 원) 정도의 재정지원을 받아 기노련, 기농, 기여민, 공부방 등과 태백광산촌, 제주도 등지의 사회발전 운동과 사업들을 소규모(1천만 원 이하)로 지원했다. 위원들이 후원하고 음양으로 돕고 있던 민중조직운동들이

---

3 이삼열, "사회발전운동과 지원사업", 기독교사회발전협의회 편, 『인간을 위한 사회발전 운동』(개마서원, 1989), 34-68.

었다. 2000년대 초까지 EZE의 지원은 계속되었고 그동안의 사업성 과들은 기사발이 편집한『인간을 위한 사회발전운동』에 자세히 기록되어 있다.[4]

1981년 후 5공화국 시절 기독자민주동지회는 외형적인 조직체의 명칭을 가지고 활동하지 않았지만, 여러 가지 형태의 조직과 운동 속에 들어가 활동하는 모양이 되었다. 나는 대표적 활동으로 기독교 사회문제연구원, 교회협 통일문제연구원과 기독교사회발전위원회 세 가지를 들었는데, 이 세 가지 조직과 운동은 1970년대부터 이어져 온 기독자민주동지회의 연속 활동이었다고 볼 수 있다. 동지회의 뜻 과 정신적 유대, 협력 속에서 이루어진 성과였기 때문이다.

기독자 민주동지들이 개별적으로 한국의 민주화와 인권평화통 일, 사회정의와 발전운동에 기여한 업적에 대해서는 필자가 다 알 수도 없고, 다 설명할 수도 없다. 김관석, 박형규, 문익환, 강문규, 오 재식, 박상증, 지명관, 김재준, 이승만과 여러 해내외 동지들의 자서 전이나 여타의 서적들에 자세히 기록되어 있으므로 앞으로 후배들 이 연구하고 정리해야 할 과제라고 생각한다.

기독자민주동지회는 5공화국 독재체제가 무너지고 민주화가 이 루어진 1987년 이후에도 무형의 조직과 정신적 유대로만 존재해왔 다. 핵심적 동지들만의 소수 모임인 기독자민주동지회가 조직을 드 러내놓고 활동한다면 다른 많은 단체와 조직, 그룹들과 부딪치거나 갈등을 일으킬 수도 있기 때문이었다. 더구나 민주화 시대에 정치권 이 김영삼(YS), 김대중(DJ) 진영으로 갈라지면서 분열의 영향은 시

---

4 이삼열, 위의 책.

민사회와 기독교의 운동권에도 미치게 되었다. 동지들 가운데는 개인적으로 YS나 DJ 진영에 가깝게 활동한 분들이 있었지만, 기독자동지회로서는 양측의 단일화나 연대를 주장했고 어느 정파에 기대거나 편승하지 않았다.

오랜 세월 뒤 동경과 독일에 보관되었던 민주화운동 자료센터(Dokumentation Center)의 처리문제를 결정하기 위해서는 동지회의 합법적인 결정이 필요했기 때문에 기독자민주동지회의 이름으로 모임을 열게 되었다. 민주화가 확실히 정착되어 민주화운동기념사업회가 설립되어, 이제는 자료들을 해외에 계속 보관할 필요가 없어졌다. 해외 사무실의 계속 유지와 비용도 문제였다.

1999년 7월 20일에 신촌 '형제갈비집'에서 오랜만에 민주동지회가 모였다. 민주동지회장 김관석, 사무총장 박상증의 이름이 명시된 회의록에는 아래와 같이 기록되어 있다.

참석자: 김관석, 이우정, 김준영, 강문규, 오재식, 이해동, 이삼열, 이경배, 김동완, 박상증

결석자: 이인하, 안재웅, 김용복, 박종화, 김상근, 이재정

결정된 사항:

1. EMS와 이인하 목사가 동지들의 호의로 문서들을 독일과 일본에서 서울까지 수송하는 비용을 부담하게 된 것에 대하여 사의를 표한다.

2. 강문규, 오재식, 이삼열 세 사람과 박상증 목사가 자료를 영구히 보관하기에 여러 측면에서 적합한 사실을 검토하여 그 결과를 조속한 시일 내에 보고한다.

3. 독일과 일본의 자료는 박상증 민주동지 사무총장 앞으로 보내도록 통지한다.

이상.

1999년 7월 20일

민주동지위원장 김관석

사무총장 박상증

그 후 2000년 1월 14일에 동지회 회장 김관석은 회원들에게 아래
와 같은 통지문을 보낸다.

민주동지 회원 여러분

주님께서 여러분을 항상 지켜주셔서 건강한 모습으로 각자에게 주어진 소명
을 다 할 수 있기를 기원합니다.

지난 1월 7일 저녁 '석란'에서의 모임에서 지난날의 오해는 상호 간의 이해와
대화의 부족에서 기인되었음과 앞으로는 과거에 민주화를 위해 우리가 힘을
모았듯이 각자가 양보하여 하나 되어 우리에게 주어진 과제를 건설적으로 해
결해 나아갈 것을 합의한 일은 기쁜 일입니다.

참석한 분들은 물론 참석하지 못하신 분들도 이미 아시겠지만 이날 저녁 우
리는 저를 포함한 강문규, 오재식, 이삼열, 박상증, 김상근 이상 6인에게 독
일 EMS와 일본 NCC가 보관 중인 해외자료반입 방안을 다음과 같은 원칙하
에 모색할 것을 위임하였습니다.

다음

1. 자료는 영구 보존되어야 한다. 그리고 자료가 한국현대사에 편입될 수 있
   게 정리되고 그 같은 기관에 기증함이 좋다.

2. 자료는 모든 기관과 사람들에게 마이크로필름으로 제작되어 쉽게 이용될

수 있고 이용되어야 한다.

3. 반입에 대한 구체적인 방안은 조직위원회가 모색하여 음력 설 전후에 전
   체회의를 열어 논의 결정한다.

2000년 1월 14일

회장 김관석

이러한 민주동지회의 결정을 토대로 6인 소위원회는 여러 차례 회의와 교섭을 통해 민주화운동의 방대한 자료들(수십만 건)을 국사편찬위원회(위원장 이만열 교수)에 기증하기로 결정했다. 기증과 정리 작업이 완성된 것은 그 후 3, 4년이 지난 뒤였다. 2004년 10월 9일에 국사편찬위원회 주최, 한겨레신문 후원으로 '국사편찬위원회 소장 해외 한국 민주화운동 자료 전시회'가 효창동 백범기념관에서 열려 10월 16일까지 공개되었다.

10월 16일 14시부터 17시 30분까지 백범기념관 대회의실에서 '해외 한국 민주화운동의 전개와 자료'에 대한 학술회의가 열렸다. 당시 참여연대 공동대표를 맡은 박상증 목사가 "한국 민주화운동 기독자동지회의 활동과 의의"에 대한 기조강연을 했고, 자료의 구성과 성격에 관한 최영묵 편찬위 연구사의 발표가 있었다. 또한 김흥수 교수의 "유럽에서의 민주화운동 전개와 자료"에 대한 발표와 이삼열의 경험과 논평 발표가 있었고, "일본에서의 한국 민주화운동의 전개와 자료"에 관해 조기은(동경외대 대학원)이 발표하고 오재식 월드비전 원장이 경험과 논평 발표를 했다. 민주화운동 자료들을 국사편찬위원회로 기증하고 전시회를 마친 2004년 10월 16일이 사실상 기독자민주동지회의 마지막이며 해산일이었다고 볼 수 있다.

IV장

독일에서 전개된 민주화운동
- 민주사회건설협의회를 중심으로

회고록을 쓰게 된 동기

나는 왜 지금 40여 년 전 독일에서 일어났던 민주화운동 이야기를 쓰려고 하는가? 특히 1970년대 유신독재의 암울한 시대에 이국땅 독일에 살던 유학생, 노동자, 종교인, 지식인들이 일으킨 민주화운동, 그중에도 〈민주사회건설협의회〉를 중심으로 일어난 운동과 사람들에 관해 써보고 싶은 이유는 무엇인가?

그동안 국내 민주화운동에 관해서는 많은 연구와 저술 기록이 나왔지만, 아직 해외의 민주화운동에 관해서는 제대로 된 보고서나 기록물이 나오지 못했기 때문에 해외 운동의 소개와 논의를 촉발시킨다는 의미를 우선 생각해 볼 수 있다. 사실 해외의 민주화운동은 국내 운동의 보조적 역할로 인식되었고 교포들의 운동이랬자 미약한 소수였기 때문에 일제하 독립운동 때의 해외 운동처럼 주목을 받거나 큰 의미 부여를 받지는 못했다. 그러나 비록 후방지원의 성격이라 하더라도, 사실 1970년대 박정희 유신독재 체제를 무너뜨리는 민주화 투쟁이나 1980년대 전두환 5공화국을 해체시키는 투쟁이 해외의 운동이나 교민들의 참여가 없었더라면 국내 운동만으로 성공할 수 있었을까? 더구나 남북 분단 상황에서 미국과 일본 유럽 등 자유 민주 국가들의 여론과 지원이 정권유지에 필수적 조건이었던 대한 민국에서 해외의 여론과 국제적 압력은 무엇보다 효과적인 민주화 의 촉매제가 아니었을까?

해외 민주화운동의 역할과 의미를 이제는 바르게 찾아볼 필요가 있다는 점에서 나는 내가 참여했던 독일 민주화운동 10여 년의 과정 을 기록해 앞으로 쓰여질 해외 민주화운동사의 한 부분과 재독 한인 교포들의 생활사의 한 장을 채워 보려고 한다.

그런데 나는 왜 이런 의미 있는 작업을 팔십을 바라보는 지금에 와서야 하게 되었는가? 솔직히 말해 유신시대가 끝난 1982년에 귀국 해 숭실대학교 철학과 교수직에 부임하여 20여 년간 가르치는 일을 했고, 그 후 유네스코 기관의 공직을 10여 년간 맡게 되어 지금까지 는 시간을 낼 수가 없었다. 1980년대와 1990년대에는 교수직 외에 국 내 민주화운동에 직간접적으로 많은 참여 활동을 해야 했고, 한국철 학회, 기독자교수협의회, KNCC 통일위원회, 참여연대, 아카데미의 평화포럼 등 숨 가쁘게 여러 가지 시민사회 운동의 책임을 맡아 수행 하느라 지난 시절 독일의 활동을 정리해 볼 시간이나 여유가 없었다. 특히 2천 년대부터는 유네스코 한국위원회 사무총장직(2004-2008) 외에도 아시아 태평양 국제이해 교육원장(2000-2004), 아태 무형문 화유산센터 사무총장(2012-2015) 등 국제 활동에 매달리는 바람에 도저히 집필을 위한 시간을 낼 수 있는 틈이 없었다. 그간에라도 혹 해외 민주화운동에 대한 절실한 관심이라도 있었다면 부분적인 보 고서나 논문이라도 썼겠지만, 국내 운동권에서는 시시각각 새로운 도전과 문제 상황에 시달리느라 해외의 지난 운동에 주목하거나 관심을 보일 여유가 없었다.

2천 년대에 들어와서야 비로써 민주화운동기념사업회가 설치되면서 국내 운동에 대한 연구 활동과 자료수집 활동을 시작하게 되었고, 아울러 해외 운동에도 관심을 보여 자료수집과 기록물 보존에 착수하게 된 것 같다. 독일에서 이루어진 운동 관련 자료들도 기증과 수집을 통해 그동안 어느 정도 모아졌지만 이를 토대로 한 운동에 대한 평가나 서술 작업은 아직까지 이루어지지 못하였다. 민주인사들에 대한 구술 기록 작업이 이제 막 시작되었고, 본인의 구술도 일차 녹음되었다. 앞으로 언제 누군가에 의해 해외 민주화운동사가 연구되고 쓰여지겠지만, 일단 참여했던 활동가 자신들에 의한 보고와 서술이 필요하겠기에 감히 40여 년 전의 일들을 회상하면서 정리해보려고 한다.

모든 역사서술이 역사기록자에 의한 주관적 서술일 수밖에 없듯이, 1970년대 독일에서의 민주화운동사를 엮어보려는 이 글도 본인의 체험과 주관적 판단의 범위를 넘기 어려울 것이다. 나의 이 글이 자극이 되어 보완적 서술과 다른 경험과 정보들이 발표되어, 충실하며 보다 객관적인 해외운동사가 마련되길 바란다.

해외 민주화운동사의 한편으로 독일의 운동 편을 써야겠다고 결심하게 된 동기는 대학과 공직에서 은퇴한 후 최근에 독일을 방문하여 옛 친구들과 운동에 함께 참여했던 선후배 동지들을 만나면서 더욱 절실해졌다. 나와 마찬가지로 70대 노인이 된 옛 동지들, 혹은 60대의 후배들, 이미 돌아가신 분들의 가족과 자녀들을 만나면서 이분들의 수고와 업적, 민주화를 위한 헌신이 기록되고, 후배와 자녀들에게도 알려지는 것이 필요하겠다는 것을 깨닫게 되었다.

1970년대 당시 20대 30대 유학생, 간호원, 광부들로 독일에 왔던 우리 민주동지들이 낳아서 기른 자녀들은 이제 30대 40대 청장년들로 성장했고, 독일 사회에서 의사, 변호사, 예술가, 사업가들로 성공한 자녀들도 많았다. 그런데 이렇게 성숙한 자녀들이 가끔 부모들에게 "왜 한국으로 돌아가지 못하고 독일에 남아 고생하느냐?"고 묻곤 하는데 1970년대의 상황과 민주화운동에 참여하게 된 계기, 오래 독일에 머물러 귀국하기가 어렵게 된 사정을 설명하기가 쉽지 않아 서술된 자료나 책이 있었으면 자녀들 교육에 유용하겠다는 것이며 나에게 그런 글을 좀 써주었으면 좋겠다는 간절한 부탁이 있었다.

해외민주화운동사는 국내 운동사의 보충을 위해서 뿐 아니라, 해외 교포 사회의 발전과 후진들의 교육을 위해서도 필요한 것이겠구나 하는 것을 깨닫게 되었다. 1970년대 당시 일 만여 명에 불과했던 재독 한인 교포의 수는 크게 늘었고, 오늘날 전 세계 5백여 만에 달하는 해외동포 사회는 민주화와 통일, 경제발전 등 국가 발전에도 커다란 영향을 미치는 요소가 되고 있다. 해외에서 자라나는 2세, 3세, 4세의 자녀들은 앞으로 조국의 발전과 남북통일에도 중요한 역할을 할 수 있는 인재들이기에, 이들에게 민주화와 통일에 대한 올바른 의식과 조상, 선배들의 운동 역사와 뿌리를 알려주는 것은 매우 중요한 일인 것 같다.

자녀들에게 뿐 아니라, 아직도 귀국하지 않고 혹은 못 하고 해외에 남아 있는 민건회 동지들, 또한 국내에 들어와서 여러 가지 활동을 하면서도, 독일 체류 당시의 참여나 행태를 숨기거나 침묵하거나 혹은 과장하는 사람들의 진실을 밝혀, 오해를 풀고 사실에 입각한 바른 역사를 쓰기 위해서도, 40여 년 전의 일들이지만 정직하게 기록해 두는 것이 중요하리라 생각되었다.

유감스럽게도 독일의 유학생 문제나, 민주화운동사의 단편들은 국내 신문과 TV에 가끔 북한의 간첩사건과 관련시켜 잘못 보도되곤 했다. 1967년의 "동백림 유학생 간첩단"(?) 사건이 그 시작이었고, 그 후 1970년대와 1980년대, 1990년대까지 여러 차례 독일 유학생 간첩 사건이 보도되어, 국민들 사이에는 독일 유학 갔다고 하면 간첩 조심하라는 충고를 할 정도로 위험시하는 풍조마저 생겼다. 나중에 여러 사건이 중앙정보부에 의한 조작 사건으로 밝혀졌지만, 일단 신문에 보도되고 나면, 해명이 어렵다는 게 당사자들의 고충이었다.

나는 특히 내가 창립에 주도적으로 참여한 〈민주사회건설협의회〉(약칭 민건회)의 조직과 운동 방향을 진술하게 밝혀야겠다고 결심한 동기 가운데는, 민건회 조직에 열심히 참여했던 백여 명의 동지들이 혹 친북 좌파 인사로 왜곡되고 오해를 받아서는 안 되겠다는 생각도 있었다.

이것은 특히 독일에서 민주화운동가로 자주 언론에 보도된 분들이, 북한을 방문했던 작곡가 윤이상 씨와 송두율 교수였으며, 또한 월북했다 탈출한 오길남 박사나 또 현재 월북 상태에 있는 이창균 씨 등이 모두 나와 함께 운동에 참여했던 민건 회원이었기 때문이다. 이 네 사람의 북한 관련 행위의 동기나 성격이 모두 다른 것이지만, 모두 간첩 행위로 매도되어 보도되었기 때문에 순수한 동지들이 오해를 받을 수 있었다. 윤이상의 북한 방문은 이미 동백림사건으로 재판을 받아 모두 알았지만, 송두율의 방북은 당시 본인이나 민건 회원들에게 전혀 알려지거나 짐작된 적도 없었다. 오길남, 이창균의 월북은, 1980년 광주 민중학살 사태 이후 한국의 민주화 가능성에 대한 절망과 환멸에서 온 개인적 행동이었으므로 1970년대 동지들의 민건 운동과 연관지을 수 없는 일이다.

경계인이라는 자부심을 갖고 북한을 드나든 송두율 박사는 독일의 사회학자로 이상적 통일관에 지배되어 확신을 가지고 친북행위를 했겠지만, 1970년대 당시 우리들의 민건회 활동에는 전혀 그런 내색이나 활동을 보인 적이 없다. 필자와는 서울대 철학과 동창이며, 오랜 선후배 친구 사이로서 사상적 토론도 많이 했지만, 북한 사회주의에 대한 학자적 관심을 표명한 정도였지 북한 방문을 말한 적이 없다. 어쨌든 이들 몇 사람의 친북 행위 때문에 민건회 조직에 참여해 활동한 동지들이 북한 관련 활동을 한 것처럼 오해를 받는 일은 있을 수 없으며 있어서는 안 되겠다. 민건 동지들의 순수성을 밝히기 위해서도 당시의 내부적 토론과 논쟁의 일단을 밝혀야겠다고 생각했다.

당시의 동지들 사이에서 북한에 대한 정보나 인식은 서로 크게 달랐지만, 반독재 민주화운동의 과정에서는 결코 북한과 연결하거나 친북 행위를 해서는 안 된다는 합의와 불문율이 있었다. 이것은 무엇보다 국내 민주세력을 보호하기 위해서였고, 독재정권에게 민주화운동을 탄압할 수 있는 구실을 주지 않기 위해서였으며, 이런 오해를 받지 않기 위해 치열한 내부 논쟁이 있었다. 국내 운동에도 이런 문제들이 있었겠지만 해외 운동에서는 그 자유로운 공간 때문에 북한 관련 논쟁과 문제가 더욱 심각하게 있었다는 점도 밝혀야겠다.

40여 년 전의 일들을 어떻게 다 기억해내고 사실대로 밝힐 수 있을까 염려도 되지만 다행스럽게도 나의 서가에는 당시의 모든 회의 기록과 선언문들 그리고 동지와 선후배들과의 서신교환 500여 통과 가족 친구들과의 서신 500여 통이, 고스란히 날자 순으로 철해진 채 보관되어 있다. 사실 언젠가 필요하겠다는 생각에서 철해두었고, 독일에서부터 여러 차례 이사를 하면서도 무겁지만 보관해 왔다.

나는 가급적 이 기록들과 편지들을 근거로 일어났던 일, 관련된 인물들, 문제의식과 논쟁점들을 사실대로 밝히려고 한다. 관련된 인물들 중에는 여러 동지, 선배, 후배들이 이미 별세했고, 대부분 정년을 넘겨 노후의 생활을 하고 있다. 혹 출세에 부담스런 점이 밝혀진다 하더라도 이제는 시대상황도 바뀌었고, 본인들도 대부분 활발한 사회활동의 시기가 지났기 때문에 별 지장은 없을 것 같다. 오히려 당시의 사정과 행태를 사실대로 밝혀서 진실된 역사가 기록되도록 하는 것이 옳지 않은가 생각되어 가급적 편지나 회의록에 기록된 그대로 문장들을 인용하며 기억을 되살려 서술해 보려고 한다.

지난 몇 주간, 수백 통의 편지들을 읽느라 밤낮을 새었더니, 마치 타임머신을 타고 1970년대의 과거를 헤매고 있는 느낌이다. 그러나 아무리 기록과 자료가 있어도 나의 기억력은 제한되었고, 주관적인 경험과 판단 때문에 오류와 편향성이 있을 수 있겠지만, 사실대로 진실되게 써보겠다는 용기를 잃지 않으려 했다. (2015년 10월 씀)

동백림사건 후의 첫 유학생 세미나

내가 독일로 유학을 떠난 것은 1968년 8월 말이었다. 서울대 철학과를 1963년에 졸업하고 공군 장교로 4년간 복무하면서 대학원을 마친 후 1967년 봄부터 크리스찬 아카데미의 연구 간사와 서울여자대학의 강사로 일하다가, 세계교회협의회(WCC)의 장학금을 받게 되어 서독 괴팅겐(Göttingen) 대학으로 유학을 가게 되었다.

당시 괴팅겐 대학에는 독문학과 신학 화학을 전공하는 유학생 7 명과 광부·간호원으로 왔다가 임기를 마치고 유학생이 되기 위해 독일어 교육을 받고 있는 분들이 몇 명을 합해서 10여 명이 있었고, 직장을 가진 의사 두 분과 연구원 한 분이 있었다.

1960년대 당시에는 문교부의 유학 시험과 독일어 시험을 통과해야만 독일 유학을 갈 수 있었기 때문에 유학생 수는 극히 적었다. 대학에서 독일어를 공부한 독문학, 철학, 신학과 음악전공 학생들이 주로 갈 수 있었고, 간혹 의학, 법학, 과학기술 분야의 유학생들이 있는 정도였다. 그래서 1960년대 전반기에는, 독일 전체에 한국 유학생이 1백여 명 정도였는데, 간호원·광부들이 오게 되면서 급작히 늘게 되었다. 계약기간을 마친 광부·간호원들이 모은 돈으로 대거 공부하기 시작했고, 또 간호원 이나 간호보조원으로 부인이 일하면서 남편이 공부하는 유학생들도 많이 생겼다. 노동자 수출로 인한 한독 관계가 깊어지면서, 여러 가지 장학금도 늘어났고 1970년대 초의 대사관 통계로는 유학생 수가 8백여 명에 이르렀다.

그러나 내가 독일에 도착한 1968년도의 유학생 사회는 매우 얼어붙어 있었다. 1967년의 동백림사건으로 유럽에서 70여 명의 유학생, 학자, 예술가들이 납치되어 한국으로 끌려갔기 때문이었다. 불신과 불안, 경계심리가 대단했고, 처음 보는 사람은 누구나 간첩이나 정보원이 아닌가 의심해 볼 정도로 경직되어 있었다. 서로 잘 만나지 않고, 만나도 말을 하지 않는 분위기였다

이런 분위기의 독일에서 나의 유학 생활이 시작되었다. 대체로 유

학 초기 한두 해는 독일어 회화를 익히기 위해서도 독일 학생들과만 지내는 것이 유리하기 때문에, 한국 사람들은 잘 만나지 않고 지낸다. 그러나 차츰 독일 생활에 익숙하게 되면, 이국땅에서 겪는 외로움과 향수 때문에도 한국 학생들과 사귀게 되고, 주말이면 한국 음식 생각이 나서 함께 만나 밥도 해먹고 학문적 이야기도 하게 되어, 자주 만나는 학생들끼리 그룹이 형성된다.

다행히 내가 간 괴팅겐대학에는 독문학, 철학 등 인문학도가 여럿 있어서 공부를 위해서도 자주 만나 토론을 하게 되었고, 정기적인 독서회도 만들게 되었다. 아무리 독일어로 공부하지만, 역시 우리말로 토론하는 것이 필요했기 때문에, 책을 함께 읽고 토론하는 괴팅겐 독서회를 만든 것이다. 1970년대 초에 괴팅겐대학에서 함께 공부하며, 자주 토론했던 학생들은 나중에 모두 교수나 학자가 된, 최두환, 송윤엽, 김정옥, 임승기, 이태수, 박로학, 김길순, 이지숙 등이었다.

이렇게 주말마다 모여 앉아, 책도 읽고, 밥도 해먹고, 토론하다 보면, 자연히 국내 사정을 이야기하게 되고, 학문적 토론뿐 아니라, 정치·경제·사회·문화·종교 문제 등 온갖 한국 이야기로 꽃을 피우게 된다. 괴팅겐에서처럼, 토론회와 독서회를 하며 불신을 극복하고 친해진 10여 명의 유학생 사회에선 자유롭게 정치 이야기도 나누지만, 그렇지 못한 다른 대학 도시의 유학생들은 일체 정치 이야기는 못한다는 것이 들려오는 소식이었다. 불신풍조를 극복한다는 것이 쉬운 일은 아니었다.

1969년, 1970년, 1971년에 들어서며, 국내 정치상황은 점점 더 험악해지기 시작했다. 군사 쿠데타로 집권한 박정희 대통령이 헌법에 보장된 두 번의 임기를 마치고도, 장기 집권을 위해 69년 삼선개헌을 단행했다. 야당과 학생들이 데모하고 야단쳐도, 정보부와 경찰을 동원 진압했으며, 1971년 대통령 선거에서는 부정선거 가운데서도 47%를 받은 김대중 후보를 누르고 3선 대통령이 되었다. 4.19 혁명을 경험한 학원가가 조용할 리 만무했고, 지식인, 종교인들이 항거했지만, 점점 탄압과 감시는 심해지고, 김지하의 〈오적〉 시를 발표했던 「사상계」 지는 1970년 9월에 폐간되었다.

괴팅겐 학우들의 독서회는 어느날 밤, 내가 입수한 김지하의 〈오적〉 시를 크게 낭독하며, 험악해져가는 국내 정치상황을 탄식하면서 밤새 걱정과 토론을 나누었다. 다른 대학 도시에서도 이런 토론이 있다는 것을, 나의 철학과 동창들과 편지로 소식들을 주고받으며 알게 되었다. 국내에서 오가는 손님들, 교수들을 통해 국내의 험악한 상황은 소상하게 알려졌고, 신문에 나지 않은 정보와 괴상한 소문들도 들려왔다. 말 잘못 했다가는 남산이나 동교동으로 끌려가 별별 고문을 다 당한다는 소문이었다.

삼선개헌으로 장기 집권에 들어간 박 대통령은 경제개발을 구실로 삼권분립의 원칙도 짓뭉개버리고, 학원과 언론을 탄압하며 독재정치 강화의 길을 내딛었다. 이 무렵 괴팅겐대학으로 유학을 온 헌법학자 권영성 교수를 통해, 3선 개헌으로 끝나지 않고 대만처럼 총통제 개헌을 할지도 모른다는 말을 들었다. 당시의 저명한 헌법학자들과 정보교환이 있었던 권 교수의 정보는 빈말이 아니었다.

이 시기의 유학생 사회는 둘로 나누어지는 분위기였다. 대부분은 '빨리 공부 마치고 한국에 돌아가 무슨 일을 해야지, 외국에서 국내 걱정을 하면 무슨 소용이 있는가' 하며 일체 국내 정치 이야기를 하지 않으려는 학생들과 소수지만 '우리가 돌아가 일해야 할 조국의 위기를 어떻게 모른 체 하며 방관할 수 있는가, 이야기라도 하고 문제의식을 갖고 있어야 바른 지식인이 아닌가' 하며 적극적으로 토론해 보자는 유학생들로 나뉘었다. 여기에 동백림사건의 여파로 '정보부', '빨갱이' 의혹들까지 난무해 공개적으로는 입을 다무는 분위기였다.

나는 1971년부터는 독일 사민당의 에베르트 재단 장학금을 받게 되었고, 사회과학부로 옮겨 정치철학 박사 후보생이 되어 한두 해만 열심히 해 논문을 마치면 박사학위를 받고 부모님들이 그렇게 학수고대하시는 '형설의 공'을 거쳐 "금의환향"을 할 수도 있게 되었다. 나보다 2년 뒤인 1970년에 독일로 온 아내 손덕수도 독일교회 후진국 개발 지도자 장학금(ÖSW)을 받게 되어 두 아이들도 데려오고 양쪽 장학금을 받아 비교적 안정된 유학 생활을 할 수 있는 형편이었다.

그러나 30세가 된 유학생 나는 조국의 위기 상황을 보면서 나의 설 자리가 어디냐는 고민에 빠지게 되었다. 학위를 마치고 돌아가도 대학 강단에 서서 어용교수가 되어 정권옹호를 하든가, 감옥에 들어가는 길밖에 없는데, 학위 공부만 하고 있는 것이 옳은 태도인가 하는 회의였다. 그리고 나치 독재나 한국·중국의 식민지 시대에 반독재 민주화나 반제국주의 독립운동을 하던 지식인, 외국 유학생들은 어떻게 살았는가를 찾아보기 위해 역사책들을 찾아 읽기 시작했다.

잠정적인 결론은 조국의 위기 상황에서 유학생 시절이라고 공부만 하고 있을 수는 없다는 것이었다. '30 나이면 공자님도 완전히 서야 한다고 했는데, 몇 년 동안을 이론 공부만 하며 책상에만 앉아 있을 것인가, 아니다 무엇이라도 실천해야 하지 않을가'였다. "복 있는 사람은 시절을 좇아 열매를 맺어야 한다"는 시편 1편의 말씀도 새롭게 들렸다. 내가 지금 이 단계에서, 여기 독일에 앉아 할 수 있는 일이 무엇일까 곰곰이 생각해 보니, 얼어붙은 유학생 사회에 새로운 바람을 일으키는 것이 아닐까, 즉 입을 다물고 있는 유학생들이 국내 상황을 자유롭게 토론하며 조국의 현실과 장래 문제를 바르게 인식하게 만드는 일이 아닐까를 깨달은 것이다.

마침 아내 손덕수가 받은 독일교회 개발장학처(ÖSW)의 담당관을 괴팅겐에서 1972년 초에 만났을 때, 장학생들의 귀국 준비 활동 프로그램으로 세미나를 할 수 있는 예산이 있다는 것을 알게 되었다. 나는 장학 처에다 한국 상황이 급변하고 있기 때문에, 독일에 있는 한국 유학생들이 본국의 상황에 대한 연구·토론의 장이 필요해서 한국문제세미나(Korea Seminar)를 열어주면 좋겠다는 편지를 냈다.

1972년 5월 5일자로 장학회 담당관인 데겐(Johannes Degen) 목사가 한국 세미나를 열어 줄 수 있으니 계획서를 만들어 보내라는 편지가 왔다. 나는 너무 기뻐서 금년에 만사를 제치고라도 독일 안의 실력 있는 우수한 유학생들을 30여 명 조직해 "한국 사회의 구조변화와 지성인의 사명"이라는 주제로 인문, 사회, 자연, 과학기술 분야의 유학생들과 한국 사회문제를 종합적으로 반성해 보는 세미나를 준비하겠다고 대답했다.

동백림사건 이전에는 독일 유학생들이 일 년에 한 번씩 모이는 퇴수회라는 게 있었는데 1967년 납치사건이 터진 뒤로는 일체 유학생 모임이 사라져버렸고, 도시마다 대사관이 지원하는 한인회가 연말 파티를 하는 정도의 모임만 있었다. 그런데 이제 독일교회 장학처의 힘을 빌려 전 독일 유학생 모임을 부활시켜 볼 기회가 생긴 것이다. 그러나 서로를 정보원 아니면, 북한과 연락하는 첩자로 의심하는 냉

담한 분위기 속에서, 국내 정치상황은 학생데모와 휴교령, 체포, 고문, 투옥으로 점점 험악해져 가는데, 어떻게 뜻있는 유학생들을 모아서 현실 문제를 놓고 세미나를 할 수 있을까 고민이 되었다.

그래서 데겐 목사와의 여러 차례 협의 끝에 세미나 준비를 위해 10여 개 대학도시를 내가 방문해, 세미나의 목표와 의미를 설명하고 발표자들을 선정하고, 참가자를 교섭하는 여행을 하게 되었다. 데겐 목사는 이 준비여행을 위해 5백 마르크 예산을 허락해 주었다. 나는 우선 여러 대학도시에 있는 나의 서울대 철학과 선후배들에게 편지를 해서 방문을 약속하고, 말이 될 만한 분들의 소개를 부탁했다. 다행히 대학도시마다 한두 명의 동창생들과 친구들이 있어서 무료 숙식을 하며, 1972년 8월 중 10여 개의 도시를 다니며 참석자들을 모집할 수 있었다.

나의 철학과 동창들만 해도 튀빙겐의 강돈구, 쾰른의 박대원, 김용무, 뮌헨의 박종대, 김영수, 뮌스터의 송두율, 마인즈의 강성위, 함부르크의 오명호, 프랑크푸르트의 송영배가 있고, 그 밖에도 문리대 타과 동창들과 친구들이 곳곳에 있어서 오랜만에 만나 회포를 풀면서 정보를 얻고 다른 유학생들을 소개받아 세미나 참가를 설득하는 일을 해낼 수 있었다. 결국 8월 한 달 동안 남쪽(Frankfurt, Heidelberg, Marburg, Tübingen, Freiburg, München, Regensburg, Würzburg), 서쪽(Köln, Bonn, Aachen, Münster), 북쪽(Hamburg, Kiel), 동쪽(Berlin)을 다 돌아 40여 명의 유학생들을 만났고 설득해 참석하겠다는 약속을 받았다.

설득의 핵심은 동백림사건으로 중단된 유학생들 모임을 부활시켜 우리가 유학하는 수년 동안 일어난 조국의 변화 발전상을 파악하고, 귀국해서 해야 할 과제들을 함께 생각해 보자는 것이었다. 결코 정치적 의도나 색깔은 없다고 장학회와도 약속했기 때문에, 현실분석과 이해를 목적으로 한다고 역설했다. 계속 의심하며 피하려는 분들도 있었지만 소개를 받은 대부분의 유학생들은 그 필요성을 인정했고, 만나서 이야기를 들으니 신뢰가 간다고 처음 만나는 사람들도 참여에 동의해 주었다.

이렇게 준비된 한국 유학생 일차 세미나는 보쿰 근처 필릭스트 (Villigst)에 있는 개신교 학생 연수원(Evangelische Studienhaus)에서 1972년 11월 2~5일, 사흘 동안 열리게 되었고 "한국 사회와 지성인"이라는 주제로 40여 명의 한국 유학생들이 10여 개의 대학도시에서 모여 토론의 장을 펼치게 되었다. 참가자들에게는 왕복 기차비와 숙식이 제공되었고, 회의비라고 해서 소액인 20마르크씩을 내게 했다.

3박 4일의 세미나에는 도시별로 조직에 도움을 준 나의 동창 친구 10여 명 외에, 정치학, 경제학, 법학, 독문학, 신학, 과학기술 등 여러 분야에서 30여 명 가까이 참석했다. 국순옥, 김길순, 김균진, 김복희, 김성수, 김연수, 김장호, 강정숙, 남균, 박경서, 박순영, 배동인, 배정석, 서병철, 손덕수, 송윤엽, 심윤종, 오길남, 오인탁, 이준모, 이성락, 이영기, 이재형, 이재근, 이초식, 이춘식, 전풍자, 정종운, 조남홍, 최두환, 허경 등이었다. 그런데 뜻밖에도 세미나가 열리기 두 주 전인 10월 17일에 국내에서는 계엄령과 함께 유신체제가 선포되고, 헌법의 폐지, 국회해산이라는 엄청난 사건이 벌어졌다. 자연히 세미나는 흥분과 불안, 탄식, 저항감 등 여러 가지 복잡한 감정의 도가니에 휩싸였으나, 공식 회의장에서는 모두 눈치를 보여 조심하고 말을 아끼는 분위기였다. 일과 후 숙소에 들어가서는 끼리끼리 모여서 밤새

열 띤 토론이 벌어졌다.

공식 프로그램은 한국 사회구조를 산업화와 민주화라는 두 축에서 분석하며 지식인들의 책임과 역할을 논해보는 것이었다. 강성위, 김연수, 정종운, 이춘식, 김장호 등이 정치, 경제, 기술 분야의 분석을 했고, 나는 "지성인의 사회참여 모델과 역할"에 대해 주제 강연을 했다. 현실의 비판과 개혁 참여가 지성인의 본질적 사명이며, 시인 김지하의 참여문학을 귀감으로 삼아, 대화와 토론의 광장을 만드는 일이 급선무라고 강조했다.

세미나를 마치면서 36명의 이름으로 발표한 결의문은, 대화와 공동사고의 이점을 생각해 이런 모임이 매년 계속되어야 한다는 점을 강조했다. 결의문은 "이번 세미나에서 우리는 한국 사회의 현실을 정치적, 사회경제적, 과학기술적인 면에서 분석하고 지성인들의 사명을 찾아보는 데 노력하였으며, 민주적 사회체제의 확립과 산업화의 합리적 방향에 관해 토론을 하였다"고 기록했다.

바일슈타인 기독자 모임과 반독재 선언

유학생 세미나는 동백림사건의 후유증을 털고 처음으로 전 독일에 있는 여러 분야의 유학생들이 조국의 현실 문제를 분석하면서, 지식인들의 과제를 의논했다는 데서 큰 의미를 가졌다. 어떤 뚜렷한 방향과 결론은 없었지만 사상과 경향이 조금씩 다른 지식인들이 함께 모여서 3일간이나 친교와 대화를 나누었다는 것 자체가 큰 성과요 보람이었다고 많은 참석자들이 편지해주었다. 이 세미나는 오히려 이후의 독일에서 민주화운동을 일으키는 토대와 조건을 만들었다는 점에서 더욱 중요한 의미를 갖는다. 여기서 만나 알게 된 사람들이 운동조직을 만들고 일생 민주동지가 되며, 함께 고생하는 벗들이 되었기 때문이다.

계엄령과 80여 개 대학이 휴교령을 내린 채 10월 유신을 선포한 지 한 달 만인 11월에 유신헌법을 강압적 국민투표로 확정하고, 12월에는 통일주체국민회의 대의원 2359명을 임명하고, 체육관에 모아 박정희를 대통령으로 선출하게 해 영구집권의 토대를 구축했다. 그나마 허울만 있던 서구식 민주주의, 제3공화국을 뭉개버리고, 소문만 들던 총통제에 가까운 유신체제를 급조해 놓았다.

꼼짝할 수 없었던 계엄령이 풀리자 1973년에 들어서면서 기독교인들을 중심으로 유신체제에 대한 저항운동이 나타났다. 첫 사건이 4월 22일 남산 부활절 예배 때 삐라를 뿌렸다는 기독청년들의 배후로 박형규 목사를 체포해 내란예비음모죄로 구속한 사건이다. 사실 박형규 목사는 1972년 7월에 괴팅겐의 우리 집에 오셔서 하루 주무시며 국내 사정을 자세히 말씀해 주시고, 나치 독일 같은 세월이 오면 희생을 각오해야겠다는 비장한 말씀을 해주셨고, 1972년 8월에 아세아 쪽에서 보낸다며 비장한 글이 적힌 엽서를 주셨다. "귀국해서 할일을 생각하니 마음이 무거워지는군요. 그러나 사람의 할 일은 다 하고 심판은 하나님께 맡길 수밖에 없겠지요"라고 쓰셨다. 1960년대 아카데미 운동 시절부터 잘 알고, 당시에 KSCF 총무로 에큐메니칼 운동의 선배이신 박형규 목사의 이런 결행은 나에게 커다란 충격이었다.

더구나 박 목사가 구속된 지 한 달 뒤인 5월 20일에는 〈그리스도인 신앙선언)이 나왔는데 박형규 목사가 관련된 선언이었다. "유신헌법을 거부하고 민주주의 부활을 위해 기독자들은 순교를 각오하며 나서야 한다. 이것이 오늘의 신앙고백이다"라는 순교를 각오한 비장한 선언문이다. 엄격한 감시와 공포 분위기에서도 대학생들의 저항과 무력진압은 계속되었으며, 8월 8일에는 일본 동경에서 정보부가 김대중 선생을 납치하여, 공중에서 태평양 바다에 던져 죽이려 했다가 서울 거리에 내려놓았다.

1973년 9월 학기가 시작되면서 대학생들의 본격적인 저항운동이 시작되었다. 10월 2일 서울 문리대 학생들의 데모를 시작으로 법대, 상대, 고대, 연대, 이화여대, 경북대 등으로, 유신체제를 거부하며, 독재정부의 탄압과 고문, 김대중 납치 등을 규탄하는 성명서와 데모들이 쏟아져 나왔고, 학생운동은 경찰대의 곤봉과 최루탄에 맞서면서 전국의 대학가로 퍼져갔다. 데모 주동 학생들이 수십 명, 수백 명씩 검거되고 구속되자 학생들은 수업거부와 동맹휴학으로 맞섰다.

기독교 측에서는 박형규 목사와 구속학생 석방 기도회를 열었고, 문인, 지식인, 종교인들이 연대하여 민주회복을 부르짖는 성명서들이 나왔다. 이런 운동들과 성명서들이 전혀 언론에 보도될 수 없도록, 신문방송이 정보부에 의해 철저하게 통제되자, 동아일보 기자들이 언론자유 수호 선언문을 발표하며, 기사통제, 편집통제에 항의했고, 한국일보, 중앙, 조선 등으로 기자들의 자유언론 선언운동이 퍼져 나갔다. 서울 법대 최종길 교수가 고문치사를 당했지만, 유럽 간첩단 혐의로 조사받던 중 자살했다고 거짓 보도되었다(10월 25일). 김대중 씨 연금, 데모 학생들의 퇴학처분과 함께 학기 중의 대학들에 휴교령이 내려졌다.

종교계와 학원, 언론, 문인들의 반유신 저항운동이 산발적으로 일어나더니, 마침내 이를 연대해서 투쟁하려는 조직적 운동이 생기게 되었다. 1973년 11월 5일 서울 YWCA 식당에서 낭독된 시국선언에 15명의 민주인사들이 서명해 〈민주수호국민협의회〉를 출범시킨 것이다. 김재준, 지학순, 함석헌, 계훈제, 김지하, 법정, 홍남순, 천관우, 이호철 같은 종교인·언론인·문인 등 사회 지도층 인사들과 이재오, 정수일 등 청년대표까지 포함된 국민적 연대운동의 출발이었다.

1973년 하반기에 국내에선 각계의 저항운동이 봇물처럼 터져 나왔고 미주에서는 워싱턴에서 장성남 씨가 「자유공화국」(The Free Republic)이라는 신문을 발행했고, 김대중 씨가 조직한 〈한국 민주회복 통일촉진 국민회의〉(한민통)가 출범했다는 소식이 들려왔지만 독일의 교민 사이에서는 아무런 움직임도 기대하기 어려웠다. 모두 대사관에 여권 연장을 받아야 하는 유학생과 계약 노동자들 신분이었기 때문이다.

그런데 8월 중순에 쾰른(Köln)대학에서 사회학을 전공하는 유학생 배동인 씨가 나에게 편지해서, 독일 안의 한국인들에게 자유민주주의 회복을 호소하며 독재와 자유억압을 규탄하는 호소문(Aufruf)을 내자고 초안을 만들어 보내왔다. 나는 우리 둘만으로는 안 되니 먼저 동지들을 규합해서, 호소문의 내용을 합의한 후에 발표해야 효력을 발생할 수 있다고 만류했다. 배형은 그냥 '한국자유연맹'(Bund Freiheit Korea)이라는 가칭으로 발송하면 되지 않겠냐고 거듭 요청했지만, 나는 다만 몇 사람이라도 실체가 있는 조직의 명칭을 써야 하며 또 내용도 너무 칼 포퍼(Karl Popper)의 『열린사회와 그 적들』의 이론을 많이 소개한 논문 같아서 호소력이 적으니 여러 동지들을 규합해, 내용 토론을 한 후에 성명서를 만들어 보자고 충고했다. 배동인 씨는 1972년 유학생 세미나에도 참석했었고 엠네스티 인터내셔널 활동도 하고 있었다. 나는 한 사람이라도 이런 제안을 하는 동지를 발견하게 되어 기뻤고, 단지 대사관과 정보부의 감시하에 있는 우리들이 행동할 때는 철저하게 조직하고 대책을 세운 뒤에 나서자고 여러 차례 서신을 교환하며 충고해 주었다.

그런데 마침 좋은 기회가 독일교회 선교부를 통해 만들어지게 되었다. 박형규 목사와 기독청년들이 구속되고, 은명기 목사가 잡혀가고, 국내 수도권 선교단체와 기독교단에서 항의 성명들이 나오기 시작하니까, 독일교회 측에서 구속자들을 돕고 저항하는 한국 그리그도인들과 연대하겠다는 운동이 일어났다. 독일교회 중에도 한국과 선교관계가 있는 서남독 선교부의 슈나이스(Paul Schneiss) 목사와 함부르크의 동아시아 선교위원회의 프리츠(Gerhard Fritz) 목사가 적극 나서 김관석 목사(KNCC 총무)와 안병무 박사(한신대 교수) 등과 연락하면서 구속자 가족들에게 돈을 보내기 시작했다. 박형규 목사와 구속학생들을 돕기 위해 세계교회협(WCC)에서도 5천 불을 보냈다는 소식이 왔다.

나는 1972년 가을에 재독 한인 근로자들을 위한 목회자로 새로 오신 장성환 목사를 도우며, 한국 광부들의 사회문제를 조사해 보고서를 써서 독일교회에 제출한 인연으로, 동아시아선교위원회에 상임 자문위원(Ständige Berater)으로 위촉을 받았고, 3개월에 한 번씩 모이는 정기회의에 참석해 한국교회 사정과 한인노동자 문제를 보고해 주는 역할을 하고 있었다.

독일교회는 30년대 나치 독재에 저항하며 신앙을 지켰던 바르멘 선언(Barmen)과 고백교회의 역사가 있고, 본회퍼, 니묄러 목사 같이 투옥되고 사형된 순교자들의 전통이 있기 때문에 박형규 목사의 저항적 신앙고백과 투옥을 잘 이해했고, 이를 도와야 한다는 사명감에 불탄 크리스찬들이 독일 안에 여기저기 있었다. 이제는 이들의 힘을 빌려 함께 국내 운동을 지원해야겠다는 생각이 떠올랐다.

마침 좋은 기회를 동아시아 선교부(DOAM)의 슈나이스 목사가 만들어주었는데, 한국과 독일의 신학자·평신도들이 함께 모여 이 시대의 신앙고백을 토론하는 연구모임(Klausur Tagung)을 열게 된 것이었다. 1973년 11월 22~25일에 하일브론(Heilbronn) 근처 바일슈타인(Beilstein)의 기독교 가족 수양관(Haus der Kinderkirche)에서 한국과 독일의 교회 지도자들이 함께 모이는 세미나가 개최되었다.

독일교회(EKD)의 선교부(Missionswerk) 안의 동아시아 위원회 (Ost Asien Kommission)는 한국·중국·일본·대만 등 동아시아 나라들의 교회들을 돕고 협력하는 독일교회의 공식 선교기구인데, EKD 외무총장인 헬트(Held) 박사를 위원장으로, 서남독 선교부(Schneiss), 베르린 선교부(Hartmut Albruschat) 등 여러 지역 선교단체의 동아시아 책임자들이 위원으로 구성되어 있었다. 자문을 위해 독일에 와 있는 일본 목사 한 분(Murakami), 대만 목사 한 분(Chao)과 한국인으로 장성환 목사와 내가 참여하고 있었다. 가끔 제네바의 WCC에 재직하고 계신 박상증 선생도 손님으로 초대되어 한국 문제를 의논하곤 했다.

이번 한독 그리스도인들의 신학연구 모임은 박형규 목사의 구속과 '73 한국그리그도인 신앙선언'에 자극되어 국내 인사와 일본·미국에서까지 주요 인사를 모셔오는 큰 모임이 되었다.

나는 드디어 독일 땅에서도 반독재 민주화운동을 시작할 수 있는 좋은 기회가 왔다고 생각했다. 재독 한인 교포나 유학생들의 신분으로는 어렵지만, 독일교회 지도자들과 힘을 합친다면 그리고 미주나 일본 등 해외 교포들과 연대한다면 국내 운동을 지원하는 효과적인 운동을 해볼 수도 있겠다는 생각이 들었다.

바일슈타인 모임에 앞서서 나는 1973년 9월 19일자로 제네바의 WCC에 계신 박상증 선배에게 다음과 같이 편지했다. "이제는 일그러져 가는 조국의 역운(歷運)을 목전에 두고 급박한 현실과 대결하든가 도피하든가의 alternativ밖에 없어져 가는 상황이기에, 만남과 대화를 통한 현실의 공동 분석과 용기의 유대화가 무엇보다 중요하게 된 것 같습니다. 가능하면 일본이나 미국에서 진보적인 지성인들과도 연결을 가지고 Solidarity를 강화해야 하지 않나 생각하고 있습니다"(편지 복사본 인용). 박상증 선배는 일본·미국·스위스에서 중요한 몇 분이 오시도록 초대해 주셨다. 나는 뜻을 같이 할 평신도 유학생들을 주최 측에 알리어 초청하도록 했다.

독일에서는 장성환, 정하은, 이영빈, 이화선 목사 등 현직 목회자들, 신학생으로 김창락, 김정양, 김균진, 김영한, 김경희, 유현숙, 조남홍 등이, 평신도로 이준모, 오인탁, 배동인, 박경서, 오대석, 원종태, 이삼열 등이 참석했고, 국내에서 잠시 독일에 온 박봉랑 교수(한신대), 장일조 교수(한신대)와 일본 동경에서 오신 강문규 선생(YMCA 총무), 미국 뉴욕의 림순만 교수와 신성국 목사, 제네바의 박상증, 방성 의사도 참석해, 한국인은 가족들까지 29명에 달했고 독일 측 신학자·목사들이 11명 참석해 모두 40명이었다.

주제는 "가이사(Kaiser)의 것은 가이사에게 - 그리스도인들의 사회정치적 참여문제"였고, 기독교 신앙과 정치에 관한 성서연구와 신학적 토론을 한 뒤에 국내와 일본, 미주의 그리스도인들의 활동과 조직에 관한 보고가 있었고. 독일에서는 어떻게 할 것인가에 대한 열띤 토론이 있었다.

동경에 주재하며 국내 소식에 밝은 강문규 선생이 자세히 독재정치 강화와 학원, 언론탄압, 민주인사의 구속, 고문에 관해 보고해 주었고, 림순만 교수는 미주의 기독학자회가 중심이 되어 민주화와 구속자를 위한 기도회를 열고, 유엔본부 앞에 나가 시위도 한다고 보고했다. 제네바에서 온 박상증 선생(당시에는 평신도)은 WCC가 박형규 목사의 구속과 신앙적 저항운동에 충격을 받아 지원한다는 소식을 전하며 해외의 크리스찬들은 국내 저항운동의 지시나 방향을 따라 운동 지원을 해야 한다고 주장했다.

유신 독재체제에 대한 비판이나 저항이 정치운동이냐 신앙운동이냐? 그리스도인들이 인권과 정의, 민주화, 이웃사랑을 실천해야 한다고 할 때 어떤 방법과 입장을 가지고 해야 하는가에 대해 오랜 논쟁이 있었고, 참여나 행동이 두려워 침묵하는 참석자들도 여럿 있었다. 그러나 대체로, 이런 독재정치는 악의 세력의 지배며, 신앙인은 중립적 태도를 취해서는 안 된다는 분위기였다. 결국 국내 그리스도인들의 저항운동에 호응하고 지원해야 한다는 결론이 나왔다. 그러나 어떤 방식으로 하느냐에는 논란이 있었는데, 나는 선언문을 내자고 제안했고, 결국 내가 초안을 만들면 검토해서 발표하자고 결정하게 되었다. 이렇게 해서 만들어진 것이 국내외로 널리 알려진 '재독 한국 그리스도인의 바일슈타인 선언'이다.

밤새도록 내가 초안을 만들어, 오랜 찬반 토론 끝에 수정되고 합의된 선언문의 일부는 다음과 같다.

이 땅에 자유롭고 정의로운 하나님의 나라를 현실적으로 증거할, 우리 그리스도인들은 불의한 권력의 노예가 되기를 거부하며, 어떠한 경우에도 신앙과 양심에 따라 비판하고 행동해야 할 것을 확신한다. …

한국의 현 정권은 10월 유신이란 위장된 구실하에 민주적 헌정질서를 하루아침에 파괴하고, 일인 영구집권의 독재체재를 구축하였으며, 이에 항거하는 양식 있는 지성인과 학생 및 종교인을 비인도적인 방법으로 탄압하고 제어하고 있다. …

학원과 언론이 정보기구에 통제되고, 매수와 조작과 압력을 통해 비판과 양심의 세력마저도 분쇄되고 있는 현 사회구조 속에서는 여론과 민주적 참여를 통한 사회개혁의 가능성은 거의 전부 배제되고 말았다. …

우리는 민주시민으로서 억눌린 자를 도우라는 그리스도의 교훈을 실천하려던 은명기 목사와 박형규 목사가 신앙의 자유마저 유린된 채 구속된 것을 지켜보았다. 또 함석헌 선생, 김재준 목사, 지학순 주교, 천관우 선생을 비롯한 15인 종교인 지성인들의 순교적인 각오로써 요구한 시국선언문이 국내 신문에 한 줄도 보도될 수 없는 민주정치의 파국을 경험했다.

우리 재독 한인 그리스도인들은, 인권과 사회정의의 실현을 위해 고난을 당하고 있는 국내외의 민주수호자들과 함께 공동의 유대의식을 가지며, 우리의 빛난 조국에 다시는 불의와 독재가 지배하지 못하도록 각 방면에서 최선을 다할 것을 엄숙히 선언한다. … 어떤 위협이 닥쳐온다 해도 지금 이때는 불의에 저항하는 것이 하나님께 순종하는 길인 줄 믿기에, 진리를 거슬러 권력에 굴종하거나 타협하지 않을 것을 거듭 다짐한다.

선언문은 그럴듯하게 만들어 통과되었지만 누가 서명을 하고 누구의 이름으로 발표하느냐가 문제였다. 서명한 자들의 이름을 밝히자는 주장도 있었고 비공개로 하자는 주장이 있었지만, 공개하면 서명을 못하겠다는 참석자들이 있어서 공개하지 않기로 했다.

바일슈타인 선언의 서명자는 20여 명에 불과했지만, 국내와 해외, 미주, 일본, 독일, 제네바의 그리스도인들이 함께 모여 신학적 토론 끝에 발표한 선언문이기 때문에 유신체제 선포 후 그리스도인들의 저항운동을 국내외에서 촉진 시키는 데 중요한 의미를 갖게 되고, 무엇보다 양심 있는 해외 기독자들의 반독재 연대의식과 네트웍을 키우는 데 큰 역할을 하게 되었다.

바일슈타인 모임에서는 또 하나의 문제가 논의되었는데 김성수 간첩사건이었다. 1973년 10월 25일 중앙정보부는 "유럽을 거점으로 한, 교수, 유학생, 공무원 등 54명의 대규모 간첩단"을 적발했다고 발표하면서 최종길 서울법대 교수와 함께, 독일 유학생 김성수를 간첩단 명단에 넣어 발표했다. 또다시 동백림사건처럼 납치와 테러가 자행될 수 있겠다는 공포심에 독일 유학생들은 떨게 되었다. 김성수는 연세대 철학과를 졸업하고 서울대를 나온 간호원 부인과 함께 프랑크푸르트 대학에 유학하며 동학사상을 주제로 학위논문을 쓰고 있었다. 마인 한인교회에도 나왔기 때문에 이화선 담임목사는 교인들의 안전을 위해 보호조치를 취하고 정보부에 항의 성명을 내자고 제안했다.

김성수는 1972년 11월 유학생 세미나에도 참석했고, 반정부 비판 발언 때문에 주목을 받고 있었는데, 결국 간첩으로 조작되고 있다는 것이 알려지게 되었고, 프랑크푸르트에서 온 여러 교우들이 간첩과 무관하다는 결백을 증언해 주었다. 김성수는 대사관 정보원인 한○○로부터 만나자는 전화를 받고 응하지 않았더니, 집주변을 돌며 감시하고 있다고, 납치의 위험이 있어 독일 경찰에 고발했다.

바일슈타인 모임에서는 재독 한국인의 인권과 신변안전을 위해 교회와 기독자들이 나서야 한다는 주장이 찬동을 받아, 대사관에 항의하는 성명서를 만들어 발표하기로 했다. 이 성명서는 프랑크푸르트에서 온 참가자들이 초안한 것을 한 번 읽고 통과시켰다. 요지는 이러하다.

독일 주재 대사관 직원으로 가장한 한국정보원 및 그 협력자의 비인도적이며, 무책임한 언행은 김성수 씨 개인과 그 가족 및 친지들에게 막중한 피해를 주었으며, 심지어는 재독교포들 상호 간의 불신과 회의, 동족 간의 비난과 배신을 낳게 했다. 우리는 독일에 사는 교포들에게 공포와 심적 고통을 주고, 한국국가의 위신을 땅에 떨어뜨리는 비생산적인 정보정치를 통탄하고 분개하는 바이다.

내가 초안해 결의된 '바일슈타인 선언'은 배동인의 펜글씨로 쓰여져(한글 타이프가 없었으므로) 5천 부를 복사해 해외와 국내 그리고 독일 안의 각 지역에 배포되었다. 독일에서 최초의 반독재 선언문이 기독자들의 모임에서 나오게 된 것이다.

바일슈타인 모임에서 또 하나의 소득은 국내 상황과 반독재 운동의 소식을 독일 안의 교민들에게 알리는 작업을 하기로 결정한 것이었다. 이미 국내 소식과 문서들은 동경에 소재한 아시아 교회협의회(CCA), 도시농촌 선교부(URM) 총무 오재식 선생의 사무실로 나와 수집 정리되고 있었고, 필요한 곳에 보내어지고 있었는데, 이제 동경에서 독일 괴팅겐으로도 보내면, 내가 복사해 여러 도시로 보내기로 해, 신문에 나지 않는 정보와 운동권 소식들을 알릴 수 있게 되었다. 또한 림순만 박사와의 합의를 통해, 미국 안의 소식과 독일의 소식들도 주고받기로 해서 국제적인 정보교환과 동지적 네트웍이 생기게 되었다.

바일슈타인 모임에서 나는 기독교 에큐메니칼 기구와 조직을 통한 연락망과 네트웍이 있음을 알게 되었다. 국내와 해외의 주요 기관마다 신뢰할만한 분들이 책임을 맡고 있어서, 연락과 협력이 잘 되고 있다는 것도 알게 되었다. 국내에는 한국기독교교회협의회(KNCC) 총무 김관석 목사와 박형규 목사, 일본 동경에는 CCA-URM 오재식 선생과 세계기독학생회총연맹(WSCF) 아시아 총무 강문규 선생, 제네바에는 WCC의 아시아 총무 박상증 선생 그리고 뉴욕에는 미국 장로교 선교부(PCUSA) 중동 총무 이승만 목사와 윌리암 페터슨 대학교 종교 사회학 교수인 림순만 박사 등이 있어 1973년 박형규 목사 구속사건 이후 동경에서 일차 네트웍 모임을 열어 협의했다는 사실도 알게 되었다.

독일교회 선교부의 동아시아 위원회 자문위원으로 있는 장성환 목사와 내가 이번 바일슈타인 모임을 통해 자연스럽게 해외 기독교인들의 반독재 민주화운동의 네트웍에 연결되었다. 특히 바일슈타인 모임 후 림순만 박사와 프랑크푸르트에서 하룻밤 함께 묵으며, 미국과 독일의 기독교 민주화운동권을 연대시키는 문제를 깊이 있게 논의했다.

삼일절 55주년 본 데모에 앞장선 55인

1973년 12월 초에 유신헌법을 개정하자는 합법적인 개헌운동이 장준하 선생과 '민주 수호 국민 협의회'의 함석헌, 천관우, 계훈제, 백기완 씨 등의 발기로 시작되었다. 12월 24일에 YMCA 회관에 모인 민주인사들이 '개헌 청원 백만인 서명운동'을 공표하면서 이미 5천 명이 서명했다고 발표했다.

유신 독재정권이 이런 합법적 개헌청원운동을 그대로 둘 리가 없었다. 1974년 1월 8일 박정희 대통령은 헌법을 비판하거나 개헌을 요구해도 15년 징역이라는 긴급조치 1호, 2호를 발표했다. 1월 13일에 장준하, 백기완 선생 등이 긴급조치 위반으로 구속되고 서명자들이 연행 조사를 받게 되었다. 1월 22일에는 유신헌법 철폐와 긴급조치 반대를 위한 기도회를 열고 성명서를 발표한 수도권 도시산업 선교회의 이해학, 김동완, 허병섭, 인명진, 김진홍 목사 등이 구속되었다.

1월 8일 긴급조치 1호가 발표되자 나는 이제 드디어 결단을 내릴 때가 왔다는 생각을 했다. 국내에서 개헌운동마저 탄압되고, 영구 독재가 굳어져 캄캄하게 된다면, 일제시대처럼 운동의 토대를 해외에다 구축할 수밖에 없으며, 그럴 경우 일본·미주와 함께 독일이 중요한 기지가 되어야 하는데 아직 독일에는 기독교인 몇 사람의 바일슈타인 선언밖에는 아무런 조직적 운동이 없다는 것, 반독재 민주화운동의 전선을 독일 땅에도 구축하자면 누군가 총대를 메고 나서야 하는데 유학생 세미나와 그리스도인 선언을 주도했던 나에게 기대한다는 주변의 말들이 며칠 나를 괴롭혔다.

이번에 일을 벌이면, 단순히 반독재 성명서 하나 내고, 데모 한번

하고 끝낼 일회성 활동이 아니고, 조직적이며 지속적인 투쟁단계로 나가야 하기 때문에, 박정권 멸망 시까지는 귀국을 포기해야 할 것이고, 유학생활이 영구 망명생활이 될지도 모르며, 가족 전체의 삶에 큰 위협이 올 수도 있는 일이 될 수 있겠기 때문이었다. 한편으로 겁이 나는 문제였지만, 국내에서 의연하게 체포되고 고문당하고 구속되는 민주인사들·학생들을 생각하면, 해외에서 저항운동 하는 것은 너무 사치스런 것 아닌가라는 생각도 들었다.

유신독재를 국내외가 총력을 다 해 지금 물리치지 못하고, 체재가 고착되면 스페인의 프랑코 독재나 그리스처럼 30년, 40년 갈 수도 있다고 생각하니 소름이 끼쳤다. 일제시대 동경에서 2.8선언을 했던 유학생들도 귀국 못할 걸 각오하면서 독립선언을 했고, 그 영향으로 삼일운동과 민족독립운동을 일으켰던 것 아닌가라는 생각도 났다.

여러 가지 고민 끝에 나는 무슨 일이든 해야겠다는 결심을 하게 되었고, 우선 독일 안의 동지들을 규합해 의논하고 전략을 세워야겠다는 결론을 내렸다. 1월 중순부터 몇 친구들에게 편지도 쓰고 전화를 해서 1월 26~27일 주말에 중심지인 프랑크푸르트에서 모이기로 약속했다. 역시 유학생 세미나와 바일슈타인 선언에 참여했던 친구, 동창들이 호응해 주었다. 강돈구, 박대원, 송두율 등 철학과 동창과 배동인, 김길순, 양재혁, 이준모, 최승규 등 유학생들이 이화선, 오대석 등 한인교회 인사들과 함께 김성수의 집(Freiherr von Stein str 18)에서 만났다. 나까지 모두 12명이었다.

이미 편지와 전화로 의논했기 때문에 무슨 행동(action)을 하자는 데는 이견이 없었으며, 어떤 전략과 프로그램을 통해 하느냐의 문제만 있었다. 소집자가 의견을 내라고 해서 나는 준비했던 계획을 내놓았다. 유신헌법, 긴급조치, 정보정치에 대한 반독재 투쟁이 간단치 않을 것으로 보이니, 지금부터는 조직적이고 지속적인 운동체를 만들어서 해야 하고, 그러려면 익명으로 성명서나 발표해서는 안 되고, 이름을 내놓고 공개적으로 해야 하며, 조직운동은 유학생과 노동자, 종교인과 비종교인 그리고 정치성향이 보수적인 사람과 진보적인 사람들을 아우르는 연합전선이 되어야 한다고, ① 조직적, ② 공개적, ③ 연합적이라는 3대 원칙을 제시하고 오랫동안 토론했다.

재독 한인들의 반독재 운동단체의 이름을 '민주사회건설협의회'로 하자고 제안했다. 이것은 내가 해외 운동단체들을 살펴보면서 오랜 생각 끝에 만들어낸 이름이다. 당시 국내와 미주에서는 '민주수호 국민 협의회'라든가 '민주회복 국민회의' 등이 있었으나 나는 독재가 물러가고 헌법이 개정되어 정치적 민주질서가 회복된다 하더라도, 민주화운동은 사회와 경제의 민주화를 향해 지속되어야 하기 때문에 목표를 멀리 잡고 역사적 운동으로 펼쳐 가자는 뜻이었다.

교민사회가 안정되지 못한 척박한 땅 독일에서 무슨 상해 임시정부 세우듯이 거창한 '민주사회건설협의회'가 조직될 수 있을 것인가 회의도 있었지만 내가 적극 주장해서 그렇게 하기로 결정했다. 이제 문제는 조직적 운동에 참여할 인원을 어떻게 동원하며, 누가 과연 이름을 내걸고, 귀국을 포기하며, 가족적 희생을 감수하면서 참여할 것인가가 문제였다. 그래서 나는 함께 할 동지들을 규합하기 위해, 설득력 있고, 감동적인 선언문을 작성해, 서명을 받아 발표하고, 이들이 수도 본(Bonn)에 모여 한국 대사관으로 데모 행진을 함으로써 조직적 반독재 민주화운동을 출범시키자는 계획을 내놓았다.

다행히 나의 친구 동지들 10여 명은 내 의견과 계획에 동의해 주었고, 선언문 작성의 책임을 나에게 맡겨주었다. 단지 선언문의 내용은 대체로, (1) 반독재 투쟁, (2) 자유 민주 질서회복, (3) 자립경제 확립, (4) 국민대중의 복지향상, (5) 평화적 조국통일 등 다섯 가지를 기본 강령으로 하자는 데 합의했다.

나는 선언문에 민주사회 건설의 방향과 방법을 연구 토론하는 국민운동을 앞으로 전개하겠다는 것과 이를 위해 '민주사회건설협의회'를 조직하여 지속적 운동을 전개하겠다는 계획을 포함시키자고 주장했다. 오랜 토론 끝에 일단 내가 선언문을 초안해서 다시 토론하기로 결정했다.

나는 또 시기적으로 1974년 3월 개학에 맞추어 국내 운동의 활성화에 영향을 주도록 3월 1일, 삼일절에 본에서 공개 집회와 데모를 추진하며 선언문과 서명 명단은 미리 국내로 보내 자극을 주자고 했다. 이것은 마치 1919년 일제 암흑기에 동경 유학생들이 2월 8일 독립선언서를 발표해 국내의 3.1운동을 촉발시킨 것과 같은 전략이라고 주장했다. 선언문 초안이 완성되면, 약 두 주일 뒤 2월 10일경에 다시 프랑크푸르트에서 만나 선언문을 보완하고, 그때부터 보름 동안, 전국 도시들을 다니며 서명을 받고 동지들을 규합해, 3월 1일에 본 시위를 거행하기로 합의했다.

나는 돌아와 괴팅겐 대학 도서관에서 삼일운동사와 동학 혁명사 등 책을 빌려 읽으며 두 주일 동안 선언문을 초안하느라 밤을 새기도 했다. 민주화운동사에 역사적 문서가 되어야 하겠다는 일념으로 민주사회 건설 운동의 뿌리를, 동학 농민혁명, 삼일 독립운동, 4.19 학생 민주혁명 세 곳에서 찾으며 민족, 민주, 민생이라는 세 단어를 운동의 이념과 목표로 삼기로 하면서 선언문을 썼다.

2월 9~10일에 프랑크푸르트에서 동지들이 다시 만나 내가 초안한 선언문을 놓고 오래 토론한 뒤 별 수정 없이 통과시켰다. 대체로 문장이 감동적이고 날카로워 설득력이 있다고 동의했지만 내용 면에서 자유민주주의 이데올로기를 꼭 강조해야 하느냐, 통일문제 비전이 부족하다는 등의 비판이 있었으나, 시간적으로 더 토론해서 합의하긴 어려워 그대로 발표하고 앞으로 조직체가 되면 더 논의하기로 했다. 이제 문제는 서명을 받는 일인데, 누구에게서 몇 명을 받아 공표하느냐였다. 나는 1974년 삼일절이 55주년이니까 선언문에 55명을 채워 넣자고 했다. 그리고 간첩 혐의를 받아 친북인사로 오해를 받을 수 있는 김성수는 명단에서 빼기로 합의했고, 윤이상 선생은 이미 재판을 받고 석방되었으며, 독일 사회의 명성이 있기 때문에 포함시키기로 결론을 맺었다.

이제는 선언문을 독일어로 번역해서 한글과 독일어로 인쇄하는 일, 55명의 서명을 받는 일이 있고, 삼일절 데모를 경찰에 신고해 허가를 받고, 현수막 등 데모 준비를 하는 일이 남았다. 불과 20일이 채 안 남았기 때문에 나는 자동차가 있는 강돈구 형과 함께 우선 뮌헨으로 달려가 강형의 친구인 배정석을 통해 김원호, 강정숙, 김복희의 서명을 받았다. 유학생으로 장래 문제가 달린 중요한 일이었으므로 하룻밤 고민을 한 끝에 다음날 이들은 비장한 각오로 서명해 주었다. 다음 레겐스부르크(Regensburg)로 가서 동창인 박종대와 이민상 신부의 서명을 받고 홍종남에 권유해 서명을 받았다. 마르부르크(Marburg)에 가서는 이지, 박소은 부부의 서명을 받으니 벌써 준비를 같이 한 동지들과 함께 20여 명의 서명이 확보되었다.

뒤스부르크(Duisburg)로 가서 장성환 목사 교회에 나오는 광부들을 만나 설득해 서돈수, 유충준, 이정의, 임승철, 양원자, 장행길, 천명윤 등 7명의 서명을 받았다. 내가 사는 괴팅겐에서도 최두환, 이태수, 이지숙이 동조해 주었고, 튀빙겐에서는 송영배, 오인탁이, 프랑크푸르트에서는 임희길이, 하이델베르크의 김영한, 뮌스터에서 김득수, 김종열, 송복자가, 보쿰에서는 이영준, 황능현이, 킬에서는 오길남, 이보영이 서명했다. 독일 안의 한인교회 목사로 장성환 부부(Duisburg), 이화선(Frankfurt), 정하은(Berlin), 이재형(Hamburg) 네 분과 이영빈 목사 부부(München)가 참여해 거의 50명 가까이 채우게 되었다. 나머지 몇 명은 이삼열, 강돈구, 송두율, 이준모, 배동인의 부인들의 이름을 넣어 55명의 수를 채우기로 했다.

〈민주사회 건설을 위한 선언서〉의 요지는 다음과 같다.

첫째, 10월 유신은 민주사회의 반역이다.

둘째, 극도의 빈부격차와 부정부패에 책임을 져야 한다.

셋째, 굴욕적 대일정책이 국민경제를 예속화하고 있다.

넷째, 잔인무도한 정보정치는 공포에 떨게 한다.

올바른 민주사회는 국민 대중이 주권을 회복하고 사회 대중의 이익을 대변하며, 국가와 사회의 권력을 통제할 수 있을 때 비로소 건설된다. 그리고 이것은 국민 대중 스스로가 확고한 민주의식과 참여정신을 통해 지켜나가야 한다. 그러기에 우리는 탄압과 방해를 무릅쓰고 이국땅 한 모퉁이에서라도 민주사회 건설을 위한 토론의 광장을 마련하며, 뜻을 같이하는 국내외 동포들과 함께 반독재 투쟁의 대열에 뭉치고저 한다. 독재여 물러가라! 동지들이여 승리하라!

1974년 3월 1일 삼일운동 55주년의 날에

서명인 (가나다순) 55명

강돈구, 강영란, 강정숙, 김길순, 김득수, 김복선, 김복희, 김순환, 김영한, 김종열, 박대원, 박소은, 박종대, 배동인, 배정석, 서돈수, 손덕수, 송두율, 송복자, 송영배, 김원호, 양원차, 오길남, 오대석, 오인탁, 유충준, 윤이상, 이민상, 이보영, 이삼열, 이승자, 이영빈, 이영준, 이재형, 이정의, 이준모, 이지, 이지숙, 이태수, 이화선, 임신자, 임승철, 임영희, 임학자, 임희길, 장성환, 장행길, 정정희, 정하은, 천명윤, 최두환, 최순택, 최승규, 홍종남, 황능현.

삼일절 데모 준비는 2월 하순에 여러 서명자들이 프랑크푸르트에 모여 함께 살다시피 하며 열심히 진행되었다. 나는 박대원과 함께 대사관이 있는 수도 본(Bonn)으로 가서 역 근처 중심지면서 모이기 좋은 장소인 뮌스터 광장(Münster Platz)을 시위 장소로 물색했다. 거기에는 베토벤 동상이 있어서 상징적인 곳이었다. 경찰의 허가와 현수막, 구호, 마이크 등의 문제를 쾰른의 박대원과 뷔르즈부르그의 김길순이 맡아 준비하기로 했다.

뮌헨의 독문학도 배정석, 김원호가 선언문의 독일어 번역과 서독 대통령과 빌리브란트 수상에게 보내는 호소문 등을 번역했으며, 신문, 방송, 언론기관에 보내는 홍보물, 독일교회(EKD), 전국 대학생 총연맹(VDS), 엠네스티 인터내셔널 등에 보내는 지원 호소문도 준비위원들이 나누어 책임을 맡았다.

무엇보다 항상 십여 명이 프랑크푸르트에 모여 일을 해야 했는데 호텔에 들 수는 없고, 그곳에 사는 유학생의 집에서 먹고 자야 했으므로 그 일이 보통이 아니었다. 특히 이준모 형의 부인 임신자 씨와 임희길 씨의 부인 박화자 씨는 간호원으로 근무하면서 가족과 어린 아이들 살림을 맡아 하는데 민주동지들 여러 명을 재우고 먹이는 일을 열심히 해주어 정말로 고마웠다. 밤새워 일할 때 두부 된장국까지 끓여 밤참을 해준 박화자 씨의 헌신은 지금까지 잊을 수가 없다.

삼일절 시위 행사는 3월 1일 하루만이 아니라 3박 4일의 합숙행사였다. 서명자 30여 명은 이틀 전 2월 27일 저녁에 쾰른시 밖의 휘르트(Hurth)에 소재한 유스 호스텔(Haus der Naturfreunde)에 집결하여 합숙했다. 28일에는 하루종일 데모 준비와 함께 앞으로 조직, 활동을 하게 될 '민주사회건설협의회'의 결성 준비와 지역별 조직 및 활동 계획과 사업을 의논했다. 그날 밤에는 창립총회를 한 뒤 함께 자고, 다음날 3월 1일 아침 본으로 가서 10시부터 기자회견을 한 뒤 뮌스터 광장의 베토벤 동상 앞에 모여 섰다. 12시 정각에 삼일절 55주년 기념식과 함께 유신독재 성토대회를 한 뒤 경찰차의 안내로 시가지 행진을 시작해 한국 대사관 정문 이백 미터 앞까지 시위하는 행사였다.

이렇게 계획한 데는 몇 가지 이유가 있었다. 독일의 여러 도시(뮌헨, 베를린, 튀빙겐 등)에서 본까지 오려면 기차로 5시간 이상 걸리는 거리며, 한번 모이기가 어려운데 모이는 김에 세미나를 하며 토론하고 조직하는 일까지 하자는 것이고, 정보부의 방해공작이나 협박 전화 등을 막기 위해 데모 이틀 전에 각자 집을 떠나 쾰른 근처에서 합숙하는 것이 안전하다는 것 그리고 시위 행사의 철저한 준비와 회원 간의 결속이 필요하다는 점에서 거창한 3박 4일의 계획을 세우게 된 것이었다.

여기에는 기차비와 호스텔 합숙비 등 비용도 적지 않았는데 다행히 독일 기독학생회(ESG)에서 세미나 비용으로 5천 마르크를 지원해 주어, 유학생 참석자들의 교통비까지 줄 수 있었다. 세미나 참가비로 20마르크씩은 내고 기차값은 받는데, 거리에 따라 50~100 마르크의 교통비를 줄 수 있었고, 30명 가까이 합숙하며 '민주사회건설협의회'를 조직할 수 있었다.

2월 28일 저녁 개최된 〈민주사회건설협의회〉 창립 총회에는 10여 개 지역에서 참여한 40여 명이(비서명자 포함) 모였으며, 이삼열, 배동인, 박대원 3인을 의장단으로 선출해 회의를 진행키로 하고 강돈구가 기록을 맡았다. 데모를 하루 앞둔 밤이어서, 모두 긴장된 분위기에서 서로 격려하며 시위 진행 방식과 앞으로의 운동 방향에 관해 열띤 토론을 벌였다.

3월 1일 정오 12시 정각에 우리는 본의 중심지, 가끔 농산물 시장이 열리는 뮌스터 광장의 베토벤 동상 앞에 집결해서 삼일절 55주년 기념식과 함께 반독재 성토대회를 시작 했다. 서명자 30여 명 외에도 한인과 독일인이 80여 명 참석해 100여 명이 되었다. 쾰른 대학생 배동인의 사회로 진행된 성토대회는 애국가 봉창, 순국선열과 애국동지에 대한 묵념, 이영빈 목사의 개회사, 이삼열이 '민주사회 건설을 위한 선언문'을 한국어로 낭독하고 이보영이 독일어로 낭독했으며, 이지숙이 국내 민주인사 15인 선언문을 낭독했고, 강정숙이 서독 대통령 하이네만(Heinemann)에게 보내는 공개서한 낭독에 이어, 각계에서 보내온 격려문 낭독이 있었다. 특히 독일 개신교 연합체인 EKD 본부와 50만 명 독일 대학생 연합체인 '독일 대학생 총연맹'(VDS) 엠네스티 인터내셔날 본부에서 보내온 격려문은 시위에 나선 민건 회원들과 기타 참가자들에게 용기와 힘을 주었다. 격려문들은 한국에서 구속된 민주인사들의 석방과 재독 한국인들의 민주수호 투쟁

인사들을 보호해 줄 것을 정부와 각계에 호소하였다.

이어서 삼일절 노래가 우렁차게 합창되었고 가두행진에 들어갔다. "박독재 타도하고 민주사회 건설하자"는 플래카드를 앞세우고, 임희길이 큰 태극기를 들고 선 뒤에 1백여 명의 한인·독일인들이 함께 데모를 시작했는데, 독일 경찰차의 보호를 받으며 약 한 시간 동안 본의 중심가를 노래를 부르며 행진했다. 시위대는 마틴 루터 킹의 민권운동 시 부른 〈We Shall Overcome〉과 녹두장군의 노래 〈새야 새야 파랑새야〉와 〈어둡고 괴로워라 밤이 길더니〉 등 삼일절 노래를 계속 합창했으며, "박독재 타도"(Nieder mit Park Diktatur)를 독일어로 외쳤다. 손에 든 플래카드에는 "독재비판이 범죄냐? 폭력정치가 범죄냐?", "대사관이냐? 정보부냐?" "간호원 광부들의 권익을 보호하라" 등의 구호들이 적혀 있었다.

삼일절 데모를 앞둔 한 주 전부터 우리는 시위 참여를 호소하는 선전 전단(Flug Blätter)을 국문·독문으로 인쇄하여, 수천 부를 전 독일 지역에 뿌렸고, 언론기관과 주요 단체에 알려서 한국인과 동조하는 독일인들의 동참을 권유했다. 펜글씨로 쓰여 인쇄된 한 페이지짜리 선전 삐라는 이런 내용이었다.

朴 獨裁 打到하고 民主社會 建設하자!

오늘 우리의 조국 땅에는 양심과 정의를 부르짖던 민주인사들이 투옥되고 한 독재자의 영구 집권 야욕이 민주주의를 아주 말살하고 있다. 영영 암흑기에 들어설지도 모를 조국의 위기와 민족의 비극을 좌시하고 있을 수만 없어 서독에 있는 우리들 유학생, 종교인. 노동자들은 흩어진 목소리들을 함께 모아 조국을 향해 함성을 지르고자 한다. 이성과 양심의 명령 앞에 주저하지 말고, 탄압과 방해를 두려워하지도 말고, 함께 힘을 모아 독재를 규탄하자! 압력과 공포의 쇠사슬을 스스로 끊고, 반독재 투쟁에 총 궐기하자!

나오라! Bonn의 Münster Platz로.

1974년 3월 1일 (금) 12시에.

우리의 요구 사항

1. 또다시 유혈의 참극이 빚어지기 전에 박정희 독재정권은 유신체제를 철폐하고 즉시 물러서라.

2. 잔혹한 고문과 만행을 자행하는 정보기관을 해체하고 김대중 납치범과 최종길 교수의 고문 치사범을 엄중 처단하라.

3. 1.8 조치 이후 구속 투옥된 지식인, 학생, 종교인들을 즉시 석방하고, 반독재 민주투사들을 간첩으로 몰지 말라!

4. 학생 데모 이후 행방불명된 李在五, 鄭秀一, 金承均, 金正泰, 申金浩, 崔同田 씨 등의 생사를 밝히라!

5. 주독 한국 대사관은 간호원, 광부를 비롯한 동포의 권익을 보호하라!

6. 교포사회의 불신과 공포 분위기를 조장하는 정보원을 축출하고 이성과 양심에 따른 우리들의 민주적 항거를 방해하거나 탄압하지 말라!

민주사회건설협의회 발기 추진인 일동.

이날 본의 뮌스터 광장에까지 나와 성토대회와 시위에 참가한 사람은 서명자 30여 명 외에 서명은 안 했지만 동조하는 한국인과 독일인들, 구경꾼들까지 합해 모두 1백여 명이었다. 시위 행렬에는 장성환, 이영빈, 이화선 목사 등 한인교회 지도자들과 독일교회 연합, 회

(EKD)의 동아시아 선교부 프리츠 목사, 공보담당 휘베거(Vieweger) 박사, 제네바의 WCC에서 오신 박상증 목사 등 여러 명이 데모행렬에 참여해, 유학생들이 주도해 조직한 데모가 빨갱이로 몰리지 않게 하는 데 도움을 주었다.

사실 2월 중순경부터 시위 준비 소식이 새어나가 본 대사관과 함부르크 총영사관의 직원들과 중앙정보부 독일 주재 요원들이 총출동해 전화로 방문 면담으로, 친구들을 통해 저지 공작을 폈다. "왜 나라 망신시키느냐?" "서명자들 중에 북한의 조종을 받는 자들이 있다." "공부도 안 하고 집에 가기 싫은 사람들이 데모 주동했다." 심지어 "쥐도 새도 모르게 사라진다"고 협박하는 전화도 있었다. "55명 서명자 중 5명은 불순분자이다." 방해와 저지 공작은 치열했지만 서명한 55명은 흔들리지 않았고, 오히려 대사관, 영사관 직원들의 전화에 유신독재와 인권 탄압, 체포와 고문 등을 항의하며 당당하게 맞섰다.

선언문과 데모를 준비하면서 우리는 대사관, 정보부의 역공세를 생각해, 친북 행위로 몰리지 않도록 신경을 썼다. 김성수 씨는 이미 한국 신문에 서독 유학생 간첩으로 보도되었기 때문에, 우리는 물론 아니라고 믿었지만, 일반 교민들이 오해할 것 같아 서명자 명단에서 빼기로 했다. 친북한 잡지로 몰리고 있던「주체」라는 잡지의 발행인 정철제 씨와 편집인 오석근 씨도 명단에서 제외했다. 그 밖에 동백림사건 관계자들의 이름도 넣지 않았지만, 윤이상 씨만은 독일 사회의 많은 동정과 인기를 얻고 있었기 때문에, 독일에서 운동 기반을 쌓기 위해 서명자 명단에 포함시키기로 한 것이다.

삼일절 시위와 '민주사회건설협의회'의 출범은 독일 안의 1만여 한인 교포들과 독일 사회에 큰 충격과 반향을 일으켰다. 일간지 *Die Welt*와 서독 방송국(WDR), 개신교 통신(EPD), 일본의 아사히(朝日) 신문 등에서 보도해주었다. 특히 서독 방송국(WDR) III에서는 15분 간 심층보도를 통해, 한국의 반독재 투쟁 보도와 함께 "드디어 독일 땅 교포들이 동백림 납치사건 이후 처음으로 침묵을 깨뜨리고 시위에 나섰다"고 격려하는 방송을 해주었다. 1967년 유학생 18명의 납치사건을 너무나 잘 기억하는 독일인들에게 우리들의 데모와 반독재운동은 정당한 투쟁 행위로 쉽게 납득되었고 이후 독일의 여론은 납치와 고문 등 온갖 압력에도 굴하지 않고 이름을 내건 55명의 반독재 투쟁 선언을 격찬해 주었다.

마침 1974년의 서독 정부는 사민당(SPD) 정부였고, 세계적 정치인 빌리 브란트(Willy Brandt)가 수상으로, 반나치 운동에도 헌신한 하이네만이 대통령으로 있었기 때문에, 우리들의 반독재운동을 잘 이해했고 또 보호해 주겠다고 외무성으로부터 편지가 왔다. 독일 개신교 총회장 헬무트 클라스를 대신해 외무국장 유르겐 믹쉬 목사는 성토대회에 격려사를 보내왔다.

독일 민건회 조직과 미주 운동과의 연대

삼일절 데모를 무사히 치르고 많은 반향을 일으켰지만, 55명이 서명한 선언문이 발표되고 난 후 이름이 알려지게 된 유학생, 광부, 간호원 등 서명자들에 대한 정보부의 협박과 회유 분열 공작은 더욱 거세게 진행되었다. 대사관 직원들도 본국의 남산(CIA)으로부터 상당한 괴롭힘을 받는다는 것이었다. 우선 서명자들의 국내 가족들에게 정보부원이 찾아가 "○○○이 불순세력에 가담해, 조국을 배반하고, 친북활동을 했다"고 위협해, 가족들로부터 "제발 정치에서 손 떼라"라는 부탁과 경고의 편지와 전화가 오게 만들었다. 국내 가족들의 안전은 생각지 않느냐는 원망 섞인 충고에는 약해질 수밖에 없기 때문이다. 혹은 독일에 동창이나 지인들을 서명자들에게 보내서 "몸조심하라", "계란으로 바위 치면 계란이 깨질 뿐이다", "한국 다시 못들어 간다"는 등 온갖 협박과 회유, 헛소문 등으로 서명자들을 괴롭혔다.

내가 있는 괴팅겐대학 유학생들에게는, 함부르크 총영사관의 영사, 부영사들이 집중적으로 전화해서 "괴팅겐이 데모에 주동 역할을 했는데 현행법으로 처벌감이다. 일시적 흥분과 영웅 심리에 휩쓸리지 말라"고 경고해 서명자들을 위협했다. 대사관의 전략은 각지의 한인회를 강화해서 민주 운동자들을 불순분자로 몰아 고립시키는 것이었다. 한인회 간부들을 대사관에 순응하는 친정부 인물들로 세우고, 영화 상영, 친교 모임 등을 통해 정부 비판을 막으려는 공작이었다.

이런 상황에서 한국 여권을 가지고 독일에서 일시 체류하는 유학생 노동자의 신분을 가진 55명 서명자들의 체류와 안전문제를 어떻게 보장할 것인가가 매우 고민스런 문제였다. 대사관에서 여권연장을 안 해주는 즉시 체류 허가가 중단되어, 불법체류자가 될 수밖에 없고 직장과 자녀교육 문제가 당장 어려워지기 때문이다. 사실은 나 자신의 문제이기도 했다. 한편으로 너무 큰일을 벌였구나 하는 자책감도 들었다.

그러나 한국 정부나 대사관과 어려움이 생길 것이라는 것은 이미 각오한 바가 있고, 또한 이런 독재정권이 오래 갈 수 없으니 조금만 참고 고생하면 되지 않겠는가 하는 생각도 있었다. 문제는 서명자 55명과 동조자들을 어떻게 계속 반독재 민주화운동 전선에 결집시키며 독일 안에서 운동의 토대를 구축할 수 있겠는가였다. 정보부와 대사관의 압력이 거세니까 서명자 가운데 몇 사람은 조직 활동은 못하겠으니 단체에는 안 들어가겠다고 통보해 왔다. 학위를 마치고 곧 귀국할 사람들에게 서명이나 시위 참가도 부담스런 일이었는데 투쟁 조직 활동까지 강요할 수는 없어, 가입하지 말고 조용히 귀국하라고 말해 주었다.

이제는 망명을 각오하고, 반독재 민주화운동에 나서겠다고 결심한 50여 명을 조직해 지속적이며 체계적인 활동을 전개하는 것이 급선무였다. 나는 '민주사회건설협의회'(민건회)의 창립총회 의장의 자격으로 3월 22~23일, 1차 실행위원회를 하이델베르크 교외 비스록(Wiesloch)에 있는 최승규 씨 댁에서 모이도록 소집했다. 장성환 목사 부부와 강돈구, 박대원, 송두율, 이준모, 김길순 등 13명이 참석해 데모 이후의 각 지역 상황과 정보교환, 분석에 상당한 시간을 보내고, 특히 정보부의 공격과 협박, 회유, 매도 공작에 대한 대책을 논의했다.

1차 실행위원회에서는 민건회 조직 강화를 위해 회칙을 만들어 임원과 부서를 조직하고, 출판 홍보물을 발간하는 것과 독일 정부나 교회 등의 지원과 보호를 받기 위한 섭외활동 그리고 국내 구속인사들의 석방운동과 지원활동 등을 전개할 것과 이를 위해 월 5마르크 이상의 회비를 납부할 것 등을 결의했다. 우선 민건회의 기관지로 간행물 「광장」을 발행하여 국내 소식과 해외 운동의 소식 민건회 활동 소식을 전하는 매체로 삼기로 하고, 출판위원회를 조직해 편집을 배정식, 이준모에게 맡겼다. 독일 안에서 합법적인 보호를 받기 위해서는 법인 등록이 필요하다고 해 ev(eingetragene Verein) 등록을 하기로 했다. 회칙의 초안을 이삼열, 강돈구에게 맡기고, 세미나 준비를 송두율, 오길남에게, 섭외 활동은 박대원, 김길순이 맡기로 했다. 민건회의 주소는 안전을 생각해 미국 시민권이 있는 최승규 씨의 자택으로 해서 사서함(Postfach)을 만들어 등록하기로 했다.

이렇게 해서 엉성하게나마 민건회의 조직을 대강 해놓고, 회칙과 법인(ev) 등록이 되면 정식 총회를 소집해 임원과 부서장 임명을 하기로 했다. 우선 도와준 독일교회(EKD)와 대학생 총연맹(VDS) 등에 감사 편지를 보내고, 출판 홍보활동을 통해 민건회의 조직과 운동을 강화하기로 했다. 약 3개월 뒤, 민건회는 기관지 「광장」(*Das Forum*) 제1호를 7월 15일자로 발간하게 되었다. A4로 32페이지에 달하는 첫 호에는,

"민주사회 건설과 광장의 역할"(이삼열),

"민청학련 사건을 생각한다"(강돈구),

"사월의 꽃들 앞에"(배동인),

"수난의 한국 민주주의"(김재준),

등의 글과 국내와 미주의 민주구국 선언문들과 김지하의 시 〈민중의 소리〉(1971년 4월) 등이 실렸다.

독일 체류의 여건이 허약하고, 불안정한 가운데서도 50여 명 동지들의 결단과 결속으로 민건회는 재독 한국인들의 최초 민주화운동 단체로 자리를 잡고 활동을 개시하게 되었다. 나치 독재에 저항했던

경험이 있는 독일 사회와 또 동백림 납치사건으로 한국 정보부의 만행을 익숙히 알고 있는 독일 여론의 지지와 보호를 받아, 그나마 큰 어려움 없이 조직을 만들어 세울 수 있었다.

그러나 독일 땅의 몇십 명, 한인 교민들의 반독재 운동조직인 '민건회'가 국내의 엄청난 유신독재 체제를 비판한들 무슨 영향을 줄 수 있을 것인가? 일본에는 60만 동포가 있고, 미주에도 1백만 명이나 교민들이 있다는데 겨우 1만 명의 재독 한인 사회를 움직인다 해도 박정희 정권이 꿈쩍이나 할 것인가? 결국 우리가 이렇게 발 벗고 나선 것은 해외 운동 세력을 강화해 국제 여론을 일으켜 독재정권이 지탱할 수 없게 만들고, 민주세력을 키워 새 정부를 수립할 수 있게 하자는 것이 아닌가? 그렇다면 국내 운동의 효율적 지원을 위해서도 미주와 일본 등 해외 민주화운동 세력과 연대하여 운동을 전개하는 것이 필수적이지 않을가?

그래서 삼일절 데모와 민건회 조직을 시작한 1974년 1월부터 나는 바일슈타인에서 만난 미국 뉴욕의 림순만 박사와 동경의 강문규, 오재식 선배, 제네바의 박상증 선생과 편지로 해외 운동 전략을 의론하면서 추진하였다.

그런데 년 초에, 미국의 림순만 박사에게서 1974년 4월에 뉴욕 북쪽 스토니포인트(Stony Point)에서 모이는 '재미 한국기독학자회' 연차 대회에 나를 초청한다는 편지가 왔다. 림 박사는 바일슈타인 모임 이후 당시 기독학자회 회장이었던 이승만 목사와 의론해서 나의 미주 초청을 성사시킨 것이다. 나는 미국 안의 기독교 민주 운동가들과 연대할 수 있는 좋은 기회라고 생각해서, 여권과 비자가 허락되면 참석하겠다고 답했다. 그러나 삼일절 데모 후인 4월에 한국 대사관이 미주 여행허가를 해줄지가 의문이었다. 그럼에도 삼일절 데모와 민건회 창립 준비는 미국의 림 박사와 교신하며 진행되었다.

림 박사는 내가 보낸 '민주사회 건설 선언문' 초안을 받고 곧 워싱턴에서 출판되는 「자유공화국」 신문에 보내어 전문 게재하도록 했다. 2월 18일자로 쓴 편지에서 림 박사는 "미 대륙에서도 민주사회 건설 위원회 같은 조직을 만들 준비를 하겠습니다"고 하며, 뉴욕에서는 3월 2일(토)에, 시카고와 LA에서는 3월 3일(일)에 삼일절 예배를 보니, 그 기회에 현 정권 비판운동을 하도록 전화로 의론하고 있다는 소식도 보내왔다. 당시 뉴욕에 함께 거주하시던 이승만 목사, 정치학 교수 선우학원 박사와 림순만 교수는 한 팀이 되어 미주 안의 민주화운동 기독교 지도자들과 네트웍을 만들고 있었다.

림순만 박사는 3월 3일자 편지에 이렇게 썼다.

보내주신 것 모두 잘 받았습니다. 선언문은 곧 지방으로 보냈고, Chicago, Los Angeles, Boston, Toronto, Washington, Dallas에서는 널리 선전될 것으로 믿습니다. 미국 내 한인 사회의 Media에서는 모두 취급해주기로 했습니다, Canada에서도 그렇게 하시겠다고 이상철 목사님이 약속하셨습니다. 특히 선언문에 서명하시고 입장을 분명히 해주신 우리 동지들에게 하나님의 보호가 함께 하시기 기도드립니다. 그런 정의감을 가지고 우리 서로 격려하면서 최후의 순간까지 민주사회 건설을 위해 투쟁해 봅시다.

림 박사의 편지를 받고, 나는 어떻게 해서라도 4월에 미국에 건너가 민주운동 세력들과 연대를 맺고 와야겠다는 생각을 굳혔다. 그러나 과연 함부르크 총영사가 미주여행 허가 도장을 내 여권에 찍어

줄 것인지가 걱정이었다. 당시만 해도 여권에 경유지 추가를 받지 못하면 비자 신청도 할 수 없는 때였다. 나는 거절당할 수 있겠지만 한번 부닥쳐 보겠다는 심정으로 3월 28일에 함부르크 총영사관에 가서 미국여행 경유지 추가 신청서를 제출했다. 내가 온 걸 영사가 보고하니 이남기 총영사가 자기 방으로 들어오라고 해서 총영사와 부닥치게 되었다. 이 총영사는 "이삼열이 데모 주동했고 너무 유명해져서 큰일 났다. 데모한다고 정권이 무너지겠나? 왜 꼭 외국에서 그런 데모 해야 하는가? 데모한 사람 강하게 처벌하자는 의견 있지만 나는 처벌하지 말자고 막고 있다. 이삼열을 빨갱이로 본다면 내가 보호하겠다. 그러니 공부나 우선 빨리 마치고 돌아가서 활동하길 바란다."

이 총영사는 의외로 나에게 친절하게 대하며 데모 주동을 그만하라고 타이르는 식이었다. 그러면서 놀랍게도 "이삼열 독일에서 너무 유명해져 내 맘대로 안 해줄 수도 없다"면서 미국여행 허가 도장을 찍어 주었다. 그러나 "미국에 가서는 망명 정부 가입하거나 정치활동 해서 시끄럽게 하지 말아 달라"고 부탁까지 하면서 관대함을 보였다. 어쨌든 회유책이었겠지만 데모 주동자에 대한 총영사의 관대한 처사는 고마운 일이었다.

미국행 비자문제도 해결되어 나는 장성환 목사와 함께 4월 9일 뉴욕으로 출발해서 그곳의 림순만 박사와 부인 장혜원 교수(콜럼비아대 생화학과), 선우학원 박사 부부 그리고 이승만 목사 부부를 만나 극진한 환영과 대접을 받았다.

이틀 뒤 11일부터 13일까지 뉴욕 북쪽 30마일쯤 위에 있는 스토니 포인트(Stoney Point) 기독교 수양회관(Conference Center)에 머물며,

1백여 명이 모인 재미 기독학자회 연차 대회에 참석했다. 기조 강연을 한국에서 오신 김재준(한국신학대학 전학장) 목사께서 하셨고, 특강으로 유기천 전 서울대 총장과 독일에서 초청된 내가 45분간 하게 되었다. 나는 2년 전 유학생 세미나에서 발표한 "지성인의 사회참여"를 중심으로 독일에서의 민주화운동에 관해 보고와 강연을 했다.

내가 미주 여행을 하는 동안 국내에서는 4월 3일 민청학련 선언문이 나왔고, 많은 학생운동 지도자들과 함께 이를 배후 조종했다는 개신교와 가톨릭의 종교인들이 수십 명 구속되는 사태가 일어났다. 특히 기독학생총연맹(KSCF)의 이직형, 안재웅, 정상복, 나상기 등 간사들과 서경석과 김지하까지 구속되었다. 배후 조종자라며 도예종, 하재완, 여정남 등 인혁당 8명도 함께 구속하여 민청학련 데모가 마치 북한 공산계열의 사주를 받은 것처럼 꾸몄다.

나는 미국에 가서야 4월 3일자 민청학련 선언문을 읽어보고 무릎을 쳤다. 선언문의 제목 "민중, 민족, 민주 선언"을 보면서 내가 쓴 "민주사회 건설 선언문"의 '민족, 민주, 민생'이라는 단어와 정확히 일치했기 때문이다. 2월 말에 동경을 통해 국내 운동권에 전달된 우리의 선언문이 영향을 주었을지도 모르겠다는 짐작 때문이었다. 어쨌든 국내의 운동에 자극과 힘을 보태는 일은 했구나 하는 자부심이 생기기도 했다. 동경을 통해 방금 전해온 민청학련 선언문은 재미 기독학자회의 분위기를 반독재운동으로 몰아가는 데 좋은 역할을 했다.

그런데 7월 13일 비상 군법회의 공판에서 민청학련 사건을 재판하며 김지하, 이철, 유인태, 이현배, 여정남, 나병식 등에게 사형선고가 내려지고, 긴급조치 위반 학생들과 인혁당 피의자들 수십 명에게도 사형, 무기징역, 20년, 15년 징역 등 중형이 선고되었다. 나는 곧 민건회 이름으로 아래와 같은 성명서를 만들어 독일과 해외 여러 곳에 보냈다.

민주청년들의 사형선고를 규탄한다

박독재의 비공개 군사재판이 애국적인 민주 청년 학생들에게 사형선고를 내렸다는 보도에 접하며, 우리 재독 민주사회건설협의회 일동은 비탄과 분노를 금치 못하며 이미 이성과 양심이 마비된 채 광증을 일으키고 있는 박독재의 살인적 만행을 다시 한번 강경히 규탄한다. … 정말 민주 청년 학생들이 공산 폭력 혁명을 하려 했다면 왜 이들의 선언문이라도 신문에 공개하여 국민들이 판가름하게 하지 않았으며, 왜 재판을 공개하여 국민들이 알게 하지 않는가? … 공산독재 정권도 체제비판의 작가 솔제니친을 죽이지는 못했는데, 민중의 소리를 대변해 읊은 민족시인 김지하를 자유국가에서 어떻게 감히 사형시킬 수 있단 말인가? 하늘이 무섭지 않은가? … 민주 청년들의 사형을 집행하는 날, 민중의 힘에 의하여 독재자가 사형대에 오를 날이 멀지 않았음을 박정희 독재자는 분명히 알아 두라.

1974년 7월 17일 민주사회건설협의회

그런데 해외에서 국내의 독재정권과 싸우려면 독재정권을 옹호하고 지지하려는 해외의 세력들과 싸울 수밖에 없게 된다. 대사관이나 정보부는 말할 것 없고 그들의 앞잡이 노릇을 하는 조직이나 민주화운동을 방해하며 괴롭히는 자들이 있게 마련이다. 또한 비판 의식이 없이 독재 권력에 맹종하는 아부자들은 데모하며 정부 비판하는 운동가들을 혐오하며, 비난하고 욕설을 퍼붓고, 심지어 테러하는 경우들이 일어났다.

삼일절 데모 이후 이런 싸움과 테러 행위들이 여러 곳에서 일어났다. 3월 15일 딘스라켄(Dinslaken)에서 모인 '전 독일 한인회 총회'에는 민건회 몇 동지들과 함께 나도 참석해서 논쟁했다. 임원선거에서 데모한 사람 배제하자는 주장에 맞서서 한판 싸움을 하고 퇴장했다. 한인회(임정평, 조희영 등이 주도)는 대사관의 지시를 따라 민주운동가들을 불순분자로 매도하며 선거에서 뽑힌 임원들을 해고하는 만행을 부렸지만, 우리는 당당하게 참여해 논쟁함으로써, 한인회 안에서도 민주의식을 고취하려고 노력했다.

베를린에서는 가톨릭 교회 미사에 참석한 오석근을 빨갱이라고 밀어내는 폭거가 있었고, 프랑크푸르트에서는 이화선 목사가 교민 체육대회장에서 욕설과 테러를 당하는 일이 벌어졌다. 민건회로서는 경위서와 설명서를 써서 테로 행위를 규탄하고 독일 경찰에 고발하는 일들을 해야 했다. 여기서 자세한 내용들을 다 쓰지는 못하지만, 각 지역에서 민건회 동지들과 동조자들에 대한 친정보부와 대사관 일파들이 비난하고 공갈 협박하는 행위들은 곳곳에서 일어났다.

우리는 더욱더 동지간의 결속을 다짐하고 조직을 강화해야 할 필요성을 절실히 느꼈다. 어용조직에 맞서기 위해서도 그랬지만, 간행물 배포나 정보 소통을 위해서도 조직망이 필요했다. 특히 거리가 멀어 모두 함께 모이기가 어렵기 때문에, 각 도시별 지역별 민건 조직이 필요해서, 베를린, 프랑크푸르트, 뮌헨, 루르 지역 등에는 지역협의회를 두기로 했다. 그 지역에서 독자적으로 활동하며, 사건이 생길 때는 민건 지역협의회 명칭으로 성명서도 발표하고, 독일 기관들과 섭외 활동도 할 수 있게 했다.

조직 강화를 위해서는 중앙조직을 만들어야 하는데, 헌장이나 규약이 있어야 합법적 조직을 할 수가 있고, 회원 전체가 참석하는 총회를 열어야 규약을 통과할 수가 있기 때문에, 3월 1차 실행위에서 결정한 대로 강돈구 형과 나는 편지를 주고받으며 민건회 규약 초안을 만들었다. 임원은 회장, 부회장, 총무와 연구협의부, 홍보출판부, 대외교섭부의 책임위원들로 구성하고, 각 지역협의회 대표들과 함께 실행위원회를 구성하도록 했다.

1974년 9월 6~8일(금~일)에 마르부르크(Marburg)의 기독교 학생기숙사(Evangelisches Studentenheim Vilmarhaus)에서 세미나와 함께 정기 총회를 모이도록 소집했다. 비용 때문에 학생 기숙사 방들을 싸게 빌렸다. 최근의 한국 정세 보고와 민건회 활동 방향에 관한 토론을 한 뒤 7일 오후에 헌장을 통과하고 임원선거를 했다. 40여 명이 참석해 열띤 토론을 벌였고 임원선거에 들어가 회장에 송두율, 부회장에 이삼열, 오대석, 총무에 강돈구를 선출했다.

나에게 회장을 맡기려는 움직임이 있었지만 나는 한사코 사양했다. 회장은 독일 사회에 공신력을 가져야 하는데 나는 아직 박사학위 과정의 학생이고, 송두율이 내 후배지만, 그 당시 학위를 마쳤고 뮌스터대학 사회학과에 조교수로 취직해 있었기 때문에 조직의 위신과 보호를 생각해서 송 박사에게 회장직을 맡기고, 나는 대내외적인 일과 대변인(Sprecher) 역할을 하기로 했다. 노동자 출신도 의장단에 있어야 한다는 중의에 따라, 광부로 와서 임기를 마치고 취업해 있는 오대석 씨를 나와 함께 부회장으로 선출했다. 의장, 부의장,

총무 4인이 의장단(Vorstand)이 되어서 공동 지도력을 행사하도록 짰다.

총회를 마친 뒤 현안과 사업계획 논의를 위해 3차 실행위원회가 프랑크푸르트 근처 루퍼트스하인(Ruppertshain)이라는 곳에서 10월 4일에 모였다. 실행위원회는 의장단이 임명하는 부서 책임자와 지역대표들로 구성되었다. 안건은 「광장」지 출간, 지역협의회 활동, 테러 사태 대처방안, 김재준 목사 초청강연, 대사관과의 공개토론회 제안, 노동자 권익 문제 등 너무 많아 이틀간 계속된 회의 시간이 부족했다.

김재준 목사 순회강연과 민주의식 고취

이제 민건회는 조직체를 가지고 활동을 하게 되었고, 각 지역별로 한국 상황을 알리고 독재비판 여론을 조성하는 '한국의 밤'(Korea Abend) 모임을 여기저기서 개최하여 독일에서의 민주화운동이 1974년도에 확고한 자리를 잡게 되었다. 민건회는 세미나와 지역모임들을 통해 처음 서명한 55명 이외에도 수십 명의 회원이 늘었고, 회원이 안 되더라도, 함께 독재정권을 비판하고 토론 모임에 참여하는 유학생, 노동자들의 수는 계속 늘어갔다. 「광장」지나 홍보 인쇄물도 1천 부 가량 인쇄해 각 지역의 회원과 동조자들에게 배포하였으므로 민건회는 이제 단단한 조직과 연락망을 갖게 되었다.

민건회의 핵심 요원들도 역할 분담을 해 적어도 10여 명의 간부들은 전적으로 나서서 조직관리와 운동에 참여했다. 특히 총무를 맡은 강돈구 형은 나의 사대부고와 문리대 철학과의 2년 선배로서 고교 시절부터 잘 아는 선배 친구라 신뢰가 깊었고, 또 헌신적으로 조직 문제, 재정 문제, 운영 문제를 맡아서 감당해 주었다. 송두율 박사는 나의 철학과 3년 후배이지만 하버마스 교수에게서 박사학위를 받고, 독일대학에 확고한 교수 자리를 얻은 학자여서 민건회의 대표자로 서 자격이 충분했다. 송 박사는 진보적 경향을 띤 회원들의 추앙을 받았다. 출판과 편집 등의 힘든 일은 이준모, 임희길 등이 열심히 해 주었고, 지역 조직 활동은 박대원, 김길순 등이, 문서를 독일어로 번 역하는 일은 배정석, 김원호, 강정숙, 박소은 등이 틈틈이 해주었다.

나는 독일교회 기관들로부터 재정지원을 받고, 신문, 방송의 인터 뷰 등 섭외, 홍보활동을 맡아 뛰어야 했다. 그리고 해외 운동세력과 의 연대와 동경을 통한 국내 민주화운동의 지원과 연락의 일을 내가 맡을 수밖에 없었다. 국내외의 기독교 민주운동 네트웍과 연대하는 데 크리스찬 아카데미와 기독학생 운동의 전력이 있는 내가 적격이 었기 때문이다. 나는 이미 4월, 5월에 미주를 한 바퀴 돌아 미국과 캐 나다의 민주화운동 그룹들과 유대를 맺고 미주에다 민건 운동 조직 을 심고 돌아온 참이었다.

나는 민건회의 조직 강화를 위해, 보쿰의 기독교 장학기관(ÖSW) 의 지원을 받아 한국 유학생 2차 세미나를 열게 했다. 7월 24-28일에 보쿰 근처 회의장에서 40여 명의 한국 유학생들을 모아 "한국 민주 화운동의 현황분석과 가능성"이라는 주제로 열게 되었다. 나는 여기 에 미주에서 열심히 활동하시는 김재준 박사를 강사로 모시려 했는 데, 시간이 안 맞아 못 오시게 되었다. 그런데 마침 림순만 박사께서, 부인 장혜원 교수가 독일 괴팅겐의 막스 플랑크 생화학 연구소의 초청을 받아 7, 8월에 독일로 오실 때 동행하여 오신다고 해서 강연을 부탁했다. 강연에서는 미국의 사회복음(Social Gospel) 운동과 산업선교(UIM) 활동을 소개해 주시기로 했다. 한국의 천민(백정) 운동을 연구하신 림 박사는 백정들의 평등운동과 사무엘 무어 선교사에 대해 흥미로운 강연을 해주었다.

국내 기독교 민주 인사들과의 소통, 연대가 아쉽던 차에 아주 좋은 기회가 왔다. 독일개신교연합(EKD)과 한국기독교교회협의회(KNCC) 사이에 광부·간호원들의 독일 거주생활과 한인교회를 돕기 위한 한독교회협의회(Kirchen Konsultation)가 처음으로 독일에서 열리게 된 것이다. 내가 자문위원으로 있는 독일교회 선교부 동아시아위원회가 주도하기 때문에 나를 주 통역으로 임명해 전 과정을 참여하며 국내에서 오신 귀한 손님들과 많은 대화를 나눌 수 있게 되었다.

1974년 6월 24일부터 7월 2일까지 뒤셀도르프(Düsseldorf)의 사회봉사국 센터에서 열린 제1차 한독교회 협의회에 한국에서는 김관석 총무(KNCC), 강원룡 목사, 김윤식 목사(예장 총무) 등 교단 총회장들과 함께 전문위원으로 노정현 교수(연대), 이문영 교수(고대), 안병무 박사(한신대) 등 10여 명의 대표단이 참석했다. 그중에도 김관석 목사와 안병무 박사는 독일교회가 도시산업 선교와 인권운동을 돕기위해 돈을 보내는 창구였다. 이로 인해 김관석 목사는 한때 구속되기도 했다. 나는 이분들에게 지난 3월의 삼일절 데모, 미국에 갔던일 같은 해외 민주화운동의 상황을 자세히 알려 드리고 문서들도 보시도록 드렸다.

한독교회협의회에 참석한 양국 교회 대표들 20여 명은 회의 첫날, 한국 광부들이 일하는 탄광 지하 1천 미터까지 작업복을 갈아입고 들어가, 숨 막히는 막장까지 안내되어 어려운 작업환경과 위험한 땅굴 속을 몇 시간 견학했고, 나이 든 목사, 교수들은 숨이 막혀 죽을 뻔했다고, 지옥에 갔다 살아나왔다고 했다. 그리고 광부, 간호원들과 인터뷰를 통해 3년 계약 노동자로 가족 없이 와서 무거운 착암기를 들고 일하다 병들고 사고 나는 경우도 많다는 이야기를 들었다. 동아시아 위원회에서는 장성환 목사와 나에게 한국 노동자의 실태에 관한 보고서를 내도록 했는데, 나의 보고서 "한국 노동자들의 사회적 상황"("Die Soziale Lage der Koreaner und die Soziale Aufgabe für die Koreaner in der BRD," Dr. Samuel Lee, in EPD Dokumentation, Nr. 29/79. Frankfurt aM, 1979, S. 20-25)이 회의 자료에 포함되었고, 협의회에서 나는 통역을 잠시 다른 분에게 맡기고 발표했다.

루르 탄광지역 10여 곳에 흩어져 일하는 한국 광부 3천여 명은 3년간 가족을 보지 못하고 기숙사 방에 2~4명씩 머물며, 열악한 조건에서 중노동을 하다가 병가가 많거나 사고를 당하면 해고를 당하고 추방을 당했다. 나는 한국 광부들이, 독일 광부들이 받는 노동법상의 법적 보호와 처우를 받지 못하고 억울하게 해고·추방되는 경우들이 많이 있음을 보고서에 자세히 썼다. 광산 지하의 지옥 같은 장면들을 몸소 체험하고 나의 보고를 들은 한국교회 대표들은 독일교회가 나서서 한국 노동자들이 정당한 권리와 사회적 보호를 누릴 수 있도록 노력해 달라고 심각하게 발언했고, 협의회는 이 문제를 독일교회와 정부에 건의하겠다는 결정을 내린 뒤, 회의 보고서와 성명서를 만들어 발표했다. 성명서에는 한국 광부들의 사회문제를 돕기 위해 상담소가 설치되어야 한다는 요청도 실렸다.

외화를 벌기 위해 1960년대에 독일로 온 간호원 광부들 수천 명이 당하고 있는 고충과 노동법상의 문제를 한독교회 협의회가 처음으로 문서를 만들어 가족동반의 허가를 주장했으며, 부당해고나 불법 추방·사고 보상 등 노동법적 인권문제를 독일 정부에 제기하였다. 민건회의 세미나를 모일 때마다, 한국 노동자들의 인권문제, 처우개선 문제가 나와 한국 정부나 대사관에 건의하자는 토론을 여러 번 했지만, 대사관이 반정부 운동을 하는 민건회의 요구를 들어줄 리 없었고, 대사관에 공개 토론까지 요구했지만 거절당했다. 그런데 한국교회 지도자들이 와서 독일교회 지도자들에게 건의하니까 쉽게 독일 정부와 탄광 기업주들에게 처우개선의 요구가 전달된 것이다. 이 사건은 한국 광부와 간호원·노동자들이 한인교회와 민건회에 관심을 보이는 계기가 되었고, 루르 지역 한인교회들이 민주화운동의 중요한 터전이 되도록 하는 데 크게 기여했다.

독일교회, 특히 동아시아 선교부는 한국 기독교의 인권운동, 민주화운동을 지원했을 뿐만 아니라 독일에서 민주화운동을 많이 도와주었고, 민건회의 활동에도 재정적 지원을 여러 번 했다. 서남독 선교부(Missions Werk in Süd-West Deutschland)의 동아시아 담당 총무 슈나이스(Schnesis) 목사는 바일슈타인에서처럼 매년 한국의 목회자, 신학생, 평신도들을 초청해 '한독 기독자 협의회'(Klausur Tagung)를 개최해 주었는데, 이 모임도 재독 한국 기독교인들의 의식화와 반독재운동 참여에 큰 도움을 주었다.

1974년 12월 2-6일에도 바일슈타인 후속 모임이 열리게 되었는데, 나는 슈나이스 목사에게 미국에서 민주화운동을 이끄시는 김재준 목사를 주 강사로 모셔오자고 했더니 허락이 되었다. 지난 4월에 미국에 갔을 때 김재준 목사는 이미 토론토 민주사회건설협의회 조직에 참여하셨고, 림순만, 선우학원 박사와 미주 민건회를 조직하자고 여러 번 의론하셨다는 이야기를 들었다. 김대중 씨가 조직한 미주 한민통에서 일시 김재준 목사를 대표회장으로 모신다고 했지만 내분 때문에 사임하시고, 현재는 미주 여러 도시를 순방하시며 강연과 설교로 반독재 민주화운동을 지도하시고 계셨다.

마침 김재준 목사는 10월 9일자로 나에게 쓰신 편지에 "한국에서 발행하던 잡지 「제3일」이 폐간 통고를 받았다기에 캐나다에서 속간 1호를 발간했다"고 하시며 "1백 부를 나에게 보내니 서독의 목사님들과 동지들에게 분배해 달라"는 부탁을 해오셨다. 나는 답신을 보내면서 12월의 한독 기독자 모임에 오셔서 강연해달라는 부탁을 드렸고, 오시는 김에 민건회 주최로 강연회를 열 것과 베를린, 함부르크, 뒤스부르크 등에서 한인교회에 방문 설교도 하시고 민건회 지역협의회 간담회에도 참석해 주실 것을 부탁드리고, 아예 한달쯤 시간을 내어 독일과 유럽에 계시라고 요청했다. 칠순이 넘으신 노 목회자를 오랫동안 머무시며 강연하시도록 하는 게 건강상 염려도 되었지만, 해외민주화운동에 나선 김 박사는 쾌히 허락하시고, 독일에 있는 정하은, 이재형, 장성환 목사 등 제자들도 만나고 민건회 활동을 돕겠다고 약속하셨다.

나는 쾨니히스타인(Königstein)에서 10월 10~12일에 모인 민건회 4차 실행위원회에서 김재준 박사 초청순회 강연회 안을 제안해 통과시킨 후, 12월 한 달을 장공(長空) 김재준 목사를 모시고 독일 여러 도시를 순방하며 강연회와 좌담 모임을 열어 민건회 회원조직을 강화했다.

우선 김 박사를 모시고 타우누스(Taunus)에서 열린 '한독 기독자 모임'(12월 2~6일)에 참석한 뒤, 12월 7일(토) 오후 5시에 프랑크푸르트의 대학병원 예배실에서 민주사회건설협의회 주최로 시국 강연회를 개최하였다. 국내의 '민주 수호 국민 협의회'의 공동의장이시기도 한 김재준 박사는 "유신체제와 민주체제"라는 제목으로 한 시간 강연하시고, 정보계통의 방해 공작에도 불구하고 참석한 80여 명의 간호원, 광부, 유학생들과 한 시간 동안 질의 응답을 받으시며 진지한 토론을 하시었다.

8일 주일에는 프랑크푸르트 한인교회서 설교, 9일은 독일 동아시아 선교부 방문, 10일에는 슈투트가르트에서 독일 개신교 연합(EKD) 총회장 헐무트 크라스(Helmut Class) 주교를 방문하여 한국교회 지원요청, 11일에는 튀빙겐에서 민건회 주최 유학생 간담회, 13일에는 베를린을 방문하여, 14일 '백림 한국 문화원'에서 50여 명이 참석한 강연과 토론회, 15일에는 백림 한인교회서 설교, 18일에는 괴팅겐에서 30여 명 교포들에게 강연과 토론, 21일에는 함부르크에서 20여 명 교민들과 좌담회, 22일에는 함부르크 한인교회에서 150명이 모인 가운데 "한국교회와 기독자의 사회적 사명"이라는 제목으로 강한 반독재 설교를 하셨다.

김 박사는 강연에서 유신체제의 반민주성, 반사회성을 분석 비판하시고, 해외의 민주화운동이 국내 운동을 지원하고 국제적인 반박독재 여론을 조성하여, 독재가 무너진 뒤에 건설해야 할 새로운 민주사회의 프로그램을 만드는 데 주력해야 한다고 강조하셨다. 김 박사는 아울러 미국과 캐나다에서 전개되고 있는 민주화운동을 소개하면서 서독과 같이 영주권이 없는 어려운 상황에서도 단결하여 분발하고 나선 민주화운동 동지들에게 경의를 표한다고 하였다.

뒤스부르크, 보쿰, 프랑크푸르트, 베를린, 함부르크 등 5개 한인교회에서 설교하시면서도, 한국교회가 독재와 불의에 항거하며, 예언자적 사명을 다하고, 구조악에서 인간과 사회를 구원하는 하나님의 역사에 과감히 참여해야 한다고 강조하셨고, 교회의 정치 중립론은 기독교 신앙과 선교정신에 어긋나는 것이라고 통렬하게 비판했다. 이번 독일 순회강연에 참여한 청중은 모두 약 8백여 명에 달했고, 이는 서독 교포 전체의 약 7%에 달하는 수였다. 12월 24일에야 캐나다로 귀환하시면서 김재준 박사는 서독의 민주화운동이 어려운 여건 속에서도 조직적으로 잘 단결해 전개되고 있는 데 큰 감명을 받았다고 하셨다.

정보계통의 방해 공작은 어디에나 있었고, 특히 간호원 광부들이 강연회에 참석하지 못하도록 방해했지만, 예상보다 많이 참석해 주었고 토론과 질문의 수준도 높았다. 주로 질문은 독재가 망한 이후의 대안이 무엇이냐? 경제적 평등을 어떻게 이루느냐? 미국의 대한정책을 어떻게 바꾸느냐? 통일의 방법론, 국민의 의식수준 높이는 길 등 매우 진지한 질문과 논의가 있었고, 민건회에 대한 교민들의 관심도 높아졌다.

한 달 가까이 김 박사와 동행해 독일 각지를 다니다가 연말에 괴팅겐 집으로 돌아와 나는 녹초가 되었다. 1974년 한해는 1월부터 12월까지 박사학위 논문 한 자 못 쓰고 민건회 창립, 조직 운동에 완전히 바친 한해였다. 아내 손덕수가 연말에 달력을 보여주며 말했다. 집에서 자지 않은 날을 빨간 체크로 표시했는데, 더해 보니 186일이라고 했다. 절반 이상을 나가 있었다는 얘기다. 초등학교에 다니는 두 아이들은 아빠 얼굴을 못 보았다고 불평이었다. 장학금으로 살면서 공부 못한 죄책감도 들었지만, 독일 땅에서 민건회를 탄생시켜 반독재 민주화운동의 토대를 쌓는 데 일조했다는 생각은 답답한 가슴을 뿌듯하게 했다.

동아일보 광고탄압과 해직기자 돕기

1975년 초에 들어서면서 국내의 민주화운동은 학생운동뿐 아니라, 종교계, 언론계, 문학계 등 시민사회로 확산되어 갔다. 장준하 선생의 개헌 청원 운동이 긴급조치로 억압되었지만, 구속자들의 석방을 요구하는 목요기도회가 기독교회관에서 정기적으로 모이고, 함석헌 선생, 이병린 변호사가 대표하는 '민주회복 국민회의'가 여러 지방에까지 확대 조직되었다.

유신체제 철폐와 개헌을 요구하는 국민운동이 각계로 확산되자 박정희 정권은 국민투표를 실시해 국민들의 지지를 묻겠다고 공표했다. 그러나 정보부의 감시하에 강요되는 국민투표가 독재체제 강화에 악용될 것이 분명한 상황에서 민주인사들은 국민투표 반대 운동을 전개하게 되었다. 김대중, 함석헌, 윤보선, 김수환 등의 이름으로 발표된 국민투표 반대 선언문이 해외에도 전해져 미국과 독일에 있는 민주운동 단체들이 교포들에게 알리고 서명운동을 전개하기도 했다. 그러나 박정권은 2월 12일에 긴급히 엉터리 국민투표를 실시했고, 73% 국민이 유신체제를 지지했다고 선언해버렸다.

긴급조치와 구속, 고문, 협박으로도 민주회복을 요구하는 운동들을 막지 못하게 되자, 박정권은 이를 보도하는 신문과 방송을 노골적으로 억압하기 시작했다. 1974년 10월 24일 동아일보와 방송국 기자 180명이 〈자유언론 실천선언〉을 발표하고, 조선일보 등 여러 언론기관에서 언론자유와 보도통제 반대선언을 하게 되자 정보부의 언론 검열과 통제는 더욱 악랄하게 진행되었다.

1974년 12월말부터 동아일보에 기업체들이 내는 광고를 철수시켜 재정압박을 가하기 시작했다. 광고란을 백지로 둔 채 인쇄된 동아일보가 1975년 초부터 배포되기 시작하자, 국내외로 격려광고 싣는 운동이 전개되었다. 1월 10일경부터 동아일보에는 언론자유를 옹호하며 투쟁하는 기자들과 광고탄압에도 백지광고를 내며 버티는 동아일보사를 격려하고 후원하는 격려광고가 각계각층의 개인, 단체들의 이름으로 게재되었고, 이것은 하나의 감동적인 범국민운동으로 확산되었다. 국내뿐 아니라 미국 일본 독일 등 해외에서도 많은 격려광고가 실리게 되었다.

우리 '민주사회건설협의회'에서도 재빨리 동아일보를 돕는 운동을 전개했다. 1월 15일자로 "민주언론 성원운동을 벌입시다"라는 다음과 같은 호소문을 인쇄해 독일 안의 교포들과 교회, 각 단체들에게 수백 부를 보냈다.

최근 국내로부터의 보도와 여러 외신 보도에 의하면 작년 10월 24일 '언론자유 실천선언'을 발표한 동아일보에 대해 당국은 간교한 방법으로 미증유의 언론탄압을 가하고 있다고 전하고 있습니다. (중략) 이에 우리는 자유의 보루를 지키는 투쟁에 주저 없이 나선 동아일보에 열렬한 성원을 보내는 한편, 간교하고 치사하기 이를 데 없는 박 독재 정권의 언론탄압을 민족의 이름으로 준열히 비판하면서 다음과 같이 민주언론 성원 운동을 벌이오니 뜻있는 여러분들의 주저 없는 참여를 바랍니다.

1. 성금과 격려문 보내기 운동

    여러분의 조그만 성금 그리고 격려는 막강한 독재와 싸우는 동아일보에
    게는 더 없는 힘입니다. 성금은 동아일보로 직접 보내거나 민주사회건
    설협의회 은행 구좌로 보내주시기 바랍니다.

2. 동아일보 구독운동

    현재 60만 부를 발간하는 동아일보는 100만 부 정도만 구독되면 대기업
    광고 없이도 운영될 수 있어 언론의 자유와 양심을 지켜나갈 수 있다고
    합니다. 민주언론의 사활이 걸린 문제이오니 많이 구독신청을 해주시기
    바랍니다.

이런 호소문이 배포되면서 서독 안의 여러 개인들이 동아일보에
성금을 보내고 격려광고를 실었다. 민건회는 2월 14~16일 프랑크푸
르트에서 모인 의장단 회의에서 우선 5백 마르크를 선불해 동아일
보에 보내기로 결정하고 그 일을 나에게 맡겼다. 나는 아래와 같은
격려 광고문을 만들어 런던에 있는 동아일보 지국의 박권상 특파원
에게 5백 마르크 수표와 함께 보냈다.

언론자유와 조국의 민주화를 위해 과감히 투쟁하는 동아일보에 경의와 찬사
를 보내며 조국 땅에 자유롭고 정의로운 민주사회의 건설을 위해 함께 뭉친
서독의 노동자 유학생 기독교인들의 격려와 동지애를 보냅니다.

1975년 2월 17일　재서독 민주사회건설협의회

고문 윤이상, 장성환, 이영빈, 안석교

의장단 송두율, 오대석, 이삼열, 강돈구

박권상 특파원은 2월 22일자 편지로 동아일보에 케이블로 어음을 보냈으며 24일자 신문에 게재된다고 알려왔다. 며칠 뒤에는 친필로 쓴 영수증과 함께 감사장과 메달도 보내왔다. 편지에 이렇게 썼다. "거듭 감사드립니다. 아직은 동아가 건투하고 있고 오늘의 민주운동 대열이 동아 없이는 확장되기 어려운 것 같은데 언제까지 살아남을지 걱정됩니다. 보시다시피 동아 지면 제작은 날로 어려워지고 있습니다. 격려광고는 났는데 케이블 수급 과정에서 두 분의 이름이 빠져 대단히 죄송합니다."

게재된 신문을 보았더니 내가 보낸 이름에서 윤이상, 오대석 두 분의 이름이 빠진 채 3단 광고문이 실렸다. 광고문도 검열을 받는 것인지 알 수 없었다. 민건회의 격려광고 이외에도 독일 안의 여러 교민들이 성금과 격려광고를 보냈다. 튀빙겐에서 600마르크, 뒤스부르크에서 1,000마르크가 모여 동아일보에 송금되었다.

3월 4일자 동아일보엔 서독 함부르크에 있는 한인교회(이재형 목사)가 2월 한 달 동안 동아 돕기 운동을 전개한 결과 3천 마르크(63만 원)를 모아 동아일보에 송금했다고 함부르크 대학의 오명호 씨가 전해왔다는 기사가 실렸다. 그중에는 어느 간호원 한 분이 1천 마르크를 이름 없이 보내왔다는 소식도 있었다.

이렇게 열화 같은 성원과 격려가 있었지만 동아일보는 정부와 정보부의 탄압에 오래 견디지 못하고 굴복했다. 기자들이 쓴 기사를 편집국 안에서 삭제, 왜곡, 불게재하는 정보부 감시원의 압력은 계속되었고, 여기에 항의, 제작 거부로 맞선 기자들은 해고되었으며, 3월 12일경 조선일보와 동아일보는 수십 명의 기자들을 일시에 무더기로 해고시켰다.

해고된 기자들이 항의성명을 발표하고 3월 21일엔 기독교와 천주교가 합동으로 부당해고를 비판하고 자유언론과 인권회복을 위한 기도회를 열었지만, 해직기자 1백수십 명은 복직되지 않았고, 영구히 신문사에서 쫓겨났으며, 신문은 어용 주필과 편집국장에 의해 완전히 정보부가 시키는 대로 보도하는 언론으로 전락하고 말았다.

이제는 해직기자들의 생존이 문제였다. 한국기독교교회협의회 인권위원회에서는 구속 학생들과 종교인들의 가족과 함께 해직 기자들을 돕는 일까지 하게 되었다. 나에게도 여러 독일교회를 통해 지원해 달라는 요청이 왔고, 나는 독일교회 선교부의 친한 목사들을 통해 독일 개신교의 개발협력처와 '세상을 위한 빵'(Bread for the world)에 요청서를 보내 적지 않은 지원금을 보내는 일을 해야만 했다. 민건회 베를린 지역협의회에서는 따로 성명서를 내고 '동아 해임기자 돕기 운동'을 전개하며 성금 모집을 하기도 했다.

그러나 유감스럽게도 동아일보를 돕자는 운동은 시작한 지 두 달여 만에 중단되고 말았다. 언론자유 운동을 펼친 기자들을 1백여 명 넘게 내쫓은 동아일보는 다시금 기업체 광고가 실렸고, 공정한 사실 보도는 찾아보기 어려웠다. 성금을 보낼 필요도 구독신청을 늘일 필요도 없어졌다.

해직된 기자들은 살아가기 어려웠지만 신문사 밖에서 모여 언론자유 운동을 펴갔으며, 진실 보도용 출판물을 기획하기도 했으나 오래 가지 못하고 각자 생활전선에 매달리는 고통을 겪어야 했다.

점점 무자비하게 악랄해지는 독재정권의 만행을 보면서 장기화될 것 같은 유신 독재체제에 어떻게 대응해야 할지, 특히 해외에서의 민주화운동은 어떻게 가야 할지 고민이 깊어질 수밖에 없었다.

민건회 의장단과 간부회의에서는 투쟁의 장기화에 대비해 회원들의 이론적 무장과 한국 현실의 분석능력이 필요한 것으로 생각되어, 유학생들을 중심으로 학술토론회를 개최하기로 했다. 회원의 대부분이 유학생들이었고 광부나 간호원으로 온 노동자들도 대졸자가 많이 있었기 때문에 민건회는 수준 높은 학술세미나와 토론을 진행할 수 있었다.

1975년 3월 20-23일 프랑크푸르트의 유스호스텔(Haus der Jugend)에서 "근대화의 방향과 민주사회건설"이라는 주제의 학술토론회를 열었다. 서독 내의 14개 지역협의회에서 온 50여 명의 회원과 회원이 아닌 유학생들이 모여 ① 근대화의 유형에 관한 재고(송두율), ② 한국 경제성장의 오늘과 내일(이창균), ③ 노동자의 실태와 노동운동(박대원), ④ 유교사상과 사회개혁(송영배) 등 네 편의 발표를 각기 전공분야를 연구하는 회원들에게서 듣고 한국 현실의 구조적 파악과 새로운 민주사회 건설과 체제개혁의 방향에 관해 열띤 토론을 했다.

토론의 내용은 대체로 박정권이 해온 근대화의 방향은 주체성이 없고, 대외 예속적이며, 사회구조의 모순을 격화시켰고, 노동자와 농민, 영세 시민들을 소외시켰으며, 결국은 독재체제를 불러왔다는 것과 새로운 민주사회 건설의 방향은 국민의 80% 이상에 달하는 저소득층 근로대중들의 권익과 생존권을 옹호하며 외세의 간섭과 방해에서 벗어나야 한다고 의견이 모아졌다.

또한 민건회의 여러 지역협의회의 활동보고를 들었으며, 재독 한인 노동자인 간호원, 광부들의 권익옹호를 위해 민건회가 노력해야 한다는 결의도 했다. 교포들의 민주의식 고취를 위한 방안, 독일 사회 안에서 한국 문제 여론화 작업 등에 관한 진지한 의견교환과 토론도 있었다. 학술대회의 주제발표와 토론내용은 기관지「광장」4호에 요약 게재했다.

인혁당 8명 사형과 프랑크푸르트 데모

그런데 1975년 4월 9일 새벽에 인혁당으로 재판받은 8인이 대법원 판결 다음날 사형이 집행되었다. 1974년 4월 민청학련 데모의 배후 조종자로 구속된 여정남, 도예종 등 무고한 이들이 정부 전복기도를 했다는 누명을 쓰고 군법재판소에서 사형 언도를 받았는데, 가족 면회도 없이 다음날 사형집행을 해버린 것이다. 독일 신문들도 고문과 자백에 의한 부당한 재판이었다는 것, 박정권이 학생데모를 막기 위해 공포 분위기를 만들려고 무리한 사형집행을 했다고 비판했다.

나는 9일 새벽 이 뉴스를 듣고 너무 분개하여, 민건회 의장단과 긴급전화로 의론해서, 당장 비판 성명서를 쓰고, 데모와 궐기대회를 열기로 결정했다. 의장단 회의나 집행위원회를 열 필요도 없이 두 주일 뒤인 4월 26일 프랑크푸르트에 모여 박 정권 규탄 데모와 민주회복 궐기대회를 열기로 합의했다. 민건 회원들은 분개해서 참을 수 없다고 모두 찬동했다.

마침 4월 19일이 4.19혁명 15주년의 날이기 때문에, 4월 민주학생혁명을 기념하면서 독일교포들을 모아 큰 데모를 준비하도록 했다. 임원들과 프랑크푸르트의 회원들이 긴급히 모여 여러 가지 일을 나누어 맡았고, 두 주일 안에 큰 대회와 데모의 준비를 마치게 했다.

우선 궐기대회 장소와 데모 신고, 마이크와 자동차 인쇄물 등은 프랑크푸르트에 있는 임희길, 이준모가 맡고, 현수막 플래카드는 김 길순, 오대석이, 삐라를 만들어 뿌리는 작업은 이지, 송영배가, 진행 은 강돈구, 박대원이 맡기로 하고, 배정석이 서독 수상에게 보내는 편지를 독문으로 쓰고, 나는 우선 교포들을 동원할 호소문을 쓰기로 했다. 며칠 고심한 뒤 다음과 같은 호소문을 써서 인쇄에 부쳤다.

민주회복 궐기대회를 개최하며

재독 한인 교포 여러분!

줄기찬 민중의 항거와 민주회복 운동을 악랄하게 짓밟아온 박정희 독재자는 다시금 폭군의 칼을 뽑아 미친 듯이 휘두르고 있습니다. 민청학련 사건의 비 밀 군사재판에서 사형 언도를 받았던 소위 인혁당 관계 인사 여덟 사람이, 처 벌의 근거였던 긴급조치 4호가 이미 철회되고, 대부분의 수감 인사들이 석방 된, 지난 4월 9일 아침 억울하게도 사형집행을 당하고 말았습니다. 창자가 터져 나온 혹독한 고문으로 강제 자백을 받은 것밖에는 아무런 증거도 없고, 학생들과 대질심문을 해달라는 증인신청도 기각해 버린 채, 방청도 허락되지 않은 엉터리 재판에서 이들은 무고하게 사법살인을 받고 말았습니다. 그래 도 우리는 비밀 군사재판에서 정치적 목적으로 꾸민 이 연극을, 인간이라면 차마 사람을 죽이면서까지 연출하지는 못하리라고 믿어 왔습니다.

정말 이들이 불온사상을 가지고 정부 전복 음모를 꾸몄다면 왜 이 사건을 공 개재판을 통해 떳떳이 보이지 않고 처형하고 말았겠습니까? 이 천인공노할 독재자의 범죄는 역사의 심판대 위에서 준엄하게 다스려질 날이 오고야 말 것입니다. (중략)

민족의 장래를 염려하는 동포 여러분!

이제 국가와 민족을 파멸의 위기에서 구하는 유일한 길은 오로지 여야와 관민과 국내외를 초월해서 합심 단결하여 독재정권과 유신체제를 물리치고 민주질서를 회복하는 데 있음을 공통적으로 인식하게 되었습니다. 왜냐하면 이 무법무도하고 파렴치한 독재자와 유신체제를 그대로 두고선 국민총화도, 국가 안보도, 경제자립도, 민족통일도 더 이상 기대할 수가 없기 때문입니다. 외세와 결탁된 특권층이 민주세력을 깡그리 말살시키고, 독재와 부패정치를 해오던 캄보디아, 베트남의 현실이 오늘 어떻게 되었습니까?

그러기에 우리는 다시 한 번 광장에 모여 민주회복의 함성을 지르고, 국내외의 제 민주단체들의 총궐기를 호소하며, 박정권의 퇴진을 요구하고자 합니다. 우리가 연마하는 학문도, 우리의 노동기술도, 민주사회와 민족주체가 확립되지 않고서는 조국의 발전에 아무런 기여를 할 수 없음이 분명한 이상, 학생은 공부에만 전념할 수도 없고, 종교인은 성소에만 파묻혀 있을 수도 없으며, 근로자는 직장노동에만 만족하고 있을 수는 없기 때문입니다. (중략)

재독 한인 근로자, 학생, 종교인 여러분!

4월 혁명 15주년을 맞이하여 조국의 당면한 위기를 남의 일처럼 좌시하고 있을 수만 없어, 우리는 다시 민주회복의 봉화를 들며 궐기하고자 합니다. 뜻을 같이 하는 국내외 동포들의 격려와 지원을 부탁드리며, 민주사회 건설을 위한 우리들 모두의 광장에 많이 모여주시기 바랍니다.

4월 혁명 15주년의 날에

민주사회건설협의회

고문단 안석교, 윤이상, 이영빈, 장성환

의장단 송두율, 오대석, 이삼열, 강돈구

드디어 4월 26일(토) 13시, 프랑크푸르트의 유명한 바울교회(Pauls

Kirche) 앞 광장에는 서독 각지에서 우리 호소문을 읽고 모여든 교포들이 150여 명이나 되었고 독일인들도 1백여 명 운집했다. 바울교회 앞 광장은 프랑크푸르트의 시청 근처 중심가에 있는 넓은 광장으로 독일에서 프랑스 혁명의 영향으로 1848년 민주혁명이 일어났던 유명한 역사적 명소이다.

궐기대회는 애국가 봉창에 이어, 4.19 희생자와 사형 집행된 민주인사와 할복자결한 김상진 열사 등을 위한 묵념을 드렸고, 개회사 (송두율), 사월혁명 기념사(김길순), 민주회복 궐기사(박영은)에 이어 고국 동포에 보내는 격려문 "민주청년 학생들에게"(박대원)와 "민주회복 국민회의에"(오대석)이 낭독되었으며 윤이상 교수의 선창으로 사월혁명 만세, 민주사회 만세, 민족통일 만세의 삼창이 있은 후 시가행진으로 들어갔다.

미리 준비한 구호와 플래카드, "4월 혁명 정신으로 민주회복 쟁취하자", "7년 징역 받더라도 벙어리론 못 살겠다", "박 독재 타도하고 민주사회 건설하자", "정보부원 몰아내자" 등을 들고 데모행진을 하며 1만여 장의 규탄 성명서를 가두에서 배포했다.

오후 3시경 250여 명의 시위대는 중심가를 거쳐 쇼핑객들이 붐비는 백화점가의 콘스타블라바케(Konstablawache) 광장에 도착해, 많은 독일 시민들이 구경하는 가운데 박정권 성토대회를 열었다. 민건회원인 이지, 이보영, 김균진, 이삼열이 마이크를 잡고 규탄 연설을 했고, 서독 수상 헬무트 슈미트에게 보내는 공개서한이 낭독(강돈구)되었다. 민건회는 이 서한에서 국외에서 전개하는 민주운동에 재갈을 물리는 7년 징역 형벌이 독일에 있는 민주인사들에게 작용되지 못하도록 서독 정부가 보호조치를 취해줄 것과 독일 안에서 한국 정보부 활동을 종식시킬 것을 촉구했다.

이날의 데모와 궐기대회를 서독의 텔레비전 HR, WDR 등이 보도했고, 「쥐드도이췌 차이퉁」(*Süddeutsche Zeitung*)과 「프랑크푸르트 룬트샤우」(*Frankfurt Rundschau*)가 사진과 함께 크게 보도했다. 나는 자세한 보도기사를 써서 런던의 박권상 동아일보 특파원에게 보냈는데, 그는 동아일보 5월 2일자 7면에 "재독 한인 150여 명 민주회복 궐기대회"라는 제목의 기사를 실어주었다. 나는 특히 집을 자주 비우고 여행만 다닌다고 불평하는 두 아이들에게, 이번 데모의 의미를 자세히 설명했더니 일곱 살짜리 아들 민형이와 8살 지형이가 자기들도 간판 들고 나가 함께 데모하겠다고 했다. 구호를 쓰라고 했더니 "Kinder wollen auch Demokratie"(아이들도 민주주의를 원한다), "Ich will kein Mörder President"(나는 살인대통령을 싫어한다)라고 독일어로 써서 들고 시위 행진의 맨 앞에 서서 걸어갔는데 이날의 「프랑크푸르트 룬트샤우」가 전면 게재하면서 아이들 사진을 크게 실었다.

지난 해(1974) 삼일절 데모 시에는 교포들이 무서워 50여 명만 참여했는데, 이번 4.19데모에는 세 배나 많이 모여 대성황을 이뤘다. 민건회 간부들의 자체 평가에선 이제 서독에서의 민주화운동이 괄목할만한 발전을 이룩했고 대중화의 단계에 이르렀다고 분석했다.

발줌 광산 광원들의 인권 투쟁

1975년 3월 20~23일에 프랑크푸르트에서 모인 민건회 학술토론회 시에 북쪽 루르 지방에서 온 회원(광산근로자)들로부터 발줌(Walsum)

광산의 한국인 광부들이 정보요원들(Spitzel)의 협박과 감시 때문에 몹시 괴롭힘을 당하고 공포에 떨고 있다는 소식을 들었다. 발줌 광산 기숙사의 통역인 이봉용 등이 장성환 목사의 교회에 나가는 광부들에게 빨갱이 교회에 나가지 말라고 협박하며, "귀국 조치를 당한다"느니 "대사관에 보고한다"는 등 겁을 주어 주일날 교회에도 못 나가게 만든다는 것이다.

1974년 삼일절 본 데모 이후 민건회 활동에 참여하고 선언문에 서명한 장성환 목사(Duisburg), 정하은 목사(Berlin), 이화선 목사(Frankfurt), 이재형 목사(Hamburg) 들이 담임하는 교회에 대해 대사관과 정보부에서 빨갱이 교회로 몰며, 교인들에게 못 나가도록 압력을 행사한다는 소문이 1974년부터 있었지만 이번처럼 노골적인 공작과 방해를 당해보긴 처음이었다. 그동안 김성수, 오석근, 이화선 목사 등이 테러와 협박을 당해 경찰에 고발한 적은 있다. 그러나 이렇게 교회에까지 정보요원을 보내 설교 등 정부비판 활동을 탐지하여 대사관으로 보고하고, 교인들을 협박하여 교회에도 못 나가게 하는 무법적인 공작은 그대로 두고 볼 수만은 없게 되었다.

마침 민건회 토론회에서 이 문제가 제기되었기 때문에 3월 22일(토) 오후 종합토의 시간에, 발줌(Walsum) 광산 사태와 한국 노동자들(간호원, 광부)의 권익옹호 문제에 관해 장시간 집중적인 토론을 진행했다. 자세한 보고와 토론 끝에, 발줌 광산 문제는 일부 광부들의 인권탄압이나 장성환 목사의 교회에 대한 종교탄압 문제만이 아니라, 민주화운동과 국민의 자유를 탄압하는 행위를 국내에서뿐 아니라 독일과 같은 민주 법치 사회에서까지 자행하는 독재정권과 정보부의 만행으로서, 민건회로서는 결코 좌시할 수 없다는 결론을 내렸다.

이에 대한 대책으로서는, ① 진상 조사단을 보내 구체적 파악과 증거자료를 확보할 것, ② 광산 측 기업주와 협상해 정보활동을 중지시키는 조치를 취할 것, ③ 피해를 입은 광부들을 보호하기 위해 상임 변호사를 위촉해 법적인 보호활동을 추진할 것, ④ 독일교회와 노조, 언론에 알려서 재발을 막도록 할 것, ⑤ 격려편지와 위문방문을 통해 어려운 광부들을 위로할 것 등을 결정했다. 대책위원으로는 이삼열, 박대원, 배동인, 이영준 등을 선정하였다.

민건회 조사단은 3월 28~29일 뒤스부르크에서 민건회 의장단, 루르 지역 협의회원, 장성환 목사 및 피해를 입은 광산근로자 여러 명과 함께 연석회의를 가지고 문제해결을 위해 공동의 노력을 하기로 결의했다. 케틀러 하임의 자치회(회장 강무의)는 회사 사장에게 탄원서를 내도록 하고, 장성환 목사는 종교탄압의 시정을 위해 독일교회(EKD)에 호소하며, 민건회는 이를 노동조합, 정당 및 언론기관에 알려서 모든 수단을 동원해 한국 근로자들의 숙소와 직장에서 정보활동을 종식시키도록 노력해야 한다는 데 합의를 보았다.

이런 사실이 독일 사회에 알려지면 분명히 한국인의 수치가 되겠지만, 이렇게 곪은 상처는 보자기를 씌워 감춘다고 해서 낫는 것이 아니라 수술을 해서 제거하는 것이 옳은 길이며, 또 이를 통해 한국인의 민주의식과 용기를 드러낼 수 있는 기회가 될 것이라 믿어, 이 사실을 공개하기로 결정했다.

이렇게 결정은 했지만 일이 보통 일이 아니었다. 1백여 명 한국 광부들이 모여 살고 일하는 발줌 광산의 노동자들에게 서명을 받아 탄원서를 쓴다는 것도 쉬운 일이 아니며, 이를 전 독일 사회와 종교계에 폭로했을 때 생길 문제들을 수습하는 일도 간단한 문제가 아니었다. 무엇보다 탄원서를 쓰고 독일어로 번역해 공개서한을 보내고, 언론계에 알려 보도하려면 여러 인력이 필요한데, 유학생들은 공부하기 바쁘고, 광부들은 독일어가 안 되고 문서작업을 할 장소도 없었다. 결국은 한인 교회의 존립에 관한 문제였기 때문에, 피해를 입게 될 장성환 목사와 독일어 편지를 쓸 수 있는 내가 맡을 수밖에 없었다.

나는 뒤스부르크의 장성환 목사 댁에 한 달 이상을 머물며 발줌 광산의 노동자들과 만나 대책을 협의하고, 탄원서와 증빙자료를 작성해 독일어로 번역해서 각계에 보내는 일을 맡아 수행해야 했다.

우선 자치회장인 강무의 씨를 만나 자세한 이야기를 들었고, 정보활동의 증인이 된다는 최병근 씨 그리고 이곳의 4명 통역 중에 정보활동을 지휘했다는 이봉용 이외에 다른 두 통역인 김윤수, 이종성도 만나보았다. 요지는 통역 이봉용의 지시로 광부 몇 사람이 뒤스부르크 교회에 나와 장 목사의 정부 발언 설교를 기록하여 대사관에 보고하는 첩자(Spitzel) 노릇을 하고 있고, 이를 기초로 빨갱이 교회로 몰아 광부들이 교회에 못 가도록 협박을 한다는 것이었다.

이 역할을 하던 최병근이 자치회장 강무의에게 와서 폭로하고, 설교기록장 등 증거물을 가져와 통역 이봉용에게 항의했으나, 같은 첩자 노릇을 하던 정병호 등 여럿이 폭로한 자들을 때리고 협박하는 사태까지 벌어졌다. 자치회장 강무의는 통역 이봉용에게 여러 번 항의했으나 답변을 피해서, 드디어 자치회를 열어 광산의 슈나이더 부장에게 탄원서를 보내겠다는 결정을 얻어냈다. 케틀러 하임의 한국 근로자 70명 중 40여 명이 참석해 통역 이봉용의 부당한 탄압과 감시행위를 고발하기로 한 것이다.

나는 증거자료를 확보하기 위해 첩자 노릇을 강요받고, 뒤스부르크 교회에 가서 설교와 반정부 발언을 기록해 둔 노트까지 복사해서 보관했다. 또한 이 사건에 관련되어 정보원들로부터 얻어맞고 협박을 받은 여러 광부들에게 자필로 증언을 쓰게 해 철해두었다. 협박 내용은 "빨갱이 교회를 다니면 귀국해서 감옥 간다", "이 사실 폭로하면 죽여 버리겠다"며 공포 분위기를 조성하고 권총까지 만지작거리며 위협했다는 내용들이었다.

나는 이 증거물과 기록들을 토대로 발줌 광산의 한국 근로자 감독 책임자인 슈나이더 씨 앞으로 보내는 자치회장 이름의 공개서한을 초안해서 강무의에게 주어 동의를 받았고, 독일어로 번역해서 각계에 보내는 일을 장성환 목사, 임영희 사모와 함께 해야만 했다.

1975년 4월 3일자로 쓰인 4페이지의 공개서한의 핵심 내용은 다음과 같다.

존경하는 슈나이더 인사부장님!

우리들 발줌 광산의 케틀러 하임에 거주하는 한국 광부들은 더 이상 참을 수 없는 생활 분위기와 사기를 저하시키는 원인들에 대하여 부장님께 말씀드리고, 문제의 해결을 위해 제안을 드리고자 합니다. 우리는 이 문제가 서독 안의 한국인들에게 관련되기 때문에 이 탄원서를 준(準) 공개서한의 형식으로 발표합니다.

아시는 바와 같이 발줌 광산에는 4명의 통역을 포함하여 152명의 한국인 광부들이 일하고 있으며 그중 70명은 케틀러 하임에 거주하고 있습니다. 그런데 이 하임에는 이봉용 통역이 2월 초까지 함께 거주하면서 불법적인 정보

집단을 조직하고 자기 세력을 구축하여, 동료들에게 협박 공갈을 가하는 등 우리의 자유를 심리적으로 물리적으로 침해하고 있습니다. 이봉용은 그의 하수인들과 함께 우리들이 한국 사회 사정에 관한 이야기를 나누는 것을 감시하며, 심지어 교회에 예배드리러 나가는 종교의 자유마저 방해하고 있습니다. 그들은 현 정부를 비판하고 국가의 기본권과 자유민주 질서의 회복을 위해 노력하는 사람들을 공산주의자라고 중상모략하면서 우리들에게 조작된 공포와 불안한 생활 분위기를 만들어 왔던 것입니다. (중략)

이봉용과 그 하수인들은 장성환 목사가 공산주의자며, 그의 교회에 나가는 것은 공산주의자와 연합하는 것이나 같다고 하였습니다. 그래서 우리 하임에서는 독일에 온 지 8개월이 지나는 동안 감히 뒤스부르크 교회 예배에 참석할 용기를 갖지 못했습니다. 이들은 이 교회가 불온문서를 발행하며, 교인들을 공산주의자로 만들고 있고, 그 자금출처도 알고 있다고 말했습니다.

그런데 우리들은 교회에 못 나가게 하면서 정병호와 안상국은 뒤스부르크 한인교회에 매주일 나갔습니다. 이상해서 물으니, "몰라서 묻느냐? 정보를 수집하러 간다"고 스스로 말했습니다. 이들은 이봉용의 첩자로 교회에 나가 장성환 목사의 설교를 적어다 여기에 가필을 해서 Bonn의 한국 대사관으로 보고하는 일을 해왔습니다.

이 문제가 우리들에게 알려져 지난 3월 8일 자치회를 소집하고 하임 안에서의 정보활동에 대한 고발을 하게 되었습니다. 이들의 허위조작과 협박행위가 폭로되자 이들은 오히려 개인적으로 폭로한 사람들을 찾아다니며 잔인한 협박을 가하고 있습니다. (중략)

우리는 정보조직체의 구성원들과 함께 일하며 살 수 없습니다. 우리가 귀사의 노동자로서 독일에 사는 동안 독일연방공화국의 헌법에 규정된 시민의 자유들이 보장되도록 힘써주시기 바랍니다.

우리는 나아가 독일과 한국에 있는 모든 민주 시민들에게, 우리가 불안과 공포에서부터 자유롭고 평화롭게 노동하며 살 수 있도록 도와주실 것을 호소합니다.

케틀러 하임 한인 자치회장 강무의 외 일동

사본 배부처
　1) 주서독 한국 대사관 진필식 대사
　2) 재독한인교회 목회자 대표 장성환 목사
　3) 루르지구 발줌 광산 노동조합

이 공개서한을 첨부해서 장성환 목사는 4월 8일자로 독일교회 외무총장 헬드(Held) 박사와 사회봉사국 총재 쇼버(Schoba) 박사, 한국기독교교회협의회(KNCC) 김관석 총무를 수신자로 하는 호소문 편지를 작성해 독일교회 관계요로에 보냈다. 요지는 한국 노동자들이 교회 예배에 나올 자유마저 억압당하고, 교역자와 교인들을 공산당으로 몰며, 재독한인들의 인권과 자유를 탄압함으로, 독일교회와 정부가 합법적인 보호조치를 해서 종교의 자유가 지켜지도록 해달라는 요청이었다. 장 목사는 딘스라켄에서 광산촌을 방문해 한국 광부들을 만나려 했으나 광부들 기숙사의 문지기가 못 들어가게 막은 경험까지 편지에 썼다.
　역시 같은 날짜에 민건회(Forum für Demokratie in Korea) 이름으로 독일의 노동조합과 정당, 전국 대학생연합회, 언론기관들에게 보내는 공개 호소문이 발표되고 우송되었다. 발줌 광산의 한국 광부들의 공개서한을 첨부해, 이들의 인권과 종교자유를 지키기 위해, 정보활동을 조장하는 한국 대사관과 발줌 광산 사장에게 항의문을 보내달라는 요청을 담았다.

이들 공개서한이 각계에 발송된 후 엄청난 반응이 쏟아져 나왔다. 우선 독일 신문들이 4월 10일경부터 큰 제목을 뽑아 보도하기 시작했다. "한국인 첩자들이 광산에서 활동"(*Rheinische Post* 1975년 4월 10일), "한국인 간호원 광부들 다시 정보 첩자에 공포"(*Frankfurter Rundschau* 4월 11일), "한국정보부 첩자들이 공산당 사냥?"(*Neue Ruhr Zeitung* 4월 16일), "한국인 목사를 정보부 첩자가 감시"(*WAZ* 4월 11일). 독일의 언론보도는 조그만 지방신문에까지 계속 진행되었고, 발줌 광산의 탄광회사와 한국 대사관은 연일 기자들의 전화와 질문 공세로 몹시 당황했다.

수십여 독일 신문과 잡지 방송에 보도된 발줌 광산의 정보부 활동 내용들은 독일의 전 사회에 알려지게 되었다. 거의 모든 기사에는 1967년 한국 중앙정보부가 17명의 한국 유학생들을 독일에서 납치해 갔다는 동백림사건을 기억시키며, 독일 땅에 다시 들어온 한국 정보부를 비판했다. 그리고 한국 안에서 독재체제에 항거하는 많은 종교인 학생 언론인을 정보부(KCIA)가 무자비한 고문과 협박으로 탄압하고 있다는 소식도 곁들여 보도했다.

이렇게 대대적인 언론의 보도는 발줌 광산 사태를 전독일의 사회·정치적 문제로 등장시켰다. 광부들의 공개서한과 장 목사의 호소문, 민건회의 성명서가 대량으로 뿌려지면서, 여러 가지 형태의 동조 격려 서한, 항의 성명, 조사요구가 많은 독일 시민들과 여러 기관들로부터 제기되었다.

누구보다도 장성환 목사와 한인교회를 보호하는 독일교회의 외무총장 헬드 박사가 한국 대사관에 항의 서한을 보냈고, 실무담당 유르겐 믹쉬(Jürgen Miksch) 목사가 발줌 광산 본부와 한인교회를 조사목적으로 방문했다. 독일 노동조합(DGW)과 사회민주당의 청년단체들도 관심을 보이며 조사에 나섰다.

몹시 곤혹스러워진 한국 대사관에서는 4월 12일 임정삼 노무관을 급히 발줌 광산의 광부들 숙소로 보내 무마작전을 시도했다. 통역들을 앞세워 광부들을 집합시키고, 공개서한의 내용을 따지며 광부들의 불평과 항의를 들었다. 그러나 신문기자들을 따로 만나서는 정보활동이 없었으며 장 목사 교회의 정치활동에 대한 비판 이야기만 들었다고 했다. 4월 14일자 일부 지방신문은 임 노무관의 말을 인용해 그렇게 보도했다.

나는 4월 15일 오후 3시에 장 목사댁으로 10여 명의 지방신문 기자들을 불러 사실을 밝히는 기자회견을 다시 했다. 정보활동의 증인이 되는 광부 7명을 참석시켜 대사관 임 노무관의 변명과 왜곡을 다시 비판했다. 대사관과 민건회의 공방전은 당분간 계속되었다. 대사관은 '전독한인회'(회장 임정평)를 동원해 민주화운동을 비난하며, 주동자들이 위험한 극좌적 사상을 가진 자들이라고 비판하는 성명서를 내게 했다(1975년 4월 27일자로 독일교회로 보냄).

또한 진필식 대사는 임정삼 노무관을 시켜 독일교회 외무총장 헬드 박사에게 답변서를 보냈다(1975년 4월 24일자). 그는 여기서 한국 대사관이 정보활동을 한 적이 없으며, 장성환 목사를 공산당이라고 한 적도 없고, 장 목사 교회에 못 나가도록 지시한 적도 없다고 부인했다. 오히려 장 목사와 민건회가 대사관의 정보활동을 비난한 것을 사과하든가 증거를 제시해야 한다고 주장했다. 그러나 이미 독일 언론에서 증인들의 폭로를 대대적으로 보도한 마당에 대사관과 한인회의 부인은 먹혀들지 못했다.

이런 공방전이 오가는 사이 광부들 사이에서는 폭력과 구타행위가 벌어졌다. 함께 첩자 행위를 했다는 정병호가 이를 폭로한 최병근을 5월 6일에 일터에 가면서 만나 죽이겠다고 소리 지르며 심하게 구타했다. 피를 흘리도록 맞은 최병근은 다음날(5월 7일) 현장을 본 증인 두 명을 데리고 노조에 가서 고발했는데 5월 9일 아침 두 사람은 슈나이더 인사부장에게 불려갔다. 놀랍게도 슈나이더는 가해자인 정병호와 피해자인 최병근 둘 다 폭력행위를 했으니 오늘 날짜로 해고한다고 하면서, 비행기 표를 사줄 테니 당장 한국으로 돌아가라는 청천벽력 같은 해고 통보를 했다.

이 보고를 듣고 우리는 광산과 정보부 측이 첩보활동을 자백한 핵심증인(kronzeuge)을 추방해버리려고 짠 계략임을 알게 되었고, 최병근의 강제추방을 막을 조치를 긴급히 취해야 했다. 우선 이 사실을 지방신문들에게 보도하도록 했고, 신문들은 간첩활동의 핵심증인을 추방한다는 보도를 냈다. 여러 곳에서 "폭력행위를 경찰에 조사시키지 않고 피해자를 추방하려고 했다"고 슈나이더 인사부장의 부당 조치를 비난하는 신문보도가 나왔다(1975년 5월 10일 *WAZ* 신문). 독일교회 사회선교부(Innere Mission)에서도 독일노동조합(DGW)에다 최병근의 체류를 허가하고 해고를 취소하도록 기업주에게 조치해 달라는 요청서를 보냈다. 엠네스티 인터내셔날에서도 최병근을 추방하면 한국에서 정치범으로 구속될 위험에 있다고 성명을 내고 인신보호를 요청했다.

최병근의 구타와 해고 추방결정은 오히려 발줌 광산의 정보원과 첩보활동을 확증시키는 데 큰 도움이 되었다. 이 억울한 소식을 들은 광부들이 최병근을 보호해달라는 탄원서를 써서 슈나이더 인사부장에게 보냈고, 이 탄원서(독문으로 번역된)를 신문사와 관계 요로에 보내 첩보활동의 확실한 증인을 추방하려 했다는 비난을 받게 했다.

5월 12일자로 발줌 광산의 한국 근로자 145명 중 127명이 친필로 서명해서 보낸 탄원서는 이렇게 썼다.

존경하는 슈나이더 인사부장님,

우리는 당신께서 우리의 동료 최병근 씨를 정보활동을 해온 정병호 씨와 함께 싸웠다는 이유로 5월 9일자로 해고하였다는 놀라운 소식을 듣고 너무나 부당하게 편파적인 처사에 분개하여 탄원서를 드리고자 합니다. (사건경위 설명 중략)

우리 단순한 근로자들은 공포와 불안 없이 자유롭게 노동하게 되기를 바랄 뿐, 친정부니 반정부니 하는 말들은 우리에게는 관계없음을 밝힙니다. 우리는 단지 하임 안에서의 부당한 감시와 간섭 그리고 협박행위를 몰아내려고 할 따름입니다. 정보활동과 협박, 폭력행위를 한 자들은 법대로 조사해서 처벌해 주시고 이를 고발한 선량하고 용감한 우리의 친구 최병근을 해고하지 마십시오. 앞으로 만일 또 누가 폭행을 당하고 납치되거나 목숨을 잃는다면 이는 조치를 취하지 않은 부장님이 책임을 져야 된다는 것을 분명히 인식하여 주시기 바랍니다. (하략)

Walsum 광산 근로자 일동

이 공개서한은 해당관청과 언론기관에 송부될 것임을 알립니다.

5월 11일 23시까지 한국인 근로자 145명 중 127명이 서명했음.

이 탄원서의 내용이 지방신문들에 보도되자 광산 측 슈나이더 부장은 손을 들었다. 5월 14일자 여러 신문에는 "최 증인 해고 철회, 광산에 계속 근무"라는 보도가 크게 실렸다. 그 대신 광산 근무지를 다른 곳으로 옮겨 주겠다고 했다. 독일교회 사회선교부에서는 변호사를 선정해 최병근의 망명신청을 도와주기로 했고, 독일 형사검찰 14팀에서 발줌 광산의 폭력과 정보활동을 조사하겠다는 보도도 실렸다(5월 14일자 *NRZ*와 *WAZ*, *Rheinische Post*).

발줌 광산 사태는 결국 우리 측 승리로 매듭지어졌지만 양측의 피해도 적지 않았다. 증인 최병근은 복직되었지만, 더 힘든 다른 광산으로 보내 경사진 채탄 막장에서 일하게 했다. 자치회장 강무의와 강범식 등 탄원서를 썼던 주동자들에게는 계속 압력이 행해졌고, 화가 난 발줌 광산에서는 문제된 통역자리를 없애버려 우리를 돕던 김윤수, 이종성 통역이 해고되었다. 이종성은 체류허가마저 거부되어 우리는 엠네스티와 독일교회의 도움을 받아 망명(Asyl) 신청을 하게 되었다.

그러나 독일 여론의 뭇매를 맞은 한국 대사관은 초상집이 되었다는 후문이다. 7월 중에 진필식 대사는 책임을 물어 해임되었고, 정보부 파견으로 왔던 군부 장성출신의 이종욱 공사는 전직 발령을 받았고, 김준호 공보관장, 한영택 정보원과 영사 한 명이 인사이동되었다는 것이다. 독일에서 난리가 나니까 6월경에 남산본부(중앙정보부)에서 조사단이 나와 주독 대사관을 파헤쳤는데 그 여파로 회의 도중에 직원들 사이에 주먹 소동까지 일어났다고 한다.

1년 전 1974년 3월 민건회가 창립되었을 때는 독일교회 이외에는 별 주목을 받지 못했는데 1975년 4월의 발줌 광산 사건과 프랑크푸르트 데모를 통해 신문·방송에 수십 차례 보도되면서 민건회(Forum für Demokratie in Korea)의 존재도 널리 알려지게 되었다. 홍보 면에서 성공했다고 볼 수 있다. 대표적인 홍보는 1975년 6월 2일 저녁 TV 제1프로그램(ARD)의 방송이었다. 1천5백만의 시청인구를 가진 저녁 8시 반 골든 아우어의 모니터(Monitor) 프로에서 15분간이나 한국의 인권탄압과 불법사형 그리고 독일 안에 있는 한인 광부들에 대한 정보활동 발줌 사건이 보도되었다. 이 프로에는 이삼열 민건회 대변인(Sprecher)과의 인터뷰도 나왔다.

또한 발줌 광산의 정보활동 폭로를 계기로 민건 회원과 대사관의 관계가 대결국면으로 악화되면서, 우리들은 앞으로 여권 연장이나 체류 허가에 어려움이 생길 것을 염려하게 되었다. 회원들 중에는 정치망명(Asyl) 신청을 하는 사람들이 하나둘 생겼다. 나 자신 1975년 말 여권 연장을 위해 본 대사관에 갔다가, 박사학위 과정 증명서와 장학기관 보증서를 제출했는데도 6개월밖에 연장을 못 해준다는 대답을 들었다. 나는 해당 영사와 한 시간의 논쟁 끝에 겨우 1년 연장을 받아 나왔다. 독일 사회와 정부의 여론과 지원을 얻지 않고는 독일에서 민주화운동이 여권 문제 때문에도 지속되기 어렵겠다는 문제가 드러났다. 그래서 민건회는 1975년 하반기부터 더욱더 대사회적 여론조성(Öffentlichkeit Arbeit)에 힘쓰게 되었다.

4월 26일의 프랑크푸르트 데모와 성토대회 시 낭독된(강돈구) "서독 수상에게 보내는 편지"에서 재독한인 민주화운동을 보호해 줄 것과 한국 정부에 인권탄압을 항의해 줄 것을 요청했다. 마침 발줌 광산 사태도 4월에 많이 보도되었기 때문에 외무성에서는 조심스런 반응을 보였다.

매우 존경하는 슈미트 독일 수상님께

독일 안의 비판적인 한국 광부, 간호원, 유학생, 종교인들의 연합체인 '한국민주사회건설협의회'는 독일 수상님께 이 공개서한을 통해 우리 고국에서 일어나고 있는 비인도적인 상황에 대하여 주의를 기울여 주실 것을 부탁드리고자 합니다. 우리는 이 일을 우리나라를 비난하며 폭로하기 위해서가 아니라, 수상님의 영향력을 발휘해 우리나라와 온 세계에서 인권이 존중되고 실현되도록 하기 위해서입니다. (유신독재의 불법성, 고문, 탄압, 사형 등 현황 설명 부분 생략)

독일 사회에 이미 알려진 바와 같이, 발춤 광산의 한인 광부들이 정보원들에 의해 감시받고 협박을 당하며 심지어는 설교 목사를 공산당으로 몰아 교회에도 못 나가도록 압력을 받고 있습니다. 그 목사님은 정부 비판을 했을 뿐이며, 정보부는 박 정권에 동조하지 않는 사람을 모두 공산당으로 몰아가고 있습니다. (중략)

수상님께 보내는 이 정권비판의 편지마저도 한국 정부가 새로 만든 형법에 의하면 7년 징역과 10년 자격정지를 당하게 되어 있습니다. 이 재갈을 물리는 형법조항에 의하면, 국내에서든 외국에서든 외국인들에게 국가원수나 기관을 비판하는 자는 이런 처벌을 받게 됩니다. (3월 19일자로 개정된 형법 114조) (중략)

존경하는 수상님, 이런 악법이 독일에 사는 한국 교민들에게 작용할 폐단을 생각하시어 분명한 입장을 밝혀주시기 바랍니다. 또한 독일에서 한국 정보활동을 종식시켜 주시고, 국제적 영향력을 발휘하시어 인혁당 사형같이 명확한 증거 없이 시민을 죽이는 비인도적 일들이 다시는 일어나지 않게 도와주시고, 고국의 민주화에도 연대해 주시기를 부탁드립니다.

존경과 감사를 드리며,

한국민주사회건설협의회 드림

(대표 서명, 송두율)

이 호소문 편지에 대해 민건회는 독일 정부로부터 아래와 같은 5월 14일자의 답신을 받았다.

존경하는 민건회 여러분!

독일 정부의 외무성이 여러분들께서 1975년 4월 26일자로 수상님께 보낸 서한에 답변을 드립니다.

아시는 바와 같이 독일 정부는 전 세계의 인권과 자유, 민주주의를 위해 노력해 왔습니다. 이 점은 여러분의 고국에도 해당됩니다. 독일에서 17명 한국인을 납치해간 사건을 언급하셨지만, 독일 정부는 많은 다른 경우에도 인권을 지키는 일을 해왔습니다. 이런 문제에는 항상 의견을 숨기지 않았고 독일 사회의 공공여론을 대변했습니다.

그런데 이런 일이 립서비스가 되지 않고 효과를 거두기 위해서는 항상 적절한 길을 찾는 것이 문제입니다. 사회 여론에다 공개적인 목소리를 내는 것만이 항상 좋은 방법은 아닙니다.

여러분들은 독일에 거주하는 외국인으로서 국적이나 개인적 위상에 상관없이 독일 국가 기관의 철저한 보호를 받게 됩니다. 여러분들은 한국정보부

(KCIA)에 대해 불안해 할 필요가 없습니다.

존경을 표하며

위탁을 받아 Wegener 서명

일단 우리는 독일 정부 외무성으로부터 외교적으로 조심스럽지만, 분명한 입장을 듣게 되어 기뻤다. 그러나 한국의 독재정권의 탄압에 대해서는 독일 정부도 공개적 비판은 삼가겠다는 태도를 보여서, 역시 독일 사회, 종교계나 언론계를 통한 비판의 목소리를 크게 하는 것이 중요하겠다고 생각되었다.

1975년 6월 27~29일 다시금 프랑크푸르트에서 모인 민건회 의장단 확대회의에서는 발줌 광산 사건의 후유증이 된 김윤수 통역, 이종성 통역의 해임과 체류문제, 여권연장의 어려움을 겪는 회원들의 문제, 해외 단체와의 협력문제 등과 함께 김지하 구출운동에 관해 집중적 의론을 했다. 독일 사회에 반독재 여론을 확산시키고 민건회 조직 활동과 교포들의 지원을 강화하기 위해서는 대중 강연이나 출판이 필요하며, 관심을 끌만한 행사나 홍보가 절실히 필요하다는 데 의견을 모았다.

김지하 시인 구명운동과 시집출판

1974년 4월 민청학련 배후조종으로 구속되어 인혁당 관련자들과 함께 사형언도를 받았던 시인 김지하는 전 세계적인 항의와 구명운동으로 종신징역으로 감형되고 1975년 2월에 석방되었다. 석방되자 곧 김지하 시인은 인혁당이 정보부의 날조며, 공산주의자가 아니라고 폭로했고 김 시인은 3월 13일에 다시 구속되었다. 이번에는 정보부가 김지하 시인 자신을 공산주의자로 몰아 재판정에 올렸으므로 다시 사형언도를 받게 될 위험이 농후해졌다. 중앙정보부는 고문에 의한 자백이 분명한 '자필 진술서'라는 것을 날조해서 반공법 4조 1항을 적용해 기소했고, 5월에는 최고 사형까지 규정한 반공법 9조 2항 재범자 특수가중 규정을 적용시켜 김지하 처형계획을 노골적으로 드러냈다.

김지하 시인은 명시 〈오적〉, 〈비어〉, 〈황토〉와 〈금관의 예수〉, 〈구리 이순신〉 등으로 세계적으로 유명해진 시인이며, 솔제니친에 비견할 만한 반독재 비판운동의 상징적 인물이었다. 이제 김 시인의 생명은 국제적 구명운동과 여러 나라 정치인 지식인들의 항의와 압력이 없으면 희생될 수도 있을 것 같았다.

우선 김지하의 석방을 호소하는 성명서를 독일의 세계적인 명사들의 서명을 받아서 발표하는 일을 추진하기로 했다. 영향력을 발휘할 수 있는 인물로는 하이네만(Heinemann) 전 대통령, 빌리 브란트 전 수상, 하인리히 뵐(H. Böll) 작가, 귄터 그라스(G. Grass) 작가, 골비처(Golwitzer) 신학자, 몰트만(Moltman) 신학자, 하버마스(Habermas) 철학자 등이 제안되었다. 이들에 대한 교섭을 독일교회의 주요 인사들과 윤이상 교수 등을 통해 한 결과 우선 빌리 브란트 전 수상, 하인리히 뵐 펜클럽회장, 루이제 린저 작가 등의 서명을 받았다.

또한 김지하의 사상과 문학을 교포들과 독일 사회에 널리 소개하는 일이 구명운동을 위해서도 필요하다는 결론을 얻었다. 국내에서도 판금이 되었으니 책을 사올 수도 없고 해서, 우선 타자로 찍어서라도 김지하의 시집을 출판해 보기로 했다. 이 일은 프랑크푸르트에 있는 이준모, 송영배, 김길순, 임희길 등이 맡기로 했다. 그리고 독일 어로도 몇 가지 번역해서 출판하는데 이 일은 뮌헨에서 독문학을 전 공하는 배정석, 김원호, 강정숙과 괴팅겐의 최두환이 맡기로 했다.

김지하의 시집 한글판은 두 달 만에 완성되어 일천 부를 찍었다. 단시 15편과 장시 〈오적〉, 〈비어〉, 〈구리 이순신〉, 〈민중의 소리〉를 싣고, 동아일보에 실었던 "고행 74년"과 군사재판에서 밝힌 양심선 언 등을 함께 편집했다. 표지에는 죄수복을 입고 묶인 김지하의 사 진을 크게 넣었다. 비록 타자로 찍은 팸플릿 책이지만 우리는 정성 을 다해 만들었고 권당 7마르크(3불)에 판매하기로 했으며, 판매대 금은 일부 인쇄비를 제하고 전액 국내 투쟁동지들과 동아일보에서 해직된 기자들을 돕는 데 쓰겠다고 광고했다(1975년 9월 15일자 이삼 열의 글 "김지하의 벗 여러분께").

시집 출판비용은 4500마르크나 들었는데 마침 1960년대 에버트 재단의 한국 소장으로 한국에서 노동조합운동을 한 경험이 있는 에 릭 홀체(Erich Holtze)가 2천 마르크를 보내오고, 발줌 광산 사건의 노동자들이 2천 마르크를 모아주어서 감당할 수 있었다. 시집을 판 매한 대금 중 1천 마르크를 강원룡 목사를 통해 동아일보 해직기자 들에게 보냈다.

김지하 시집의 출판과 배포는 큰 호응과 성과를 가져왔다. 미국과 일본, 스웨덴에서도 요청이 와서 보내고, 독일 안의 민건회 지역별 10여 개 도시에 50여 부씩 보냈어도 금방 다 팔리고 모자라게 되었 다. 독일어 번역은 쉽지 않았다. 독문학자의 손을 빌려도 1, 2년은 걸 린다는 것이다. 아쉬운 대로 몇 개의 시와 〈양심선언〉, 〈고행 74〉를 우리 회원들의 손으로 번역해 독일인들에게 알리는 소책자를 만들어 행사에 쓰도록 했다.

김지하의 시와 양심선언문 등이 알려지게 되니까 교민들과 독일인들의 관심이 높아지게 되었고 김지하의 사상과 시를 토론하는 모임들이 여러 곳에서 생기게 되었다. 특히 프랑크푸르트에 있는 민건 회원들, 이준모, 송영배, 임희길, 공광덕 등은 "김지하 구출위원회"를 조직해 '김지하의 밤'을 열어 시낭독과 음악연주 등을 곁들여 구명운동을 전개하기도 했다. 이 자리에서 조병옥(전 이대 음대 교수) 씨가 "밥은 하늘이다"라는 김지하의 시를 작곡해 기타를 치며 노래를 불렀는데 대단히 감동적이었고, 예술성도 높았다.

호소문을 이렇게 썼다.

민족의 별 김지하를 구출합시다

존경하는 교민 여러분!

박 독재 정권은 이른바 인민혁명당을 날조해 죄 없는 8명의 인사들을 공산주의자로 몰아 야만적으로 처형시킴으로 살인정권의 본색을 드러내었습니다. 한국 민중과 세계 여론의 분노가 채 가시기도 전에 저들은 헐벗고 억압당하는 민중의 벗이며 민족의 저항 시인인 김지하 씨를 또 다시 정치적 제물로 만들려는 흉계를 꾸미고 있습니다. (중략)

김지하 시인은 천주교 신자입니다. 천주교 신자인 김지하가 어떻게 무신론을 바탕으로 하는 공산주의자가 될 수 있겠습니까? 고문에 의한 강제진술은 법적 효력이 없을 뿐 아니라, 압수수색 물증에도 아무런 증거를 발견할 수 없었습니다. (중략)

우리는 박 독재 정권이 민족의 자랑 김지하 시인을 정치적 희생물로 만들려는 음모에 울분과 안타까움을 금할 수 없습니다. 여기에 우리들, 민건회 프랑크푸르트 지역 회원 일동은 김지하 구출위원회를 구성하고 뜻있는 교포 여러분들의 적극적인 참여를 바라는 바입니다.

1975년 7월 25일

김지하 구출위원회

이렇게 시작된 김지하 구명운동은 차츰 독일 사회에 물결처럼 퍼져나갔다. 엠네스티 인터내셔널 독일본부는 한국의 정치범들과 함께 김지하 석방운동을 대대적으로 전개했다. 국제 펜클럽의 유명 작가들도 김지하 구출운동에 찬동하는 입장을 표명해 독일 신문에도 여러 번 보도되었다.

옥중의 김지하는 폐병을 오래 앓아 건강이 위태로우며, 사형언도가 다시 되지 않아도, 종신징역형의 계속으로 옥중에서 죽을 수 있다는 소식이 여기저기 실렸다. 이런 보도가 있을 때마다 우리 회원들이 번역한 김지하의 시들이 인용되곤 했는데, 많이 인용된 구절이 "타는 목마름으로 민주주의를 외친다"였다.

김지하 구명운동이 확산되면서, 특히 개신교회와 가톨릭교회에서 해방신학과 관련한 김지하의 민중사상이 중요한 테마가 되면서 김지하의 시집과 양심선언문 등의 독일어 번역과 출판이 시급히 요청되었다. 민건회에서 독일어 번역을 맡은 강정숙, 배정석, 김원호, 최두환 등 독문학 전공자들은 열심히 번역했지만 문학적으로, 시적으로 완벽한 번역 출판은 매우 힘들었다. 아쉬운 대로 1976년에 우리가 번역한 작품들을 편집해 독일 가톨릭교회 선교기구인 Missio와 개신교의 선교기구 EAGWM이 함께 조그만 『김지하 작품집』(Kim Chi Ha)을 출판했다. 이 책이 5천 부나 인쇄되어 전국에 뿌려지면서 김지하에 대한 열기는 더욱 높아졌다. 더욱 많은 신문과 방송들이 김지하에 관해 보도했고, 유명한 슈피겔(Spiegel) 주간지가 10월 25일자에 김지하 이야기와 함께 박 정권을 비판하는 기사를 10여 페이지에 걸쳐 게재했다.

노벨 문학상 수상작가로 서독 펜클럽 회장인 하인리히 뵐(Heinrich Böll)이 일간지(*Frankfurt Allgemeine* 1976년 10월 13일자)에 "김지하를 걱정하며"(Angst Kim Chi Ha)라는 제목으로 장문의 논설을 기고했다. 반독재 여류작가로 유명한 루이제 린저(Luise Rinser)는 베를린과 본 등 여러 곳에서 김지하에 대한 강연을 했다.

마침 1976년에는 김대중, 문익환, 안병무 등이 3.1 민주구국선언으로 구속되었기 때문에 구속자 석방과 인권회복을 위한 특별 예배, 강연회, 좌담회가 열렸다. 이런 행사 때마다 김지하의 시와 사상이 논의되었고 출판된 시집은 커다란 반응을 일으켰다. 나는 민건회 여러 동지들과 함께 행사가 열리는 교회, 대학, 방송국 등으로 상황 설명을 위해 분주히 쫓아 다녀야 했다. 행사들은 너무 많아 여기 다 기록할 수가 없다.

김지하의 시와 문학에 대한 관심이 높아지자 독일의 가장 유명한 출판사인 수어캄프(Suhrkamp)에서 김지하의 작품을 출판하겠다고 제안해 왔다. 운동을 위한 팸플릿 형태의 출판이 아니라, 정규 문학작품으로 출판하겠다는 것이다. 강돈구와 나는 의론해 이 번역을 독일인 부인이 있는 괴팅겐대학의 독문학자 최두환 씨에게 맡겨야 한다고 수어캄프 출판사에 제안했다. 최두환 교수는 나중에 중앙대학

에서, 부인 레기나 최(Regina Choi)는 서강대학에서 독문학과 교수로
재직하게 되었다. 이 문학적으로 다듬어진 번역에는 여러 해가 걸렸
으며 결국 1983년에야 *Die gelbe Erde*(황토)라는 제목으로 출판되어
(Suhrkamp NF59) 독일 학계에 널리 알려지게 되었고 노벨상 후보가
되는 데 한몫을 했다.

　결과적으로 김지하의 구속과 재판, 석방, 구명운동과 시집 출판은
독일에서 민주화운동을 확산시키고, 지식인 사회와 종교계의 지지
와 지원을 얻는 데 크게 기여했다.

오글 목사와 시노트 신부의 방독 강연회

　1975년은 동아일보 광고탄압과 기자해고를 시작으로, 수도권 선
교자금 사건으로 김관석, 박형규 목사 등 구속, 김지하 시인 재구속
재판, 인혁당 관련자 8명 사형 집행, 이문영, 서남동, 안병무, 이우정
교수 등 해직, 장준하 씨 의문사망(8월 17일), 김철 통일사회당 고문
구속 등등으로 유신독재 수립 후 무자비한 탄압과 최악의 인권침해
가 연속적으로 일어난 해였다. 해외 민주화운동 진영에서도 너무나
엄청난 사건이 벌어지니까, 성명서를 써내기도 바빴다.

　이런 잔인무도한 탄압과 저항의 실태를 더 생생하게 교민들과 독
일 사회에 알리기 위해 나는 미국으로 추방되어 쫓겨난 오글 목사와
시노트 신부에게 연락해서 민건회 이름으로 초청강연회를 실시하도
록 했다. 10월 3~5일 모인 민건회 총회에서 결정해 11월 9~12일 사이
에 두 분을 초청해 세 곳에서 보고강연회를 열기로 했다.

조지 오글(George E. Ogle, 한국명 오명걸) 목사는 미국 감리교 선교사로 1960년대 초에 와서 약 15년 동안 인천지방에서 산업선교에 종사하며 부두노동자, 공장노동자와 함께 노동하면서 빈민 노동자층의 벗으로 일해 왔고 한국의 산업선교를 지원해 왔다. 인혁당 사건 구속자들의 구명운동을 벌이다 1974년 12월 박정권에 의해 강제추방을 당했고 당시에는 미국 조지아주 대학에서 가르치고 있었다.

제임스 시노트(James P. Sinnott) 신부는 미국 가톨릭 외국선교부 (Maryknoll)의 파견으로 1960년부터 농촌지방 신부로 일해 왔고, 1974년 민청학련사건, 인혁당사건, 동아기자 언론자유 투쟁, 김지하 구명운동에 강력한 지원활동을 해왔는데, 박정권의 미움을 사 1975년 4월말에 체류 허가 거부로 추방되어 미주에 머물며 의회에서 증언하는 등 한국의 민주화를 위해 헌신적으로 노력하고 있었다.

이 두 분을 초청해 독일에서 대중강연을 하고 교회 지도자를 방문하게 하는 목적은 재독 한인들과 독일교회 측에 국내 민주운동의 실황과 미국의 비판세력이 보는 한국 민주화의 전망을 알리고, 특히 노동대중의 참상과 산업선교자들의 끈질긴 노동운동을 소개하여 교민들로부터 민주화운동의 폭넓은 지원을 얻도록 하려는 데 있었다.

먼저 한인 광부, 간호원 등 노동자들이 많이 사는 루르 지역에 있는 뒤스부르크 한인교회가 11월 9일 주일 오후 3시에 오글 목사를 모시고 "한국의 산업선교"를 위한 특별예배를 드렸다. 이웃 도시 보쿰과 캄프린트포트 등의 교회까지 교인들이 함께 약 3백여 명의 노동자 신도들이 모인 예배에서 오글 목사는 "산업선교와 노동자의 인권"이라는 제목으로 보고강연을 겸한 설교를 했다. 예배 후 4시 반부터는 친교실에서 한국 노동자의 실태와 민주화운동에 관해 좌담회를 열었는데 이 자리엔 쾰른, 뮌스터 지역의 민건 회원들이 함께 참여해 한국 경제상황과 노동운동에 관한 진지한 토론이 있었다.

한편 시노트 신부는 11월 9~10일 베를린 지역협의회가 주최하는 "민주화운동의 실태와 전망"에 관한 좌담과 토론회에 참석했다. 좌담회에는 민건 회원뿐 아니라 한인교회와 가톨릭 교우들이 참석해 인혁당 관련자들의 사형언도와 집행에 관해 현장에서 저항하다 경찰에 끌려난 시노트 신부의 체험담을 들었다. 베를린에서 시노트 신부는 엠네스티, 개신교 선교부, 노동조합 관계자들도 만나 한국 상황을 설명하고 구속자들의 석방을 위해 노력해달라고 부탁했다.

11월 11일(화) 오전에는 두 분이 모두 프랑크푸르트에 있는 독일 교회 외무국(EKD Auβenamt)에 와서 개신교 동아시아 선교위원회가 주최한 비공식 모임(10~13시)에 참석해, 독일교회의 한국선교 관련 기관의 실무자 10여 명에게 최근의 한국 상황과 인권탄압에 대해 자세한 보고를 했다.

이날 저녁 8시에는 이영빈 목사가 시무하는 프랑크푸르트의 파울 게하르트 교회에서 민건회 주최의 강연회가 열렸다. 여기에는 프랑크푸르트뿐만 아니라 인근 도시 하이델베르크, 마르부르크, 마인즈에서도 교포들이 참석해 1백여 명이 강연을 들었다. 이를 위해 5백 매의 광고 전단을 인쇄해 미리 돌렸다. 오글 박사는 "노동대중의 실태와 민주운동"에 관해, 시노트 신부는 "김지하의 수난과 우리의 책임"이라는 제목으로 열렬한 강연과 현장 증언을 했다. 한국에서 15년간이나 살고 일했으므로 두 분은 모두 유창한 한국어로 강연해서 큰 감동을 주었다

독일교회와 사회의 협력과 재정 지원

제네바 기독자 회의(1975)는 해외 민주화운동, 특히 기독자들이
주도하는 운동에 기독교 선교, 봉사기관들이 재정적 지원을 할 수
있는 근거와 채널을 만들어주었다. 교회가 어떻게 정치운동에 돈을
댈 수 있느냐는 비판이 보수적 기독교인들로부터 나왔지만, 진보적
에큐메니칼 교회들은 기독자의 양심으로 정의와 인권을 위해 또는
민주주의 실현을 위해 독재정권에 저항하는 일은 신앙적인 행동이
며 하나님의 선교(missio Dei)가 이루어지는 길이기 때문에 교회가
적극적으로 지원해야 한다고 주장했다.

이러한 신학적 입장이 당시 세계교회협의회(WCC)의 방향을 주도
하고 있었다. 남아프리카의 인종차별주의(Apateid)에 맞서 싸우는
흑인들의 투쟁(combat racism)에 WCC가 상당한 지원과 자금을 대던
때이고, 유럽교회 여성들이 인종차별 국가인 남아프리카의 과일을
사먹지 않는 운동을 일으켰으며, 남미의 해방신학이 유럽과 미주의
교회들에 크게 영향을 주던 때였다.

제네바 회의에서 독일교회 동아시아 선교위원회 총무인 후릿츠
목사는 독일교회의 지원 협력에 대해 다음과 같이 보고했다.

1) 홍보활동

신문, 방송, 통신기관을 통해 한국 문제와 교회의 상황을 보도할 때 민건회의
도움을 받고 있다. 특히 개신교 통신사(Evangelische Presse Dienst)를 통해
수시로 한국교회와 민주화운동을 보도하고 있고 선언문 등 주요 기록물
(Dokumentation)을 출판하고 있다.

서남독 지역, 베를린 지역의 교회들에서 예배나 세미나를 할 때 한국교회를 위해 기도하는 자료를 제공해서 헌금을 모으기도 한다.

2) 실천 행동

교회기관들(EKD, KA, Missionswerke)이 때때로 한국 상황에 대한 선언문을 발표하고(인권문제, 김지하 구명 등) 민건회의 데모 시 지지 후원했다. 발줌 광산 사건처럼 정보부의 탄압활동에 항의할 때 법률지원과 로비활동을 통해 연대했다. 한국 노동자들의 계약문제, 인권문제 등에 대해 노동법적 검토를 했고, 가족동반과 계약연장, 기숙사 개선 등을 정부와 기업에 건의했다.

독일 국회의장과 정당 대표들이 한국을 방문했을 때(1975년 5월 12-17일) 구속된 목사들과 민주인사, 김지하의 석방을 요청했다. 한국의 인권운동에 지방 교회들과 선교기관들이 후원금을 모금해서 보내고 있다.

3) 조정과 협력

독일교회의 한국 관련 여러 기관들, 즉 선교 단체들, 외무국, 사회봉사국, 한인 교회들의 사업과 활동을 조정하며 협력관계를 높이기 위해 동아시아 선교위원회(Ostasien Kommission)가 설치되어 정기회의(3개월마다)를 하고 있고, WCC와 CCA, KNCC 등과도 정보교환과 협력관계를 유지하고 있다.

한국 상황에 대한 정보와 해석, 자료번역은 서남독 선교부(EMS)와 민건회(Forum)의 도움을 받고 있다. 이 일을 효과적으로 수행하기 위해 이삼열을 라인란트주 교회에서 한국 노동자를 위한 사회상담자로 채용하거나, 뷔르템베르크주 교회에서 선교협력자로 채용해 한국문제에 대한 협력활동을 맡길 계획이다.

4) 앞으로의 과제

여러 교회기관들과 사회기관들(엠네스티 노동조합 등)의 연대위원회 (Solidaritaets Komitee)를 조직하거나, 가톨릭 단체와 시민운동 기관들과의 공동회의(Joint meeting)을 조성하여, 특정한 정치문제들에 공동 대응하는 것이 필요하다. 아울러 한국과 독일의 교회협력 관계를 더 밀접히 추진해야 하고, 재정지원을 강화해야 한다.

미국과 일본, 스웨덴의 교회들도 지원사항을 보고했지만, 현지의 한국인 민주운동 단체와의 협력을 독일교회처럼 공개적으로 하는 나라는 없었다. 독일교회는 나치시대에 저항한 고백교회의 전통이 있었기 때문에 저항하는 한국교회 지원을 신앙적 행위로 알고 실천했다.

또한 민건회의 활동과 출판 사업에도 독일교회는 재정지원을 했는데, 독재정치와 억압의 상황, 교회의 저항운동, 김지하의 양심선언 등을 독일어로 번역해 알리는 작업, 또한 이들을 바르게 해석하고 교민들에게 이해시키기 위한 세미나와 출판이 교회가 도울 수 있는 일이라고 판단했다.

사실 당시 민건회의 회원이 13개 지역 1백여 명이나 되었고, 매월 5마르크씩 회비를 내도록 했지만 실제 회비수입은 연간 2~3천 마르크에 불과했다. 민건회 총무(강돈구)는 서남독 선교부에다 1975년에 2만 마르크의 예산지원을 요청했다. 주로 세미나와 출판비용이었다. 1976년에 민건회는 1만 마르크의 지원을 받았다

또 민건회의 여성운동을 주도한 강정숙은 독일교회 개발협력처 (Krichliche Entwicklungsdienst)에다 김지하의 시집출판과 구명운동

세미나와 재독 한국 여성들의 세미나 비용으로 자세한 예산을 만들어 2만 7920마르크를 신청했다(1976년 11월 4일). 개발협력 사업부의 쾰러(Köhler) 씨는 동아시아 선교위원회 프리츠 총무에게 민건회의 성격과 조직, 김지하의 저항시 출판, 독일 안의 한국 여성문제 세미나에 대해 자세한 설명을 요구했고, 추천여부를 물었다(1976년 11월 26일자 편지).

여기에 대해 프리츠 목사는 4페이지나 되는 장문의 편지로 민건회에 대한 신뢰 표시와 공동사업들(김지하 시집 한국자료집 등)을 소개하면서 재정지원을 강하게 추천했다.

> 결론적으로 저는 민건회의 재정지원신청을 허락해주실 것을 뜨겁게 추천합니다. 한국의 인권문제와 개발정책문제, 자유와 정의를 향한 한국인들의 투쟁을 한국인과 독일인들에게 의식화시키는 사업들이 매우 의미 있고, 이런 목표를 달성하려는 단체 사람들이 정직한 분들이기 때문입니다(1976년 12월 14일 편지).

독일교회 개발협렵처(KED)는 1977년 2월 9일 이사회에서 결정해 13,920마르크(신청액의 절반)를 지원하겠다고 통보해왔다(2월 21일자 강정숙에 보낸 편지). 이 지원금은 김지하 구명운동 집회와 여성문제 세미나 등에 매우 유용하게 쓰였다.

1976년 3월 1일 명동성당에서는 삼일절 기념미사가 집전될 때 〈민주구국선언〉이 발표되었다. 서명한 김대중, 윤보선, 함석헌, 문익환, 정일형, 서남동, 이문영, 안병무, 이해동, 김승훈, 함세웅 등 18명이 긴급조치 9호 위반으로 구속 입건되고, 대표적인 민주인사들이 정부전복 선동사건으로 재판을 받게 되었다.

이미 박형규, 지학순, 김지하와 많은 학생, 교수, 종교인들이 구속된 상태에서 김대중, 윤보선, 함석헌 씨 등 국민적 지도자들까지 구속 재판하게 되니까 국내에선 물론 국외에서도 크게 보도되면서 비판운동과 구명운동이 거세게 일어났다.

독일에서도 삼일절 민주구국 선언 사건은 커다란 반향을 일으켰다. 특히 문익환, 안병무, 서남동 교수 등 잘 알려진 신학자들이 구속되면서 독일교회는 나치시대를 연상하면서 구속자 석방을 위한 특별예배와 기도회를 열었다.

엠네스티는 구속자들을 개인별로 지방조직에 배당해서 "○○○를 돕는 모임"식으로 조직적 구명운동을 했다. 예를 들어 독일의 프라이부르크(Freiburg)에 있는 엠네스티 133그룹에게는 함세웅 신부가 배당되어 함 신부의 석방운동에 전적인 활동을 했다. 런던 본부에서 해당 구속자들의 이름과 재판일정을 알려오면, 각 지역 엠네스티 그룹에서는 그 배경과 죄목 또 사건 내용을 잘 몰라서 우리 민건회 회원들에게 문의가 오고 법률조항 등 자료를 달라는 요청이 밀려왔다. 신문사, 방송국에서도 인터뷰 요청이 계속 오니까 공보활동과 대변인을 맡게 된 나는 눈코 뜰 새 없이 여기저기 다녀야 했다.

슈투트가르트의 방송국에서는 튀빙겐의 세계적 신학자 몰트만(Jürgen Moltmann) 교수와 나를 초청해 한국 상황과 교회의 저항운동에 대해 한 시간의 대담프로를 방송하였다. 프랑크푸르트의 임마누엘 교회에서는 독일교회 외무총장 헬트(Held) 박사와 이영빈, 손규태, 이삼열을 강사로 초대해 한국 구속자들을 위한 특별기도회를 열었다(1977년 11월 17일). 그 전날(16일)에는 반나치 여류작가로 유명한 루이제 린저(Luise Rinser) 여사를 초빙해 한국 상황에 대한 강연을 해서 교인들이 관심을 가지고 다음 날 한국문제 특별기도회에 많이 참석해 한국을 돕도록 했다.

이런 특별기도회와 모임들은 매우 자주 여러 도시에서 일어났다. 민건회에서는 이제 데모하는 것보다 독일인들을 모아 한국 상황을 알리는 일이 훨씬 효과적이라는 것을 알게 되었다. 구속자 석방운동을 겸한 집회나 한국의 밤을 여러 곳에서 열게 되었다. 1976년 9월 18일엔 프랑크푸르트 근교 그로펜북(Grovenbuck)에서 독일인과 한국인 150여 명이 모인 가운데 '김지하의 밤'을 열고 루이제 린저 여사와 송두율의 강연 후 김지하의 시 낭독과 윤이상 작곡의 음악연주가 있었다.

12월 20일 저녁에는 베를린시의 요하네스교회에서 "한국 정치범을 위한 연대모임"을 열어 알베르츠(Heinrich Albertz) 전 베를린 시장의 엠네스티 구속자들과 한국 상황에 대한 강연을 들은 뒤, 김지하의 시를 낭독하고 윤이상 작 합주곡(An der Schwelle)가 연주하기도 했다. 이런 모임 때마다 민건회는 독일 사회에 더 많이 알려지게 되고 반독재 여론을 널리 확산시킬 수 있었다.

그러나 독일에 사는 한국인 교민들을 대상으로 하는 민주화운동에는 점차 한계가 드러났다. 계약기간이 끝나면 귀국해야 하는 광부·간호원들과 공부를 마치면 돌아가야 할 유학생들이 대부분인 교민사회에서 민건회원을 확대시키는 데는 한계가 있었다. 민주화의 뜻에는 찬동하지만 귀국을 생각해 회원이 되거나 드러내놓고 운동을 할 수 없는 사람이 많았다. 자연히 민건회에서 열심히 운동하는 사람들은 장기체류자이거나 독일 국적을 받은 교포들이게 되었다. 유학생들이나 노동자들은 망명을 해서라도 장기체류를 각오하지 않으면 정보부의 압력 때문에 운동에 나서기가 어려웠다.

유신독재 체제가 온갖 폭압과 언론 통제를 통해 장기화되는 국면을 보면서 민건회 임원들은 장기화에 대한 대책을 세워야겠다고 생각했다. 독일 국적을 갖고 있거나 장기 체류가 가능한 분들이 운동의 중심체가 되어야 조직이 안정될 수 있다고 보았다. 그리고 점차독일 사회에서 영향력을 만들어야 하기 때문에 우리 유학생들보다는 독일 국적을 가진 분들이 회의 조직운영을 맡는 것이 옳은 길이라고 판단했다.

이런 고려와 토론을 배경으로 1976년 10월 9~10일 후르트(Hurth)에서 모인 민건회 3차 총회는 구조와 조직을 대폭 개편하고 의장에윤이상 교수, 부의장에 이영빈 목사를 선출하였다. 이제까지 주도했던 유학생들은 분야별 상임위원이 되어 대표성보다는 실무를 맡게되었다. 선출된 상임위원은 강돈구(총무와 재정), 박대원(조직), 송두율(연구), 이삼열(공보), 이준모(편집), 임희길(출판)이었다. 또한 자동적으로 중앙위원이 되는 8명의 지역대표 이외에 안석교, 김길순, 송영배를 중앙위원으로 선출했다. 13개 대도시를 단위로 지역협의회를 조직했던 것을 (1) 베를린, (2) 바이에른, (3) 바덴 뷔르템베르그, (4) 노드라인, (5) 베스트팔렌, (6) 헷센, (7) 홀스타인, (8) 니더작센의여덟 개 주 단위의 지역협의회로 재조직했다.

민건회는 이제 교포사회를 대상으로 한 조직 활동보다는 독일 사회를 향한 홍보활동과 석방운동, 국내지원 활동에 더 무게를 실었다. 윤이상 의장은 베를린에서 모인 "한국의 정치범들을 위한 연대모임"(1976년 12월 20일, 요한교회)의 참석자 일동의 이름으로 독일 수상과 유엔 사무총장 발트하임(Kurt Waldheim), 미국 대통령 당선자 지미 카터(Jimmy Carter), 한국 대통령 박정희 앞으로 구속자 석방을 요구하는 전보를 보냈다. 독일 수상에게는 한국 파쇼정권과의 경제관계를 재검토해 달라는 것과 한국 정보원들의 위험한 활동을 방지해 달라는 것을 요청했다.

여기에 대해 독일 외무성에서 윤이상 교수 앞으로 답장이 왔다(1977년 1월 13일). 수상께서 외무성으로 답변을 지시했다는 것을 밝히면서 독일 안에서 민주화운동하는 한국인들의 인권과 민주적 기본권을 철저히 보호하겠다는 것을 답장에서 밝혔다. 그는 한국 정부에 대한 직접적 간섭은 국제적으로 공인된 룰(rule)에 따라 불가능하다고 했다. 그렇지만 "현재 한국의 상황은 독일 사회의 여론을 걱정스럽게 하고 있으며 한독관계에 부정적 영향을 미칠 수 있다"는 정도의 경고는 이미 표시했다고 답했다.

윤이상 교수와 친한 오스나 부뤽 대학 총장을 지낸 프로이덴베르그(Günter Freudenberg) 교수는 한국 문제에 관심을 가진 독일인들을 결속시켜 '한국위원회'(Korea Komitte)를 조직했다. 한국 문제를 독일 사회에 알리고 민주인사의 석방과 유신독재 철폐, 자주적 평화통일을 주장하는 운동을 펴겠다고 했다. 1977년 2월 26일 본(Bonn)에서 창립총회를 연 〈한국위원회〉는 회장에 프로이덴베르그 교수, 부의장에 한국에 선교사로 왔던 브라이덴슈타인(Breidenstein) 목사를 선출했다.

'한국위원회'는 1977년 5월 16일에 베를린에서 TV 평론가 단지보이와 루이제 린저, 「슈피겔」(Spiegel) 지 편집인 퀴스터를 연사로 초대해, "한국은 제이 베트남인가?"라는 주제로 토론회를 열었다. 프로이덴베르그 회장은 사회를 보았다. 한국의 위기를 독일 사회에 알리기 위한 시도였다.

민주구국 선언의 구속자들의 석방을 요구하는 집회는 1976-77년에 엠네스티, 독일기독학생회(ESG), 시민단체들에 의해 여러 곳에서 열렸다.

드디어 독일교회 연합회(EKD)의 최고지도자인 클라스(Helmut Class) 총주교와 리차드 바이재커(나중에 대통령이 된), 쿠르트 샤프 감독, 칼 임머(Immer) 교회의장이 서명해 박정희 대통령 앞으로 명동성당 사건으로 구속된 성직자들과 민주인사들을 석방하고 사면해달라는 탄원서를 보냈다(1977년 4월 12일).

통일 운동의 노선 갈등과 이념적 대립

우리는 1974년 민건회를 창립할 때부터 공개적, 연합적, 지속적 저항과 투쟁이라는 세 가지 원칙을 합의했다. 그러나 시간이 갈수록 연합적 투쟁의 원칙은 지켜지기 어려웠다. 이념과 노선, 계층과 종교를 불문하고 반독재 민주화운동에서는 연합전선을 구축해서 독재 타도에 힘을 합치자고 했지만, 사상과 신분이 다른 사람들이 많이 모이니까 생각과 노선의 차이가 드러나고 갈등이 벌어지기 시작했다.

데모의 구호나 성명서를 쓸 때도 그랬지만, 특히 세미나와 토론회를 열었을 때, 민주화의 비전과 방향에 관한 토론에서 자유민주주의냐 사회민주주의냐 혹은 사회주의냐의 논쟁이 있었고, 특히 경제성장과 계급투쟁 문제, 자주적 민족통일과 외군 철수 문제가 나오게 되면, 보수·진보 그룹의 심한 갈등과 편 가르기가 나타났다. 어디서나 나타날 수 있는 문제지만, 반독재 민주화운동에서 이념과 노선의 갈등과 대립은 투쟁을 약화시키고 분열을 야기시키는 위험을 초래하기 쉬웠다.

독일에서 전개된 민주화운동도 결국 이 갈등과 분열을 피하기가 어려웠다. 초기에 우리는 대중적인 민주화운동을 위해 친공산주의나 친북한노선은 배제시키기로 했고, 그런 오해를 받고 있는 사람들은 민건 회원으로 받아들이지 않기로 했었다. 그래서 「주체」 잡지를 발간하는 '남북사회 연구회'의 조직원은 가입하지 못하도록 했다. 「주체」라는 잡지에는 장일구라는 가명으로 이런 글도 실렸기 때문이다.

> 누구나 아는 바와 같이 해방 후 미군정으로부터 이승만 정권, 장면 정권, 박정희 정권에 이르기까지 정치, 경제, 사회, 군사, 사상, 문화 등 사회생활의 모든 부분에서 반민족적이고 반민중적인 못된 짓을 꾸미고 실행에 옮긴 자들의 절대다수가 예수교 신자들이다. 이것은 결코 우연한 일이 아니다. 자본주의 제국주의와 운명을 함께할 수밖에 없는 예수교의 반민중적 본질에서 오는 필연적인 현상이다(「주체」지 9호, 39).
> 계급사회를 타도하고 사회주의 통일조국을 건설하는 민족해방, 계급해방 혁명의 전 과정을 앞당기자(「주체」 9호, 46).

「주체」 지는 '남북사회문제 연구회'가 발행하는데 발행인은 독일에서 어린 시절부터 자란 정철제 박사였고 편집인은 한국에서 가톨릭 신학교를 나오고 독일 유학 중인 오석근 씨였는데, 이들 이름으로는 전혀 글을 싣지 않았고, 모든 글이 익명과 가명으로 쓰여졌다. 누가 보아도 이런 글들은 교조 맑스주의나 스탈린주의에 물든 공산주의 사상이며, 북한 중심의 통일을 지향하는 자들의 생각이라고 단정지을 수밖에 없었다. 그런데 발행인과 편집인은 이런 글의 내용에는 책임이 없고 투고된 원고를 실었을 뿐이라고 변명했다.

민건회 안의 회원 중에는 반공의식을 가진 기독교인들이 많았는데 이들은 알려지지 않은 주체 그룹을 경계했고, 이들이 민건회에 들어오면 탈퇴하겠다고 했다. 그런데 문제는 민건회가 주최하는 세미나와 토론회에서는 남한의 독재와 함께 북한의 김일성 독재도 비판해야 한다는 주장들이 나오는가 하면, 남한의 독재를 옹호하고 민주화를 저지하는 미국과 일본의 제국주의를 물리치고 미군을 철수시켜야 한다는 주장도 나와서 이념과 노선 논쟁이 노출되는 경우가 있었다.

이념논쟁이나 노선 싸움이 일어나면 갈라질 것이 분명하기 때문에 반독재 민주화운동을 하는 동안은 북한과의 통일문제, 미군문제는 거론하지 말고, 남한의 민주화와 민주사회 건설의 길에 대해서만 집중하자고 역설했지만, 언론자유가 보장된 해외에서, 반공법의 규제도 없는 토론공간에서는 막을 길이 없었다. 결국은 서로의 입장과 사상을 알게 되면 누구는 반공주의자, 누구는 좌익분자로 매도하는 분위기와 논란이 불가피했다.

이런 문제를 정보부와 대사관 측에서는 악용해서 몇 사람의 발언을 문제 삼아 민건회를 용공집단으로, 빨갱이로 매도하려는 시도들이 있었다. 민건회로서는 조직을 보호하기 위해서도 급진적(radical) 입장을 가진 사람들이 노출되는 것을 막고 보수적인 반공적 회원들이 떠나지 않도록 해야 했지만 쉽지가 않았다. 1백여 명이 넘는 회원들의 사상과 입장을 다 조사해 파악할 수도 없고, 또 양자를 가르는 한계도 불분명했다.

이런 가운데 독일에 광부로 왔다가 임기를 마치고 유학생으로 등록하거나 취업을 한 노동자들이 몇 사람 민건회에 가입하고 있었는데, 이들이 노동계급의 해방과 인민에 의한 자주통일을 외치면서 '재독한인 노동자 연맹'(노련)을 조직했다. 주로 루르 공업지대에 살고 있는 광부·간호원들을 대상으로 노동자 의식을 계몽하고, 계급지배를 타파하는 민중해방의 민주사회를 지향하겠다는 것이 목표였다. 1975년 11월에 이영준, 한영태, 이종현 등이 중심이 되어 '노련'을 결성했고 1976년 초에 「해방」이라는 잡지를 만들어 "노동계급의 승리"와 "조국통일", "세계인민의 자유와 평화" 등의 용어를 쓰면서 조직활동을 시작했다.

유학생 사회에서 생긴 '주체' 그룹이 노동자 사회의 '노련'으로 확산되는 느낌이었다. 민건회 상임위원회가 열려 '노련' 문제에 대한 심각한 논쟁을 벌였다. 나는 이대로 두면 민건회 전체가 용공 좌익 집단으로 몰려 아무 일도 할 수 없다고 강하게 퇴출을 주장했다. 강돈구, 송두율, 이준모, 박대원 등 상임위원들도 동조해 주었다. 결국 1976년 10월 24일 상임위원회는 '노련' 회원이 민건회 회원으로 이중 가입할 수 없다는 결정을 하게 되었고 이영준 노련 회장과 4명의 회원을 민건회에서 제명하도록 조치했다.

그러나 민건회 안에는 진보적인 사회과학과 철학을 전공하는 유학생들이 많았고, 반공 군사독재를 물리치기 위해서는 외세를 배격하고 남북한 민족이 자주적인 통일의 길을 열기 위해 평화공존을 모색해야 한다고 생각하는 회원들이 많이 있었다. 이들은 적어도 동서독의 관계개선처럼 남북의 교류협력은 있어야 하며, 남북대화가 꽉 막힌 상태에서는 해외의 민주세력이 뚫어야 한다고 주장했다. 동백림 유학생 납치사건도 있어서 조심스러웠지만 해외 영주를 각오한 사람들은 북한과의 접촉을 두려워하지 않는 분위기였다. 민주화운동은 통일 운동과 함께 가야 한다는 주장들도 있었다.

그러면 "북한의 김일성 독재체제는 비판하지 않고 인정해 주면서 대화를 하자는 말이냐?", "북한의 대남 공작 전술에 말려들어 공산화 통일론에 말려들면 어떻게 되느냐?"는 것이 그 반대편 회원들의 주장이다. 결국은 북한체제를 어떻게 관찰하고 평가하느냐의 문제가 생긴다. 북한에 관한 자료도 읽어보고 세미나도 해보았지만 정확하며 객관적인 평가를 내리기는 어려웠다. 북한독재 체제에서도 "청산리"나 "대안" 생산공동체 같은 데서는 배울 것이 있다고 사회학자 송두율이나 경제학자 오길남은 이론적으로 주장했다.

이것이 아마 송두율로 하여금 북한을 몰래 들어가서 내재적 접근이라는 연구방법을 통해 북한연구를 하게 된 계기가 아니었을까 생각된다. 송두율 박사는 이 당시 뮌스터대학 사회학과의 조교수로서 중국, 북한, 큐바 등의 사회주의 발전 모델에 대한 강의를 해야 할 처지에 있었다. 그러나 민건 회원 누구에게도 송두율은 북한방문을 말한 적이 없었다.

민건회의 세미나와 토론회에서 진보적 학자들의 자유로운 토론은 반공을 철저히 신봉하는 기독교인들이나 남한의 체제 안에서 민주화운동을 하려는 회원들에게는 부담이 되었고 조직을 떠나려는 회원들이 생기게 되었다.

민건회의 강령 토론 시부터 자유민주주의를 고수하려던 배동인은 1976년 3월 16일 송두율 중앙위원회 의장 앞으로 서한을 보내 민건회 탈퇴를 통보했다. 민건회의 기본노선이 애매하며 민주주의에 대한 근본적 이해 차이 때문에 함께 일하기가 힘들어 탈퇴를 선언한다고 했다. 배동인은 민건회 조직은 떠났지만, 반독재 민주화 투쟁은 계속하며, 김지하 구명운동 등 사안에 따라 협력하겠다고 했고 그 후 '버트란드 러셀 협회'를 조직해 「횃불」이라는 잡지를 펴내며 박정권의 자유민주주의 말살과 인권탄압을 신랄하게 비판했다.

그런데 민건회의 의장단이나 상임위원회의 결의 없이 성명서가 하나 발표되었는데 민주사회건설협의회, 남북사회문제연구회, 한인노동자연맹의 공동성명서(1976년 6월 1일)가 나왔다. 이 성명서에는 구속자 석방과 정보부원 추방과 함께 미국 정부가 한반도에서 핵병기를 철거하고 자주평화 통일을 방해하지 말라는 내용이 들어갔다. 사고였지만 누군가 일을 저질러서 고칠 수가 없었다. 주체 그룹과 노련 그룹의 성명서에 민건회 이름이 덧붙여졌다.

이 공동성명서를 이유로 배정석, 김복희, 박종대 씨가 탈퇴선언을 보내왔다(1976년 7월 29일). 배정석 씨는 「민주한국」에 익명으로 실린 글을 문제 삼아 송두율, 강돈구, 이삼열에게 긴 항의문을 보내왔다(1976년 2월 11일). 익명의 글은 한국의 독재체제를 미 제국주의와 독점자본의 허수아비로 규정하고, 자주통일의 유일한 방해물이라고 보면서 북한 독재를 비판하지 않으므로 편향된 독단을 주장했다는 것이다. 민건회가 왜 이런 글을 「민주한국」 기관지에 실었느냐고 항의했다.

민건회 안의 기독교 그룹에서도 탈퇴자가 생겼다. 베를린의 한인

교회 목사인 정하은 박사(전 한신대 교수)는 공식통보 없이 민건회를 떠나 '인권문제 연구소'를 만들어 활동하겠다고 했다. 이정의 씨도 탈퇴선언을 보내왔다. 이런 사태는 민건회의 큰 딜레마였다. 좌파를 내쫓았는데 우파가 또 떠나는 모습이다. 남북관계의 모순과 국내외의 풍토 차이에서 오는 불가피한 갈등이고 분화였다.

독일 안의 한인 중 간호원 여성들이 7, 8천 명 있음을 주목하며 민건회 여성회원들이 여성모임과 운동을 시작했다. 1976년 4월 16-19일 하이델베르크에서 30여 명 여성들이 모여 '한국사회 변혁과 여성문제'를 놓고 1차 세미나를 열었다. 준비와 진행은 강정숙, 박소은, 손덕수가 맡았다. 9월 24-26일에는 같은 곳에서 재독간호원의 문제를 가지고 40여 명의 여학생과 간호원들이 모여 열띤 세미나를 열었다. 여성해방이론과 한국 사회의 성차별 문제를 인식시킴으로 재독 한국 여성운동의 효시를 이루었다.

여성들의 반응과 기대가 높아 이후에는 민건회에서 독립하여 자치적으로 여성문제 세미나가 계속 조직되었다. "후진국의 여성문제"를 주제로 굼머스바흐(Gummersbach)에서 1977년 5월 19~22일 모인 제3차 여성문제 세미나에는 50여 명이나 참여했다. 점차 간호원들이 많이 참여했지만 강정숙 등 민건회 유학생 여성들이 주도해갔다.

이처럼 독일에서 민주화운동은 민주사회건설협의회로 시작되었지만, 유학생 세미나, 노동자들의 모임과 조직운동, 한독기독자 연구모임, 여성문제 세미나 등으로 분화되고 다양화해 갔다. 이념적, 종교적 계층이나 그룹별 분화현상이라 볼 수 있겠다.

유럽 한민련과 한민건의 분립

1977년도에 와서 해외 민주화운동은 기독자민주동지회를 중심으로 하는 기독교 계통의 운동과 일본 한민통을 중심으로 하는 비기독교 진보계통의 운동으로 흐름이 나뉘고 이원화했다. 유감스럽지만 독일의 우리 민건회에도 둘로 나뉘는 분화과정이 오게 되었다. 갈등과 대립은 항상 존재했고 또 일부 회원들의 탈퇴와 제명은 있었지만, 민건회는 연합전선의 큰 흐름을 유지해 왔었는데, 1977년 8월 동경의 한민통이 주도해 조직한 '민주 민족통일 해외 한국인연합'(속칭 한민련)의 출범이 분립의 계기가 되었다.

일본의 한민통과 연대하는 해외의 단체들을 묶어 조직된 한민련 창립총회에 민건회는 참여하기로 결정했고, 윤이상, 이영빈, 김길순을 대표로 파견했다. 문제는 한민련 유럽지부의 조직에 민건회가 이제까지 이념과 노선의 문제로 제외시켰던 '남북사회연구회'(소위 주체 그룹)와 노동자연맹(노련)을 같은 단위로 참가시키는 데 있었다. 특히 한민련 구주본부는 민건회와 주체 그룹, 노련그룹, 재불 자주통일 협의회 등 4개 조직이 각기 한 표씩의 대표권과 결정권을 가지고 참여하도록 짜였으며, 소속 단체는 한민련의 결정에 따르도록 조직되었다.

민건회 내부에서 뜨거운 논쟁이 벌어졌다. 익명으로 글을 써내는 주체 그룹은 회원의 정체를 모르기 때문에 민건회와 동일 자격으로 가입시켜서는 안 된다고 반박했지만, 새로 민건 회장이 된 이영빈 목사는(윤이상 씨는 한민련 구주의장이 됨) 결정을 번복할 수 없다고 강변했다. 결국 기독교 측 민건 회원들이 크게 반발했고, 주체 그룹의 반기독교적 논설과 계급투쟁론을 문제 삼으며, 함께 한민련 조직에 들어갈 수 없다고 항의했다. 나는 장성환, 이준모, 이정의, 정참종, 천명윤 등 기독자 민주동지 20여 명과 함께 민건회 중앙위원회에 항의문(1977년 12월 30일)과 공개서한(1978년 3월 24일)을 보냈으나 시정되지 않았으므로 한민련에 가입한 민건회에서 분립된 '한국 민주사회건설 재독협의회'(AG Demokrtische Gesellschaft Korea) 약칭 '한민건'을 창립하게 되었다.

진보적 유학생과 반공적 기독교인들을 연합시켜 민주사회건설협의회 창립을 주도했던 나로서는 이 딜레마 앞에서 무척 고통스러웠다. '기독자민주동지회'의 선배들은 한민통과 한민련과 거리를 두지 않는 한 국내 민주진영의 보호를 위해 독일 민건회와는 함께 일할 수 없다고 했다. 나는 강돈구, 이준모와 여러 차례 회합한 뒤 분립을 결심했다. 강돈구는 민건회에 남아 급진화(radicalize) 경향을 막고, 이준모와 나는 민건회를 떠나 한민건을 새로 조직해 기독자민주동지회의 독일 파트너를 만들기로 했다.

그러나 한민건의 독일 이름을 AG(Arbeitgemeischaft)로 해서 워킹그룹 형태로 만들었고, 독일 활동은 민건회와 함께 해가도록 했다. 조직은 분립했지만 구명운동이나 세미나 집회활동에는 서로 왕래하며 사안에 따라 협력할 수 있도록 한 것이다.

민건회 중앙위원회에 보내는 분립 공개서한(1978년 3월 24일)에 이렇게 썼다.

우리는 이 분화의 계기가 한민련이나 민건회에 깊은 반성의 기회를 마련하여 줄 것을 바라며 민주화운동 단체들이 서로 적대시하거나 비방하지 않으면서 서로 다른 노선이나 운동방향에 관해 건설적으로 비판하며 충고할 수 있고 공개적으로 논쟁할 수 있어야 하리라 생각합니다. 비록 소속과 조직은 달리 했다 하여도 우리는 다 같이 조국의 민주화를 갈구하는 동지들이기에 공동의 토론과 행동의 길이 열려 있다고 생각하며, 따라서 서로의 발전을 위해 아낌 없는 충언과 격려를 나누게 되길 바랍니다.

민건회와 한민건의 분립은 민주화운동의 분열로 보이기도 했으나, 운동의 전략과 노선의 차이와 갈등에 따른 불가피한 분화였다고 생각된다.

한민건 동지들은 1978년 5월 26일 보쿰시에 모여 분립총회를 열고 헌장을 채택한 뒤 이정의를 대표위원으로 정참종을 총무위원, 이삼열을 연구위원, 이준모를 편집위원으로 선출했다. 1978년 7월 28일에는 부퍼탈에서 인권운동에 관한 연구세미나를 열어 김창락, 이준모, 이삼열, 림순만 등이 인권운동 개념과 실천방안에 대해 발표하고 연구토론의 마당을 열었다. 많은 노동자와 유학생들이 참여해 국내 인권현실에 관한 문제의식을 심화했다. 발표내용들은 기관지「민주사회」창간호(1979년 1월)에 실었다.

1979년 3월 1일에는 마침 독일에 체류 중인 안병무 교수를 모시고 삼일운동 60주년 기념식과 함께 좌담회를 열어 국내 민주화운동의 현안을 들으며 토론했다. 3월 13~16일에는 안병무 박사의 요청으로 독일과 미주의 기독자 민주동지들 40여 명이 도르프바일 타우누스 (Dorfweil Taunus)에 모여 박 정권 후의 민주체제(Post Park) 문제에 관해 연구 모임을 가지며 새로운 이념과 경제모델의 가능성을 탐색했다. 1979년 8월 25일에는 크리스천 아카데미 간사들의 구속 고문

사건을 조사하기 위해 한국을 두 번 방문한 동서 베를린 교회 샤프 (Kurt Scharf) 감독을 초청해 보쿰에서 "독재국가와 고백교회 - 독일과 한국에서의 경험들"이라는 제목으로 강연회를 열었는데 독일 교인들도 많이 참석해 방청했다.

이렇게 한민건과 한민련이 따로 분립해 자기 성격에 맞는 운동을 펼쳐가고 있을 때 1979년 10월 26일 박정희 대통령의 죽음과 함께 유신독재는 종말을 고했다. 1980년 광주 민중학살 사태와 5공화국의 전두환 정권 수립으로 다시금 군부 독재체제가 연장되었을 때 독일에서 민주화운동에 참여했던 동지들은 선택의 길이 갈라지게 되었다.

민주화가 아니라 또 다른 형태의 군부독재 체제가 강화된 한국 땅으로 들어가서 국내 운동에 가담할 것이냐, 해외에 남아서 민주화와 통일운동을 지속할 것이냐의 운명을 가르는 고민이 생겼다. 체류와 직장이 안정된 동지들은 독일에 계속 머물 수 있지만, 나처럼 유학생으로 왔다가 학위를 마치고도 귀국을 할 수 없었던 동지들은 귀국할 길만 열린다면 영주할 수 없는 독일 땅을 떠나야만 했다. 1982년에 내가 먼저 귀국해 숭실대 교수로 취임하게 되자 강돈구, 이준모, 송영배, 양재혁 등 10여 명 이상의 동지들이 귀국해서 국내 대학의 교수가 되었다.

독일에 남은 동지들은 다시금 전열을 가다듬어 민주화와 통일운동을 계속하였지만, 진보적 통일운동을 하기 시작한 일부의 동지들은 이영빈, 이화선, 윤이상, 송두율, 김종한, 이지숙처럼 북한을 왕래하며 북과의 대화에 나섰고, 이창균, 오길남 등과 같이 아예 가족을 데리고 북한으로 망명한 사람도 생겼다. 5공 독재에 절망하여 북한과의 통일을 앞당기는 데 희망을 두고 결행한 것 같다.

독일에서 10여 년간 민주화운동을 함께 해온 동지들이 이렇게 갈라지긴 했지만 나름대로 한국의 민주화와 민족통일에 기여했고 또 앞으로 계속 하리라고 믿는다. 방법과 전략이 다르더라도 민주화와 통일이라는 목표는 같은 것이기 때문에 우리는 각자 선택을 존중하며 누구를 원망하거나 비난하지 않고 서로를 아끼며 지내왔다. 어떤 선택의 길이 더 현명하며 효과적인 길이었는지 지금 알 수는 없지만, 훗날 분단이 극복되고 조국통일이 이루어지게 되면 각자 나름대로 했던 공헌이 드러나게 될 것이다.

부 록

재독 한국 그리스도인의 선언

이 땅에 자유롭고 정의로운 하나님의 나라를 현실적으로
증거할 우리 그리스도인들은 불의한 권력의 노예가 되기를
거부하며, 어떠한 경우에도 신앙과 양심에 따라 비판하고
행동해야 할 것을 확신한다. 악의 권세와 세상의 고통에서
부터 인간을 해방하기 위해 인간의 구체적 역사와 현실의 부조리에
도전한 그리스도가 곧 우리의 주님이기에, 우리는 떠나온 조국의
비민주적 현실을 고발하며, 이 현실을 초래한 국민으로서의
공동적인 책임을 통감한다.

한국의 현 정권은 「10월 유신」이란 위장된 구실 아래,
민주적 헌정질서를 하루아침에 파괴하고, 일인 영구집권의
독재체제를 구축하였으며, 이에 항거하는 양식있는 지성인과
학생 및 종교인을 비인도적인 방법으로 탄압하고 제어하고 있다.
국민대중은 집회·결사의 자유는 물론, 의사표현의 자유마저
제도적으로 박탈당하고 정보정치와 공포정치의 이성을 잃은
횡포속에, 인간의 존엄마저 짓밟히고 있다. 사회정의와
분배의 공정을 도외시한 경제정책은, 빈부격차의 양극화와
대중생활의 곤핍을 초래하였고, 극도에 달한 조직적 부정부패는
국민도의의 만성적 타락과 자주경제건설의 실패를 낳게 했다.
학원과 언론이 정보기구에 의해 완전 통제되고, 매수와 조작과
압력을 통해 비판과 양심의 세력마저도 붕괴되고 있는 현 사회
구조속에서는 여론과 민주적 참여를 통한 사회개혁의 가능성은
거의 전부 배제되고 말았다. 우리는 민주시민으로서 가난하고
억눌린 자를 도우라는 그리스도의 교훈을 실천하려던 은명기목사와
박형규 목사가 어떻게 그 신앙의 자유마저 유린된 채 구속
되었나를 지켜 보았다. 우리는 함석헌 선생, 김재준 목사, 지학순
주교, 천관우 선생을 비롯한 15인 종교인, 지성인들이 순교적인

각오로써 외친 「민주회복을 요구하는 시국선언문」이 국내신문의 한줄에도 보도될 수 없는, 민족정치의 파국을 경험하였다. 우리 주변의 또 누가 다음번 희생자가 되지 않으리라고 장담할 수 있을까?

우리 재독 한인 그리스도인들은, 인권과 사회정의의 실현을 위해 투쟁하다가 고난을 당하고 있는 국내외의 민주수호자들과 함께 공동의 유대의식을 가지며, 우리의 빛난 조국에 다시는 불의와 독재가 지배하지 못하도록 각 방면에서 최선을 다할 것을 엄숙히 결의한다. 이러한 결의의 표명과 함께 비록 우리들 자신에게 어떠한 위협이 닥쳐온다 해도, 지금 이때는 불의에 저항하는것이 하나님에게 순종하는 길인줄 믿기에, 진리를 거스려 권력에 굴종하거나 타협하지 않을 것을 거듭 다짐한다.

뜻을 같이 하는 국내외 동포들의 공동적 참여와 세계교회의 성원과 기도를 바란다.

1973년 11월 25일 Beilstein에서
한국 그리스도인 유지일동

민주사회 건설을 위한 선언서

I

민주사회의 건설은 전 국민의 요청이며 민족사의 방향이다.

일찌기 빼앗기고 억눌린 백성의 인생을 구하려던 동학혁명과, 박탈된 민족의 자주 생존을 회복하려던 기미년 독립운동, 그리고 독재아래 짓밟힌 민권을 소생시킨 사월 학생혁명은 바로 인간의 존엄과 사회 정의를 구현하는 민주사회의 건설을 그 목표로 하였다.

그럼에도 항상 피흘려 찾은 국민의 자유와 권리는 다시금 빼앗기고, 양심과 정의를 주장하는 의짐은 무참히 짓밟히었으며, 민족의 자주성과 주체는 가렴하게 상실되니, 이러한 역사의 악순환과 오늘의 위기는 근본적으로 어디에 원인이 있는가? 부정과 독혜도 살찐 특권층이 마음대로 치부와 사치를 자행하고 다수의 서민대중은 착취된 노동과 인생고 속에서 지칠대로 지친 이 반민주적, 반사회적 현실을 초래한 책임은 과연 누구에게 있는가? 국민의 입과 귀를 강제로 틀어막고, 정당한 주권행사를 탄압하며, 국정에 참여할 수 있는 길을 깡그리 막아 놓음으로써 봉건적 절대권력을 혼자 거머쥔채 민주사회 건설에 반역하고 있는 주동인물은 누구인가?

동포여! 민주사회 건설의 동지여!

사회구조의 모순과 국가의 위기를 철저히 인식하라!

민족의 굴욕적인 예속이 다시 오기 전에, 국민이 영구히 한 독재자의 노예로 되기 전에, 수수방관(袖手傍觀)적 자세를 버리고 일어나서 이성과 양심을 거스린 독재의 무리들을 물리치자!

빼앗긴 국민주권과 짓밟힌 인권을 회복하여 민족의 이념인 민주사회를 창건하는데 헌신하며 참여하자!

II

창된 민주사회의 건설은 현실의 철저한 비판과 분석을 통해 반민주적이며 반사회적인 요인을 찾아내고, 이를 제거하는데서 시작되어야 한다. 그런데 우리는 박정권의 힘 팡요적 독재체제가 바로 그것이라 단언한다.

왜 그런가?

첫째, "10월 유신"은 민주사회의 반역이다.

"10월 유신"은 탱크와 대포를 앞세워 국회와 정당을 해산하고, 국민의 자유와 권

— 1 —

이를 불법으로 억압한채 오직 개인의 권력욕을 만족시키기 위해 국가의 기본이 되는 헌법을 제멋대로 고쳐버린 민주사회의 반역이다.

박정권은 "서구식 민주주의"가 낭비와 비능률과 불안정을 가져오기 때문에 우리 실정에 맞지 않으니 "한국적 민주주의"를 해야겠다고 말했다. 박정권이 그러면 언제 "서구식 민주주의"를 해 본일이 있는가? 12년 동안 입법, 사법, 행정의 실질적인 권력을 독점한채 헌법을 마음대로 바꾸며 혼자 지배하고서, 낭비와 비능률과 불안정만 남아 있다고 하면, 그 책임은 과연 누구에게 있는가?

남북통일을 위해 장기집권을 해야한다고 했는데, 어째서 유신을 한지 일년도 못돼 남북대화의 길마저 중단되고 말았는가?

국회의원은 임명제로 해 버리고, 국정감사는 폐지시켜 버리고, 사람은 영장도 없이 잡아 가두며, 대통령직은 영구 독재의 총통직으로 만드는 것, 이것이 "한국적 민주주의"란 말인가? 민주주의를 모독하고 우리 국민을 모욕해도 분수가 있다. 외 차라리 "박씨왕국"(朴氏王國)을 만들지 않았는가?

박정희의 정치행로는 공약의 위반과 속임수의 연속이었다. "군(軍)본연의 임무에 복귀하겠다"던 5.16 혁명 공약은 휴지화해 버리고, 자기 손으로 제정한 헌법의 삼선(三選) 금지조항을 야반삼경(夜半三更)에 번직 삭제 했으며, 삼선 대통령 출마시 장충단 공원에서 "이번이 마지막 출마이며, 후계자를 찾겠다"고 호소한 공약을 뒤엎고 영구집권 독재체제를 만든 그의 기만과 우롱에 국민이 더 이상 속아서는 안된다.

이성과 양심의 소리를 외치는 지성인과 종교인, 학생들을 체포 감금하고, 정당하게 개헌을 요구하는 국민의 청원(請願)마저 광쇠적 철권(鐵拳)으로 짓누른 독재자와 그의 "유신체제"는 국민의 이름으로 제거되고 심판을 받아야 한다.

둘째, 극도의 빈부격차와 부정부패에 책임을 져야한다.

주문같이 외어오던 박정권의 "경제성장"은 혜택을 입은 극소수의 대재벌에게만 엄청난 부(富)를 집중시켰고, 중소기업의 몰락과 서민생활의 빈궁화를 가져왔다. 수십억불의 외국 빚을 들여다 불실기업(不實企業)을 만들어 국가 경제에 막대한 손실을 입혔으며, 국민생활의 실정과 공익을 무시한 사치성 소비산업을 도입해 낭비와 사치풍조만 조장했다.

GNP는 높아졌고, 수출은 증대되고, 국민소득은 몇 배로 늘었다고 하는데 어째서 대다수의 국민대중은 생계비가 안되는 저 소득으로 생활고에 시달려야 하고, 실업자 빈민들은 슬럼지대에서 인간이하의 비참한 고통을 당해야 하는가? 그럼에도 소수의 특수족은 "오적촌"(五賊村)을 이루고, 에스카레터 장치까지한 수천만

— 2 —

원의 호화주택에서 온갖 사치와 향락을 누리고 있지 않는가? 이것이 박정권이
약속한 근대화며 번영이었고, 이것을 위해 국민은 허리띠를 조르고 일혀야 했는
가? 이것이 국민총화며 국력배양인가?

"중농정책"(重農政策)이다, "농공병진"(農工並進)이다, 구호를 외치고, "소비가
미덕이 되는 사회"니, "풍요한 사회"를 선전하더니, 고도성장을 달리고 있다는
경제발전이 어째서 국민경제의 기본이 되는 식량과 연료문제도 해결 못하고 매년
수억불어치의 외국쌀을 빚으로 사다먹는 형편이 되었는가?

생산량과 총획량, 물가지수와 실업자수의 경제통계를 한번도 정직하게 사실대로
발표한적이 없고, 과시주의(誇示主義)와 전시효과 위주의 불렁하고 불성실한 경
제정책을 거듭해온 박정권이 다시금 무슨 찬란한 용어를 쓰면서 사탕발림을 해
도 이미 속을대로 속은 국민은 더 이상 믿으려 하지 않는다. 외자도입과 금융특
혜에 얽힌 어마어마한 부정과, 썩을대로 썩은 측권층의 파렴치한 부패타락을
아는 국민은 국가민족의 백년대계(百年大計)를 박정권에게 더 이상 맡길수 없다.

셋째, 굴욕적 대일정책이 국민경제를 예속화 하고있다.

무엇보다 우리를 두렵게 하는 것은 박정권의 이성을 잃은 경제정책과 굴욕적인
자세가 국민경제와 사회풍조를 점차 일본에 예속시키고 있는 것이다.

이미 부패와 무질제로 빚만 남기고 실패한 차관정책을 직접투자(直接投資)로 바
꾸어 박정권은 경제적 침략을 노리는 일본의 사양산업(斜陽産業)을 마구 끌어
들이고 있다. 49% 까지의 외국투자만 허용하던 그나마의 보호정책을 100 %
까지 투자하게 양보해주고, 민족산업의 파탄을 가져오게 했으며, 지배와 침략을
목적으로 들어오는 일본기업들에게 세금을 면제해주고, 공업단지를 닦아주며, 더
우기 일본노동자의 ¼도 못되는 저임금으로 착취당하는 우리 노동자들에게 노동
쟁의도 할 수 없게 만든 지극히 굴욕적인 조약을 맺어 국가 이익을 팔아먹고 있다.
그나마 고갈되어가는 국내자원과 값싼 노동력을 물인정한 경제동물(經濟動物)들이
단숨에 흡수해 버리지 않겠는가? 민족의 고혈을 빨아가는 경제적 식민정책을 모
르는가, 벌써 잊었는가?

중화학 공업이라는 미명하에 민족경제 성장과는 상관이 없는 일본의 공해산업(公害
産業)을 들여 와 조국의 강토를 못쓰게 더럽히고, 매판자본들을 앞세워 국민경제
를 일본경제권 속에 예속시킬 위기와 징조가 너무나 뚜렷하다.

어느새 외색(倭色)종교와 문화가 이토록 민족문화를침식했고, 처녀들의 정조를 오
산품(土産品)이라고 팔아먹는 당국적, 반민족적 회폐가 이 사회에 풍미(風靡)하게
되었는가?

— 3 —

넷째, 관인무도한 정보정치는 공포에 떨게한다.

오직 박정권의 안보만을 위해 매수와 조직과 잔혹한 고문을 구사하며 온갖 비
인도적 만행을 다하고 있는 정보조작은 국민의 양심을 마비시켰고, 민족의 의
기(義氣)를 꺾었으며, 사회각계에 불신과 공포의 분위기를 조성해 놓았다. 진
리의 전당인 학원과 사회적 양심을 대변하는 언론을 온갖 악랄한 수단으로 질식
시켰고, 민주적 신념을 가진 지성인과 정치인을 테러하였으며, 공갈 사취 밀수
등 사회악과 범죄에 기식(寄食)하면서, 세계여론에 의해 "마피아 단"이라고 규탄
되고 있다.

죄없는 국민들을 무자비하게 곤고가 법도 인도적 양심도 존재치 않는 정보부의
지하실에서 몽둥이로 치고, 불로 지지고, 불구를 만드는 마수(魔手)의 집단이
김대중(金大中)씨를 수은을 먹여 현해탄에 던지려 했고, 최종길(崔鍾吉)교수를
고문으로 죽게 하지 않았는가? 무엇 때문에 국민은 혈세를 바쳐, 이같은 악(惡)
의 떼들이 막대한 국가예산을 허비하게하고 그리고 또 공포에 떨어야 하는가?

III

국민의 기본권을 박탈하고 양심마저 짓밟은채 독재자가 영구집권의 아성(牙城)을
쌓기에 광분(狂奔)하는 오늘의 절박한 상황에서, 우리는 "이것도 후진국의 운명
이려니"하며 체념(諦念)하고 있을 수는 없다. "우리나라가 언제는 별수 있었느
냐"며 자학(自虐)과 패배주의에 사로잡혀서도 안되겠다.

불의(不義)가 승리하고 독재가 참월(僭越)하는 이 오욕(汚辱)의 역사를 비굴하게
살다가 후대에 까지 물려줄 것인가? 민족사의 발전을 가로막고 민주시민의 이성
과 양심을 테러하는 이 현실을 남의 일처럼 방관하고 있을것인가? 침묵이나 방
관은 곧 현실에의 긍정이요 동조(同助)이다.

국민이여! 민주사회 건설의 동지여!

독재의 세뇌(洗腦)에서 벗어나 올바른 비판의식을 갖자!

용기를 가지라! 힘을 모으라! 그리고 "독재정권아 물러가라"고 함성을 지르
자! 아무리 철면피의 독재자라도 줄지어 외치는 국민 전부를 옥(獄)에 가두고
혼자 지배할 수는 없을 것이다. 이미 민심(民心)의 기반을 잃고 우방국가들의 지
탄을 받은 박정권이 오래 버틸 수는 없다.

그러나 우리는 결코 체제의 개혁이 없는 단순한 정권이나 인물만의 교체를 원치
않는다. 그리고 구국(救國)을 빙자하여 일어날지도 모를 제 2의 군사(軍事)구

— 4 —

테러를 우리는 철저히 경계한다. 그것은 항상 민주사회를 배반하며 권력탈취의
악순환을 가져올 뿐이다.

올바른 민주사회는 국민대중이 주권을 회복하고, 사회대중의 이익(利益)을 대변
하며, 국가와 사회의 권력을 통제할수 있을때 비로소 건설된다. 그리고 이것은
국민대중 스스로가 확고한 민주의식과 참여 정신을 통해 지켜나가야 한다.

그러기에 우리는 탄압과 방해를 무릅쓰고, 이국(異國)땅 한 모퉁이에서라도 민
주사회 건설을 위한 토론의 광장(廣場)을 마련하여, 뜻을 같이하는 국내외 동포
들과 함께 반독재 투쟁의 대열(隊列)에 뭉치고저 한다.

독재여, 물러가라! 동지들이여, 승리하라!

1974년 3월 1일

삼일운동 55주년 의 날에

서 명 인 (가나다 순)

강돈구(Tübingen)	강영란(Rheinhausen)	강정숙(München)
김길순(Würzburg)	김득수(Münster)	김복선(Berlin)
김복희(München)	김순환(München)	김영한(Heidelberg)
김종설(Münster)	박대원(Köln)	박소은(Marburg)
박종대(München)	배동인(Köln)	배정석(München)
서돈수(Duisburg)	손덕수(Göttingen)	송두율(Münster)
송복자(Münster)	송영배(Tübingen)	김원로(München)
양원차(Gelsenkirchen)	오길남(Kiel)	오대석(Frankfurt/M.)
오인탁(Tübingen)	유흥준(Gelsenkirchen)	윤이상(Berlin)
이민상(Regensburg)	이보영(Kiel)	이삼열(Göttingen)
이숭자(Frankfurt/M.)	이영빈(München)	이영준(Bochum)
이재형(Hamburg)	이정의(Berlin)	이준모(Frankfurt/M.)
이 지(Marburg)	이지숙(Göttingen)	이래수(Göttingen)
이화선(Frankfurt/M.)	임신자(Frankfurt/M.)	임수철(Rheinhausen)
임영희(Duisburg)	임학자(Tübingen)	임희길(Frankfurt/M.)
장성환(Duisburg)	장행길(Bottrap)	정정희(Münster)
정하은(Berlin)	천명운(Gelsenkirchen)	최두환(Göttingen)
최순택(Köln)	최승규(Heidelberg)	홍종남(München)
황농현(Bochum)		

- 5 -

"민주사회 건설 협의회" 발기를 추진하며

1. 우리는 위 선언문의 취지에 따라 민주국민으로서의 양식과 책임감을 갖는 동지들과 함께 민주사회 건설을 위한 협의회를 갖고저 한다.

2. 이 협의회의 기본적 태도는 다음과 같다.
   우리는 어떠한 독재체제도 거부하며 이의 철폐를 위해 노력한다.
   우리는 진정한 자유민주질서의 회복과 확립을 위해 노력한다.
   우리는 정치, 사회, 경제의 예속을 획책하는 어떠한 형태의 신 식민주의적 침탈도 배격하며 자립경제의 확립을 지향한다.
   우리는 국민대중의 생존권 보장과 실질적 복지향상을 위해 힘쓴다.
   우리는 민주적 방법에 의한 조국의 평화적 통일을 위해 매진한다.

3. 우리는 이와같은 뜻을 가진 분들과 함께 연구 토론하기 위한 세미나를 가지며, 출판물을 간행하고, 국민 대중의 의식 고취와 사회적인 참여 운동을 전개한다.

4. 우리는 진정한 민주사회 건설을 위해 함께 생각하며 실천하고저 하는 분들이 순수한 믿음과 협력의 정신으로 참여해 줄 것과 물심 양면으로 지원해 줄 것을 바란다.

    연 락 처 :   Forum für Demokratie Koreas
                 Konto Nr. 01-24271
                 Deutsche Bank
                 69 Heidelberg

                        민주사회 건설 협의회 발기 추진인 일동

∙∙

위 선언서에 찬동함
성 명
주 소

              1974년 월 일 —————————

朴独裁打到하고 民主社会建設하자!

오늘 우리의 조국땅에는 양심과 정의를 부르짖던 민주인사들이 투옥되고
한 독재자의 영구집권야욕이 민주주의를 아주 말살하고 있다. 영영
암흑기에 들어설지도 모를 조국의 위기와 민족의 비극을 좌시하고
있을 수만 없어 서독에 있는 우리들 -유학생, 종교인, 노동자들은
흩어진 목소리들을 함께 모아 조국을 향해 함성을 지르고자 한다.
이성과 양심의 명령앞에 주저하지 말고, 탄압과 방해를 두려워
하지도 말고, 함께 힘을 모아 독재를 규탄하자!
압력과 공포의 쇠사슬을 스스로 끊고 반독재 투쟁에 총궐기하자!
나오라! Bonn의 Münsterplatz 로,
　　　1974년 3월 1일 (금) 12시에!

우리의 요구사항

1. 또다시 유혈의 참극이 빚어지기전에, 박정희 독재정권은 유신체제를
　철폐하고 즉시 물러서라!
2. 잔혹한 고문과 만행을 자행하는 정보기관을 해체하고 정보부
　안에 있는 김대중씨 납치범과 최종길교수의 고문치사범을 엄중처단하라
3. 1·8조치 이후 구속 투옥된 지식인, 학생, 종교인들을 즉시 석방하고,
　반독재 민주투사들을 간첩으로 몰지 말라!
4. 학생데모이후 행방불명된 孫在五, 鄭秉一, 金承均, 金正泰,
　申金浩, 崔同田 씨등의 생사를 밝히라!
5. 주독 한국대사관은 간호원, 광부를 비롯한 동포의 권익을 보호하라!
6. 교포사회의 불신과 공포분위기를 조장하는 정보원을 축출하고
　이성과 양심에 따른 우리들의 민주적 항거를 방해하거나 탄압하지
　말라!

　　　　　　　민주사회건설 협의회 발기 추진인 일동

민주회복철기대회

때 : 1975년 4월 26일 (토) 13시 30분
곳 : Frankfurt Paulskirche 앞 광장
(Frankfurt 시청 앞)
주최 : 민주사회건설협의회

대회순

1. 기념식 : 애국가 봉창
   민주수호 열사를 위한 묵념
   개회사
   4월혁명 기념사
   민주회복 결의사
   시 낭독 — "우리는 아직 깃발을 내린것이 아니다" (박두진)
   고국에 보내는 격려문 — 민주청년 학생들에게, 민주회복 국민회의에
   우리의 주장
   만세

2. 시가행진

3. Kundgebung (Konstablerwache)

민주회복 궐기대회를 개최하며

친애로포 여러분 !

출거된 민중의 항거와 민주회복 운동을 막으려게 짓밟아온 박정희 독재자는 다시금 폭군의 힘을 빌어 대친듯이 휘두르고 있읍니다. 민청학련사건의 비밀군사재판에서 사형언도를 받았던 소위 인혁당 관계 인사 여덟사람이, 처럼의 근거였던 긴급조치 4호가 이미 철회되고, 대부분의 수감 인사들이 석방된, 지난 4월 9일 아침 억울하게도 사형집행을 당하고 말았읍니다. 혐의가 되어 나온 혹독한 고문으로 강제 자백을 받은 것 외에는 아무런 증거도 없고, 학생들과 대질심문을 해달라는 증인신청도 기각록 버린 채, 항정도 어려워져 않은 엉터리 재판에서 이들은 무고하게 사법살인을 받고 말았읍니다. 그래도 우리는 비밀군사재판에서 정치적 목적으로, 구련 이 연극을, 인간이라면 차마 사람을 죽이면서 까지 연출하지는 못하리라고 믿어 왔읍니다.

그러나 학생데모가 다시 격화되고, 민주회복의 물결이 고조되자, 이성과 판단력을 잃고 광분하던 독재자는, 그 조작된 배후가 어미 오글 선교사, 카토릭 사제단에 의해 민천하여 알려진 이 사건의 피해자들을 단순히 권력 과세와 협박을 위해 희생시키고 말았읍니다. 정말 이들이 붉은 사상을 가지고 정부 전복 음모를 꾸몄다고 한다면, 그토록 국민들의 의혹을 사고 있는 이 사건을 왜 공개재판을 통해 덧덧이 보이지 않고, 처형하고 말았겠읍니까 ?

집권 야욕을 위해 인명을 희생시키는 것 뜸 어렵지 알게 여기는 이 천인공로 할 독재자의 범죄는 역사의 심판대 위에서 준엄하게 다스려 질 날이 오고야 말 것입니다.

조국을 사랑하는 교포 여러분 !

언제까지 우리의 조국은 독재의 횡포와 탄압에서 시달려야 하며, 짓밟히고 억눌려온 우리 민중은 언제까지 갈림과 고통속에서 수탈당해야 합니까 ? 박정권의 한국적 민주주의란 과연 이런 것이었읍니까 ? 오심혜요 ! 유신공화국의 무법무호한 독재가 낳고 있는 이 만화같은 현실들을 ! 국민투표에서 1천 5백억의 국고자금을 뿌려며 찬성 유도, 대표 공작을 벌여고신, 선거부정을 고발하는 사람은 영예훼손죄라 잡아가두고, 고발 당한 선거관리위원들은 증거가 불충분 하다고 전부 석방하니, 이렇게 조작과 사기를 통해서도 국민총화가 가능하단 말입니까 ? 야당 국회의원들을 발가벗겨 오전 고문을 가하고도 변명 한마디 없고, 일제하에서도 민족혼을 대변하며 견디어온 동아일보를 털어죽이려는 간악한 제고를 부리면서도, 탄압을 전혀이 없다고 빤빤스럽게 말합니다. 민주인사들의 입에 재갈을 물려려는 헤계 명칭된 형법 조항을 만들기 위해, 국회라는 것에 여당의원들만 휴게실에 모아놓고, 심원도 묻지 않은채 1분동안에 날치기 통과를 해 버리니, 도대체 어따위 법을 범하라고 지렁사람이 어디 있겠읍니까 ? 정말 다음번엔 화장실에 가서 법을 만들지 않는다고 누가 장담 하겠읍니까 ? 민주세력의 정파를 초월한 단합과 국민들의 열화같은 민주회복

운동에 당혹한 이 독재자는, 세계의 독재자들이 하나씩 둘씩 쓰러져가는 오늘의 시대적 운명을 예감한듯, 지금 청와대를 요새화하고 대공포화를 벙벙 소련서 국민을 향한 최후의 전투라도 벌일 기세로 있습니다.

민족의 장래를 심려하는 동포 여러분 !

이제 국가와 민족을 파멸의 위기에서 구하는 유일한 길은, 오로지 여 야와 관민과 국내외를 초월해서 힘쌓 단결하여, 독재정권과 유신체제를 물리치고 민주질서를 회복하는데에 있음을 공통적으로 인식하게 되었습니다. 왜냐하면, 이 무법무도하고 과렴치한 독재자와 유신체제를 그대로 두고선, 국민총화도, 국가안보도 경제재건도, 민족통일도 더이상 기대할 수 가 없기 때문입니다. 외세와 결탁된 독권층에 민주세력을 광그려 말살시키고, 독재와 부패정치를 해오던 캄보디아, 베트남의 현실이 오늘 어떻게 되어가고 있습니까 ?

그러기에 우리는 대대한번 광장에 모여 민주회복의 함성을 지르고, 국내외의 제 민주단체들의 총궐기를 호소하며, 박정권의 퇴진을 요구하고저 합니다. 우리가 연마하는 학문도, 우리가 얻은 노동기술도, 민주사회와 민족주체가 확립되지 않고서는 조국의 발전에 아무런 기여를 할 수 없음이 분명한 이상, 학생은 금두에 만 전념할 수도 없고, 종교인은 성소에만 머물러 있을 수도 없으며, 근로자는 직장노동에만 만족하고 있을 수는 없기 때문입니다. 전 국민이 독재자의 노예와 시녀로 전락하고, 국가산업이 외국자본의 손에 모두 남어간데, 과연 우리의 기술과 지식과 정성은 어디에다 쓰는 것입니까 ?

재독 한인 근로자, 학생, 종교인 여러분 !

4월혁명 15주년을 맞이하며 조국의 당면한 위기를 남의 일처럼 쳐다보고 있을 수만 없어, 우리는 다시 민주회복의 봉화를 들며 걸기 하고저 합니다. 뜻을 같이하는 국내외 동포들의 과력의 지원을 부탁드리며, 민주사회 건설을 위한 우리를 모두의 광장에 많이 모여 주시기 바랍니다.

4월혁명 15주년의 날에

민 주 사 회 건 설 협 의 회

지도위원 : 안성고, 윤이상, 이영빈, 정삼환
의 장 단 : 송두율, 오대석, 이삼열, 강돈구

Forum für Demokratie in Korea
74 Tübingen 1
Postfach 1526

Konto : Deutsche Bank, 74 Tübingen
Kto. Nr. 02-85296

- 3 -

「프랑크푸르트 룬트샤우」 1975년 4월 28일자 보도: (사진 상) "Kinder wollen auch Demokratie"(아이들도 민주주의를 원한다)는 피켓을 만들어 시위에 참석한 민형(7살)과 지형(8살), 소윤(5살). (사진 하) 궐기대회 시 "독재타도"를 외치는 윤이상 교수와 교민들

광 장

민주사회 건설협의회

DAS FORUM

forum für die demokratie korea

제 1 호　　　　　　　　　1974년 7월 15일

내 용

광 장

FORUM

herausgegeben vom
Forum für Demokratie in Korea

민주사회건설협의회

제 5 호   1975 년 3 월 15 일

내 용